U0939591

江口沉银历史文献汇编

学术研究卷

主　　编　谭继和
分卷主编　邓前程

巴蜀书社

图书在版编目（CIP）数据

江口沉银历史文献汇编·学术研究卷/邓前程主编.
—成都：巴蜀书社，2020.5
ISBN 978-7-5531-1074-5

Ⅰ.①江…　Ⅱ.①邓…　Ⅲ.①古战场—史料—眉山—明代　Ⅳ.①K878

中国版本图书馆 CIP 数据核字（2018）第 249429 号

江口沉银历史文献汇编·学术研究卷
JIANGKOU CHENYIN LISHI WENXIAN HUIBIAN XUESHU YANJIU JUAN

主编　谭继和
分卷主编　邓前程

责任编辑　陈　礼
封面设计　冀帅吉
出　　版　巴蜀书社
　　　　　成都市槐树街 2 号　邮编 610031
　　　　　总编室电话：(028) 86259397
网　　址　www.bsbook.com
发　　行　巴蜀书社
　　　　　发行科电话：(028) 86259422　86259423
经　　销　新华书店
照　　排　成都完美科技有限责任公司
印　　刷　成都东江印务有限公司
版　　次　2020 年 5 月第 1 版
印　　次　2020 年 5 月第 1 次印刷
成品尺寸　240mm×170mm
印　　张　30.5
字　　数　410 千
书　　号　ISBN 978-7-5531-1074-5
定　　价　200.00 元

部分论文的作者因故无法联系，请见书后联系本卷主编，以便付酬

《江口沉银历史文献汇编》
编委会

《江口沉银历史文献汇编·学术研究卷》编委会

总 序

眉山市彭山区江口镇岷江古战场遗址，经国家文物局水下文化遗产保护中心与四川省文物考古研究院联合，采用现代科技与传统考古相结合的围堰勘测的科学手段，于 2017 年和 2018 年两次展开大规模水下考古发掘，共出水四万二千余件各类文物。其中包括铭刻有来源地(其地域遍及豫、湖广、川陕、江西诸省诸府)、铸造年号、工匠姓名和“征粮”“饷银”等字样的大量银锭，其他珍贵的还有：大西政权在西京(成都)设局铸造的“大顺通宝”钱币，刻有“大西眉州”字样的银锭，“西王赏功”金银币，刻有 29 字的大西王册封的金册，“永昌大元帅”虎纽金印，明藩王郡主的金宝，藏银锭的“大鞘”(木头夹槽)，铁刀、剑矛、箭镞类冷兵器及火铳，各种金银器与生活用具等等，引起海内外广泛热切的关注，被评选为“2017 年度全国十大考古新发现”。之后其出水文物又在国家博物馆和四川博物院等处陈列展出，再度引起轰动，兴起了一股对明末清初以来“江口沉银”“埋银说”加以新探索和研究的热潮，也引起了民间街头巷尾的广泛关注和热议。这些文物令人耳目一新，具有极高的考古价值、学术价值、文化价值和艺术价值，迫切需要专家对其内涵和底蕴作出新的历史释读和文化解读。这就是我们编纂这套《江口沉银历史文献汇编》的初衷。

习近平总书记说：“历史研究是一切社会科学的基础。”(《习近平致中国社会科学院中国历史研究院成立的贺信》，新华网，2019－01－03）在今天建设中国特色社会主义的新时代，编纂这样一套汇编有其深刻的彰显时代价值和把握问题导向的意义。“江口沉银”遗址的发现，为研究明清之际中国社会提供了新的契机：1. 可以通过文物与博物、历史文献与理论阐释相互支撑的研究方法，对明清历史大变局如何影响到四川的社会、经济、人口、文化、习俗、乡土风物进行探讨，从而发现其演变的基本情况与发展规律；2. 可以深入研究这段历史的经验与教训，科学地探索明清之际巴蜀文化的转化，从而发现天府之国独具特色的历史发展轨迹；3. 可以勾勒巴蜀文化经历艰难困苦向前发展的曲折路径，从而有助于认识四川人自古以来在应对天灾人祸时所表现出来的坚定信念与乐观精神，挖掘华夏民族面临创伤时展现的自我修复能力与文化再生的创造力；4. 可以在文献调研中汲取前人智慧，牢固树立以文化为魂为根的信念，了解巴蜀人精神家园的铸就与传承，坚定本土的文化自信。深入研究这段历史，还有助于今天的治蜀兴川：首先，明清之际的四川面临向商品经济、市民社会演变发展的新局面，城乡社会治理体系与乡邻治理文化遇到了新的历史矛盾和问题。总结这方面的经验教训，可以助推新时代城乡治理体系和社区治理体系的文明建设。其次，在深入挖掘“江口沉银”遗址文化内涵的前提下，合理地利用当地的地理、文化优势，打造文博及旅游热点，让文物“活起来”、用起来，把学问做进人民群众心里，不仅可以扩大当地影响，促进经济发展，对于青少年的爱国主义教育也是有益的补充。同时，就学术价值而言，“江口沉银”遗址的发掘还有助于今天学术研究的思维和范式由单一的索隐式的地理探宝研究，转向高质量的学理性、文化性的科学研究体系，从而转换研究视野。既能适应时代问题导向的需求，又能用历史智慧引领公众科学素质的提高，发挥“资政育人”的新作用。

本汇编以“江口沉银”遗址及其出水的文物为重点，选取自崇祯三年(1630)张献忠米脂十八寨起义，到康熙三年(1664)大顺军余部李来亨失败为止三十余年间各种与张献忠及其大西政权有关，与当时四川的政治军事、社会民生、商品经济、风俗时尚有关的历史资料，以及可供解释历史谜团、廓清历史真相的各种研究成果，以便读者全面了解和研究这一历史阶段。本汇编确定众书定位、编纂思路和撰写体例的过程，是一个考验编者历史学科研究视野和创新能力的过程，同时也是把握时代精神、提高认识能力、学以致用的认识过程。具体来说，可以归纳为以下几个方面：

一是研究范式的转换和研究视野的拓宽。

张献忠转战南北九省，五进四川，明军、清军、摇黄、地方土豪、游匪乡勇，加上后来的吴三桂叛军，在四川走马灯似的拉锯混战，攻城掠地，荼毒生灵，“蜀中之乱独甚而祸独惨”（欧阳直：《蜀警录》）。研究者把研究张献忠农民军的重点，多放在“蜀祸”与屠蜀问题，农民军的军事策略、行军路线、作战方式，大西政权性质与功过是非等问题的研究与争论上，特别是“屠蜀”问题、锦江和江口有无沉银及藏宝地点等问题，成为长时期争论不休的研究热点。需要指出的是，虽然这方面的研究还有发展的余地，还可以进一步以新的视角多渠道、多方面发掘新史料、新论据；但这种研究范式太偏重于具象和个例，研究主题单一，研究视野狭隘，往往脱离了明清之际历史巨变的广阔社会生活背景和历史文化语境，特别是缺乏不同区域的地方社会史与地方特色文化发展史的眼光，致使关于张献忠农民起义军的研究领域越来越狭窄，研究方法越来越僵化。因此，自 20 世纪 90 年代以来，关于这一问题的研究沉寂了很多年。今天江口考古大规模、高规格文物的重大发现，带来了新的研究机遇，提出了新的研究问题，再局限于旧有的碎片式、教条式的探讨已不可取，需要转向更广阔的研究领域，包括社会生活史、经济文化史、民间习俗史、社会治理史、农村市场和城市商业发展史，以及明末社会矛盾极端尖锐化的社会问题史，大西农民政权的真实情况和国家机器封建化等等问题的研究和探讨上来。近代学术大师王国维曾经指出，每次学术新观点、新潮流的出现，多由于考古材料的新发现。今天“江口沉银”遗址的许多重大考古新发现，也必将推动对张献忠农民军和明清之际四川社会研究新见解的出现。

二是要用明清时期全局通史的眼光来看待和研究“江口沉银”事件反映出的当时四川乃至全国的社会财富、经济商贸发展和衍变的新状况，作出新的历史文化解读。

明清之际，全国商品性市场网络体系的形成和发展以及商业城镇的大量出现，对于中国传统的自然经济结构具有强大冲击力和解构力。其中，“一条鞭法”实施过程带来的明代赋役货币化、白银化制度与以山西钱庄票号为特征的突破传统的金融制度的出现，对许多省地方经济的影响、渗透和侵袭尤为关键。在这种历史背景下，宋代以来出现的市民社会在明清时代又发生了深刻的变化。具体地说，由宋元交子、会子的发明到后来的滥用，明代宝钞纸币制度的兴起与崩溃，使得当时有可能成为世界性纸币通货制度与普及体系的中国发明(首先是四川发明)中断了。纸币不但得不到推广，反而因噎废食，使原来的银钱、铜钱制度得到了复辟的机会，明代后期支撑赋税缴纳、商品流通与市场交易的不是纸币，而是赋税折银与白银交易。例如，钞关纳钞、商税厘税、民田商屯，皆使用白银为货币；“一条鞭法”下四川使用金银缴纳的“金花银两”，到清代更强化为用银锭铜钱缴纳的“川省京饷”；明代的赋折银(只用白银)到清代演变为银锭与铜线并行，等等。

作为世界上发明和使用纸币的最早地区，这一巨变给四川带来了颠覆性影响。其中，金、银、钞、钱、粮五者比价的高低涨落，海外白银的涌入，全国货币白银化的金融制度、征税制度和钱庄票号制度的落地生根以及变化发展，都值得深入研究。在当时，以收藏银锭、金银宝玩为炫富与藏富标志的社会习俗风靡全国，而此风在四川尤盛。成都是当时四川地方银锭流通和收藏的最大财富凝聚之都，其他大小城镇也纷纷效仿，成为当地财富与商品集散中心。这些变化更能吸引在乡地主进城，演变为城居地主；他们财富的聚集与交易方式，也由乡村粮谷的实物地租，演变为城乡银锭的货币地租。这就更助长了四川城乡从官府到民间家藏财产以窖藏银锭、搜括金银为贵的风气，甚至出现富民乡绅在乱世疯狂埋藏金银财宝的势头，这已为考古发现的家用窖藏所证实。概括起来说，明清之际四川城乡商品经济的发展与实物变金钱的财富积累方式等新变化，是“江口沉银”奇特现象出现的社会基础、物质条件和思想依据：货币“白银化”为张献忠征敛银锭准备了社会基础；白银的大量存储和聚敛成为“沉银”的物质条件；而以银锭为家财的社会时代观念，为张献忠农民军以银为军需、实施“江口沉银、锦江埋银”行为，提供了思想依据。

如果用这样广阔的社会通史眼光来看“江口沉银”，显然就不能只把“江口沉银”看成张献忠个人的贪欲或品质问题，它是明清时期经济走向商品化、社会化的时代反映，是明清商品经济的城乡变迁带来的结果。张献忠及其后继的农民军能够有转战陕、晋、川、豫、鄂、湘、皖、赣、桂九省的流寇式作战的广阔舞台，显然更应该从当时全国性的商品网络体系的形成和发展，使四川成为大小城市商品财富聚集发展的生长地的方向来理解，更为恰当。

三是通过对“江口沉银”的研究，可以探讨明清时期全国商品网络体系和动态的城市工商业文化的活跃，与封闭的乡村自然经济结构体系和静态的乡村农桑文化之间的矛盾运动，探讨唯利是图的商业观念的盛行带来的更深层次的文化问题，如传统价值观、道德观的淡化，传统乡村宗族邻里体系与乡绅乡贤文化体系的失序甚至瓦解，等等。

明清时期，城市商品经济并没有发展到完全能够从封建自然经济结构中独立出来的程度，无论在内容还是形式上，前者都还是后者的附庸。但商品经济的流通性、开放性的本性，毕竟在某种程度上，冲破了自然经济封闭性、迟滞性的束缚，形成了动态的工商业文化与活跃自由的充满生机的生活方式，而不同于自然经济的静态的农桑文化与田园诗似的、充满隐居野趣的宁静生活方式。它的特点是好利好功，追求物质享受。正如马克思所说的“伊壁鸠鲁的神存在于世界的空隙”中(《资本论》第三卷，第369页)一样，商品经济在迟滞刻板的生活方式的空隙中，努力争取自己向外开放和交流发展的空间。因此商品经济是城市文化与生活方式衍变与发展的活力与创新力所在。

明代张瀚所著的《松窗梦语》在卷四中曾描绘以北京为中心的全国性商品市场网络体系情况：首先是京师“蓄积为天下饶”，蓄积的财富“珍玩盈箱，贵极昆玉、珍珠、滇金、越翠”。接着是各省：“河以西为古雍地，今为陕西……自昔多贾。”“河以北为山西……多玩好事末……商贾争趋。”就是远在西南边陲的云南，在其“会城(昆明)之中”，也“不待贾而贾恒集”。由他的描绘可知，从京师北京到陕西、山西、河南、山东、湖北、湖南、江苏、浙江、江西、广东、云南等省，都以本省省会为商业中心，形成了“天下南北商贾争赴”，“估客往来，人获其利”的全国性商品网络市场。不仅经济有如此重大的变化，在思想道德与社会风气方面，也产生了一切向金银看齐的“人趋市利”“志于富侈”“唯利是图”变化，把道德与诚信抛诸脑后，颠倒了传统的道德义利价值观。反映在明清白话小说上，则出现了由歌颂传统社会“公子落难中状元，小姐花园订终身”的才子佳人模式，演变为歌颂“卖油郎独占花魁”的小市民、小商人抱得佳人的模式。

明清时代的四川，既具有秦汉以来物产丰饶、“陇蜀多贾”“以所多易所鲜”的传统商业交易模式的历史优势，又具有明清时期以成都为工商业“会府”，东出三峡，西连松茂特产，“利在东南”，“夫贾人趋厚利者，不西入川则南走粤”的新的现实交易优势，是全国重要的东西部商品交换的集散中心地。而“燕、赵、秦、晋、齐、梁、江淮之货，日夜商贩而南”，“蛮海、闽广、豫章、南楚、瓯越、新安之货，日夜商贩而北”，这种南北向的交换贸易，也以四川为枢纽(李鼎：《李长卿集》卷十九)。正是这种南北与东西的全国性商品市场网络，为张献忠农民军往来九省的流寇式征战提供了现实可能性；也正因四川处于全国性商品市场网络体系中的腹心枢纽位置，才为张献忠五入四川、建立大西农民政权提供了活动舞台和方便条件；也应是张献忠累次战败，但仍不肯离开四川的“稳心汤圆”(四川土话)。

四是可以研究明清之际四川基层社会治理体系与乡村邻里和谐文化的失衡、失序、失范问题。

马克思曾经指出：“古代的历史是城市的乡村化。”“亚洲的历史是城乡浑然一体的历史。”四川古代农业文明的发展道路正是这种亚洲形态的典型。它具有奠基于“城市乡村化”道路而形成的城乡混交、浑然一体、融合发展的历史传统，城市宛如有城垣的农村，城市环境布局带有强烈的田园风味，城市或乡村居民多有“务农业儒”“士农不分”(《温江县志》)、耕读传家的生活方式特色。社会生活的乡村化，贯穿于城市生产、生活和家庭之中，强化了以乡村与城市自然联系纽带为基础的基层城乡社会邻里自治和谐结构，天然地形成了城乡基层村社邻里之间“肯与邻翁相对饮，隔离呼取尽余杯”，“农家农家乐复乐，不比市朝争夺恶”的和谐文化传统。但这种几千年形成的优秀基层社会治理文化传统，实际上自明代嘉靖以来已经失衡失序，到明清易代之际，国家治理与社会治理秩序更受到严重战乱的破坏，盛世乐土变成了人间地狱。分析本书“江口沉银”的各种史料，可以看出地方乡绅富民中“学霸势绅，市棍土豪……猫鼠固结，鱼肉善良”(欧阳直：《蜀警录》)的歪风邪气滋长，亲仁睦邻、脉脉温情的和谐大道文化与乡村伦理秩序被践踏，人性被污染，心灵被腐蚀，这是明清之际四川战乱祸烈倍于他处、家亡村绝倍于他省的内因。

明末清初欧阳直所著《蜀警录》专门分析了这个问题。他认为蜀乱的内因在于世道人心的失衡、失序。“天下未乱蜀先乱，天下既治蜀后治”

的“先民之言”就是欧阳直首先在这本书提出的。他认为这句话“验之今日(指明末清初时)，语诚不诬”。他分析蜀之祸乱首先源于蜀人心乱，蜀之后治亦源于人心之难治。他细致分析了明清之际蜀人罹祸于水火刀兵、饥荒瘟疫的内在原因，认为这些“皆由人心不善，孽从自作”。他叙述自己在童年时代，看到的万历时期的四川是一片邻里和谐的“极乐世界”：“任恤睦姻，比闾相助……称诗说礼……家惟弦诵……风俗颇淳厚尚气节……陶然于和风甘雨之中，真不啻极乐世界。”但到了崇祯年间，市民社会的商品经济发展起来，阶级矛盾日益尖锐。他看到的社会风气是“人心日险”的迥异局面：穿衣讲究“竞侈罗绮”；饮食讲究“宴集丰厚，淡泊是鄙”；住房讲究“华堂绣户”；田土则“富连阡陌，贫无立锥”；交易则“利己损人”，营求则“重息撒债(放高利贷)”。“甚至贪官污吏、学霸势绅、市棍土豪、衙蠹宦仆，猫鼠固结，鱼肉善良，倾人之家，破人之产，鬻人之子，骗人之财，坏人之功名，害人之性命。”这样的社会风气横行，岂不把“乐土转为恶域”？美好的基层社会管理体系和治理结构被从文化之根和思想源头上破坏与瓦解，必然造成“锦水巴山满目魍魉魑魅”，“竟成劫难”的后果。欧阳直由此得出结论：“是知劫难之作，皆由人心不善致之；而蜀中之乱独甚而祸独惨者，又蜀人大不善之心有以自致之也。”人心不善，指的是最根本最深层次的文化支撑力量不是向善，而是向恶，由此必然造成明清之际基层社会治理秩序和乡土伦理亲情文化的大破坏。欧阳直感叹，这是明代前期自洪武以来一百多年乡村社会治理的“乐土”，转化为明代后期自嘉靖以来一百多年社会冲突日剧的“恶域”的根本原因。用今天的观念来解读，得出的教训应该是：社会治理，当首重社会心理的向善教化与伦理秩序的培育和建设。

总之，历史上关于四川社会管理结构体系和治理经验的总结，体现了前人的智慧和追求，是我们重新研究明末农民军的性质与历史作用及其局限性的新视角，值得今天珍视。

五是提供了认识和研究明清时期巴蜀文化从传统形态向新形态转换的历史轨迹的历史资源和文化资源。

明末清初时期是巴蜀文化传统形态出现挫折、发生转折的前夜。我们知道，道光二十年(1840)以后，中国历史进入近代史时期，巴蜀文化才开始出现急遽的亘古未有的近现代化形态的质变。但实际上，早在明末清初社会文化转型的前夜，巴蜀地区已经积累了深厚的经济上的资本主义萌芽因素和传统文化上的创造性转化因素，出现了在传统的自然经济结构中新型商品经济因素积累和增长的现象，为巴蜀文化在清代后期的创新性转化奠定了基础，准备了条件。它的主要表现是四川地区以自然经济结构为主的封闭的传统乡村社会，开始向新型城市商品经济活跃的市民社会转化。与此同时，四川传统的乡贤文化、乡绅文化与乡愁文化的渐次变迁与逐步转化，开始成为突出现象。四川人的经济生活与文化生活、生活方式与行为方式、宗族传袭与社区交往、信仰方式与思维定势等等方面都出现了传统文化中新增质变因素的现象。这种新旧交织的变化也体现在有关张献忠与“江口沉银”故事的各种“非物质文化遗产”方面，包括民间文学、歌谣、谚语、竹枝词、长篇说唱评话、花部戏传奇与乾隆时期出现的川剧艺术等等。特别值得一提的是张献忠故事在民间流传的口述史遗产。因为旧的史志不重视或很少记载社会底层民众尤其是农民阶层的历史记忆和祖源记忆。民间口述史是历史学萌芽时期的原生态，又是国际历史学研究的新趋势。它是保护和保存“历史记忆”的新学科，是对旧史志宏大叙事外的“具象社会生活”加以实录的新学科。这类记忆遗产多作为民间传说故事而流传，或者以民间文学、文献的形式被保存下来。搜寻这些史料，会对明末清初社会与张献忠农民军的历史定位和历史作用，提供新的认识和研究方向。

此外，本汇编为研究明末清初四川战祸史、四川灾害史、“湖广填四川”的移民史和明清四川人口、家庭结构变迁史提供了宝贵的资料，为研究明末清初四川生态史，包括四川传统旳仙乡人居特色的建筑环境的再生与重建，财富城市的再生与重建，乡村林盘文化与乡绅文化的再生与重建等方面，都提供了丰富的史料来源。关于美丽四川生态文化与人口文化的研究，本汇编在多卷导言中都有论述，这里就不再重复了。

本汇编按历史进程与逻辑顺序相结合的原则，共分为六卷。各卷主旨如下。

1. 纪事卷。本卷围绕“江口沉银”事件的由来和社会历史背景、事件经过与发展轨迹，编入有关张献忠“沉银”“埋银”的历史事迹，作为“江口沉银”第一打捞人的明将杨展与张献忠交战的情况及在江口的打捞情况、后果和影响，有关清代、民国时期的寻宝和打捞情况以及新中国时期发现与发掘情况的相关史料，以便读者了解“江口沉银”事件的本事和全貌。

2. 史志卷。本卷所选内容主要集中于明末崇祯时期到清初雍正时期与“江口沉银”有关、能展示该历史事件背后的社会历史背景，包括军事斗争、政治格局、经济衍变、社会风云、文化激荡、思想心理等方面的历史素材，如四川各种地方志(包括通志、府志、州志、厅志和县志)中与“江口沉银”有关的史料以及官修正史(包括《明史》《清史稿》)中的有关史料。本卷旨在为江口古战场遗址发掘的数万件文物的历史释读和文化解读，提供历史资料的支持和现实思考的空间。

3. 野史笔记卷。本卷所选取的明末清初的野史、笔记、奏章和书信，其内容涵盖了有关江口古战场遗址的确切位置，“江口沉银”事件的由来、背景、举措，所发现文物的价值及社会影响；有关张献忠农民军辗转征战，五次进入四川的发展轨迹及其与南明杨展势力、清军入川势力交锋交战的事迹；有关当时天灾人祸，诸如战乱连绵、饿殍遍野、搜抄掳掠、杀人屠蜀等情况；特别是反映明朝旧的封建国家机器与结构体系的腐朽、溃烂与城乡社会治理结构体系的崩溃，而新建立的张献忠农民政权，其组织结构与治理体系则举措失据、策略无方、矛盾冲突不断、暴虐无绪无端等等情况。

野史笔记是指官书以外的私家著述，主要是指记载个人“三亲”（亲历、亲见、亲闻）的史料，包括“随所见即书，亦未得序时代之先后，名位之崇卑”（梁维枢：《玉剑尊闻·自序》），着笔甚为自由的野史稗乘、风土人情、人物记录、野语村言、实录钞存之类。它的特点是：多为它本身所反映的那个时代的历史记忆与口传遗产，是难得的原社会、原生态史料，足以补史乘之阙失，纠官书之偏评误判。明末清初易代之际的野史笔记包含着复杂、丰富、名实错综、变迁不一的时空内容，有助于总结历史经验和探寻历史未来走向，有助于提升对明清时期大一统主体性历史传统与多元化差异性历史特征相结合的民族国家共同体的认知。尤其是从文化史的视野来研究，更有助于对民族文化心理结构体系和巴蜀地域文化生产力格局的探索。而这方面的价值和作用，往往为过去的“江口沉银”和张献忠研究者所忽视。因此之故，本卷编者从上述指导思路出发，在浩如烟海的史料中，选取了 28 种代表性史料，分为上、下两册，以供深入的研究和探索。

4. 族谱家乘卷。本卷选录四川族谱年谱、行状传记、家书墓志、文书契约中反映明末清初四川各地所经历的动乱以及劫后余生的四川社会情况的史料，以及反映乱后“湖广填四川”的移民潮兴起的由来及其发展轨迹的史料。

这些文献史料是对谱牒传主或其祖先事迹的实录，具有体现丰富、多彩如万花筒式的“具象社会生活”的特点，有助于明清之际历史的宏大叙事与社会具象相结合的深层次研究。尤其需要注意的是，这类史料反映了四川不同地域和地区战乱的具体情况和复业垦殖情况，显示出明清移民与垦殖在川西、川东、川南、川北各个区域的不同特点，这是其他类型史料所少有的。特别是战乱之际，南明桂王永历十年（清顺治十三年，1656），南明政权还给川东江津县农民发了《垦状》，在战乱中还注意到了复垦农田的问题，这是其他正史、野史均没有记载的新材料。此外，关于“湖广填四川”时祖先艰苦垦殖创业的行迹和精神，分别形成各自家族或宗族的家教与家训，为今天的家训教育与乡村振兴留下了优良家风的史料，有极高的借鉴意义和现实价值。

5. 民间文学卷。本卷以张献忠农民军和“江口沉银”为主题，收集了有关传说、故事、民谣和地名风习的各种记载。民间文学是大众口头传颂的口述文化，其间包裹着历史事件与历史人物真实记忆的内核；它又是活在大众心里的口述文化，不同地区不同阶层的薪火颂传，往往带着时代变异的特点，带着不同地域文化心理的色彩。以“江口沉银”歌谣为例，有“石牛对石鼓”“石门对石鼓”“石锣对石鼓”“石人对石鼓”“石佛对石鼓”“石公对石母”“石龙对石虎”“石刀对石斧”等十余种说法，反映出四川不同地区的人群或族群关于崇拜蜀犀牛、彭人鼓、廪君巴人虎、大佛、土地公土地婆、龙虎以及信仰原始石刀石斧等保存在记忆里的不同的蜀文化信仰传统的心理，是不同地区文化基因记忆与当时歌谣传颂相结合的产物，很值得我们注意与研究。

6. 学术研究卷。本卷将近年来以“江口沉银”为对象的研究成果，包括公开发表的学术论著、论文以及新闻报道选编于此，以便于人们了解有关“江口沉银”的社会历史背景、事件过程、银两来源、社会影响和文物价值等方面的不同研究意见引起的学术研讨和百家争鸣。这些论文对“江口沉银”事件、对张献忠屠蜀问题、对农民军的历史地位与历史作用，都有不同的观点和不同的评价，争论不少，甚至针锋相对，本卷均一并收入，以供研究。对张献忠的新的研究，是从新中国成立以来开始的，直至当今，众多学者都各有其研究取向和不同的价值评判。为了便利于了解新中国成立 70 年来各阶段研究的不同特色和趋向，本卷还专门收录了各个时段的学术研究观点概述和有关学术讨论会的综述。

《江口沉银历史文献汇编》的编纂启动于2018年，是在中共四川省委宣传部直接领导和主持下，由四川省社会科学院四川历史研究院和巴蜀书社具体组织，约请省内著名专家学者与著名编辑大家组成老中青三代相结合的编纂组担任具体编撰工作。二十多位同志尽心尽力，孜孜矻矻，不分彼此，不分门派，秉持把学问做到群众心坎的初心认知，以学术立足、问题导向为指针，以催生精品力作的治学态度，统一思路，确定框架，集体研讨，考文征献，选抉搜采，整理点校，综核名实，释疑辨误，发幽补阙，不断研讨与探索，多次反复修改，历时两年方成此轶。期望本汇编对于“江口沉银”问题的文化解读和深层次阅读研究有所助益。

本书能够顺利编撰出版，得到了省委宣传部领导的直接指导，出版处与传承处的大力组织，省社科院院长向宝云同志的组织策划，巴蜀书社总编辑侯安国同志的倾心投入，在此一并表示衷心感谢。需要说明的是，限于编者水平和视野的局限，自然难免取舍失宜、排比弗当、脞错纰漏之处，敬请广大读者批评诶正。

谭继和

2019年10月初稿，2020年2月定稿

“江口沉银”的历史追问（代序）

关于张献忠“江口沉银”问题，历史文献中多有关于江口之战和沉银打捞的记载，也有广泛的民间传闻。但是在过去相当长一段时期内，人们对于张献忠是否沉银？沉银地点究竟在何处？有着多种不同的说法。并且对于相关史料记载的真实性，世人也有所怀疑或异议。由是之故，江口沉银及其事实真相，遂一度成为一个众说纷纭、扑朔迷离的历史之谜。不过，近年来，经四川文物考古部门在彭山区（原彭山县）江口镇岷江流域进行水下考古作业并发掘出大量的银锭、金册、银耳环等文物，“江口沉银”的历史面相，正逐步被拂去历史的蒙尘而真相渐露。“江口沉银”这一历史谜团，即将由一个记载于稗官野史的历史传说，成为有大量实物资料佐证的重大历史事件。目前，“江口沉银”的被证实，已引起了越来越多海内外人士的关注，学术界也积极跟进并对之进行重新探讨，发表了一些颇有参考价值的研究成果。汇集、整理前贤的研究成果，并将之编辑成册，是梳理“江口沉银”问题研究之学术史脉络的基础工程，也有利于推动“江口沉银”历史真相的逐渐廓清和相关研究的不断深化。

一

有关明末农民起义军领袖张献忠埋银藏宝于四川地区的传说，自清初开始，便史不绝书。仅其藏宝地点，有文献记载者，即达六处之多；藏宝原因，也有主动埋银藏宝和战败沉银两说[①]。其中，记载最详、民间传闻最广并引起较多关注的是成都“锦江藏宝”和彭山“江口沉银”两说。但是现今能得以证实者，只有彭山“江口沉银”之说。

史载，清顺治三年（1646）三月，张献忠率领大西军主力撤出成都，拟经水道，沿锦江——岷江——长江一路出川，“乘势走楚，变姓名作巨商”[②]，然而出师不利，行军至彭山江口镇岷江水域时，即遭遇活动于川南嘉定府、叙州府一带的明朝参将杨展所部阻击并于激战中遭受重挫。对此，史籍载称：“献闻展兵势甚盛，大惧，率兵数十万，装金宝数千艘，顺流东下，与展决战。”“展闻，逆于彭山之江口，纵火大战，烧沉其舟。”“贼奔北，士卒辎重，丧亡几尽。”[③] 因江口之役战败受挫，张献忠及所部大西军遂将“所掠金玉珠宝及银鞘数千百，悉沉水底”[④]。并于被迫退还成都后，又将“所余蜀府金银铸饼及瑶宝等物，用法移锦江，锢其流，穿穴数仞，实之。……下土石掩盖，然后决堤流，使后来者不得发，名曰‘锢金’”[⑤]。清朝官修《明史》记载此事时则称：“（张献忠）用法移锦江，涸而阙之，深数丈，埋金宝亿万计，然后决堤放流，名水藏，曰：‘无为后人有也。’”[⑥] 比较这两种官、私史籍记载，两者稍有不同之处，主要是将埋金活动的名称由“锢金”变成了“水藏”，然二者的含义基本一致，就是将金银财宝埋藏于成都锦江之江底。另外，在关于江口“沉银”和锦江

---

① 江玉祥：《张献忠藏宝之谜及发掘的意义》，载《文史杂志》，2017年第1期。郑光路：《张献忠藏宝迷案》，载《张献忠剿四川真相》，四川民族出版社，2010年版。

② （清）彭遵泗：《蜀碧》卷3，顺治三年条，载《张献忠剿四川实录》，何锐等校点，巴蜀书社，2002年，第164页。后文凡引用《张献忠剿四川实录》，均为此版本，不再注明。

③ （清）彭遵泗：《蜀碧》卷3，顺治三年条，载《张献忠剿四川实录》，第164页。

④ （清）彭遵泗：《蜀碧》附记《杨展传》。这是有关张献忠战败覆舟的记载。与此略有不同的是，在欧阳直《蜀警录·蜀乱》和杨鸿基《蜀难纪实》等史籍中，认为张献忠是担心自己多年经营的金银财货为敌人所获，主动沉银于江口。杨鸿基《蜀难纪实》（乾隆四十二年修《富顺县志》卷五，清光绪八年重刻本）。

⑤ （清）彭遵泗：《蜀碧》卷3，顺治三年条，载《张献忠剿四川实录》，第165页。

⑥ （清）张廷玉：《明史》卷309，“流贼·张献忠”，中华书局，1974年版。后文凡引用《明史》，均为此版本，不再注明。

“埋宝”的文献记载中，既有上述张献忠先战败于彭山江口而被迫沉银，之后又埋藏金银财宝于成都锦江江底的说法；也有“锦江埋宝”在前而“江口沉银”在后的传说①。不过，关于史籍记载或民间传说中“沉银”江口与“埋宝”锦江两事，究竟孰先孰后，现已难于定论。综合各家记载与传说，其所记述虽略有不同，但都认为“埋宝”“沉银”是实有其事。这也是彭山江口“沉银”和成都锦江“藏宝”的传说得以流传，并为世人所相信的重要原因。

历史上，关于张献忠“沉银”或“藏宝”的传说，从清朝到民国，从官员到普通百姓，无不对之津津乐道，并曾唤起一些人出于不同动机的寻宝、掘宝行动②。其中，在四川组织最周详、声势最大的寻宝活动，是围绕成都锦江藏宝而进行的。“锦江藏宝”在明末清初即广为流传，认为是张献忠有目的的通过规模浩大的工程将宝藏埋藏于锦江江流之下，称为“锢金”或“水藏”。具体埋藏地点，可能就在锦江边的九眼桥、望江楼附近。四川民间有传，张献忠为此专门制作了一张“藏宝图”，以石牛、石鼓作为藏宝地址的暗记，即民谣所述：“石牛对石鼓，金银万万五。谁人

① 李飞：《张献忠“沉银埋宝”初步研究》，《中国史研究动态》2016年第5期。

② 据报道，湖南省会长沙市也曾流传过明末张献忠埋藏金银财宝于湘江之中的传说，并同样地引起了湖南军政当局的财富欲望，开展了“找宝”“掘宝”行动。据说：1643年8月至12月期间，张献忠所部大西军在离湘入川时，曾经将其1634年至1643年期间攻掠豫、鄂、皖、赣、湘5省所掠获以及明朝凤阳皇陵和各地明藩王的金银珠宝窖藏于湘江东岸的猴子石至南湖港5华里的江堤之下崖岸深穴之中。另据传说：1673年至1680年，吴三桂发动“三藩之乱”称帝据守长沙期间，曾经多次派人下潜到湘江南湖港的崖穴中寻找张献忠的沉银，但未找到。1852年9月至11月，太平天国起义军进抵长沙围城81天。期间，也曾在长沙城南郊湘江沿岸派水手下潜到江边崖穴中寻找张献忠的存银，依然没有收获。民国初年，北军张敬尧和南军赵恒惕、唐生智等部据守长沙时，也曾多次派人下潜到湘江边的崖穴中寻找张献忠所藏金银，亦均无收获。另外，1915年冬，湘水干涸，湖南督军汤芗铭曾调派浅水炮舰停泊于橘子洲南端的湘江中，派水兵潜水寻找张献忠的沉银。传言当时“连续数日夜潜至江底已有眉目”，“崖岸深潭处水深盈丈，听闻激水冲击水轮旋转声，目击深处有大逾两公尺之锐利轮叶被冲动急转，一水兵持木棍试拨即被轮叶利刃削断”。汤闻讯后，亲赴炮舰悬赏募勇再潜水靠近寻找。后因潜水兵抵近探险处时，左手被刃轮切断上浮，汤始知崖穴危险很难进入，随后因湘江水位上涨便停止了寻找。乐哥知识汇：“星城长沙之猴子石，张献忠沉银”，“今日头条”2018年1月30日。

识得破，买尽成都府。”[①] 民国时期，成都有个晚清贡生名叫杨白鹿，声称自己知道张献忠宝藏的秘密并拥有“藏宝图”，并将一张“藏宝图”送给了好友马昆山（曾任川军师长）。马氏得到“藏宝图”后，遂联合另一曾任川军师长的范绍曾（范傻儿），共同成立“锦江淘江公司”，招收泥、木、石、杂各类工匠，购买了金属探测器及施工用具，于1938年秋动工，在成都市区东郊望江楼附近的石佛寺江边开工“寻宝”。开工之初即挖到了石牛、石鼓，金属探测器又发出响声。“锦江淘江公司”备受鼓舞，订购一部起重机和预备好大量箩筐扁担，准备一旦挖掘到金银财宝，就集中人力搬运到银行直接缴存。然而，这场声势浩大的锦江淘金行动的结果却令人大失所望——只挖到三大箩筐铜钱[②]，所谓的“锢金”或曰“水藏”，更是未见踪迹。

20世纪70年代中期，文物考古部门先后在成都市望江楼附近的锦江靠岸处和市南郊永丰乡境内，发现了一批“大顺通宝”钱币，共二十余公斤。但有学者认为，这些钱币不能与“锦江埋银”的传说混为一谈，它只是张献忠大西政权铸造并在市面上流通的钱币[③]。20世纪90年代中期，成都市人民政府曾经对流经主城区的锦江河道进行过大规模的“府南河综合整治工程”，在疏浚河渠、清理淤积、修筑河堤的施工过程中，也没有挖淘到真正有价值的金银器物。

综上可见，关于张献忠在成都“锦江藏宝”问题，尽管文献记载不少，民间传闻甚广，也有零星的近似实物出现，但至今尚未发现有直接线

---

① 关于张献忠蜀中藏宝的地点，除成都锦江外，还有藏匿于龙泉山百工堰、青城山普照寺、彭山江口镇、芦山县青衣镇等多种说法，也有多个版本的民谣。如龙泉山百工堰版的“石公对石母，金银万万五。谁人识得破，成都买到简阳府”。彭山江口镇版的“石龙对石虎，金银万万五。谁人识得破，买到成都府”等。参见郑光路：《张献忠剿四川真相》，四川民族出版社，2010年版。

② 张超俊：《张献忠藏金之谜》，载《明末农民起义领袖张献忠全国学术研讨会文集》，会议论文集，陕西·定边，2010年8月，第125—126页。有关“锦江淘江公司”的淘宝活动，冯广宏先生有较详细的探讨。参见冯广宏《张献忠埋银悬案——张献忠帝蜀实情考之七》，《文史杂志》2011年第1期。

③ 沈仲常：《“锦江埋银”质疑》，《社会科学研究》1979年第4期。

索的物证。因此，锦江“藏宝”一事，虽然难以否认，但也无从证实，学界对此的讨论或争议还将持续下去[①]。

与成都锦江寻宝相异的是，人们在彭山江口镇岷江河中的寻宝，不仅时间更早，而且也更有收获。最早打捞江口战场“沉宝”并有巨大斩获的是江口之战胜利方的杨展。对此，《蜀碧》载称，杨展因江口之战胜利并“取所遗金宝，以益军储，自是富强甲诸将”[②]。当时人费密在其《荒书》中亦记载：“献忠尽括四川金银，作鞘注彭山县江（畔）。杨展先锋见贼焚舟，不知为金银也。其后渔人得之，展始取以养兵。”[③] 费密于顺治二年投靠杨展，江口之役时应尚在杨展军中，作为江口沉银事件的亲历者，对当时情况可能有比较清楚的了解。杨展之后，清政府及四川地方官府与彭山当地居民在传说中的江口沉银河段水中亦陆续有所发现。如清人彭遵泗所撰《蜀碧》即载称：“至今居民时于江底获大鞘，其金银镌有各州邑名号。”[④]《蜀碧》撰于康熙二十四年（1685），距离江口之战时间不长，作者彭遵泗又是眉州丹棱人，其所述事实可信度应该较高。清嘉庆年间编修的《彭山县志》亦记述：“乾隆五十九年冬，渔人获鞘一具，报县转禀制军孙相国补山（孙士毅），饬令派官往捞数月，获银万两有奇，珠宝多寡不一。然江水深广，用夫淘取，费亦不赀，寻报罢。”[⑤]《清实录》也记载，咸丰三年（1853），翰林院编修陈泰初奏称，他曾亲眼看见彭山县居民在岷江河中打捞到“其色黑暗”的银子。此时正值太平天国军兴，清廷财政吃紧，于是命令成都将军裕瑞“按所呈情形悉心查访，博采舆论。若知其处，设法捞掘”[⑥]。由此可见，从清初起，四川地方政府和民间即已经相信

① 学界对“锦江藏宝”，也有两种完全不同的看法。一是认为，“锦江藏宝”一事为后世讹传；也有认为此事可信。参见，沈仲常《“锦江埋银”质疑》，《社会科学研究》1979 年第 4 期。冯广宏《张献忠埋银悬案——张献忠帝蜀实情考之七》，《文史杂志》2011 年第 1 期。

② （清）彭遵泗：《蜀碧》卷 3，顺治三年条，载《张献忠剿四川实录》，第 164 页。

③ （清）费密：《荒书》，载《张献忠剿四川实录》，第 433 页。

④ （清）彭遵泗：《蜀碧》卷 3，顺治三年条，载《张献忠剿四川实录》，第 164 页。

⑤ （嘉庆十九年刻本）《彭山县志》卷 6。

⑥ 转引自冯广宏《张献忠埋银悬案——张献忠帝蜀实情考之七》，《文史杂志》2011 年第 1 期。

了彭山“江口沉银”的传说，并一直在江口镇一带的岷江河中探寻、打捞这些金银财宝，也陆续打捞起了银锭、银元宝以及相关物件。

正是因为有文献记载，又有实物出土的事实支撑，相对于成都“锦江藏宝”及其真实性问题的争议而言，学界对于彭山“江口沉银”持肯定意见者居多，并进而对“沉银”数量做了探讨。20 世纪 90 年代，多年潜心研究张献忠和大西军历史的著名学者王纲先生再次提出彭山“江口沉银”问题，认为“沉银”事实清楚，有据可证：一是大量史书记载；二是所沉金银来历清楚；三是清政府组织过打捞；四是清初以来，民间多有金银捞获；五是技术探测，有异常反应①。他进一步推断说，彭山江口一带可能还有大量金银财宝沉睡于岷江江底。当年，《成都商报》亦为此专文报导②。与此同时，也有学者认为，“江口沉银”虽不可否认，但是在彭山江口岷江水域及其附近不可能还有大量沉银。原因有三：一是东走江口之前，张献忠绝不会舍近求远，到百里外充满风险的“前沿阵地”埋什么金银财宝；二是江口之役张献忠战败后的漏船“沉银”，不能和张献忠主动“藏宝”混为一谈；三是三百多年来江口一带虽有“沉银”发现，但已早被杨展及前人打捞殆尽③。

彭山“江口沉银”再次引起关注并得到有关方面的重视，是最近十多年来的事情。2005 年 4 月，在岷江河道江口段建设中，施工方从河床 3 米深处挖掘出数枚藏匿于一截圆形木槽中的银锭。这截木槽长 118 厘米，外径 18 厘米，由两个半圆形木桩组成。木槽内部挖空用于藏匿银锭，合拢后被铁丝将两头箍紧④。这就印证了《蜀难纪略》等历史文献的记载，张献忠率大西军从水路撤离成都时，因银两太多而木船难以装载，于是命人

① 张超俊：《张献忠藏金之谜》，载《明末农民起义领袖张献忠全国学术研讨会文集》，会议论文集，陕西·定边，2010 年 8 月，第 126—127 页。

② 1999 年 4 月 22 日，《成都商报》以《千船金银沉没江口镇》为题报导。

③ 郑光路：《张献忠藏宝迷案》，载《张献忠剿四川真相》，四川民族出版社，2010 年版。

④ 冯广宏：《张献忠埋银悬案——张献忠帝蜀实情考之七》，《文史杂志》2011 年第 1 期。

制作木头夹槽以存放银锭，准备让其顺江漂流至川东巫山附近的长江狭窄地段时再打捞上岸带走，但因在彭山江口被杨展部阻击并战败受挫，这些银两及木槽也就沉溺于江中了[①]。随后，四川省、眉山市、彭山区文物考古部门又配合政府浚治岷江河道的机会，多次在江口镇的岷江河道进行大规模考古发掘并出水了大量金银器物。

正是由于彭山江口发现的文物越来越多，又进一步引起了文物部门和专家的特别注意，最终有了2015年底的专家论证会。来自中国社会科学院考古研究所、故宫博物院、国家文物局水下文化遗产保护中心、四川大学、四川省文物考古研究院等机构的专家，通过充分论证，认为彭山江口文物出水地点和文物的内容，均与有关文献记载基本符合，可以确定历史文献中关于张献忠“江口沉银”的记载可信。会后，有关部门将“江口沉银”遗址定为眉山市市级文物保护单位，确定以彭山区江口镇一段长约两公里的岷江河道，以及东至公路，西至河堤，南至岷江大桥南1000米，北至双江汇合处向北500米，南北外延500米的区域为“江口沉银”遗址保护范围及建设控制地带。为了更好地保护遗址，充分了解遗址的分布范围和水下文物的保存状况，四川省文物考古研究院联合国家文物局水下文化遗产保护中心、眉山市彭山区文物保护管理所在2017年和2018年对江口古战场遗址进行了两次发掘。

截至2018年4月，江口沉银遗址二期考古发掘工作全部结束，出水文物达四万余件[②]。文物种类大致有：一是与张献忠大西政权直接相关者，如张献忠“永昌大元帅”金印[③]、册封后宫的金册、铸刻有“大顺通宝”字样的银锭和铸刻有“西王赏功”字样的金银币等。二是明代册封亲王、

① 张超俊：《张献忠藏金之谜》，载《明末农民起义领袖张献忠全国学术研讨会文集》，会议论文集，陕西·定边，2010年8月，第126—127页。

② 《“江口沉银——四川彭山江口古战场遗址考古成果展”在京开幕》，中国日报网，2018年6月27日。

③ 吴晓玲：《四川江口出水文物“永昌大元帅”金印》，载《四川日报》2018年6月7日第12版。

世子、郡王以及王妃的金册、银册、金宝和金银印章，涉及荣、襄、楚、荆、蜀等王府。三是明代各地库银铸币，这些银锭铭文刻有时间、地点、用项、官员名及银匠名等信息。其中的税银银锭包括“粮银”“饷银”“轻赍银”“义助银”“禄银”“税契银”“行税银”等类，地域涉及河南、湖广、四川、江西、广西、广东诸省。四是与江口之战相关的大量兵器，如铁刀、铁剑、铁矛、铁箭镞等冷兵器，三眼火铳等热兵器等。五是明代社会生活器物和饰品，如瓷碟、瓷碗、铜锁、钥匙、秤砣、顶针等生活用具，戒指、耳环、耳钉、发簪等各类金银首饰。这些出水文物可谓种类繁多，内容丰富。它们不但证明了张献忠在彭山“江口沉银”传说的真实性，更是反映明代中晚期政治、军事、社会生活等历史的直接证据。

随着江口考古发掘的进一步展开和大批量文物的出土，传闻几百年的彭山“江口沉银”，被证明是确确实实发生过的重大历史事件。有关“江口沉银”真实性问题的讨论，可以因此而结束。但是，这些沉银及有关文物的历史价值和历史意义又远不止于此。它们作为张献忠及其所部大西农民军辗转征战路线的佐证和大西政权在四川活动的物证，既可以纠正一些文献记载的讹误，并进一步补充文献记载的不足，还有助于证实张献忠的征饷方式及其与明朝各地王府、地方官府的关系，更有助于推进“张献忠剿四川”这一重大历史疑案的研究走向深入，同时还可以利用彭山“江口沉银”所透露出的种种历史信息，更深入而细致地探讨、研究明末清初中国社会的诸多历史问题。概言之，“江口沉银”的被证实和这一历史迷雾的逐渐揭开，留给今人的是许多需要更进一步探讨和更深入研究的问题。

二

彭山“江口沉银”历史之谜的被证实，首先应当追问的是，为什么张献忠会如此重视对白银的搜括和聚敛？毫无疑问，“江口沉银”为人们提供了直观而形象认识明代货币白银化问题的实物证据，而明代的白银货币化及其广泛而深刻的经济社会影响，则是我们深入探讨张献忠“江口沉银”问题不可回避的重要历史背景和首先应解答的问题。

在明代货币制度的沿革史上，经历了一个由铜钱—纸钞—铜钱、纸钞、白银兼用—白银货币化即以白银为主币的发展历程。洪武元年（1368）至洪武七年（1374）为铜钱阶段。洪武初，有鉴于元朝币制之弊，以铜钱为法定货币。洪武元年，颁布“‘洪武通宝’钱，其制凡五等：曰‘当十’‘当五’‘当三’‘当二’‘当一’。‘当十’重一两，余递降至重一钱止。……洪武四年改铸大中、洪武通宝大钱为小钱”①。但在铜钱为主币的实施过程中，其弊端也暴露无遗。首先以收缴民间销毁铜器作为铸制铜币之原料，即招致民怨。而且铜钱价值低，笨重不便携带，金融流通与市场交易的功能因而大受影响。民间贸易特别是商贩市易因“多不便用钱”而仍“沿元之旧习用钞”②。因此之故，从洪武八年（1375）起，明朝改行纸钞。“诏中书省造大明宝钞，命民间通行。以桑穰为料，其制方，高一尺，广六寸，质青色，外为横文花栏。横题其额曰‘大明通行宝钞’。其内上两旁，复为篆文八字，曰‘大明宝钞，天下通行’。中图钱贯，十串为贯。”其等“凡六：曰一贯、曰五百文、四百文、三百文、二百文、一百文。每钞一贯，准钱千文，银一两；四贯准黄金一两”③。为保障纸币流通，明廷严禁民间用金银交易，规定商税兼收钱钞，收钱十分之三，收钞十分之七，一百文以下只收铜钱。自洪武二十七年（1394）起，对铜钱也收缴禁用，宝钞成为唯一合法流通货币。

有异于严禁民间使用金银交易这一规制的是，从洪武至宣德，明朝及地方官府就在一些收支中使用白银或以实物折征金银。永乐初，“惟置造

① 《明史》卷81，“食货志五·钱钞”。
② 同上。
③ 同上。

首饰器皿，不在禁例”[①]。这实际上为白银流通及其发挥货币金融功能打开了方便之门。正统至嘉靖期间，银、钱、钞兼用。正统元年（1436），朝廷推行名为“金花银”的赋税制度改革。时人周诠奏称：“行在各卫官俸支米南京，道远费多，辄以米易货，贵买贱卖，十不及一。朝廷虚糜廪禄，各官不得实惠。请于南畿、浙江、江西、湖广不通舟楫地，折收布、绢、白金，解京充俸。”明廷因此下令：“仿其制。米麦一石，折银二钱五分。南畿、浙江、江西、湖广、福建、广东、广西，折收布、绢、白金、米麦共四百余万石，折银百余万两，入内承运库，谓之金花银。其后概行天下。”[②] 折征“金花银”，实际上是承认了白银货币地位的合法性，也就进一步明确了白银在市场交易、赋税征解和财富储藏中的支付功能，致使“诸方赋入折银，而仓廪之积渐少”[③]。英宗即位后，“收赋有米麦折银之令，遂减诸纳钞者，而以米银钱当钞，弛用银之禁”[④]。正统七年（1442），朝廷又设太仓储银。“各直省派剩麦米，十库中棉丝、绢布及马草、盐课、关税，凡折银者，皆入太仓库。籍没家财，变卖田产，追收店钱，援例上纳者，亦皆入焉。专以贮银，故又谓之银库。”[⑤] 天顺年间，明廷重新解除银禁法令，进一步加强了白银的合法货币地位。从弘治元年（1488）起，“京城税课司，顺天、山东、河南户口食盐，俱收钞，各钞关俱钱钞兼收。其后乃皆改折用银。”[⑥] 这一时期，名义上是银、钱、钞兼用并行，但因纸钞严重贬值，除朝廷还用纸钞来赏赐、支付官员薪俸外，市面及金融流通领域已几乎不见纸钞。“朝野率皆用银，其小者乃用钱，惟折官俸用钞，钞壅不行。”[⑦] 之后，朝廷于嘉靖四年（1525），“令宣课分司收税，钞一贯

① 《明史》卷81，“食货志五·钱钞”。
② 《明史》卷78，“食货志二·赋役”。
③ 同上。
④ 《明史》卷81，“食货志五·钱钞”。
⑤ 《明史》卷79，“食货志三·仓库”。
⑥ 《明史》卷81，“食货志五·钱钞”。
⑦ 同上。

折银三厘，钱七文折银一分。是时钞久不行，钱亦大壅，亦专用银矣"[①]。至此，明代的白银货币化过程基本完成。

在白银货币化的过程中，白银逐渐成为官府、民间和市场交易日益广泛使用的重要货币，并因此对明中后期朝廷赋税征纳、财政收支等财经制度改革和经济社会活动，乃至于人们的财富观念等，均产生了重要而深远的影响。

首先，明代白银货币化的直接后果，就是赋役征敛即财政收入在很大程度上的货币化。明前期，虽然严禁使用白银交易，但出于因时因地制宜、因（朝廷）需（求）制宜和"宽民力""苏民困"等方面考虑，亦时常准许地方官府和民众在缴收田赋时以金、银、钞、钱、绢、布等物，甚至以海贝、布漆、朱砂、水银、棉花等土产方物折值代输，因此"谓米麦为本色，而诸折纳税粮者谓之折色"[②]。并曾于洪武、永乐年间多次规定或调整"本色"与"折色"之间的比价。如洪武初年规定："每银一两、钱千文、钞一贯，折输米一石，小麦则减直十之二；棉、苎布一匹折米六斗，麦七斗；麻布一匹折米四斗，麦五斗；以丝绢代输者，亦各以轻重损益。"[③] 洪武三十年规定："每钞一锭折米一石，金一两折十石，银一两折二石，绢一匹折一石二斗，棉布一匹折一石，苎布比棉布减三斗，棉花一斤折米二斗。"[④] 在《明史》《明实录》等官修史籍中，明前期田赋征纳收取"折色"的事例屡有记载，可见其已属大概率事件。这为英宗正统年间"金花银"改革即确立白银的法定货币地位创造了前提条件。在实行"金花银"改革及其前后，明朝还陆续对盐课、茶课、关税、徭役等税役，实行了折银或以银为折价衡量标尺的货币化征收改革[⑤]。

---

① 《明史》卷81，"食货志五·钱钞"。

② 《明史》卷78，"食货志二·赋役"。

③ 《明太祖实录》卷105，洪武九年四月乙丑条。

④ 《明太祖实录》卷225，洪武三十年冬十月癸未条。

⑤ 万明主编：《晚明社会变迁问题与研究》，商务印书馆，2005年版，第155—164页。

其次，财政支出的货币化。随着赋税征纳、徭役佥派的货币化改革逐渐推进并全面实行，明朝在政府财政收入货币化的情况下，其皇室开支、官俸支给、军费支出（包括军队官兵薪俸开支）、土木营建工程费用等各项财政支出，也逐渐由原来以人力、物力等实物负担为主转变为以白银货币支付为主[①]。在此基础上，张居正又进一步在全国范围内实行了名曰“一条鞭法”的赋役制度货币化改革。“总括一州县之赋役，量地计丁，丁粮毕输于官。一岁之役，官为佥募，力差，则计其工食之费，量为增减；银差，则计其交纳之费，加以增耗。凡额办，派办，京库岁需与存留、供亿诸费，以及土贡方物，悉并为一条，皆计亩征银，折办于官。故谓之一条鞭（法）。”这一改革之精神实质及其好处在于：通过赋役征佥的货币化，“通计一省（府、州、县）丁粮，均派一省（府、州、县）徭役。于是均徭、里甲与两税（合而）为一，小民得无扰，而事亦易集”[②]。有研究者认为：“一条鞭法的实行，既是白银货币化完成的标志，又是白银货币化的一个结果”，“反映出白银货币化所带来的制度改革和社会变革的影响和作用”[③]。

再次，在明朝赋役征敛、财政收支货币化的带动下，白银逐渐应用于社会经济生活的各个领域。从国家赋税征收、官俸军饷、京库岁需、皇室开支，到民间市场贸易、土地买卖、雇工、金融借贷等，皆用银支付，或以银为衡量单位支付。白银由此成为明中后期流通领域、市场大宗交易中的“主币”，普通百姓日常生活中所用铜钱则称为“辅币”。其时“民间交易，惟用金银”，“巨商富民，并权贵之家，凡有交易，俱要金银，以致钞不通行”[④]。“今天下自京师达四方，无虑皆用白银，乃国家经赋专以收花

① 《晚明社会变迁问题与研究》，第165—173页。
② 《明史》卷78，“食货志二·赋役”。
③ 《晚明社会变迁问题与研究》，第148页。
④ 《明宣宗实录》卷55，宣德四年庚子条。

文银为主，而银遂踞其极重之势，一切中外公私皆取给焉”[①]。白银在晚明社会经济生活中占有至关重要的位置，以致有研究者将这一时期称为“白银时代”[②]。

在货币发展史上，明代货币白银化这一重要变革，无疑是一种顺应历史潮流的进步。它有利于商品经济以及市场贸易体系的发展，为当时已经零星而稀疏出现的资本主义萌芽之进一步发展，开辟了前进道路。但是，这种货币变革若无有效之配套改革，白银的货币化即变成了一把双刃剑。在白银成为明中后期流通领域中主要货币的同时，也带来了一些不可忽略的负面影响。

第一，白银货币化加速了明朝的政治腐败。自明中叶起，白银货币化极大地引诱、激发了朝廷及各级官府、官吏对于财富之搜括、占有之贪欲，并促使其恶性膨胀起来。当时，上至皇亲国戚、朝廷高官权贵，下至地方胥吏差役，乃至宫廷太监等各色人等，皆以千方百计搜括、敛取白银而满足其贪欲为是。首先是皇帝及朝廷带头搜括敛财。史载，成化、弘治年间，朝廷以财政困难为由，公开卖官鬻爵。当时，只要缴纳白银四十两，“即得冠带”。更有“富儿入银得买指挥者”，被称之为“纳银指挥”[③]。万历年间，皇帝更是派遣大批太监出宫担任矿监税使，到各地搜括财富。这些矿监税使名曰“钦差”，其实无异于劫匪。他们横征暴敛，甚至公然抢掠的恶劣行径，激起新兴市民阶层及广大劳动人民此起彼伏的大规模反抗，造成晚明历史上著名的“万历民变”，呈现出“货币权力”与政治权力直接对抗的局面。“上有所好，下必甚焉。”有了皇帝及朝廷的带头示范作用，各级官吏亦将贪污贿赂、买官卖官视为寻常事情，花钱买官、政以贿成于是成为官场常态。史载，天启、崇祯年间，两位皇帝的叔父、明神

---

① 孙承泽：《春明梦余录》卷38，“户部尚书侯恂条陈鼓铸事宜”。

② 《晚明社会变迁问题与研究》，第187页。

③ （明）王锜：《寓圃杂记》卷10，“以财得官”。

宗的第七个儿子桂王朱常瀛按制赴其封地湖南衡州就藩。在承揽监督建造桂王府工程时，太监黄用因行贿白银五万两——比另一太监程应魁多献贿一万两——而中标。但其所监造的桂王府工程实在太豆腐渣，不幸很快倒塌并差点砸死桂王。情急之下，黄用与主持桂王府修建工程的工部营缮司主事高道素赶紧向桂王献贿白银六千两。而桂王在笑纳这六千两贿赂白银后，居然同意隐匿不报，将事情化了。崇祯十六年（1643），张献忠率大西农民军攻陷衡州，桂王逃往广西并于次年死于梧州[①]。读史至此，不禁掩卷沉思，不知那六千两受贿白银，是否就在张献忠部大西军攻陷衡州所抄没之桂王府财产里，而沉埋于彭山江口河中？

此外，白银货币化带来的买官卖官现象，也严重地腐蚀和冲击着明朝的选官制度和读书人“学而优则仕”的人生理想与价值追求。自隋唐实行科举制度以来，“学而优则仕”一直是读书人的人生奋斗目标和理想价值追求。然而，在朝廷公然买官鬻爵的情势下，贫寒士子十年寒窗苦读，可能还不如富家子弟花钱买官来得快并且行之有效。即使是参加科举考试，富家子弟也可以花钱雇佣“枪手”替考，或者买通考官作弊。这种状况，令奸诈狡猾之徒有机可乘，亦使贫寒士子或清廉正直人士寒心。因此，有研究者指出，明中叶以降，“白银成为货币以后，贪污现象大大增加，此前很少有如此规模的贪污记录”[②]。明末清初时，人们在总结明代白银货币化与明朝覆亡之关系时，即很重视白银货币化对于朝廷及其官吏贪欲的激发，由此造成的“官吏赃私难覆”[③]，亦成为明朝覆亡的重要原因。

第二，白银货币化加重了民众的赋役负担。明中后期实行赋役货币（白银）化后，缴纳赋税者，因折换白银而加重了实际负担。朝廷及地方官府“凡遇征输，动辄折收银两”。“然乡里小民，何由得银?”于是“不

① 吴久久：《明代国家工程：从固若金汤到豆腐渣》，《新民晚报》2013年4月19日A31版。

② 陈昆、杨小玲：《论明代白银货币化的社会影响》，《社会科学家》2012年第9期。

③ （明）黄宗羲：《明夷待访录》之《财计一》，中华书局，1981年版。

免临时展（辗）转易换”[①]，被迫将粮食、布帛贱价出售，将铜钱、纸钞贱值交换成白银，用以缴纳赋税。对于此中积弊，当时人即指出：“今一切征银，农无银，贱其粟以易银；军得银，又贱其银以买粟。”[②] 由此所造成的“其费倍称”“民穷于内，军馁于外”“一法两伤”等种种问题，成为晚明乃至清代士人反对货币白银化以及“一条鞭法”“摊丁入亩”等赋役货币化改革的理由。当代著名史家吕思勉也批评说：“农民所有者谷，所乏者币，赋税必收货币，迫得农民以谷易币，谷价往往于此时下落，而利遂归于兼并之家。”[③]

同时，用白银缴纳赋税，还存在着“火耗”等额外盘剥问题。明朝规定：各地解缴的赋税银，俱须煎铸成五十两一锭的锭银，成色十足，并铸刻地方、重量、年月日和官吏、银匠的姓名以备核查。“不足色数者敛官不许滥收，掌印官逼收者参提重处。”[④] 而实际上，一般只有殷富人家或工商业者才可能拥有大块的银锭，普通老百姓特别是乡村民众居家日用或者缴纳赋税时所换易之银，多是散碎银两并且成色参差不一。州、县官府于是便以碎银煎铸成锭银会有损耗、解缴京师或送解边防军卫途中也有人力物力等消耗为借口，要求民众在缴纳赋税时多缴纳一定数量的白银以做补耗，名曰“火耗”。清人王弘就说：“‘加耗’二字，起于后唐明宗。……洪武时定制，每斗起耗六合，石为七升，中制也。江南税粮加耗已至七八升，盖并人杂办，通谓之‘耗’，意不止于鼠雀为也。……近世有司收银，于正数外有加者，名曰‘火耗’，其数之多寡不等，存乎人而不加者鲜矣。”[⑤] 另外，官吏、银匠等在煎铸银锭的过程中，往往还要做手脚偷窃白

---

① 《明宪宗实录》卷 93，成化七年七月己卯条。

② （明）张怡：《玉光剑气集》卷 4，“国是”，中华书局，2006 年版。

③ 吕思勉：《田赋征收实物问题》，《吕思勉遗文集》（上），华东师范大学出版社，1997 年版，第 347 页。

④ （明）吕坤：《实政录》卷 4，“敛解边饷”。

⑤ （清）王弘：《山志》卷 2，“加耗”，中华书局，1999 年版。

银，从而在无形中加重了纳税者的额外负担。质言之，明中叶以降白银货币化所造成的民众赋税负担日益沉重，直至达到不堪承受之境地，使得本就紧张、尖锐的社会矛盾更趋激化，进而为明末农民战争的爆发埋下了隐患。

第三，白银货币化造成了严重的“银荒”，进一步加剧了明中后期的财政经济危机。当时，国内白银生产地主要集中在南方的云南、两广、四川、福建、浙江等省，矿脉微细，产量有限。本国所产和所储藏之白银并不足以支持明中后期的白银货币化及其市面流通需求，致使大量白银从海外输入。明代从海外输入的白银，主要有两个来源地（美洲与日本）和三条海上航路（中国与欧洲海上贸易航路、中国与美洲海外贸易航路和中日海上贸易线）[①]。据估算，1540 年至 1644 年期间，约有 7500 吨日本白银输入中国；1570 年至 1644 年期间，约有 12620 吨美洲白银输入中国。这就意味着，“日本白银产量的绝大部分和占美洲白银产量一半的世界白银流入了中国”[②]。按理说，有如此数量巨大的海外白银输入，中国应该不缺银两。然而，受明中叶白银货币化的冲击和影响，随着白银的广泛流通和普遍使用，它在明中后期人们心目中的地位也得到空前提高，并因此改变了人们的财富观念——由过去以粟帛（实物）为财富转变为以白银（货币）为财富。在时人看来，白银几乎即是财富之同义词。朝野上下、官府民间纷纷储（窖）藏白银。从皇室宗藩、豪门权贵、官府吏役到富商、乡绅，凡有条件者无不把储（窖）藏金银作为囤积财富之举。史载，嘉靖年间，“江南富室有积银至数十万两者”[③]。明清时期，山西商人（晋商）之巨家

---

① 陈昆：《明代中后期海外白银输入的三条主要渠道》，《社会科学家》2011 年第 6 期。

② 万明：《明代白银货币化：中国与世界连接的新视角》，《河北学刊》2004 年第 3 期。按，对明代输入中国之白银数量，梁方仲、全汉升、弗兰克、万明、庄国士等诸史家各自估计不同，但大体认为在 2 亿两至 3 亿两左右。参见邱永志：《明代的白银性质及其流动的考察》，《学术理论与探索》2011 年第 12 期。

③ （明）靳学颜：《讲求财用疏》，《明经世文编》卷 299《靳少宰奏疏》。

富室，所窖藏之白银，往往在数十万乃至数百万两[①]。然而，商人与有权势的太监、贪官污吏们相比较，其所聚集、储藏的金银又只能是“小巫见大巫”。明孝宗时，太监李广畏罪自杀，从其家中抄出黄金数百两，白银数百万两[②]。明武宗时，太监刘瑾获罪被杀，被籍没黄金 12.05 万余两，白银 25958 万余两[③]。明武宗宠信的钱宁和江彬两人，获罪后分别被抄家籍没黄金 10.5 万两、白银 498 万两以及碎金银并首饰 520 箱和黄金 10.5 万两、白银 440 万两以及金银首饰 510 箱[④]。权臣严嵩获罪时，从其江西家中抄出黄金及金器、首饰共 3.2 万两、白银及银器 235.9 万两，从其北京家中抄出黄金 483 两、白银 12605 两。时人传说，严家被抄金银尚未及其实际家财的十分之四五[⑤]。据稗史记载，明皇室内库所储藏之白银，更达数千万两之巨[⑥]。其他明朝亲王宗藩所藏白银，也各有几百万两之数。因此，李自成农民军进占北京后，43 天中，即从明皇室内帑和对勋戚、太监、百官的“追赃助饷”中，弄到白银 7000 万两[⑦]。另据估计，明朝覆亡时，民间所窖藏之白银大约在 2.5 亿两之数[⑧]。如此数额巨大的白银被储（窖）藏起来不能进入市场流通，必然导致晚明社会经济生活领域发生“银荒”，出现因“银日益少，不充世用”[⑨] 而民众缺乏银两缴纳赋税，朝廷缺少银两支付官吏和军队的俸饷等财政经济危机，并成为明朝覆亡的重要经济原因之一。

---

① 李楠：《浅论晋商窖藏白银的原因》，《沧桑》2009 年第 1 期。

② （明）陈洪谟：《治世余闻》上篇卷 2。

③ （明）陈洪谟：《继世纪闻》卷 3。

④ （明）田艺蘅：《留青日札》卷 35，“钱宁”“江彬”。

⑤ （明）田艺蘅：《留青日札》卷 35，“严嵩”。

⑥ 史载：李自成进占北京时，明皇室内库“银尚存三千余万两，金一百五十万两”。（赵士锦《甲申纪事》）“李自成括内库银九千几百万，金半之。”（张正声《二素纪事》）“贼入大内，括各库银共三千七百万，金若干万。其在户部者外解不及四十万，捐助二十万而已。”（杨士聪《甲申核真略》）。

⑦ 顾诚：《明末农民战争史》，中国社会科学出版社，1984 年版，第 237 页。

⑧ 彭信威：《中国货币史》，上海人民出版社，2007 年版，第 690 页。

⑨ 汪圣铎：《中国钱币史话》，中华书局，2004 年版，第 186 页。

第四，白银货币化及所造成的“银荒”，还进一步强化了人们关于白银作为财富的观念。明末农民战争期间，敌对双方——无论明朝帝王宗藩、勋戚权贵、大小官吏、军队官兵，还是张献忠、李自成及其所率领的农民军将士，皆视金银为重要的财富而汲汲致力于征刮敛取[①]。史载，张献忠、李自成等农民军部队与追剿他们的左良玉等部明军和清军一样，在攻占城镇以后，即大肆搜抄掳掠金银浮财；行军作战时，也随军随身携带金银。搜抄掳掠金银方面，据《剿闯小史》记载，崇祯十七年（1644）李自成攻占北京以后，“四月十二日，百官毕集午门，鸿胪寺挨班演礼。李贼与诸将俱不出，皆在大内盘库，将金银等器尽数倾销，每千两成一块，用铁销（按，此‘销’字当作‘鞘’字解，即包装铁皮之意）装入。各贼将解进者，亦皆如是”[②]。毛奇龄所著《后鉴录》也记载，李自成所部大顺军在北京期间以“追赃助饷”的方式而行搜括、索掠金银财货之实的大致情况是：“拷索银七千万两，侯家什三，阉人什四，官什二，估商什一，余宫中内帑金银器具以及鼎耳门环细丝装嵌，剔剥殆遍，不及十万。贼声言得自内帑，恶拷索名也。铸钱不成，铸金玺又不成；镕金饼，每饼千两，窍其中，贯以铁絙，凡数万饼，括骡车千驰，谋载归陕。”[③] 随军随身携带金银方面，《剿闯小史》记载，清军在追击李自成部农民军的过程中，“五月初二日，追至定州清水河下岸。……我兵乘势掩击，杀其贼兵一万三千余人。获其金银砖七百二十块，器械骡马，不计其数”[④]。吴伟业《绥寇纪略》亦载称，李自成农民军撤离西安以后，“长安居民争入其居，搜取金银。中夜失火，秦府被烧几尽。唯回民有胆力，得最多，故大富者众。关中人遇雨后于布政司泥土中拾得珍珠，至今不绝”[⑤]。至于张献忠及

① 赵俪生：《论明末农民军对货币财富的积累》，《文史哲》1956年第6期。
② （抄本）西吴懒道人：《剿闯小史》卷5。
③ （清）毛奇龄：《后鉴录》卷5，载《西河合集·文集》（影印本）。
④ （抄本）西吴懒道人：《剿闯小史》卷6。
⑤ （清）吴伟业：《绥寇记略》卷9，“通城击末附记”，上海古籍出版社，1992年版。

所部大西农民军，虽然于攻城略地之际大肆搜刮掳掠金银浮财，行军作战亦随军携带金银财宝，但是因为“恐兵富而易逃”，于是严禁士卒私自存留、挟藏金银浮财。对此，时人杨鸿基所著《蜀难纪实》载称：“金银重货，献忠恐兵富而易逃也，其令挟货则杀之。时时搜索。故贼虽见金亦取之，不专求。”[①] 沈荀蔚《蜀难叙略》记载：“令贼卒，凡子女玉帛及一应贵重之物，不得辄留，犯着死。”由是，张献忠部大西军将卒对于战利品的处理，即主要采取“人畜以刀剑，而储物可焚者以火，惟金银必以水土沉埋之”[②] 等具有强烈破坏性的粗暴方式。张献忠、李自成等明末农民起义军这种攻城略地后即设法搜刮金银财富，行军作战随身携带金银财富的做法，既是当时人们视白银为重要财富之思想观念的物质化反映，也是我们深入探讨张献忠于彭山“江口沉银”所必须重视的历史背景。

综上所述，明代中后期白银成为主要流通货币和政府税收的内容，不仅是财富的象征，更是政权赖以存在的基础。彭山江口古战场遗址所出土的沉银等文物，既是“江口沉银”历史事件最直接、最有力的证据，也是明代白银货币化的直观反映。那些出自河南、湖广、四川、江西、广西等地，并铸刻有时间、地点、用项、官员名及银匠名的各种税银文物，则是明代中晚期征税制度的实物证据，也是张献忠主要转战路线与筹办军需措施的佐证。

三

“江口沉银”的被证实，还应当进一步追问的是，张献忠为什么会有大量白银沉于彭山江口的岷江之中？以这些新出土的实物材料探究明末农民战争这一老问题，对明代货币白银化与财富货币化的讨论，或许还只是

---

① 《泸县志》（民国二十七年重编重刊本）卷 8。

② （清）沈荀蔚：《蜀难叙略》，载《张献忠剿四川实录》，第 106 页。

停留在问题的表象层面，有必要更进一步追问的是蕴藏于其历史帷幕之后的更深层次的关于张献忠及其大西军胜败成亡的历史真相，以及如何更进一步地审视和评价以李自成、张献忠为主要领袖的明末农民起义战争。

据报道，考古文物部门及专家们在清理彭山“江口沉银”的出土文物时，发现不少银锭内壁有铸刻铭文，这些铭文记载了银锭之来源地，还铸刻了制作工匠的姓名和铸造时间。如“崇祯十六年八月纹银五十两”“沅陵县征完解司载充兵饷银五十两崇祯十年八月□日银匠姜国太”“京山县十五年饷银肆十两”“巴陵县榆□饷银五十两”“大西眉州征完元年分半征粮银五十两一定银匠右闵季”等①。就所载地域信息而言，它反映出银锭的征解地、饷银使用地或储存地。而出水银锭上的这些铭文信息，与历史记载的张献忠转战路线及所占领地区大致吻合，也与《蜀碧》所记“至今居民时于江底获大鞘，其金银镌有各州邑名号”② 和清嘉庆年间所修《彭山县志》所载“居民于江中采获金银，多镌有各州县名号”③ 相契合。换言之，它们作为历史文物，进一步证实了明末张献忠率大西军辗转征战的历程，同时，也在一定层面上形象地反映并证实了其推行的政治、经济等政策及其有关措施。

张献忠自崇祯三年（1630）四月（一说六月及以后）④ 率领米脂十八寨起义，至顺治三年（1646）战亡于四川西充凤凰山，十七年间，大西军反复北上南下东进，与跟踪追剿的明军周旋，转战于陕、晋、川、豫、鄂、湘、皖、赣等南北数省，五次进出四川。其中，崇祯十四年（1641）春，张献忠、李自成率所部农民军分别攻占明封藩重镇湖北襄阳、河南洛阳以后，张、李两支明末农民军主力便自然分开，各自活动于长江南、北地区——张献忠部大西军主要战斗在长江以南的皖、鄂、湘、赣、川等

---

① 参见冯广宏：《张献忠埋银悬案——张献忠帝蜀实情考之七》，载《文史杂志》2011年第1期。

② （清）彭遵泗：《蜀碧》卷3，顺治三年条，载《张献忠剿四川实录》，第164页。

③ 清嘉庆修《彭山县志》卷6。

④ 王纲：《张献忠大西军史》，湖南人民出版社，1987年，第47页。

省，李自成部大顺军主要活动于长江以北的陕、甘、豫、晋、冀、鲁等省。张献忠在成都建立大西政权之前，先后攻克武昌、长沙等省会和重庆、襄阳、衡州等府城以及众多的州、县治所及城镇。但基本上都是流动作战，“陷不留守”。攻占了甲地，即丢失乙地。有些地方是多次攻占，又多次丢失[①]。即便是占领时间较长的城市如武昌只住了两个月，在长沙也未呆满百日。对于张献忠部大西军攻城略地而不固守的作战方式，曾长期追随张献忠的部将罗汝才就明白地说过：“吾等横行天下为快耳，何专土为?”[②] 不过，这种流动作战，攻城略地而不留守的作战方式，固然可以快意一时，但也使得张献忠及所部大西军因缺乏稳固的地盘，没有战略后方或立足之根据地，而长期处于东奔西跑，疲于奔命之流动不定状态，其在所占领地区的一些政治建设及行政设施措置，也都是人走茶凉。正是因为如此，张献忠在史籍中被冠以“流寇”之名，后世史家在总结其失败原因时，也认为他犯有“流寇主义”的错误。

在“流寇主义”思想的影响下，张献忠及所部大西军长期四处流动作战，“随掠而食”，没有稳固的根据地，不重视也难以进行正常的政治建设和经济建设。其饷粮、武器、马骡等军事物资，就主要依靠“打粮”，即强行征派和攻占城镇后没收官府库存、搜掠官民家藏等途径来筹措和获取。从历史记载来看，张献忠部农民军对军需物资及金银财货等的搜掠征敛，主要有两种途径，即：一是攻占城镇特别是大中城市后，从明朝国库或藩王府藏中获取，这也是张献忠积聚财富的最重要来源。史载崇祯十四年（1641）二月，张献忠攻下襄阳，襄阳是明朝的军事重镇和襄王的王府所在地，军需饷银，聚集在城内。张献忠处死了襄王朱翊铭和贵阳王朱常法，下令籍没襄王宫中的全部财产，“即发银十五万以赈饥民”[③]。崇祯十

① 袁庭栋：《关于张献忠农民起义的流寇主义问题》，《四川师院学报（社会科学版）》，1981年1期。

② 吴伟业：《绥寇纪略》卷9，上海古籍出版社，1992年版。

③ 孙承泽《山书》卷14，清钞本。

六年（1643）五月，张献忠趁武昌“武备废弛”，迅速渡江攻取武昌，消灭了“楚府兵”，执楚王而沉入江中，“尽取宫中金银各百万，辇载数百车不尽”①。崇祯十六年（1643）八月，张献忠挥师进抵长沙。明朝封在长沙的吉王和从荆州来避难的惠王逃往衡州（今湖南衡阳），投奔桂王。张献忠从长沙向衡州推进，明惠王、桂王逃往广西，吉王逃到广东。在大西军的打击下，分封在湖广的楚王、吉王、桂王、荣王、岷王等或覆灭或逃往他乡，他们所积聚的金银财宝，大都为张献忠大西政权所有②。崇祯十七年（1644）六月，张献忠攻克重庆，处死了瑞王朱常浩，悉数占有瑞王府库和金银四十多万两③。八月初九日攻下成都，将蜀王府改称皇宫，没收蜀王朱至澍等宗藩的家赀④。二是在所占领地区搞强行摊派或搜刮劫掠。特别是对乡绅、富民和商贾等实行“打粮”。张献忠在陕北家乡起事后，即以流动作战和劫掠金银财货为其主要斗争方式及特点，并因此被人诟骂称为“流寇”。史载，张献忠所部农民军每到一地，即以严酷刑法逼迫官宦富商乃至普通平民交纳藏银，叫作“输银助饷”。即便是在占领四川，拟割据巴蜀以称王之后，张献忠及所部仍然不改流寇主义作风，继续实行“打粮”“追银助饷”等财政经济政策，依然是“搜刮合城郡王、宗室、乡绅、富民、商贾之家金银宝玩，锱铢不遗”⑤。另外，历史文献中关于张献忠及所部农民军抢夺劫掠民间财富，特别是在中下层普通百姓中搜括掠取金银财货的具体事例，尚未多见，但也并不是没有。如传教士古洛东在《圣教入川记》中即记载道：“先是献忠备船只无算，均满载金银贵重之物，是皆百姓之物，由劫掠而来者。”⑥ 在彭山“江口沉银”所出水之文物中，也有不少制作极为粗糙的耳环、耳钉等银饰品，明显属于民间中下层

---

① 彭孙贻《流寇志》卷 7，康熙刻本。

② 《明史》卷 309，“流贼·张献忠”。

③ 王纲：《张献忠大西军史》，湖南人民出版社，1987 年版，第 246 页。

④ 佚名：《纪事略》。

⑤ 同上。

⑥ 〔法〕古洛东《圣教入川记》，四川人民出版社，1981 年版，第 28 页。

普通百姓家所使用、佩戴之饰物。这就说明：中下层百姓家常之金银财货，也属于张献忠及所部大西军搜括敛取的财富对象。

张献忠及所部农民军一路转战，一路“打粮”，所劫掠获取的大量金银财富，不但解决了部队给养，亦为其在成都正式建立大西政权提供了财政经济的保障。崇祯十七年（1644）八月，张献忠攻下成都，改成都为西京，建立大西政权。大西政权建立之初，张献忠亦曾有过“暂取巴蜀为根，然后兴师平定天下”的雄心壮志[①]。但是，在大西政权建立起来及其存续的两年多时间里，张献忠并没有放弃“随掠而食”的“流寇主义”思想作风，因而也就不可能从稳固大西政权统治根基这一政治高度探索建立保证国用军需的常态化财政供给与税收制度，也没有探索实行积极的财政经济政策，没有实行过按土地或人口征收赋税的正常的财政税收体制。几十万大西军将士和各级政权及官员的消费即财政支出，仍然是主要依靠没收官库和“打粮”来获取[②]。从总体上看，这一时期，张献忠及大西政权、大西军的财政收入来源主要有四条途径，即：一是设局铸钱。即“取藩府所蓄古鼎玩器、寺院铜像，熔液为钱，其文曰：‘大顺通宝。’”[③]“令民间家悬顺民号帖，以大顺新钱钉之帽顶。”[④] 二是严禁民间私藏金银并严厉收缴。即严禁民间“带藏金银，有即赴缴，如隐留分厘金银或金银器物首饰，杀其一家，连坐两邻”。又“于前门外铺簟满地以收之。须臾，钮扣亦尽”。“金银山积、收齐装以本鞘箱笼，载以数十巨舰。”[⑤] 三是强制性征粮。“献贼每五日十日一发人采粮，如一人不回营，领人管队小剥皮，同伴俱斩。”[⑥] 四是搜括富户。张献忠所部在其占领的四川地区各府、州、

---

① （清）李馥荣：《滟滪囊》卷2，载《张献忠剿四川实录》，第155页。
② 顾诚：《明末农民战争史》，中国社会科学出版社，1984年版，第307页。
③ （清）徐鼒《小腆纪年附考》卷8。
④ 《蜀碧》卷2，顺治二年条。另参考刘敏《大西政权铸币考》，《四川金融》1998年第2期。
⑤ （清）欧阳直《蜀警录》，载《张献忠剿四川实录》，第193页。
⑥ 同上，第190页。

县，“取富户追赃助饷”[①]。“藉富民大贾，饬各州郡境内富民大贾，勒输万金，少亦数千金。”[②]“拘绅袍富室大贾，罚饷银皆以万计，少亦数千，不问其力之足否。”[③] 由此可见，即使是在大西政权建立起来后，张献忠及所部农民军的财政经济收入来源，除铸钱一项外，仍然是以没收宗藩贵戚府库，搜刮富民大贾为主，谈不上有任何发动群众、组织群众、恢复经济、扶助农桑等积极有效的财政经济政策措施[④]。

如果说，张献忠部农民军在流动作战时期，以“打粮”方式解决军需给养，还有其合理性的话，那么在大西政权建立以后，既要推行“三年免征”等轻赋薄税政策，又要解决庞大的军费和政府开支问题，仅靠没收明朝官府库藏和“打粮”，是难以维持大西政权的正常运转的。财政收支是政权统治的根基，如果没有切实可行的财政赋税政策作保障，必然导致统治根基不稳，更遑论开疆拓土，扩大统治区域。事实也是如此。当时，张献忠大西政权在四川所能真正控制的区域十分有限。对此，史籍载称：“献忠当时窃据者，川西锦城一区耳。”[⑤]“献忠拥兵数十万……而其威令所摄者，不过成都前后十余县耳。”[⑥]

按照常理，以大西政权局促的地盘，跛足的财政赋税政策，张献忠能维持大西政权的正常运转，已经是很不容易的事情。但令人意外的是，大西政权所搜括聚敛的巨额财富，论数量是“金宝亿万计”[⑦]，论堆头是“金银山积”[⑧]。另有研究者估计，张献忠随军携带的金银珠宝财富，以白银

① 嘉庆《什邡县志》卷 8，“人物”。
② （清）刘石溪：《蜀龟鉴》卷 2，载《张献忠剿四川实录》，第 266 页。
③ （清）沈荀蔚《蜀乱叙略》“顺治元年”条，载《张献忠剿四川实录》，第 104 页。
④ 傅迪吉：《五马先生纪年》。
⑤ 《纪事略》。
⑥ （清）计六奇：《明季南略》卷 12，中华书局，1984 年版。
⑦ 《明史》卷 309，“流贼 · 张献忠”。
⑧ （清）欧阳直：《蜀警录》，载《张献忠剿四川实录》，第 192 页。

计，可能价值数千万两至一亿两之巨[①]。因此，史籍载称，张献忠率军在大顺三年（清顺治三年，1646）准备离开四川向外省转战时，“所聚金银”，“载以千余艘”，“以千余人运之江干，三月始毕”[②]。而在江口战役以后，胜利者杨展即凭借捞取张献忠“江口沉银”之“所遗金宝”这一飞来横财，便可“以益军储”，并“自是富强甲诸将”[③]。另外，有研究者认为，彭山“江口沉银”所沉藏的金银财宝，很可能还只是张献忠部所拥有之巨量金银财货中的一小部分，因为“张献忠终究是个流寇，四处行军打仗要钱，虽然是兵败回成都，肯定要把军费带走。所以沉入江底的宝贝，应该是少部分，是没办法挽救才放弃的”[④]。对此，前引历史文献亦载称，江口之战后，“献决走川北，将所余蜀府金银铸饼，及瑶宝等物，用法移锦江，錮其流，穿穴数仞，实之，因尽杀役工，下土石淹盖，然后决堤放流，使后来者不得发，名曰‘錮金’”[⑤]。

张献忠及所部大西军拥有如此丰厚的金银财富，但军力却没有因此发展壮大，地盘也并未因此而得以拓展，大西政权仅仅维持了两年多时间，即以失败告终。探究其失败之原因，或可枚举多条，但畸形的财政经济政策，应是其失败的重要原因之一。有必要再次强调的是，张献忠一方面因“恐兵富而易逃”，于是严格控制金银财富，实行所部将士如果私藏金银一两，斩全家，私藏十两，本人剥皮、斩全家等严酷政策，以禁止部下私自存藏金银浮财；一方面铸造“大顺通宝”铜钱，在促进市场货币流通的同时也借机敛取财富。但是，张献忠及大西政权的这些财政经济举措，并不具备从根本上开源的意义，亦不能促使其建立正常的财政税收制度，自然

---

① 李庆、毛玉婷：《张献忠一路杀抢搜刮获得折合现代数百亿人民币财富》，“中国新闻网”2017年11月7日。

② （清）沈荀蔚《蜀难叙略》，载《张献忠剿四川实录》，第107页。

③ （清）彭遵泗：《蜀碧》卷3，顺治三年条，载《张献忠剿四川实录》，第164页。

④ 此乃袁庭栋先生的看法，原文《破解张献忠的巨大财富，资产百亿富比崇祯》，载《华西都市报》，2017年1月12日。

⑤ 《蜀碧》卷3，顺治三年条，载《张献忠剿四川实录》，第164页。

也就不可能建立起坚实的财政经济基础。因而，也就只能继续采取“打粮”等方式，用流寇主义的“随地掠食”手段来筹集军饷国用等财政经费。而“打粮”，实质上就是抢夺劫掠。“打粮”过程中，既要抢掠富人，也要劫掠普通老百姓。抢掠必然招致反抗，镇压反抗就必然要杀人，也就必然会激化社会矛盾，也就不可能建立起稳定的社会秩序，巩固统治也就成为天方夜谭。这是张献忠及其大西政权在四川地区不能立脚的根本原因，也是“张献忠徒有大量白银，只落得江口沉银悲剧的根本原因之一”[①]。对此，明清之际的史学家查继佐亦分析说：“张之失，不知所为固。……不知所为固则防疏，而后无余地可凭。”[②] 总之，既然张献忠及所部农民军不能改变其长期形成的“饥则聚掠，饱则弃余，已固之粮，不知积啬，地生之利，未闲屯种”[③] 等“流寇主义”的思想作风，则其所怀抱的“平定天下”之雄心壮志，也就因无所依凭而成了无根之木。

在此基础上，我们或许应当更进一步追问的是，究竟该如何评价张献忠作为农民战争领袖人物这一历史问题。在曾经被誉为“五朵金花”之一的农民战争史的研究中，因受传统思维的影响，在过去相当长一段时期里，人们在探讨和记述历朝历代农民战争爆发的原因时，形成了一套政治腐败、土地财富集中、赋役繁重、灾荒频发等僵滞固定的解读范式，换言之，即所谓“官逼民反”。按照这一范式的逻辑推理，古代农民战争的领袖人物起事造反，其主要动机是为民请命，其行为具有天然的合理性、正义性和进步性。因而，在这一范式的理论框架下评价农民战争的领袖们，往往是褒扬居多，而对其过失则讳莫如深，或者一笔带过，或者闪烁其词。即使是在对像张献忠这样极富争议性的农民战争领袖的研究中，为塑造其农民“英雄”的伟大形象，亦对相关史料进行主观的“取舍”“剪

---

① 万明：《张献忠为什么会有大量白银沉于江口》，《中国历史研究动态》2016 年 5 期。

② （清）查继佐：《罪惟录》，浙江古籍出版社，2012 年版。

③ （清）谈迁：《国榷》卷 98，中华书局，1988 年版。

裁"，尽量挖掘使用正面的史料，用较多笔墨突出其在转战征途中，如何劫富济贫；建立政权后，又如何"免征""免粮"以苏"民困"，"解民倒悬"。而对于张献忠及其大西政权在四川活动期间的消极方面和负面影响，则往往有意无意地忽视之，或轻描淡写地以"杀人如麻""抢钱无数"等语一笔带过，甚至为其曲笔讳过，强词辩护。例如，在探寻明末清初四川人口锐减、经济破败、社会满目疮痍的原因时，无论官修正史、野史稗闻还是民间传说，皆指向张献忠"屠川"之过。对这些反映张献忠"残暴"的史料和传闻，过去有不少学者固执地认为，是历代封建统治阶级对农民战争及其领袖人物的"敌视"与旧史家的"偏见"。即使是面对铁证如山的张献忠在川残暴"杀人"之史实，也认为是其推翻明朝暴政和维护大西政权的政治需要，是正义的革命行动，并为张献忠辩护说："革命的农民阶级与反动阶级势不两立，历史上的农民起义都是如此。"[①] 社会财富"不流通地积贮在贵族或豪富手里，却是不起任何积极意义的，相反，倒是减低了社会的交换频率。而假如一旦掌握在农民军手里，则可以买卖军事装备、买卖粮秣、救济社会上贫弱无生产力的人们……这样，一方面可以大大加强阶级斗争的强度，也大大加重了对统治者和剥削者的打击；另一方面，也可以加速社会交换的频率，对手工业和商业的进一步发展，也是有着促进作用的"。另外，与李自成的大顺农民军队伍相比较，张献忠所部大西军"在阶级成分方面的构成则比较复杂"[②]，有农民，有游民，有兵勇，有宗教迷信活动者。总之，张献忠及所部农民军的抢劫杀人等暴烈行动，事出有因，情有可原，是合理的。

改革开放以来，学术界拨乱反正，史学研究逐渐步入正轨，呈现出令人欣喜的局面。在评价农民战争的历史作用问题上，多了一些反思和理性

① 王纲：《论张献忠大西政权的革命性》，《四川社联通讯》，1983年（5），第28—33页。

② 赵丽生：《论明末大农民军对货币财富的积累——明末农民起义分题研究之二》，《文史哲》1956年第6期。

认识，不再是一味褒扬或贬低。自 1980 年 3 月四川省社会科学院在成都组织召开“张献忠在四川”学术讨论会后，学界多次召开有关张献忠及其大西政权问题的学术讨论会，对相关问题进行了深入地研究，取得了可喜成绩[①]。任乃强、王纲、胡昭曦、陈世松、冯广宏等专家，在他们的有关论著中充分运用现有史料，对被曲解的历史事实进行了澄清，发表了一系列有真知灼见的论著。随着“江口沉银”的被证实，更多实物证据的出现，为张献忠及大西政权这一课题的研究持续进行并走向深入提供了新的证据，并给研究者以新的启示，一些过去看似结论性的问题，有可能被质疑，观点也可能被修正。正如客观主义史学代表兰克所说：“史学家的最高职责是按事件实际发生的那样来叙述历史。”[②] 我们相信：随着彭山“江口沉银”这一重大历史谜团被逐步解密，随着彭山“江口沉银”历史真相逐渐浮出水面，关于张献忠及大西军的功过是非评价，特别是“张献忠屠蜀”这一“老问题”，也将因此成为一个亟待重新探讨的“新课题”。也就是说，随着学术界及广大学者的辛勤耕耘和有关研究的不断深入，张献忠及大西政权的历史叙述必将会更加趋近于事实的真相。

四

以上，仅就彭山“江口沉银”所涉及的几个重要问题做了初步的探讨，而“江口沉银”是近年来最具影响力的水下考古之一，被誉为 21 世纪以来明清史领域的重大考古发现。撇开其考古学意义不论，仅就已整理

---

① 1980 年 3 月四川省社会科学院在成都组织召开“张献忠在四川”学术会，会后出版《社会科学研究》丛刊《张献忠在四川》论文集。2010 年 8 月 15—17 日，由中国社会科学院历史研究所、四川省社会科学院历史研究所、陕西省社会科学院联合主办，在陕西定边县召开了首届“明末农民起义领袖张献忠全国学术讨论会”，这次会议是继 20 世纪 80 年代四川省社会科学院两次相关学术会议后的首次大型学术研讨会。出席会议的全国专家学者共计 120 余人，征集到论文 52 篇，专著 1 本。会后出版《明末农民起义领袖张献忠全国学术讨论会文集》。

② 转引自何平：《20 世纪下半叶西方史学认识论的发展》，《史学理论研究》2001 年第 1 期。

出来的四万余件文物之历史价值和学术意义而言，它们所反映的是一个宏大的历史背景，留给我们的是一个广阔的学术探索空间，需要进一步追问的问题还很多。为了梳理“江口沉银”有关问题的既有研究成果，厘清其学术研究脉络，追寻人们探索历史真相的思维轨迹，以便更好地推动“江口沉银”的学术研究。四川省委宣传部特别组织有关专家编辑出版《“江口沉银”研究文献汇编》（下文简称“文献汇编”），其中“学术研究卷”部分，要求从学术视角观察彭山“江口沉银”的社会背景、事件过程、社会影响和文物价值，将近年来以“江口沉银”为对象的相关研究成果汇辑出版，包括公开发表的学术论著和新闻报道，并酌量收录了若干新撰论文。

按照《文献汇编》编委会的安排，本书以“江口沉银”的历史背景、银两之来源、学术研究三个部分为主体，同时，将有关张献忠“研究或学术讨论会”综述、论著索引作附录。具体安排如下：

第一编，传说与实证：“江口沉银”历史真相的探索。主要收录三大类研究成果，一是以文献资料为据，探讨“江口沉银”是否真有其事的论文；二是江口河段考古发掘前，以民间散见或被盗文物为对象，有一定学术性的新闻报道和事实探索的论著；三是以考古实物材料为研究对象的论文。

第二编，抄没与追比：张献忠的经济政策与“江口沉银”来源考究。主要收录两大类研究成果，一是张献忠自崇祯三年率领米脂十八寨起义，转战陕、晋、川、豫、鄂、湘、皖、赣等南北数省的主要论文；二是大西政权的政治、经济建设的有关论文。

第三编，白银货币化：“江口沉银”历史背景解读。主要收录明代赋役白银货币化改革及其有关研究成果。

第四编，附录：“江口沉银”有关学术会议、研究综述和论著索引。主要收录了2篇张献忠及大西政权学术会议综述、2篇有关问题的研究综述，以及近百年研究论著目录。

就收录入《文献汇编》“学术研究卷”的成果而言，反映出“江口沉银”及其有关问题的研究，课题虽不新鲜，但仍有许多问题需要进一步探究和重新审视，甚至还有一些问题的研究尚处于空白状态。如有关“江口沉银”的研究多止于文献与传说，而出土文物的研究，在一定程度上说，还是空白。又比如，明代白银货币化、赋役货币化与明末农民战争的爆发有无关系？若有关系，关系又有多大？诸如此类及与之相关的一些问题的研究，才刚刚起步。而对于张献忠及大西军的财政经济政策与江口之沉银来源的系统探讨，也还十分薄弱。如此等等。因此，如何紧扣主题选取“研究文献”，看似简单，实则很是纠结。

本课题的完成，是各组成员齐心协作的结果。2017 年 9 月，邓前程接受《“江口沉银”研究文献汇编》（“学术研究卷”）主编任务后，即与肖俊生博士、黄辛建博士共同拟定编辑主题和文献的收录范围。文献的收集、整理分别由四川师范大学历史文化与旅游学院研究生何敏、李沛轩、李媛媛和李玲钰完成。其中，第一编、第三编，何敏、李玲钰；第二编，李沛轩；第四编，李媛媛。各编初稿完成后，由邓前程、肖俊生、黄辛建统稿和定稿。四川省社会科学院历史研究所马芸芸博士、巴蜀书社徐庆丰博士，慷慨献出了辛勤收集并整理的有关文献，在此深致谢忱！

本书的编辑，旨在抛砖引玉。一是为有兴趣了解彭山“江口沉银”的人们提供参考；二是为研究者探讨“江口沉银”问题梳理相关的学术脉络，期冀因此能减轻他们在搜罗辑集研究材料中的辛劳；三是期望能进一步引起海内外人士对“江口沉银”问题的关注，推动这一问题研究的持续开展并逐步走向深入。

邓前程

2018 年 5 月 26 日于成都东郊狮子山

目 录

第一编 传说与实证："江口沉银"历史真相的探索

第二编 抄没与追比：张献忠的经济政策与“江口沉银”来源考究

第三编 白银货币化："江口沉银"历史背景解读

第四编 "江口沉银"有关研究综述和论著索引

第一编　传说与实证：『江口沉银』历史真相的探索

张献忠埋银悬案

冯广宏

（一）清人所记献忠埋银

清夏燮《明通鉴·附编》：顺治元年（1644）八月甲子，张献忠军攻占成都。十一月庚寅，张献忠建大西国，改元大顺，以成都为西京；设丞相、尚书、五军都督府等官。此下记述了张献忠屠杀恶行，接着说："又用法移锦江，涸而阙之，深数丈，埋金宝亿万计，然后决堤放流，名水藏，曰：'无为后人有也'。"

这里的文字全抄《明史·流贼传》，事件的时间是模糊的，只说明有埋银这么一回事。

沈荀蔚《蜀难叙略》所记较详，时在 1646 年，称张献忠将"其所聚金银，以千余人运之江干，三月始毕。至是，测江水浅处多支流，以杀其势，一如筑决河法。水涸，于江底作大穴，投以金银，而杀运夫于上，后覆以土，仍决江流复故道。后续有所得，俱刳木成鞘，运至新津江口，载以千余艘，将为顺流计，至巫峡投之。"

刘景佑《蜀龟鉴》综合各家传说，所述略同。其在 1646 年夏历五月后记："锢金。献以财货妇女累兵心，令有妇女必杀……有金银必缴。藏一两者斩，十两剥皮。凡金银、器物、首饰沉井窖屋，发觉者连坐一营；告捕者赏以其家器物。前门外铺席满地，金银山集。盛木鞘数万（《蜀碧》）。测江水浅处，开支流如筑决河法，水涸，掘大穴，投以木鞘，杀运夫而实以土。乃决江流，复故道。续得金银亦盛鞘，至新津江口而覆。（《叙略》）”

又在 1646 年六月记：“明副将杨展大败献于江口。”“献率劲兵十余万，金宝数千艘，顺流东下，将变姓名走楚作巨商。展遂于彭山江口纵火，焚其舟。展身先士卒，殪其前锋。风烈火猛，展登岸夹攻，枪铳、弩矢齐发。（献忠）士卒辎重丧失多，急走成都。展取所遗金宝益军储，富强甲诸将。居民时于江口获木鞘金银。”

根据当时传闻编写的野史，张献忠埋银和沉银，实际上是前后两次。

所谓“锢金”式埋银，是指埋银于成都城中锦江。民间一直传有歌谣，几乎人人耳熟能详：“石牛对石鼓，银子万万五。有人识得破，买尽成都府。”

所谓江口沉银的事，欧阳直《蜀警录》记在 1646 年六七月：“金银山积。收齐，装以木鞘箱笼，载有数十巨舰。令水军督押，赴彭山之江，沉诸河。献贼移师出城，驻营于郊。令各营纵火，烧毁房屋。”八月，张献忠放弃成都北走。次年正月，“杨展奉旨晋广元伯。遣塘马四营，分镇成都四城。募善泅水手，打捞江口金银。”

费密《荒书》则记于 1646 年正月：“献忠尽括四川金银作鞘，注彭山县江。杨展先锋见贼焚舟，不知为金银也。前后渔人得之，展始取以养兵，故上南为饶。”此事也见载于清《彭山县志》卷六。

上面的说法是先埋银，后沉银；沉银一说是战败覆舟，一说是主动沉江。但孙锜《蜀破镜》则将这两件事前后来个颠倒，书中记载 1646 年七月：“张献忠闻杨展兵势甚盛，大惧。率兵三十余万，载金宝千艘，顺流东下，与展决胜负。拟乘势出峡，变姓名作巨商。展闻，以兵逆于彭山之江口。大战，顺风纵火烧贼舟无算，士卒、辎重丧亡略尽。复奔还成都。展取所遗金宝，以益军储。”八月：“既望，张献忠将前自江口败回所余蜀府金宝，用法移锦江，锢其流。穿穴数仞，填之下土石并凿工掩筑，然后决堤放流，名曰水藏。"

这里的事情前后，基本依据彭遵泗《蜀碧》："献自江口败还，势不振，又闻王祥、曾英近资、简，决走川北。将所余蜀府金银铸饼及瑶宝等物，用法移锦江，锢其流，穿穴数仞实之。因尽杀凿工，下土石淹盖，然后决堤放流，使后来者不得发，名曰锢金。又尽毁宫殿，坠砌堙井，焚市肆而逃。"

其次序是先沉银，后埋银；看来究竟孰先孰后，已难定论。《蜀碧》又补充注出江口所沉银两："至今居民时于江底获大鞘，其金银镌有各州邑名号。"可见银沉江口是实。

《彭山县志》载乾隆五十九年（1794）冬季，渔者于江口河中获刀鞘一具，转报总督孙士毅，派员赴江口打捞数日，获银万两，并珠宝玉器等物。《清文宗实录》咸丰三年（1853）翰林院编修陈泰初奏：曾经眼见彭山居民在江中打捞到"其色黑暗"的银子。于是令成都将军裕瑞"按所呈情形悉心查访，博采舆论。若知其处，设法捞掘"。

直至现代，仍然有所发现。报载 2005 年 4 月 20 日上午，彭山县江口镇岷江大桥附近老虎滩河床引水工程建设工地上，挖掘机从河床 3 米深处，掘出一批银锭。每锭重 1800 余克，呈船形；正面刻有铭文，如"崇祯十六年八月纹银五十两"、"沅陵县征完解司载充兵饷银五十两崇祯十年八月□日银匠姜国太"、"京山县十五年饷银肆十两"、"巴陵县榆□饷银五十两"等。出土银锭藏于木鞘内；木鞘是两个半圆形木块，长 118 厘米，外径 18 厘米，中间挖空，银锭放入其中，然后合在一起，两头用铁丝箍紧。其中 6 件有铭文的银锭，经鉴定为二级文物。

近年张超俊博士论文，又指出另一处埋银传说（但此事不见经传）："在彭山江口镇，人们发现在这里竟也流传着与宝藏相关的歌谣，产生了沉宝谜踪的第二种版本。当地人这么唱道：'石龙对石虎，金银万万五，谁人识得破，买到成都府。'不同的是，石牛和石鼓换成了石龙和石虎，而歌谣的格式则一模一样。在江口镇为什么也有一首类似锦江石碑上的歌谣，这难道只是单纯的巧合吗？在江口镇的石龙沟中，石龙石虎遥遥相对。石龙沟位于江口镇石盘山，山上有石碑，刻有‘石龙对石虎’的一段歌谣，在曲折的山路尽头，一条石龙赫然立在岩壁上。石虎由于历史的冲刷，部分头像已被毁坏，但虎身仍清晰可见。”

城内锦江的埋银，在清人记载中并不怎么肯定，以致究竟有没有这桩事，至今还有人质疑。

（二）民国时期锦江淘宝

清人野史中的“锢金”“水藏”一事，成都民间一直流传不绝，认为这件事绝对存在；并且留下宝藏地点的 20 字口诀，具体位置也有“石牛对石鼓”的醒目标志。笔者从三个方面推论可能是事实：一是《明史》记载了“水藏”情况。官方所修正史，专职史官要对史料进行查证，如果纯属谣传，则不大可能入史；而且修史时代距张献忠比较近，便于调查研究。二是战乱时期埋金埋银，是富裕人家的普遍行为，埋藏的地方一般都要进行伪装，以免被别人挖走，而伪装方法虽然各式各样，但很少有埋藏在水中的科学思维和决断魄力，能够想得到、办得到“水藏”的，在当时非张献忠莫属。三是编野史的人，多半是“地主阶级知识分子”，绝对想不出“水藏”的办法。如果没有这件事，他们也编造不出来。

基于“信以为真”这种认识，1937 年冬，住在陕西街的杨白鹿（清末贡生）建议挖宝。因为在 30 年前，有个彭县为官的友人送他一个木匣，内有锦江藏宝图，此图来自其家高曾祖的仆人。此人原是石匠，曾在张献忠军中做工。张献忠一行离开成都时，在望江楼对岸錾华寺上船，因人多船少，大量金银就在石佛寺附近挖坑埋藏。当时民工皆被杀死，而他却侥幸逃脱，于是画下一张图，写了说明，藏在匣中。1937 年时抗战军兴，政府号召大家有钱出钱，有力出力。杨白鹿就想把图献出来，以表爱国之情，便将此事告诉赖心辉手下的团长马昆山。马昆山又将此事告诉新建八十八军的师长范绍增。范绍增便请马昆山向政府打报告，正式组织公司打捞金银，以充抗日军费。

此事随即得到批准，于是范绍增拿出银洋两万，开办“锦江淘江股份有限公司”，于1939年2月正式成立。投资股东还有熊玉璋、吴毅侯、刘升平、罗祖南等人，公司设在学道街，推举杨白鹿、马昆山、吴毅侯、罗祖南、张协华、幸蜀峰、范孔佳、李崇书、文超等为董事，杨白鹿任董事长，马昆山为总经理；并在郊外第一公园建立工程处，以吴毅侯任经理，张协华任总务，幸蜀峰任设计，罗祖南任工程师，熊明煊任总工程师。于1939年春季开工挖河。

开工之日，国民政府四川省主席王缵绪主持大典，各界人士前来助阵。当时由特务团黄度、陈西华二营负责维持治安。

据成都市档案馆收藏的《工程经过记略》称：1939年3月1日，招工96人，开始在“望江楼与兵工厂（今南光机器厂）相对河流正中砂堆间，开始淘掘”。至12日“从砂堆右边挖进，距水面四尺深左右（约1.3米），发现无数枯骨，并枯骨人头四具，相隔尺许，知非由江水冲来”。据多数专家考察，显然是张献忠当日所杀石工及运夫遗骨。“同时，又挖得血浸砂石一层，厚五六寸，面积颇宽。”专家认为也是当时被杀的民工血迹，推断下面必有石条。13日下午，在枯骨和血石层下，“深约二尺上下，掘得红色石条数根，横江排列。前后左右相接处，均有桐油石灰”，有一块条石上还刻有“张”字。这种条石砌体，沿右岸伸展，到17日，共挖出92根条石，上面大都刻有单字。21日已将条石全部取出，再向下深挖，“距石条下二尺许，又发现桐油石灰、砂石凝结之三合层。再将三合层起出，又发现无数朽黑木”。4月8日23时，“工程周围，突涌现白光，状似月色尤明，十余分钟始灭”。“当放光之前二时，掘壕发出河岸崩溃声，车水夫惊骇，及持灯视之，无恙。”

随后，在“凿深二丈余”（约 7 米）的地方，“水色黄黑，气臭，类似死尸”。这时“石牛对石鼓”的谣诀果然应验。“于工程右岸，挖出石牛。形式睡卧，头向东北角。详加视察，牛约数千斤，睡卧形式，似非水冲倒的，疑有作用。”“乃命工人向东北角牛头相对处挖掘，果然挖出一石，与众不同。半边圆形，半边方形，石之平面，左右凸而中凹。该处仅此一石，其他无石。或取石面鼓出，以为鼓乎？未可知也。”推想张献忠思想离奇，绝不循规蹈矩，鼓是圆的，偏不使它为圆，也未可知。

到 5 月 2 日，在工程右岸发现石牛的背后，又挖出条石 70 余根，仍有刻字，“石条下，均有平铺无数朽木”，下面又挖到张献忠铸造的“大顺通宝”数枚。这说明条石砌体下铺枕木，都是张献忠所为。《工程经过记略》的记录到此为止。

此后，又采取扫雷用的金属探测仪，指导挖掘，结果挖出 4 箩筐锈成一饼的铜钱，并未得到金银；随后，淘江公司也就关闭了。

通过锦江中张献忠时期人工建筑物的发现，可以证实埋银一事的存在性。难道已经有人捷足先登，取走宝藏？毕竟事情已经过去了 3 个世纪，中间任何情况都可能发生。

30 多年之后，1975 年 4 月上旬，在望江楼附近的锦江岸边，发掘出张献忠大西政权铸造的“大顺通宝”铜钱 10 多公斤。1976 年 2 月，又在南郊永丰乡农田中，挖出“大顺通宝”铜钱 15 公斤。据《蜀碧》记载，当时张献忠曾设立铸局，“取藩府所蓄古鼎、玩器及城内外寺院铜像，熔液为钱，其文曰‘大顺通宝’”。“肉色，光润精致。至今得者，作妇女簪花，不减赤金。”这种钱币直径 2.7 厘米，成色较好，可能铸币材料夹杂着当时收缴的各种金宝成分，才有这种结果。1939 年打捞所得，也许就是这些钱币。那是张献忠军仓皇撤离时丢进锦江的，可能并非有意识埋宝。

堰，与此关系可就大了。此堰在新九眼桥以上从锦江东岸分水，大致向南开渠道约 1.5 公里，又汇入锦江，现在那里有新建的东湖。明正德年间所修《四川志》记有华阳县的万年堤，在“治东府河岸，承奉宋景等修筑，三百余丈。置石人、石牛各九，以镇水恶”。天启《成都府志》补充说，此堤是蜀王府主持修建，应该就是今望江楼锦江右岸河堤，长约 1 公里，当时平均每 100 米左右立一具石人和石牛，成为一道特殊的风景线。王士性《入蜀记》说：“成都故多水，是处为石犀镇之。城东有石犀九枚，立于江边，可按。”便指这堤上的许多石牛。在这些石牛附近，原先开凿有一条洗瓦堰，就是现在的石牛堰；明代方志未载，清雍正《四川通志》始载，位于华阳县东五里。嘉庆《华阳县志·水利》记载得比较详细：“洗瓦堰，治东三里，俗名石牛，昔人置以镇水，今尚存。堰袤三百余丈，分引大江水，灌田数万亩。”关于这些石牛的来历，志中《金石》记为：“治东城外万年堤，石人石牛各九，盖前人以之镇水患者，今惟余石牛一头，余无存。”可见洗瓦堰附近的石牛，也就是明代后期万年堤上的唯一残余。而洗瓦堰本身，应是明末清初所修建。

洗瓦堰附近那一具石牛，成为“石牛对石鼓”谚谣的地面依据。近代锦江中挖出的两具石牛，应该是明代那九具石牛的孑遗。张献忠“锢金”时，九具石牛可能大部分仍在，经过随后的战乱，到清初只剩下最后那一具了。

（四）埋银悬案探论

张献忠被今人奉为“农民起义首领”，善于作战，但政治上毫无远见。他在占领成都以后，虽然建立了大西政权，却与以往在成都建国的割据政权大为不同，没有施行任何促进经济生产的措施，只是热衷于搜罗财宝。蜀王府搜括殆尽就不说了，多数寺庙也难以幸免，民间更是难逃浩劫。大顺通宝铸造质量之好，就是明证。因此，张献忠撤离成都以前，埋下大量财宝，以便在卷土重来时仍可继续占有，是其必然的思考。所以锦江埋银一事在民间盛传，绝非空穴来风。

把金银埋在河底，隐蔽性很强，思路也很科学，确实是一大创造。办这件事，首先要选择埋银河段，在其上游用杩槎截断河水，再在河岸开挖一条引水渠，进行导流，使锦江水全部移出，把埋银那一段河道排干，然后挖坑埋藏。一切就绪之后，重新覆盖隐藏，再拆除杩槎，让河水恢复故道，于是便达到神不知、鬼不觉的目的。"石牛对石鼓"的标志物是十分必要的。战争时代环境变化很快，如无标志，后来发掘会遇到不少困难。张献忠当然希望保密，但可惜他失败得太快，他的军中可能无人不晓，所以消息传出去也很快。漏网的石工，不过是知情人中的沧海一粟而已。

导流移江，以冬季枯水季节最为有利；因此推测埋银之事，应在张献忠进入成都后的第二年冬季，即 1645 年冬。今石牛堰渠道，疑即当时的导流渠；截断河水之处应在今新建的九眼桥处。锦江水由石牛堰直下，流到今东湖一带再回入江中，排干的一段河道正好埋银。今望江楼以下，锦江向西转了一个大弯，以下河道产生很大的心滩，旧称上河心、下河心，可能就是当时河心挖坑排出大量泥土，冲到下游所造成。

当然，也不排除另外一种情况，即假定锦江原是沿现在石牛堰水路笔直地流淌，张献忠在西岸陆地上挖深坑埋银，埋好之后，在其上下新开锦江河道，再堵塞石牛堰那里的老河道，于是这段锦江就变成了现在样子，而银子也便安全地埋藏在新的江底了。这一种方案也很有可能，而且相当科学。

（原题为"张献忠埋银悬案——张献忠帝蜀实情考之七"，载《文史杂志》2011 年第 1 期）

张献忠藏宝之文献考察

江玉祥

从清初开始，张献忠埋银藏宝的传说便不绝于书。传说中张献忠藏宝的地方有六处。

（一）埋在成都锦江之中。《明史 · 流贼传 · 张献忠传》记载，张献忠占领成都后“用法移锦江，涸而阙之，深数丈，埋金宝亿万计，然后决堤放流，名水藏，曰：‘无为后人有也。’”① 戴笠、吴乔《流寇长编》卷十七记载，张献忠“谓兵有妇女财物不肯死战，凡移营，金银必弃，妇女必杀”。“涸锦江凿而深之，集民间宝物实其中，覆以土石，与江底平，命曰锢金，欲使后人不得发也”②。孙錤《蜀破镜》卷四载，顺治三年秋八月，“既望，张献忠将前自江口败回所余蜀府金宝，用法移锦江，锢其流，穿穴数仞，填之，下土石，并凿工掩筑，然后决堤放流，名曰水藏”③。

（二）埋在岷江新津渡口江底。沈荀蔚《蜀难叙略》云：张献忠将“其所聚金银，以千余人运之江干，三月始毕。至是测江水浅处多支流，以杀其势，一如筑决河法。水涸，于江底作大穴，投以金银，而杀运夫于上，后覆以土，仍决江流复故道。后续有所得，俱刳木成鞘，运至新津江口，载以千余艘，将为顺流计，至巫峡投之”④。这段文字所称“江干”“江水”“新津江口”之“江”，不是锦江，应指新津渡口（俗称“三渡水”）至彭山江口那段岷江主流。“江水浅处多支流”也是新津渡口那段

① 《明史》卷三百九，中华书局，1974 年，第 26 册，第 7976 页。
② 戴笠、吴乔《流寇长编》卷十七，书目文献出版社，1991 年，第 1028—1029 页。
③ 何锐等点校《张献忠剿四川实录》，巴蜀书社，2002 年，第 399 页。
④ 四川大学图书馆编《中国野史集成》第 29 册，巴蜀书社，1993 年，第 510 页。

岷江河道的特征。成都出南门至新津县里程为 90 华里，“以千余人运之江干，三月始毕”，应指由旱路车运马驮将金银从成都运到新津渡江岸，然后就埋藏在新津渡江底。“后续有所得，俱刳木成鞘，运至新津江口，载以千余艘，将为顺流计，至巫峡投之”指的是彭山江口之战前，张献忠水陆进军，其中陆路一支系从成都先行至新津渡口，再下船顺流向江口进发。

（三）张献忠宝船沉没在青神江底。王培荀《听雨楼随笔》卷一：“费此度（密），明之遗民，流寓塞外，尝有句云：‘大江流汉水，孤艇接残春。’深为渔洋所赏。有遗像，蒋心余题长古其上，总括生平，可作志传读。‘上书无益起义兵，壮士自结飞来营。安定关中十万户，贼不敢犯人长生。司命三军费孝子，剪发辞官父归里。携儿避乱陷凹蛮，黄金竟赎全家死。杨展镇蜀真英雄，孝子入幕参元戎。青神江底沉贼镪，谁贼之镪张献忠。得贼资粮即拒贼，雅州屯田孝子力……’。”[①] 青神县，现属四川省眉山市管辖。青神江，为岷江流经青神县一段水道的名称，位于彭山县的下游。“青神江底沉贼镪，谁贼之镪张献忠”，是说张献忠的宝船沉没在青神县的江底。所引诗的作者费密是明末清初著名学者、诗人和思想家，字此度，号燕峰，四川新繁人。他曾受到镇守嘉定的明将杨展任用，亲身经历江口之战。康熙八年他撰《荒书》说：“（清顺治三年）正月，献忠尽括四川金银作鞘，注彭山县江。杨展先锋见贼焚舟，不知为金银也。其后渔人得之，展始取以养兵，故上南为饶。”[②] 此处，费密诗又说“青神江底沉贼镪”，看来同彭山江口沉银不是一回事，是另外一处藏宝地点。

（四）张献忠在峨眉山普贤峰顶埋有金银。王夫之著《永历实录·王祥杨展皮熊列传》引刘尧佐疏言：“张献忠辇金银至峨眉山，瘗之普贤峰

---

① 清代王培荀著、魏尧西点校，巴蜀书社，1987 年，第 54—55 页。

② 见前揭《中国野史集成》第 29 册，第 488 页。

顶，宜敕展发窖赍送赴阙，以供国用。”①

（五）张献忠部将刘文秀透露在黎（今四川汉源县）、雅（今四川雅安市）间埋金 20 万。戴笠、吴乔《流寇长编》卷二十载，顺治十五年四月，南明永历帝所封蜀王刘文秀在云南病卒，遗表有言：“臣兵二万在黎、雅间埋金二十万，臣之将郝承裔知之，请驾幸蜀就十三家之兵，出营陕、洛，庶可转败为功！”②

（六）张献忠彭山江口埋沉金银。有两说：

1. 张献忠有意将金银埋在江口水底。

欧阳直《蜀警录·蜀乱》：丙戌（清顺治三年），“献贼令各将士，自杀其新收妇女。如系蜀人，更不许擅留一人。禁人带藏金银，有即赴缴，如隐留分厘金银或金银器物首饰，杀其一家，连坐两邻。于前门外铺簟满地以收之，须臾，钮扣亦尽。金银山积，收齐装以木鞘箱笼，载以数十巨舰。令水军都督押赴彭山之江口沉诸河”③。这同前文费密《荒书》所载清顺治三年“正月，献忠尽刮四川金银作鞘，注彭山县江”或许是一回事。

2. 江口之战，张献忠战败，宝船被焚，船上金银散落江中，积年累月，自然掩埋于层层沙石之中。

江口之战发生在清顺治三年三月。彭遵泗《蜀碧》卷三：“（前明）参将杨展大破贼于江口，焚其舟，贼奔还。献闻展兵势甚盛，大惧，率兵数十万，装金宝数千艘，顺流东下，与展决战。且欲乘势走楚，变姓名作巨商也。展闻，逆于彭山之江口，纵火大战，烧沉其舟。贼奔北，士卒辎重丧亡几尽。复走还成都。展取所遗金宝以益军储，自是富强甲诸将。而至今居民时于江底获大鞘，其金银镌有各州邑名号。”④《蜀碧》撰于康熙二十四年，距离江口之战才 39 年，作者彭遵泗又是眉州丹棱人，应该是同

① 王夫之《永历实录》卷十二，岳麓书社，1982 年，第 122—123 页。

② 戴笠、吴乔《流寇长编》卷二十（下册），书目文献出版社，1991 年，第 1122 页。

③ 见前揭《中国野史集成》第 29 册，第 563 页。

④ 见前揭《中国野史集成》第 29 册，第 546 页。

时代人的实录。

清同治三年刻本《嘉定府志·艺文志·文三》载彭遵泗撰写的《杨展传》对江口之战描写更详细：“献忠忿展尽取故地，又怒川人之不服己也，大杀成都居民，率众百万，蔽江而下。展起兵逆之，战于彭山。分左右翼冲拒，而别遣小舸载火器以攻贼舟，兵交，风大作，贼舟火。展身先士卒，殪前锋数人，贼崩反走。江口两岸逼仄，前后数千艘，首尾相衔，骤不能退，风烈火猛，势若燎原。展急登岸促攻，枪铳弩矢，百道俱发，贼舟尽焚，士卒糜烂几尽。所掠金玉宝珠及银鞘数千百，悉沉水底。献从别道逃免，旋奔川北，展追至汉州，封积尸而还。”①

清嘉庆十九年刻本《彭山县志》卷一：“双江镇，在县东十里彭亡山下。岷江诸水至此合注，直下嘉、渝，来往商旅泊舟憩息，每日约有数百艘。汉征南将军岑彭击公孙述，营此。宋朱龄石讨谯纵，大战于平模山；明季杨展率兵拒张献忠，焚贼舟数百，珠宝金银悉沉水底，俱在此处。彭邑惟此为水道要区。”双江镇，即今彭山江口镇。

以上六处藏宝的传说地点，现在只有彭山江口一处露出了藏宝的迹象。

首先，史料记载集中指向了江口，都说张献忠曾在江口藏宝或战败沉银。

其次，史载杨展在江口战败张献忠后，“展取所遗金宝以益军储，自是富甲诸将”，“（杨）展始取以养兵，故上南为饶”。

再次，刘景伯《蜀龟鉴》卷三载“居民时于江口获木鞘金银”。沈荀蔚《蜀难叙略》载：清顺治十一年“又有渔人获银鞘于江口，而剖其鞘以为饲豕之具。见者诣守将告之，渔人献其所获，主者以为不止此也，遂炙

① 《中国地方志集成·四川府县志辑》第 37 册，巴山蜀社、江苏古籍出版社、上海书店，1992 年，第 572 页。

拷而毙。于是制诸器，日打捞于江中，亦时有所得，二三年后，尚矻矻不休”[①]。清嘉庆修《彭山县志》（嘉庆十九年刻本）卷六记载：“明季杨展拒献贼于江口，分左右翼，兵势甚盛，贼溃反走。展别遣小舸载火器以烧贼舟。贼舟被焚，金银珠宝悉沉水底。贼平后，居民于江中采获金银，多镌有各州县名号。乾隆五十九年冬，渔人获鞘一具，报县转禀制军孙相国补山，饬令派官往捞数月，获银万两有奇，珠宝多寡不一。然江水深广，用夫淘取，费亦不赀，寻报罢。”

何谓“银鞘”？鞘：刳木使空，内贮银宝，以便转运的木筒。周元暐《泾林续记》：“洪镜潭讳澄源，登第后，因选期尚遥，借解银差南归，领万余两，分作五鞘，暂寄太仓银库堂中，候明晨发行。及启门登堂，则内有一鞘，剖破其腹，长尺五寸，失去元宝十锭。”[②] “领万余两，分作五鞘”，据此可知：每一鞘装银2000两，以一锭50两计，一鞘则装银40锭。亦可推测，张献忠宝船上每一筒装银的木鞘原长起码有6市尺。

最后，近10年来，在岷江彭山江口段，不断出现金银宝物。计有：装在木鞘中的银锭，大量银锭上，分别镌有“赣州府”“巴陵县”“湘潭县”“沅陵县”“京山县”“清江县”“大西眉州”等州县名号，这同历史记载的张献忠流动作战路线十分吻合，与彭遵泗《蜀碧》卷三所记“而至今居民时于江底获大鞘，其金银镌有各州邑名号”，以及清嘉庆修《彭山县志》卷六所记“居民于江中采获金银，多镌有各州县名号”若合符契。还有张献忠大西政权铸造的“西王赏功”金币、银币，以及从民间掳掠的大量金银首饰，如银耳环、银簪之类。最令人惊奇者，从江中曾挖掘出一块长12厘米、宽10厘米、重730克的金版，上镌几十个字，竖排4行，从右至左读为，“维　大西大顺二年岁在乙酉五月朔　日壬午　皇帝制曰朕鉴于成典中官九御（以下断缺）”，种种迹象显示，位于现四川省眉山市

---

① 见前揭《中国野史集成》第29册，第518页。

② 吴县潘氏光绪十年刻本，见《功顺堂丛书》线装第21册，第29页。

彭山区江口镇的岷江河道内，可能就是传说中张献忠埋藏金银财宝的中心地区，值得进行考古发掘，一探究竟。

我们相信，随着张献忠江口沉银水下发掘工程的开展，一定会有新的文物露出水面。已经获得和即将发掘出的江口水下文物，不但有助于弄清张献忠藏宝的真相，更有助于促进"张献忠剿四川"历史研究，其学术意义大于文物价值，是不言而喻的！

（原载《中国史研究动态》2016 年第 5 期）

张献忠藏宝迷案

郑光路

三百多年来，张献忠"藏宝"一直是困扰国人的大谜团，众说纷纭。许多人不断"解谜"，却似乎越解越迷。本文作者通过所掌握的丰富史料，以独特视角，对这一问题作了严谨的全新解说。

"藏宝"之地有哪几种传说？

寻求"宝藏"，是古今中外永不衰减的热门话题。"阿里巴巴"高喊"芝麻开门"，获四十大盗藏宝窟的阿拉伯故事，流传全球。中国数不清的武侠、野史、小说，更大都围绕一张藏宝图而起……20 世纪 80 年代，刘晓庆主演的《神秘的大佛》，全剧围绕寻宝、夺宝展开情节，轰动一时。

张献忠"藏宝"，无疑是这些传说中最诱人的"迷案"，现已将其列为《世界十大未解之谜》中《神秘宝藏之谜》之一。梁羽生《萍踪侠影》等许多小说，也都以张献忠宝藏为主线索。

传说大致是：明朝末年（1644）张献忠杀进成都建大西国后，曾做了一件成心和后人“捉迷藏”的奇怪之事——“藏宝”，还留有一张“藏宝图”。

第一种传说是：藏宝于成都锦江。

这是最主要的说法，又有三个藏宝“密咒”版本：

1. 成都望江楼版：“石牛对石鼓，金银万万五，谁人识得破，买尽成都府。”

2. 龙泉山百工堰版：“石公对石母，金银万万五；谁人识得破，成都买到简州府。”

3. 彭山县江口镇版：“石龙对石虎，金银万万五，谁人识得破，买到成都府。”

第二种传说是：藏宝于青城山普照寺。

这个传说是根据清同治七年（1868）灌县知县钱璋写的《重建普照寺并建藏经楼记》。我曾详看碑文，这位钱知县说：他去游览普照寺，住持灵峰和尚（又叫果时）告诉寺之由来：寺为张献忠焚毁，康熙初年有人结茅恢复，是仅占地半亩的可怜小庙。到道光庚子年（1840），灵峰和尚接代“鉴山”任方丈后，“精诚所结，可格苍穹，即于是冬‘天示神奇’，山裂石出，不劳雕琢，不烦輦运，自致良材以显名胜……不加募助”，修成了占地400亩、五重殿宇、24个天井、365间堂舍的极大寺院……

有人根据碑文中有“天示神奇”“不加募助”而“解谜”：张献忠义子张可旺奉张献忠密令率兵进驻灌县，搜罗300石匠到青峰山采石，秘密挖掘山洞修建地宫用来藏宝。采石工匠，则全被杀害灭口……县令钱璋说的“山裂石出”，就是普照寺僧人偶然发现了张可旺开采的石料和所藏之宝。张献忠失败后，其义子李定国有个部将以心莲和尚名义到普照寺去护宝，也可能是想伺机取宝，后来却带着秘密死了……直到道光年灵峰和尚才偶然发现那秘密而“一夜暴富”……

此外，还有个灌县“神仙洞”版本：张献忠将宝贝藏匿于赵公明羽化之地“神仙洞”，又在“杀人谷”将藏宝人员尽数灭口，并长期驻兵青城山“跑马坪”严防盗宝……近年有人认为这是“世界遗产旁巨大的旅游商机”，力主开发“神仙洞寻宝探险游”线路。

第三种传说是：藏宝于芦山县青衣镇。传说大致是：天全县土司高跻泰和部下徐汉卿得到密报：张献忠干儿子张能奇部李国杰受命到芦山秘密藏宝。高跻泰得到的线索是“石刀对石斧，黄金万万五，谁能猜得破，买下成都府”。徐汉卿得到的线索却是“石锣对石鼓，黄金万万数，有能识得破，买个成都府”。

据说近年当地一些领导十分热心，2001 年，“绍兴客商饶影以 18 万元的合理价通过招标取得青衣镇的大西国藏宝探矿权”。

第四种传说是：藏宝于还待寻找的虚无缥缈之处。如有一本书写道：大西皇帝张献忠宝藏之巨名列世界第三、亚洲第一。张献忠后人逃至海外，在印度洋上建立国王岛、酋长国，几百年来一直没停止过寻宝。藏宝之地可能为虎跳涧大峡谷、死亡湖、天洞、地下暗河……好在作者说这是根据传说写的“小说”——不过是“玄龙门阵”罢了，不必当真。

此外，我所听过的关于张献忠藏宝处的传说还很多，难以尽述。

青城山、芦山县、江口会“藏宝”吗？

要解“藏宝”之谜，应全面了解明末清初历史及张献忠史料。否则单纯说啥子“藏宝”，难免成为“瞎子摸象”。我在完成 50 万字的《张献忠真相》一书过程中，搜罗各种文献典籍达两百多种，诸凡正史、野乘、稗史、笔记、文集、奏议、方志、揭帖、碑铭……辑录的史料甚多。

首先得了解：张献忠究竟有没有宝藏？他有多少宝藏？他为什么会有这些宝藏？

崇祯三年（1630），张献忠在家乡起事。当时起义军大都以流窜劫掠为目的，故被人骂为“流贼”。他们每到一地，以严酷刑法逼迫官宦富商乃至普通平民交银，叫作“输银助饷”。

如李自成攻进北京，很短时间就得银七千万两。据《明史·食货志二》记载，崇祯三年的全中国税赋，一年总共才一千八百三十万两!

张献忠更以“劫掠”出名。崇祯十六年（1643）五月底，张献忠攻克武昌，把楚王塞进竹轿抛在湖中溺毙。时人赵吉士在《寄园寄所寄》中记载：仅在武昌一处，张献忠“尽取宫中金银各百万，辇载数百车不尽”。

张献忠1644年9月9日攻进成都建大西国，更把全川财富劫掠归己，劫掠对象由皇室官绅很快发展到普通百姓。清人刘景伯在《蜀龟鉴》中把这点说得很清楚：“饬各州郡籍境内富民大贾，勒输万金，少亦数千金，事毕仍杀之。从古大盗贪酷未有如闯、献之甚者也！拷掠宗藩贵戚，以次及大贾、富民而又尽之，每聚族而歼者……是遵何道欤?”刘景伯认为李自成、张献忠这种杀人劫掠的做法，历史上空前罕见，而且毫无天理、人道。

张献忠还将财富高度垄断。据《蜀记》载：“又传令（部下）不许私藏金银，如有私藏至一两者，全家斩，有藏至十两者，本犯剥皮，全家斩首!”

所以张献忠在16年杀伐岁月中，掠夺占有的财富无疑是难以想象的惊人之多。

张献忠会在青城山、芦山县“藏宝”吗?

张献忠在顺治元年（1644）八月后建立大西国，约一年时期政权相对稳固，还梦想“一统天下”，这时绝不会忙着当个土老肥去“挖老窖”藏什么宝。

当时蜀王朱姓宗室多逃在灌县，青城山成为与大西国顽抗的重要根据地，至今犹存复仇谷、跑马坪、旗杆石、碓窝坪等激战地名就说明这一点。川西松潘一带，南明副将朱化龙手下有羌、藏族组成的“番兵”，勇不可当。大西军多次征剿皆大败，朱化龙斩大西军战将王运行，牢固占据了川西北一带。

故青城山当时属双方抢夺的前哨阵地，张献忠哪会傻到去“前线”藏什么宝？张可旺青峰山采石“藏宝”，也不见于可靠史料。至于两千多年来，因为各种原因有人在这座名山埋藏过金银，则是大有可能的。普照寺即使真因为挖了宝“一夜暴富”，也不会是张献忠的“藏宝”。

1645 年后，原明朝参将曹勋、邛州举人刘道贞、南明川南巡抚范文光等人占据雅州，在小关山屡败大西军。从此，大西军难进雅安以南。

同上述青城山不会有张献忠藏宝一个道理：张献忠坐在成都，又哪会千难万险去几百里外的雅安以南芦山县，在敌人“统治区”当“傻儿”献“活宝”？如真有，上文绍兴客商区区 18 万就“取得青衣镇的大西国藏宝探矿权”，岂非太贱？只能视为一些人乱“炒作”罢了。

张献忠会在彭山县江口一带“藏宝”吗？

大西皇帝一味靠“嗜杀”去“一统天下”，到顺治三年（1646）五月后，已弄得川西平原田荒、民尽、粮绝……大西国已崩溃，连龟缩地的成都也不能守了。

顺治三年（1646）六月下旬，大西军决定沿岷江向乐山转移。因为南明将领杨展在嘉定、峨眉一带“屯田”，还有食粮……张献忠的如意算盘是：去攻占杨展地盘抢其饭碗；如川南难立脚，就夺路沿长江回湖北。当时人杨鸿基在《蜀难纪实》中记载：“于是括府库民兵之银，载盈百艘，顺流而东。”彭遵泗《蜀碧》中说：“率兵十数万，装金宝数千艘，顺流东下，与展决战；且欲乘势走楚、变姓名作巨商也。”

离成都约 150 里的彭山县江口镇，是进出成都唯一水路要冲，自古兵家必争之地。夏日阳光下，大西军战船近千艘，满载多年抢掠积蓄的金银财宝，顺江而下。这时颓丧憔悴的张献忠，已丝毫没有 1644 年初春沿长江入川、坐在“澄清川岳”杏黄帅旗楼船上那种英武雄壮之气了。将官兵卒，也全惶惶然若丧家之犬……

江口山弯处岷江下游，突然战鼓“咚咚咚”响起，杀声震天。

原来，明将杨展早在下游以战舟严阵以待，然后水陆夹击。杨展身先士卒，令枪铳弩矢齐发。这时的大西军，已不堪一击。风烈火猛，大西军船队被炮火击中焚烧，仿佛三国时火烧赤壁。在凄厉厮杀声中，大西军许多船上装银子的“木鞘”沉入江中，被南明军截获无数。大西军船队忙调转船头落荒而逃……杨展夺取无数金银作军费，从此更是兵强马壮。

我认为：张献忠东走江口是他“战略转移”，必然带着多年苦心积累的全部家当，到新地盘才有本钱。故顺治三年（1646）六月前，他绝不会“做好事”去埋什么宝。

1999 年 5 月后，成都及国内多家报纸（如 1999 年 5 月 22 曰《生活时报》）纷纷以“张献忠千船沉银将露真容”等为题大爆新闻：“1999 年 4 月 22 日，四川省社科院历史所研究员王纲先生宣称，经过他多年的考察论证，神秘的锦江埋藏着一个天大的秘密：整整 1000 船金银财宝，至今仍沉睡江底!”有关方面称将“雷达大扫荡”勘探沉银。消息披露后引起广泛关注，香港某大公司还表示有意投资 5000 万元……但后来却无下文。

其实江口一带的“沉银”，绝大多数早已被杨展获取，各史书记载确凿。

和张献忠同时代的著名学者费密在《荒书》中记载：“后渔人得之（指江中沉银），杨展始取以养兵，故上南为饶。”《蜀碧》中也记载“（杨）展取所遗金宝以益军储，自是富强甲诸将。而至今居民时于江底获大鞘，其金银镌有各州邑名号”。

明末华阳县令沈云祚之子沈荀蔚记载：“又有渔人获银鞘于江口，而剖其鞘以为饲豕之具（指作猪槽）。见者诣守将告之，渔人献其所获，主者以为不止此也，遂炙拷而毙……”说明经杨展大量打捞后，江中沉银已所剩不多。

据《彭山县志》载：“乾隆五十九年（1794）冬季，渔者于江口河中获刀鞘一具，转报总督孙士毅，派员赴江口打捞数日，获银万两并珠宝玉器等物。”咸丰三年（1853），翰林院编修陈泰初说亲眼看到彭山、眉山居民捞到江中银子：“其色黑暗……曾经查出归官，尚存藩库，有案可核。”当时正值太平天国军兴、财政困难，咸丰皇帝于是动心，命成都将军裕瑞“按所呈情形悉心查访，博采舆论。若知其处，设法捞掘”，但空费心机，没能找到。

近年来江口一带虽多次发现零星“沉银”，但会有“整整1000船金银财宝，至今仍沉睡江底”的好事么？

我认为：第一，东走江口之前，张献忠绝不会舍近求远，到百里外充满风险的“前沿阵地”埋什么宝贝。第二，江口张献忠大败后的漏船“沉银”，不能和张献忠主动“藏宝”混为一谈。第三，三百多年来江口一带虽有“沉银”发现，但早已被杨展及前人打捞殆尽。

上文《张献忠千船沉银将露真容》却终未“露真容”，香港公司也终未掏腰包出“5000万元投资”——不晓得是不是由于这些原因？

“藏宝”过程中有多少谜团？

大西军江口惨败后，丢盔卸甲逃回成都，南方水路有强敌，只有北走旱路了。张献忠命令：起营开拔前杀光百姓，丢弃钱物，再杀光军眷中随军妇女、子女！为什么要这样做？《蜀碧》中说：“以妇女财物累众军心”，将士贪色贪财就不肯去冲锋陷阵。

更重要的，当时粮食奇缺，“虽万金无所得食”，以人肉为粮已很普遍。时人计六奇在《明季南略》中记载后来逃到江南的一个大西兵的回忆：“吾曩（那）年食五人矣！昔从献忠入蜀，蜀人畏之，避匿深山。（我们）无所得食，遂掠人食之。惟女子纤足趾束最佳，如豕蹄然！”

这个大西兵说得既生动又残忍：女子缠过的脚，吃时感觉就像猪蹄子！

这时金银根本没有买东西的功用，实际上只成为毫无用处的行军累赘。只有在这种穷途末路情况下，贪婪的张献忠才会去埋藏既“拖累军心”、又不能吃不能嚼的金银财宝。

张献忠怎样“藏宝”施工？

时人沈荀蔚记述得十分明白：“其所聚金银，以千余人运之江干……一如筑决河法。水涸，于江底作大穴，投以金银，而杀运夫于上。后覆以土，仍决江流复故道。”

记载张献忠藏宝之事还见于多种史籍。

时人吴伟业在《绥寇纪略》中说：张献忠“用法移锦江而涸其流，穿数仞实以黄金瑶宝累亿万，杀人夫，下土石以填之，然后决堤放流，名曰锢金。”

时人彭孙贻《平寇志》说：“（张献忠）用法移锦江而涸其流，下穿数仞，实以黄金宝玉累亿万，杀人夫，下土石填之，然后决堤放水，名曰水藏。”

各书中“锢金”“水藏”“埋金”等，都是一个意思——把全银财宝埋藏在江底。

不仅私家著作记载此事，清朝官修《明史 · 张献忠传》也持肯定态度：“又用法移锦江，涸而阙之，深数丈，埋金宝亿万计，然后决堤放流，名水藏，曰：‘无为后人有也！’”

从此成都有了留传300年的古老民谣：“石牛对石鼓，银子万万五。谁人能识破，买尽成都府！”

藏宝地点是望江楼一带的锦江吗？

1982年，有本叫《龙门阵》的刊物登了一篇“东华”写的《望江楼畔黄金梦》，绘声绘色地写道：20世纪40年代，有个姓杜的为报答知遇之恩，将一个檀木匣子转赠给官场混过的杨白鹿，内藏张献忠埋银地点图样。姓杜的说：这件宝物是当初参与埋银的一个石匠，画成简图让他孙儿带走逃跑了，后来藏宝图落到杜家，珍藏至今……

杨白鹿告诉其好友马昆山（曾当过川军师长）。马昆山心花怒放，与另一川军师长范绍增（范傻儿）等出面奔走，成立“锦江淘江公司”，按照藏宝图推断出埋藏金银的地点是望江楼下游不远处的石佛寺江边……于是订购了金属探测仪等，1938 年农历九月开始轰轰烈烈寻宝。民夫们在江中挖呀、挑呀，几天后果真挖出大石牛、大石鼓。不久喜讯又传：“金属探测仪”直响不停……然而，挖出来的只有三大箩筐锈成块儿的小铜钱。

2005 年 4 月 24 日，一个也大做黄金梦的打工小伙子黑皮鞋上沾满灰尘，提一个纸袋在送仙桥桥头叫卖“藏宝图”：“我晓得石牛和石鼓的具体位置，5000 元 1 分都不能少!”后来有人才“搞懂”：小伙子要卖的藏宝图，只是几个地名（双流附近有石牛村和石鼓村）……黄金梦做得走火入魔，难怪一家报上也“扯两句：我们还是老老实实挣点辛苦钱是正经”!

中外历史上，关于藏宝、寻宝的传说多如牛毛，许多纯属杜撰、猜想。张献忠“藏宝”，却无疑是虽神秘却极真实的“历史之谜”。

梳理大部分史料后得出自己的结论：

第一，张献忠藏宝的准确时间，应为顺治三年七月至九月（即 1646 年 8 月至 10 月）。这是张献忠从江口败回、又尚未离开成都北行的时间段。时人计六奇在《明季南略》中说：“七月，乃拔营尽起，相率走川北。”顾山贞《蜀记》中说：“择九月十六日离成都，率贼北行。”记载不一，是因为数十万大军分期开拔，七月开始拔营，直至九月方完全走尽。张献忠只有在这种山穷水尽情况下才会被迫无奈地“藏宝”。故其他不符合这时间段的“藏宝”传说都不可信。

第二，“藏宝”地点在“锦江”无疑。因为不少和张献忠同时代的人都很明确记载了这一点（见上文），原因是他们写书时还有无数张献忠部属在世而传出了这些“藏宝”信息。但我们要审慎对待“石牛对石鼓”的所谓“密咒”，因为当时人并未记载这一点。“谁人识得破，买尽成都府”，明显有后人“借题发挥”味道。

第三，当时形势危急，不可能远离成都到锦江下游去施工（因杨展随时可顺江而上攻击)。“锦江”埋宝的范围,应大致就在成都城市附近区域。另外,大西军撤出成都前,据史料记载还有三十万人以上。大西国所积蓄的财富除江口损失部分外,应该还数量巨大。有以上两个因素,为尽快“埋宝”完工,有可能在锦江的多处埋藏地。

我设想:如真能从上至金牛区洞子口,下至华阳段的锦江来个“雷达大扫荡”勘探“埋金”,或许还真可能有惊人发现!当然,前提是要证实河道未被改变过。

倘真有这样好事,张献忠“藏宝”之谜必将成为世界级的新闻。

(原文载郑光路著《张献忠剿四川真相》,四川民族出版社,2010 年)

张献忠的巨额财宝究竟在哪里

刘玉琪

张献忠,陕西延安人,生于明万历三十四年(1606),曾为延安府捕快。他身材魁梧,性格桀骜不驯,面色微黄,人称“黄虎”。生逢乱世,张献忠于明崇祯三年(1630)参加农民起义军,绰号“西营八大王”,后率领部队活动于长江流域。

1641 年破襄阳,杀襄王朱翊铭,此时的张献忠得到了人生第一笔巨大财富,据说当时的襄王府中有 900 多万两白银。1643 年,张献忠攻占武昌,称大西王,建立大西政权,又有巨大收获,“尽取宫中金银各百万,辇载数百车不尽”。1644 年农历六月到八月,大西军先后攻克重庆、成都,张献忠带兵入川,杀瑞王朱常浩、蜀王朱至澍。张献忠号称 60 万大军,很快控制了四川。张献忠先号称秦王,后登基成为大西皇帝,改元大顺,以成都为西京。

此时，张献忠有两大恶行，一为杀人，二为劫掠。明末以来的许多历史典籍，都记载了张献忠在四川杀人如麻的史实。清代彭遵泗的《蜀碧》一书，详细记述了张献忠残忍至极的大屠杀。被张献忠封为"天学国师"的西洋传教士安文思和利类思，两人撰写的《圣教入川记》一书，对张的大屠杀也有相似的记载。

清代刘景伯《蜀龟鉴》中记载，张献忠派出军队从四川各地的富商大贾处掠取钱财，少则数千两黄金，多则上万，拿到钱后还会杀人灭口。他还对抢掠所得财产严格控制，严禁手下将士染指，并立下规矩：若私藏金银一两，斩全家；私藏十两，本人剥皮，斩全家。这样一来，几乎整个四川的财富都尽归张献忠一人。有历史学家认为，张献忠至少拥有千万两白银。按明末一两白银折合现在 300 元人民币计算，在那个年代，他至少拥有 30 亿元人民币的财富。

但是如此巨大的一笔财富，后来却下落不明，随着张献忠撤出四川而销声匿迹。财宝到底到哪里去了呢？对此的猜测和传说 300 多年来不绝于耳。主要的说法有以下三种：

（一）成都锦江河底藏宝

"石牛对石鼓，银子万万五。谁人识得破，买尽成都府！"这首民谣已经在成都传唱多年。据说，张献忠曾留有一张"藏宝图"，他的宝藏就藏在成都，并以石牛和石鼓作为暗记。民国时，据说有人得到了传说中的"藏宝图"，并在流经成都的锦江中打捞挖掘，确实发现了石牛和石鼓。但最终挖出来的只是大量的铜钱，毫无半点金银的影子。

（二）江口镇锦江沉银

在锦江的下游，成都下辖的彭山县江口镇有着关于宝藏的另一种版本的传说①。"石龙对石虎，金银万万五。谁人识得破，买尽成都府。"在江

① 彭山县（今彭山区）属眉山市管辖。——编者

口镇的石龙沟中，石龙与石虎遥相对应。石龙赫然立在山中岩壁上，石虎头部已被毁坏，但虎身仍清晰可见。“石龙对石虎，金银万万五”又在哪里呢?

1999年，四川省社科院历史所研究员王纲宣称，经过他多年的研究发现，锦江河道埋藏着一个天大的秘密：整整1000船金银财宝，至今仍沉睡江底。据王纲研究，张献忠入川时，几乎打劫了四川所有的官府和财主，川中财宝悉数纳入张献忠之手。清顺治三年（1646），张献忠准备出川抗清，携带千船金银，顺水南下。船队在彭山县江口镇“老虎滩”一带遭遇明军伏击，满载金银的战船在此全部沉没。

王纲的说法有一定的根据。第一，《彭山县志》中记载过张献忠船队江口沉船一事。第二，在江口零星发现的银锭确实来自四川。近些年，彭山县江口镇的渔民在打鱼时，曾捞起过银元宝，上面有明代成都府库字样的铭文。当地农民甚至发现一块木头里面藏有银锭夹槽。《蜀难纪实》中记载，张献忠出川时，银两太多，木船载不下，于是张献忠命令工匠用木头做成夹槽，里面放银锭，让它漂流而下。可在江口镇就遇到狙击，大量金银也沉没于此。第三，清政府曾经组织过对沉银的打捞，并有所收获。据《彭山县志》记载：“乾隆五十九年（1794）冬季，渔者于江口河中获刀鞘一具，转报总督孙士毅，派员赴江口打捞数日，获银万两并珠宝玉器等物。”原来，在张献忠船队沉没140多年后，清朝政府就组织过大规模打捞行动，这使得沉银的去向慢慢开始清晰。

而在2005年，江口镇锦江建设工地上又发现了装有银锭的木槽，其中的银锭上刻有“沅陵县征完解司载充兵饷银五十两崇祯十年八月□日银匠姜国太”“京山县十五年饷银肆十两”“巴陵县榆□饷银五十两”等铭文。从出土银锭中的铭文可以看出银锭来自湖南、湖北地区，为崇祯时期铸造，与张献忠的作战路线十分吻合。出土的银锭，无论是银锭本身还是其贮藏，都与史料记载十分吻合，是张献忠江口沉银之说的有力佐证。然而，那一大笔号称"数以亿万"的财富却还是没有完全浮出水面。

（三）青城山藏宝

还有人认为，张献忠的财宝藏在了成都附近的青城山。有两个关于青城山藏宝的传说。

第一，普照寺暴富。普照寺在明末被张献忠焚毁，清代康熙年间开始恢复，是一座仅占地半亩的简易小庙。道光年间，方丈鉴山在未向外化缘的情况下，居然建成了占地 400 亩、殿宇五重、与二十四诸天暗合的 24 个天井、与黄道周天同数的 365 间堂舍的宏伟大寺院。如果没有大笔的银子，这样规模的寺院是很难建成的。那么到底是怎么完成这样规模的建筑的呢？据说是有神相助，清同治年间任灌县知县的钱璋在《重建普照寺并建藏经楼记并赞》中说，在神秘的神力相助下，一下子修起几十幢房子，都是石头自己裂开，不雕刻、不搬运，自己就到工地上了，而且凭空就造成了一座大寺院。这当然是不可能的。

民间的说法是，当时普照寺有一个叫果时的小和尚到与普照寺相邻的山上割猪草，发现一处地方青草长得十分茂盛，而且今天割了明天又很快长出来。此事被方丈知道后没有声张，暗中组织寺内和尚挖掘，却挖出一窖金银，这才有了普照寺大兴土木的资金来源。普照寺一夜暴富之谜，至今没有圆满的解释。

第二，张献忠青峰山采石之谜。张献忠曾派义子孙可旺率兵进驻灌县，并在民间搜罗 300 名石匠到青峰山采石。青峰山是青城山的一支支脉，位于大观乡境内，普照寺就建在青峰山麓。奇怪的是，数百名石匠进山采石，却并未运石出山，也未在山中修建任何建筑物或用以铺路。最后，竟然连 300 个石匠也未见走出山来。有人据此认为，孙可旺可能奉张献忠密令在青峰山以采石为掩护，秘密修建藏宝工事。建成后，参与建造的工匠被全部灭口。

历史长河滚滚向前，不断冲刷着真实的河岸，历史流沙也慢慢掩埋着真相。这笔财富究竟有多少？到底在哪里？一切的一切，只有等时间来回答。

（原载《文史博览》2014年第3期）

张献忠宝藏之谜至今无法破解

张超俊

张献忠（1606—1647），字秉吾，号敬轩，延安肤施（今陕西定边）人，出身贫苦家庭。1644年，张献忠率农民军入蜀，在成都登基称帝，建立大西政权。

对于张献忠，成都流传着这样一个古老的传说：1646年7月，张献忠被迫撤出成都前，干了一件奇怪的事。他花费了巨大的人力，在锦江筑起高堤，但并不是为了治理水患，而是在堤坝下游的泥沙中挖了个数丈深的大坑，将他抢来的数以万计的金银财宝埋在坑中，然后重新决堤放水，淹没了埋藏财宝的大坑，此举称为“水藏”。

据称，张献忠曾留有一张“藏宝图”。他将劫掠来的金银埋藏在成都的某处，并以石牛和石鼓作为暗记。多年来，成都有童谣唱道：“石牛对石鼓，银子万万五。有人识得破，买尽成都府！”

有资料记载：晚清时①，有个叫杨白鹿的贡生知道了这个惊天秘密，又在晚年把这个秘密告诉了他的好友马昆山，并把一张无价的“藏宝图”给了他。马昆山禁不住心花怒放，当即成立“锦江淘金公司”，招收泥、

① 应为民国。——编者

木、石、杂各类工人，购置各种工具，又订购了金属探测器等必要设备，于1938年农历九月，轰轰烈烈大干了起来。几天后，果真挖出一个大石牛，还挖出了大石鼓！

经理宣称："石牛、石鼓都出来了，'万万五'还跑得脱吗？"不久，又传来惊心动魄的"喜讯"：坑旁安置的金属探测仪突突直响。没有金银，哪来的响声？旋即，狂热的浪潮席卷整个成都。锦江淘金公司当即召开紧急会议，准备大批箩筐扁担，订购一部起重机，金银一出土，就集中人力搬运，直接缴存银行。然而，历史却偏偏爱和人们开玩笑，工人们奋力挖出来的不是金银，只有三大箩筐小铜钱。

流经成都市内的锦江，其干流起于成都市金牛区洞子口，止于成都所辖的彭山县江口镇[①]，全长97.3公里。江口镇作为锦江的下游，有没有可能与这批沉宝有联系呢？多年来，这里总是出现令人惊奇的线索。在彭山江口镇，人们发现在这里竟也流传着与宝藏相关的歌谣，产生了沉宝谜踪的第二种版本。

当地人这么唱道："石龙对石虎，金银万万五，谁人识得破，买到成都府。"不同的是，石牛和石鼓换成了石龙和石虎，而歌谣的格式则一模一样。在江口镇的石龙沟中，石龙石虎遥遥相对。石龙沟位于江口镇石盘山，在曲折的山路尽头，一条石龙赫然立在岩壁上。石虎由于受到冲刷，头部已被毁坏，但虎身仍清晰可见。"石龙对石虎，金银万万五"又会在哪里呢？

据《彭山县志》载，顺治三年，在张献忠撤离成都时，因为旱路已被清军封阻，只好改道由水路出川。张献忠的船队从成都启程，沿锦江行至彭山县江口境内时，遭到明参将杨展部队的伏击，几乎全军覆灭，许多载满金银的木船就沉没在彭山县江口境内的水域中。

而按照《蜀难纪实》的说法，张献忠部队从水路出川时，银两多得木

---

① 应为眉山市所辖。——编者

船载不下，于是张献忠就命令工匠做了许多木头的夹槽，里面放入银锭，让它漂流而下。本来打算在重庆下游的巫山附近江流狭窄的地段，再把它们打捞上岸，可在江口镇就遇到阻击，大量金银也沉没于此。

彭山县江口镇境内水域到底有多少当年张献忠的沉银？据《蜀难纪实》记载，“括府库民兵之银，载盈百艘”，因为当时张献忠船队遇到阻击时，沉船堵塞了江道，使得大部分的银两都沉没于此。那么，这一大宗金银会流落到哪里呢？据《彭山县志》载：“乾隆五十九年冬季，渔者于江口河中获刀鞘一具，转报总督孙士毅，派员赴江口打捞数日，获银万两并珠宝玉器等物。”原来，清政府曾组织过大规模打捞行动，部分沉银被打捞起来充实了国库。

沉银谜踪却并未就此结束。2005 年 4 月 20 日上午 10 时 30 分左右，彭山县江口镇岷江大桥附近的老虎滩河床引水工程建设工地上挖掘出了一些银锭，银锭上“崇祯十六年八月，纹银五十两”字样清晰可见。

出土银锭藏匿于木筒内。木筒长 118 厘米，外径 18 厘米，为两个半圆形木桩，将内挖空把银锭放入其中，然后合在一起，两头用铁丝箍紧。银锭分别重 1800 余克，呈船形。正面刻有铭文，如“沅陵县征完解司载充兵饷银五十两崇祯十年八月□日银匠姜国太”，“京山县十五年饷银肆十两”，“巴陵县榆□饷银五十两”。从出土银锭中的铭文可以看出来自湖南、湖北地区，为崇祯时期的税银，与张献忠转战路线及所占地点十分吻合。

300 多年来，张献忠沉银之说一直是一道谜团。挖掘出土的银锭，无论从银锭本身还是其贮藏，都与史料记载相吻合，从而证实了张献忠在此沉银之说完全符合历史真实。可是，歌谣里提到的大笔财富却仍未浮出水面。

（原载《中国地名》2014 年 10 期）

张献忠劫掠全川的宝藏三百年踪迹难寻

张建斌

"石牛对石鼓，银子万万五。有人识得破，买尽成都府。"这首古老歌谣，因被认定为破解大西王张献忠藏宝之地的"密咒"，在成都流传了300多年。

1647年，张献忠身亡后，他所聚敛的巨额财宝便不知去向，甚至没人说得清这笔财宝究竟是真有其事，还是一个巨大的谎言。但在这数百年间，围绕它的猜测和寻找从未停止过。在传说中，张献忠将劫来的金银财宝藏在成都附近某处，以石牛和石鼓作为暗记。

2010年11月底，距四川彭山县城仅两三公里的江口采沙场传出消息，有人在附近江中挖出一只12斤重的黄金盘。这个意外的发现，让传说中的张献忠巨额财宝再露端倪。

（一）劫掠全川之财

张献忠生于明万历三十四年（1606），延安人。据《明史》记载，他身材魁梧，脸形稍长，面色微黄，留着及胸的长胡子，声若巨雷，人称"黄虎"。他性格桀骜不驯，在延安府当捕快期间，就屡犯军法。明崇祯三年（1630），恰逢明末乱世，宦官当权，民不聊生，张献忠在家乡米脂追随王嘉胤起事。王死后，他改投高迎祥，和李自成同属一股起义军。不久，张献忠与李自成因故分裂，李自成进攻黄河流域，他则率部进攻长江流域。

随着起义力量的壮大，李自成称“闯王”，张献忠则自称“八大王”。张为人极其狡诈，明朝对他软硬兼施，先是许给他高官厚禄，期冀招抚，后又对他多次围剿。每到危急关头，他就诈降，度过危机后则再次反叛。明朝政府根本不能满足他的欲望，他的目标只有一个——当皇帝。

1643 年，张献忠攻下武昌后称帝，建立大西政权①。清朝文人赵吉士在《寄园寄所寄》中说，他将楚王（朱华奎）塞进竹轿，抛入湖中溺死，自己则“尽取宫中金银各百万，辇载数百车不尽”。

次年，张献忠带兵入川。在天府之国，他干了两件让自己留下恶名的事，一是杀人，二是掠财。

据说，张献忠攻陷成都后，部下报粮草不足，他便用最简单的方法解决了这个最困难的问题——杀人，杀百姓，杀伤兵。成都有一块《七杀碑》，记录的便是他的杀人恶行：“天生万物以养人，人无一德以报天，杀杀杀杀杀杀杀。”

除杀人外，张献忠更以“劫掠”出名，劫掠对象由皇室官绅发展到普通百姓。清人刘景伯在史书《蜀龟鉴》中记载，张献忠从各州郡的富商大贾处掠取的钱财，少则数千两黄金，多则上万，拿到钱后还会杀人灭口。其行为之暴虐，可谓空前绝后。

同时，他还对抢掠所得财产进行严格的控制，立下规矩：部下若私藏金银一两，斩全家；藏十两，本人剥皮，斩全家。如此一来，整个四川之财尽归张献忠一人。据史书记载，崇祯皇帝和他相比也只能算是“小户”。他曾在成都举办斗宝大会，得意洋洋地炫耀自己的富有：24 间屋子摆满奇珍异宝、金锭银锭，令人目不暇接、瞠目结舌。

有历史学家粗略估算了一下，张献忠至少拥有千万两白银。按明末一两白银折合购买力相当于现在的 300 元人民币计算，在那个年代，他拥有相当于现在 30 亿元人民币的财富。

---

① 张献忠称帝在 1644 年攻占成都后。——编者

（二）宝藏是否沉于锦江

1646 年，清朝肃亲王豪格同吴三桂率清军由陕南入川，攻打张献忠。同年 11 月，张献忠部被清军包围。张献忠匆忙出城迎战，被清将雅布兰射死在凤凰山（今四川西充县）。令人意想不到的是，他的巨额财宝竟自此和他一同消逝。

这笔宝藏是藏于锦江水底？埋于青城山下？还是隐于芦山县城（隶属于今雅安市）？人们的猜测不一而足，其中最让人们信服的藏宝地，就是锦江江底。

据《明史》记载，张献忠在被迫撤离成都前，让部下在锦江筑堤，抽干江水，在堤坝下游的泥沙中挖出数丈深的大坑，将劫掠来的财宝全数倾倒其中，再重新决堤放水，将大坑冲平、淹没，以此掩人耳目。后来的史书《明纪》，也一字不易地抄录了这条史料。

《彭山县志》则另有说法：张献忠撤离成都时，因为旱路已被清军封阻，他只得改道由水路出川，但船队沿锦江刚行至彭山县江口境内，便遭到当地的地主武装杨展部队的袭击，几乎全军覆没。张献忠不得已退回成都，许多满载金银的木船则沉没于锦江。更有人说，张献忠的船只是自焚，杨展的幕僚费密在《荒书》（著于清康熙年间）中也记载："杨展先锋见贼焚舟。"张献忠为何自己烧了船只？这无疑为"江口沉银"之说又添了一层神秘面纱。

民间流传的第三种说法是：张献忠自知兵败，撤离成都前，提前让手下做了许多木筒，将银锭灌藏其中，投入锦江，使其顺水漂流，准备在狭隘处打捞。可惜途中遭到杨展兵马的埋伏，尚未来得及打捞便兵败如山倒，那些木筒沉于江底。

还有一个传说也流传甚广：张献忠兵败成都时，十几艘大船沿江顺流而下，在彭山境内被清军预先埋设的铁链拦住。押运船只的将士眼看不敌清军围攻，纷纷凿沉船只，登岸而逃。清军早就知道张献忠有大量金银要从成都运走，以为截获了运宝船队，可当他们登上那些尚未完全沉没的大船，却发现其上装载着的全是石块。这无疑是张献忠使出的障眼法，真正的财宝早就沉于江底。

无论哪种说法，都指向张献忠将所掠财宝沉于锦江之中，地点就在江口附近。而这，为后人沿江寻宝留下了无尽的空间。

（三）300 年间寻宝热不断

对于张献忠留下的巨额财富，后人垂涎已久。从清朝到民国，从朝廷、官员、将领到地方军阀、普通百姓，无不对此津津乐道。

传说中，最早得到张献忠宝藏的人，是杨展。查证史书可得知，那场发生在江口的战役确有其事，交战双方便是张献忠与杨展，前者大败，后者胜。基于此，后人猜疑，张献忠江口沉银被杨展所获。根据费密《荒书》记载，杨展起初并不知道沉船中藏着什么，后来，一个渔民将其打捞上来，数万两金银才尽归杨展所有。

另一种说法来自清朝沈荀蔚所著史书《蜀难叙略》。据说，当年张献忠焚舟之时，一位幸存船夫投奔杨展，据实相告，杨展于是针对木筒特点，命部下用长枪在江中打捞，一旦发现木筒，便将其钉住、拖出。杨展是嘉定（今四川乐山）人，在整个四川因战乱饥荒严重之时，唯有嘉定富庶稳定，时人在称赞杨展时也说“蜀为赖之”。后人因此推测，杨展正是靠着打捞上来的飞来横财，才做到这一点。

清朝占领四川后自然也不会放过对这笔财富的搜寻。《彭山县志》记载，乾隆五十九年（1794）冬，一位捕鱼人在锦江中打捞起一把刀鞘，消息传到总督孙士毅耳中，孙立刻派人赶赴江口，经过数日打捞，终于打捞起万两白银及大量珠宝玉器。

到清末，太平天国运动爆发，为解决朝廷的财政困难，翰林院编修陈泰初旧事重提，呈请寻找这笔财宝，并说曾亲眼看到彭山、眉山等地居民捞到遗弃的银子。捉襟见肘的咸丰皇帝于是命令成都将军裕瑞“悉心查访，博采舆论。若知其处，设法捞掘”，最终却一无所获。

民国时期，一位姓杜的清朝遗老因犯案走投无路，受到曾任四川省府秘书长杨白鹿的接济，在杨家一住就是几年。为报恩，临别前，杜将多年来随身携带的一个檀木匣转赠与杨白鹿，并说，匣内所藏是张献忠埋银的地点图样，由当时参与埋银的一名石匠偷偷绘制，几经辗转流落杜家，希望杨白鹿能“善为运用”。此后多年，杨白鹿一直珍藏木匣，从未向任何人透露。

1937 年冬，杨白鹿将此事告诉了当过师长的好友马昆山，两人一拍即合，认为此事大有可为，于是四处奔走，成立了锦江淘金公司，专事打捞宝藏。他们按照原图纸方位丈量、细密探索，推断出埋藏金银的地点就在成都望江楼下游对岸，原石佛寺下面三角地段的交叉点左侧的江边。于是，趁着 1938 年冬枯水期的良机，锦江淘金公司组织开挖，却没有任何收获。他们不死心，1939 年冬又继续挖掘，上百人前前后后忙活了 10 个多月，竟真挖出一个大石牛和一个大石鼓。“石牛”“石鼓”都出来了，依照那个广为流传的歌谣，能买下成都府的“万万五”还远吗？杨白鹿等人赶紧买来金属探测仪。不久后的一天，金属探测仪发出了嗡嗡的响声。“找到了！”消息迅速传遍川蜀大地，挖宝事件被传得神乎其神。但历史又一次和人们开了玩笑，工人们费尽心力，却只挖出三大箩筐铜钱。

（四）真相一次次擦肩而过

虽然轰轰烈烈的寻宝事件终以闹剧收场，但此后几十年，仍不断有老百姓从江中打捞出财物。

1990 年 8 月，彭山县江口镇渔民邬长福网得大小银锭各一枚，大的 3 斤，小的 1 两；1998 年 7 月，彭山县灵石乡村民张志华在河中淘沙，却淘出一个银鼎……

2005 年 4 月，彭山县的引水工程在江口镇岷江河道内施工时，从地表下 3 米处挖出一个内有七个银锭的圆木，银锭上刻着“崇祯十八年□日”“黄冈县银四拾两正”等字样，经四川省文物鉴定委员会鉴定，其确为崇祯时期所征税银。通过铭文能看出，这批银锭来自湖南沅陵县、湘潭县，湖北京山县、黄冈县等地，与当年张献忠转战之地十分吻合，时间上也是同步的，无疑可以视作“江口沉银”的又一力证。

“江口沉银”究竟是否属实？不少专家学者一直试图进行论证。

1999 年 4 月，四川省社科院历史研究所研究员王纲在经过多年研究考证后宣称，锦江下确实埋藏着大量金银。王纲称：《明史》《蜀鉴》《荒书》《彭山县志》等正史、野史，都从不同角度介绍了“江口沉银”，近年来不断打捞出的实物更是有力的证据，因此，“整整 1000 船金银财宝，至今仍沉睡江底！”根据他的说法，彭山县政府联合江口镇政府进行了实地勘测，但由于年代过于久远，河道淤泥太深，最终只能不了了之。

（原载《环球人物》2010 年第 34 期）

“锦江埋银”质疑

沈仲常

1975 年 4 月上旬，在成都市望江楼附近的锦江靠岸处，发现了一批张献忠领导的大西农民革命政权铸造的"大顺通宝"钱币，十余公斤。1976年2月，在成都市南郊永丰公社的农田中又发现了十五公斤"大顺通宝"钱币。这两次发现的"大顺通宝"钱币，为研究张献忠领导的农民起义，提供了珍贵的实物资料，也引起了人们的注意和兴趣。

"大顺通宝"的接连发现，说明了什么问题呢？同过去史书和方志中所记载的"锦江埋银"是否有关？"锦江埋银"是否实有其事呢？对这些问题，应当给予正确的分析和回答。

"锦江埋银"之说，见于《明史》和清朝时四川人写的一些著作。其中比较详尽的是彭遵泗的《蜀碧》。《蜀碧》说：顺治三年（1646），"献自江口败还，势不振。……将所余蜀府金银铸饼及瑶宝等物，用法移锦江，锢其流，穿穴数仞，实之。……下土石淹盖，然后决堤流，使后来者不得发，名曰锢金。"《明史·张献忠传》说："（献忠）用法移锦江，涸而阙之，深数丈，埋金宝亿万计，然后决堤放流，名水藏，曰：'无为后人有也。'"两书的说法大致相同，都肯定了"锦江埋银"发生于1646年张献忠在江口之战失利以后。

张献忠农民起义军，在江口之战失利折回成都后，究竟有无可能在锦江埋银呢？我认为，完全没有这种可能。

大顺三年（1646）的形势，对张献忠农民起义军是极为不利的。北面，清朝军队从陕西攻入川北，威胁全川；南面，以杨展为首的地主武装，分兵几路，对献忠进行围攻。张献忠为今后发展计，决定进行战略转移，率军撤离成都，并将大批物资辎重装船运走，以免资敌。不期于彭山江口，遭到杨展率领的地主武装的火攻，船被烧毁，物资辎重，悉沉水底。关于江口之战，《蜀碧》中是这样记载的："献闻（杨）展兵势甚盛，大惧。率兵数十万，装金宝数千艘，顺流东下，与展决战。……展闻，逆于彭山之江口，纵火大战，烧沉其舟，贼奔北。士卒辎重，丧亡几尽。复走还成都。"（彭遵泗：《蜀碧》）《重修彭山县志》也有类似的记载："明季杨展拒献贼于江口，分左右翼，兵势甚盛，贼溃反走。展别遣小船载火器以烧贼舟。贼舟被焚，金银珠宝，悉沉水底……”上述记载虽有不少诬蔑和夸大之词，但有一点是可以肯定的：张献忠农民起义军在江口之战中遭到了很大的损失。之后，张献忠不得不放弃转移的打算，折回成都。杨展军尾追其后，乘势步步进逼，各路地主武装也纷纷向农民军发动进攻。在这种情况下，张献忠哪里还有可能像《明史》和《蜀碧》中所说的那样，从容不迫地“移锦江”，“涸而阙之”，埋下数以“亿万计”的金银珠宝呢？又如《蜀碧》和《彭山县志》所说，张献忠东行，“率兵十数万，装金宝数千艘”，进行战略转移。既然如此，那又为什么还要留下如此多的“金宝”，以待复返成都后，再来埋于锦江之中呢？这都是不可能的。足见“锦江埋银”之说，显系封建地主阶级对张献忠农民起义军的造谣诬蔑，完全不足征信。

张献忠农民起义军失败后，有不少财迷心窍的豪绅地主，风闻锦江有大批“埋银”，纷纷出高价争雇“泅水手”，为他们寻找这个子虚乌有的“锦江埋银”。但是，找来找去，却是水中捞月一场空。这就从另外一方面说明，“锦江埋银”之说纯属捏造。

1975 年和 1976 年，成都先后两次发现的“大顺通宝”钱币，显然不能与“锦江埋银”的讹传混为一谈。“大顺通宝”钱币，是张献忠二度入川后铸造和开始在市面上流通的。1644 年，张献忠率军再度入川，“一路州县，望风瓦解”。同年，张献忠在成都建国称帝，国号大西，建元大顺，并设立内阁六部。为了繁荣经济，巩固农民革命政权，大西农民政权一方面对地主豪绅的不义之财坚决予以没收，一方面铸造发行“大顺通宝”钱币。大西农民革命政权专门设立“铸局”，“取藩府（蜀王府）所蓄古鼎玩器及城内外寺院铜像，熔液为钱，其文曰‘大顺通宝’。”（彭遵泗：《蜀碧》）“大顺通宝”由于成色较高，杂质很少，所以很受群众欢迎，在流通中颇有信誉。从这两次发现的“大顺通宝”来看，也可以说明这一点。

"大顺通宝"钱币十分整齐，直径均为 2.7 厘米，正面均有"大顺通宝"四字，背面方孔下分为有"户"字或"工"字及素面三种情况。《蜀碧》的作者彭遵泗也说："贼钱肉色，光润精致。至今得者作妇女簪花，不减赤金。"可见，就是在张献忠农民起义失败后，也还有不少人，或者出于对张献忠的爱戴和拥护，或者喜爱"大顺通宝"的"光润精致"和"不减赤金"，而把它宝而藏之的。后来，可能有人迫于清朝在入关后实行的高压政策，惧怕因收藏农民起义军的钱币而招祸，故而埋之荒野，或沉之江底。成都市锦江靠岸处和永丰公社农田中先后发现的"大顺通宝"钱币，很可能属于这一类的情况。

为什么在《明史》和其他一些史书中，都有关于"锦江埋银"的记载呢？这也没有什么好奇怪的。对于我国历史上的农民革命运动，封建地主阶级总是视之为洪水猛兽，极尽造谣诬蔑之能事。张献忠所率领的农民起义军，是推翻明朝腐朽统治的两大主力之一，斗争坚决，对地主阶级的反抗毫不留情地坚决予以镇压；在张献忠死后，其余部仍坚持反清斗争，直至康熙初年。这样一个农民起义领袖，这样一支农民起义队伍，当然要遭到地主阶级的极端仇视。近三百多年来，地主阶级一直对张献忠大泼污水，制造种种谎言来歪曲丑化张献忠和攻击张献忠农民起义军，如所谓张献忠"嗜杀"，"剿四川""屠蜀"，在四川"杀人六万万有奇"（《明史·张献忠传》），等等。当时，全国人口尚不足一亿，而张献忠却在四川一省杀了"六万万有奇"的人，真是滑天下之大稽！就是这样，他们还嫌不够，又捏造了一个"锦江埋银"的鬼话，用以欺骗世人。张献忠"剿四川"和"杀人六万万有奇"的弥天大谎，可以载入官修的《明史》，那么，"锦江埋银"的讹传也见于《明史》和很多史书，就不足为奇了。

（原载《社会科学研究》1979 年第 4 期）

“张献忠沉银”盗掘案始末

蒋　麟

2016 年 8 月，四川眉山警方通报，经过眉山市、彭山区两级公安机关两年多的缜密侦查和连续奋战，公安部督办的“2014·5·1”特大盗掘倒卖文物案成功告破。

两年来，专案组辗转 10 多个省市，打掉盗掘文物团伙 10 个，摧毁倒卖文物网络 9 个，起诉犯罪嫌疑人 70 人，追回文物千余件，其中国家珍贵文物 100 件，包括国家一级文物 8 件、二级文物 38 件、三级文物 54 件，涉案文物交易金额 3 亿余元。

据眉山市公安局副局长刘长林介绍，此案是 2016 年全国破获的最大文物盗掘倒卖案，取得了“两个全部”（涉案主要文物全部追回、涉案主要犯罪嫌疑人全部起诉）、“三个第一”（同类案件中，追回的国家珍贵文物数量、文物总数、抓获的犯罪嫌疑人数均为全省第一）、“四个之最”（2016 年全国破获的最大文物盗掘倒卖案、追赃难度最大、涉案文物历史和学术价值最厚重）的辉煌战果，为在全国范围内有效打击涉文物犯罪提供了可资借鉴的成功范例。

（一）小村庄

张献忠是陕西延安人，明朝崇祯三年（1630）在米脂参加农民起义，1644 年在成都称帝，国号大西。史料记载，张献忠兵败四川时，大量金银沉入江底。

江口镇是四川省眉山市彭山区的一个古镇，岷江从旁奔流而过。早在2005年，当地修建城市供水工程时就在岷江河道挖出过7枚银锭，经鉴定为明代银锭，属国家珍贵文物。其形制与錾刻铭文表明为崇祯时期所征解的税银，而且与张献忠曾转战四川、湖北、湖南的路线及所占地点十分吻合。2010年，“江口沉银遗址”被确立为市级文物保护单位，其保护范围及建设控制地带东至公路，西至河堤，南至岷江大桥南1000米，北至双江汇合处向北500米，南北外延500米。

新中国成立以前，这里的村民多以在江口码头做苦力或打鱼为生。改革开放以来，村民们的生活条件逐渐好转，靠山吃山，靠江吃江，以种植农作物、水果和经营农家乐为主要收入，也有不少人从事打鱼和挖砂等工作。因紧邻彭山城区，年轻人几乎都前往城区务工，人均年收入六千元左右，不算富裕，但民风淳朴，与世无争。

然而，这样一个小小的村庄，却藏着一个大大的“财富梦”。他们祖祖辈辈生活在“江口沉银遗址”所在的岷江岸边，从小就听着“张献忠江口沉银”的故事长大。“石龙对石虎，金银万万五，谁人识得破，买到成都府”，这是一首在彭山流传数百年的童谣，也成为无数人追寻张献忠财宝的“寻银诀”。

（二）抓捕

从表面上看，“江口沉银遗址”并不神秘，说通俗点，就是一段长约两公里的岷江河道。

2013年，警方得到线索，有人夜间潜入遗址区域，用专业潜水设备盗挖文物并高价倒卖。

调查后，眉山警方迅速组建了“5·1”特大盗掘倒卖文物案专案组。经过一年秘密侦查，专案组梳理出以沉银遗址文物为目标的6个盗掘团伙、3个倒卖团伙，涉案人员40余名，涉及全国10多个省市。

2015年4月，收网时机成熟。4月25日，眉山市212名民警组成的抓捕行动队，分成8个组，在云南、四川等多地对6个盗掘团伙骨干展开同步抓捕。此次行动12小时内到案31人，扣押“西王赏功”钱币27个、银锭39个、各类钱币逾千枚、其余金银杂件逾百个，还扣押了大量涉案汽车、潜水服、氧气瓶、金属探测仪等。

在抓捕倒卖江口沉银文物的文物商人张庭时，专案组民警多次行动均无功而返。

2015年6月，专案组民警了解到，张庭的女儿即将参加高考，考虑到张庭十分疼爱女儿，专案组民警分析，张庭一定会前往考场看望女儿，便安排人员在考场蹲点守候。

高考前一天，张庭果然出现在女儿考场附近的住处，为女儿加油。

考虑到抓捕必将影响其女儿备战高考，出于人性化考虑，专案组暂时放弃了行动。三天后，高考结束，张庭走出了女儿的住所，专案组民警迎了上去。

看到民警，张庭显得比较平静，但他矢口否认自己曾倒卖过“江口沉银遗址”的相关文物，案件一度陷入僵局。

专案组民警对张庭晓之以理，动之以情。在获知民警为了不让女儿高考受影响，没当着女儿的面对其进行抓捕时，张庭落下了泪，向民警不断致谢，主动交代了犯罪事实，并表示愿意将其购买的涉及彭山的文物上交给公安机关。

随着工作的深入，越来越多的犯罪嫌疑人开始自首，专案组梳理出了李某、康某等多个倒卖文物团伙，追赃工作迅速展开。

（三）追赃

追赃工作决定了案件办理的成败，流失文物能不能及时追回，关系着案件定性与对犯罪团伙的进一步处理。

2015 年 8 月初，专案组发现北京文物商人李某涉嫌大量交易"江口沉银遗址"被盗文物，因李已闻风而逃，专案组民警五天内奔赴北京、黑龙江、西藏等地，终于将其抓获并押解回川，追回涉案文物 22 件，其中国家珍贵文物 3 件，包括"长沙府天启元年五十两金锭"1 枚（一级文物），花鸟、龙纹金腰牌 2 个（二级文物）。

掌握到郑红枫团伙曾在 2013 年清明节前后盗挖到 1 枚"金老虎"印的线索后，专案组加大对该团伙的工作力度，得知这枚金印以近 800 万元的价格卖给了他人。经调查，金印转手后流向了西北某省某公司董事长鲜玉昆。专案组先后"四进四出"西北某省，开展了大量艰苦细致的工作。2016 年 4 月初，鲜玉昆迫于压力主动与专案组联系，表示愿意将其购买的涉及彭山的文物上交给公安机关。最终，专案组于 4 月 21 日成功从鲜玉昆处收缴文物 102 件。经鉴定，其中一级文物 4 件（其中"虎钮永昌大元帅金印"为国宝级），二级文物 15 件，三级文物 30 件，一般文物 53 件。

（四）盗掘

郭建华是土生土长的彭山区江口镇双江村人，从 2014 年 4 月起，他多了个身份——"江口沉银遗址"看护员，聘请他的是当地文管部门。工作内容是巡江，就是每天入夜后驾驶摩托车，在沿彭山区岷江大桥至江口镇两江汇合处来回巡逻。

曾几何时，每到夜深人静时，就会有船只从不同方向驶来，到了江心后就抛锚固定，身穿潜水服、背着氧气瓶、手持金属探测仪的人趁着夜色，"扑通"一声潜入江中，半晌，又浮出水面，小船神神秘秘地消失在夜色之中……

由于缺乏水上交通工具，再加上没有执法权，郭建华只能隔空喊话，要求对方立刻将船开走，但这种喊话有时有效果，有时则没效果，在这种情况下，郭建华只能拨打 110 报警。但派出所民警一赶到，对方随即逃之夭夭。郭建华回忆，最猖獗的是冬春枯水季节，“有时一晚上，两公里江面上有十多艘船在‘寻宝’。前脚刚撵走，转个身这些船又回来了”。

没有寻宝电影中的主人公那样的博学多才，在盗掘“张献忠宝藏”的数十人里，约有八成为岷江彭山江口段沿岸的村民。若不是警方证实，很少有人能想到，有些白天还扛着锄头的村民，一到晚上，就摇身变成了盗宝人。

起初，江口发现银锭后，一些村民在好奇心的驱使下，用铁锹、锄头等农具，在岷江河滩上掏挖、捡拾些价值不大的小铜钱、小银饼等物件。但时间一长，在利益驱使下，他们或以亲属关系，或以兴趣爱好，或以资源渠道等为纽带纠集在一起，从各种渠道学习掌握了一定的水下考古知识，购买潜水服、氧气瓶、铅块、金属探测仪和成分分析仪等专业水下考古工具，并到成都、遂宁等地潜水基地学习潜水技术。为了增加潜水时间和深度以便盗挖到更多、更好的东西，个别盗挖团伙还拉拢了曾从事过潜水职业的人员一起参与盗挖。

33 岁的彭山人李大强因从事过潜水职业，先后与几个盗掘团伙合作过，在众多的盗掘团伙中，他可谓“战功赫赫”：下水数十次，不仅挖出了“金老虎”印章，还挖出了金册、“西王赏功”钱币等多种文物。

在没有加入盗掘大军之前，李大强曾在某单位上班，一年的收入一万多元，这样的生活显然对他没有太多的吸引力。

此时，51 岁的江口人郑红枫出现了。2012 年，彭山饮水工程挖出部分文物后，他便动起了脑筋，先后找到了江口渔民周珏和另一名彭山商人黄鑫，一起商量到岷江“寻宝”，从事过潜水行业的李大强顺势加入。

人员确定后，每人出资 1.5 万元，郑红枫等人前往成都、武汉等地，订制了潜水服、氧气瓶、木船、金属探测仪等装备。简单分工后，四人的

"寻宝之旅"就这样开始了。

从 2012 年年底开始，除了涨水、下雨之外，只要不是洪水季节，郑红枫、李大强等人基本上一周去岷江挖三四次，一般都是晚上九十点钟去，挖两个小时左右就走，因为一人每次下水只能坚持 40 分钟左右，一个氧气瓶的容量差不多能供一人下四次水。

李大强记得，第一次挖到东西是 2012 年 12 月 21 日，下水后，周珏挖到了一个银锭，卖了 7 万多元，四人迅速将钱平分。投资小，收益高，见效快，这样的生活刺激着他们的肾上腺素。

2013 年 1 月，李大强在江底挖到几个银锭，售出后四人平分；2013 年 3 月，李大强下水，先后挖到金、银"西王赏功"钱，由黄鑫卖掉后四人平分；2013 年清明节前后，李大强两次下水，挖到"金老虎"印章，卖得近 800 万元，李大强和郑红枫平分；2013 年 9 月、10 月，李大强先后挖出多个银锭，由黄鑫卖掉后四人平分；2013 年年底，李大强、郑红枫、周珏三人挖出了"西王赏功"牌、金册、银锭等；2013 年年底至 2014 年 7 月、8 月，李大强、郑红枫大概下江底挖了 30 多次；2014 年下半年开始，李大强等人下水的次数就不多了……

不只是李大强，为防止被文管部门巡查人员发现，涉案的 10 余个盗掘团伙的盗掘方法基本上如出一辙：每次作案均在夜深人静的时候，在浅水区域就用金属探测仪进行"扫滩"，发现金属物品之后，直接进行挖掘；深水区域则通过穿潜水服、背氧气瓶等方法，潜入江底挨个"打围"（用木头桩子将江底一块区域围起来），先将淤泥、河沙等杂物清除，再使用金属探测仪进行探测并盗窃文物。

实际上，郑红枫、李大强等人知道，他们从岷江底挖出的东西是文物。但巨大的利益面前，法律的底线被他们抛到了脑后。

2013 年清明节，下水之前，郑红枫和李大强等几人特意在江边祭拜了张献忠，然后和往常一样，李大强选择在夜色的掩护中下水挖宝。

水流湍急，带起的泥沙浑浊无比，让能见度几乎为零，到江底后，李大强只能用手胡乱地摸。晚上十一点多时，靠着金属探测仪的帮助，在水下的浮泥里，李大强摸到了一个疑似烧化了的银子的硬物，船上的郑红枫等人将他拉了起来，李大强将藏在潜水服里的东西悄悄交给了郑红枫，郑用手捏了一下，直接放进了裤子包包里。回到郑红枫家一看，这是一只长约 8 厘米、高约 5 厘米的雄性金老虎。

两人并未声张，而是用石头和矿泉水瓶等在发现金虎的地方做好了标记。郑红枫打算将金老虎高价卖出，但无人接手。

过了几天，几人再次前往该处，依旧是李大强下水。当晚十一点左右，在江底砂石下面十多厘米深的地方，李大强又摸到了一个正方形的东西。在郑红枫家中，李大强和郑红枫发现这是一个黄金印章，印章上除了有“大元帅印”等字样外，还有四个脚印，郑红枫把金老虎拿出来放在印章上面，一个完整的金印章赫然呈现在眼前。

两人一称，发现金老虎有一千多克，金印章有三千多克。随后，两人达成一致，金老虎由郑红枫保管，金印章则由李大强保管。

一开始，郑红枫将金老虎印章的心理价位定在了 1000 万元，一个外省人出价 800 万元，被郑红枫拒绝。岂料之后因要价太高，无人接手。为了尽快变现，2013 年 5 月左右，郑红枫以近 800 万元的价格卖给了彭山古玩商人张荣，郑红枫和李大强各自分得 385 万。

之后，李大强等人下水挖过很多次，陆续挖到了金册子、“西王赏功”钱、银锭等文物，金册子甚至售出过 80 万元一张的高价，但最为珍贵的，还是这个金印章。

表面上看，盗掘团伙安守各自区域，团伙成员下水、开船等分工明确，盗掘的一个个文物出水后迅速被出售给各类文物商人，得到的钱由团伙头目按照参与人数进行平均分配，每人各司其职，井然有序。

但实际上，在这片平静的江面下，早已形成了一个充斥着贪婪、算计、尔虞我诈的江湖。

在这些盗掘团伙之间，根据时间先后或势力大小等因素，对盗挖区域有明确的界线。每个团伙对自己的区域大概都有数，不能擅自越界的原因除了盗掘是见不得天的事情外，还有一个重要的原因：听说有人因为潜水挖宝，下水后就再没上来过。对于这个传言中下了水再没上来过的人，有人说是他和团伙内部出了矛盾，团伙的人没让他上来；也有人说他进入了其他团伙的领域，其他团伙的人再没有让他浮上水面。虽然这些传言后来并未得到警方的证实，但这些故事一直在团伙之间流传着，大家就这么心知肚明地遵守着这片江湖的"规矩"。

李大强、郑红枫、周珏、黄鑫四人组建团伙后，一开始，几人配合尚好，挖出的文物卖掉后按比例分配，但一两个月后，黄鑫便开始私藏挖到的宝贝。之后，为了增加收入和防范不测，黄鑫让儿子加入，父子开始轮流下水。"毕竟是父子，一人在水下，另一人在船上拉绳子，之间会更加信任。"同样从事过盗挖的余某说，"即便是互相私藏宝贝，说白了也是一家人，肉烂了，还在锅里嘛"。

在 25 名被宣判的犯罪嫌疑人中，至少三对父子接力盗掘。除了父子，还有翁婿参与其中，几人各占股份，分工协作。

（五）销赃

盗掘团伙从江底挖出文物一般不会留着，挖出来就卖，卖了就分钱，一件件文物就这样毫无遮掩地变成了令人眼红的财富。

据警方介绍，岷江出水的有关张献忠的文物，几乎都流向了古玩商人和企业家等，有些人买来做转手之用，也有的买来收藏，还有的人是为了放进自己的博物馆。对他们来说，买卖文物时不询问出处是圈内行规。有了这个行规，自然就有了买卖文物不问对方身份的约定。52 岁的黄鑫曾经手卖出过一枚“西王赏功”币，但是不知道卖给了谁。

2013年年初的一天，早上十点左右，黄鑫接到一个陌生男子的电话，问他有没有“西王赏功”币。几天后，黄鑫通过朋友周珏找到了一枚疑似铜的“西王赏功”币，联系上了陌生男子。交易当天，陌生男子给黄鑫打电话，说他在成乐高速彭山收费站路口等候。黄鑫和周珏拿着那枚“西王赏功”币到高速路口找到陌生男子，一番讨价还价后，双方最终以27万元左右的价格成交。交易后，陌生男子让黄鑫把他的手机号码删了，接着迅速开车上高速离去，整个交易过程仅有十多分钟。至今，黄鑫也不知道那男子是怎么拿到他的电话号码的，只知道这男子四十多岁，说普通话。

这样的事情并不少见，文物几经转手，就有可能被洗白，甚至堂而皇之地成为一些博物馆里的展览品或拍卖会上的“传家宝”，但买卖者可能都对对方的信息一无所知。在岷江出水文物的贩卖线路上，成都是很重要的一站，许多从岷江出水的文物，就是通过成都的文物商人流向北京等地的。

从2005年开始，成都文物商人张庭得知了张献忠江口沉银疑似在彭山江口，但没见到实物，他始终将信将疑。2012年以后，来自岷江江口段的文物越来越多地出现在成都的古玩市场上，张庭开始相信张献忠沉银就在彭山，并开始逐步接触、收集岷江江口段的出水文物。不过，他只在乎各种样式的钱币。因为多年来，他一直想建一个钱币方面的博物馆。收集钱币是他的目的。

张荣、杨红星是张庭最重要的合作伙伴。张荣在彭山开了一个古玩铺子，主要做钱币，有时也到成都的古玩市场摆摊。既是某盗掘团伙中的一员，又是文物商人的杨红星也经常到成都转悠，他们和市场上的很多人都有关于古玩收藏方面的交流。

2013年秋天，张庭从张荣手里买了7张金银册。此外，张荣还带了些银锭和散碎银子。最终，张庭一共花了700万元全部买下。这笔生意之后，张荣又陆陆续续送来银锭、散碎银子、"西王赏功"钱，张庭陆续转了1600万元给张荣。此外，张庭还从一些拍卖会上买过来自岷江江口段的银锭等文物。

对于金银册、"西王赏功"钱等文物的来历，张庭称，刚开始买的时候不知道哪里来的，2014年后才知道是彭山岷江出来的。

在倒卖文物的链条中，除了民间人士外，也活跃着收藏协会人员的身影。

2012年年底，一男子到黄鑫的古玩商铺出售岷江出水的银锭，黄鑫出了11000元买下，过了几天就以15000元卖给了某收藏家协会的副会长段某。

2013年年底，段某想卖出一个来自岷江江口段的银锭。黄鑫知道消息后，帮他以7万元的价格将银锭转手，由此得到了5000元的好处费。

2012年左右，另一个收藏协会的谢某主动找到黄鑫，说他朋友有一枚金"西王赏功"钱，想卖。黄鑫知道某收藏协会的周某比较有名，就联系了他，最后以70多万元成交。事后，谢某给了黄鑫1万元的介绍费。

这种关系不仅局限在四川。2011年左右，黄鑫帮郑红枫卖过一枚"西王赏功"钱给两个北京过来的人。后来，黄鑫才知道，这两人也是北方某省收藏家协会的。当时，黄鑫给郑红枫打电话，他直接把"西王赏功"钱送到黄鑫家里，北京过来的两个人看了之后，最后把价格定在45万元左右。现金交易之后，黄鑫对郑红枫少报了2万元，郑红枫又给了他3万元介绍费。这次交易，黄鑫共赚了5万元。

郑红枫等人出售从岷江里挖出的金老虎印章后，某地收藏协会的一名中间人将照片发给了外地的一名生意人，生意成交后，这名中间人收取了郑红枫20万元的介绍费。

今年38岁的杨红星从事古钱币的买卖，涉足彭山岷江出水文物后，看到银锭如此来钱，就找到朋友王某，一起给从成都地摊上花两三千元买的假银锭“做旧”。办法是用硫磺水浸泡，然后用电炉烘烤，之后再用微生物水进行长时间浸泡。完工后，两人拿去卖，但无人问津。

不只是杨红星，在成都经营文物的一个商人也曾花了2万余元收购了来自岷江江口段的碎银，经过融化铸成四个小银锭，简单做旧后，这四个银锭被冠上“明代银锭”之名，以10多万元的价格售往了外地。

（六）后续

在本案追回的千余件文物中，有国家珍贵文物100件，包括国家一级文物8件（虎钮“永昌大元帅”金印1枚、皇帝册封金银册4张、摇钱树1棵、壹佰两银锭1枚、“长沙府天启元年伍拾两”金锭1枚），二级文物38件（金“西王赏功”钱币4枚、皇帝册封金银册7张、银锭25枚、花鸟纹金腰牌1个、龙纹金腰牌1个），三级文物54件（银“西王赏功”钱币8枚、银锭36枚、皇帝册封金银册2张、狮纹鎏金饰片1个、福寿金手镯1个、明代官印章1个、一刀平五千钱币5枚）。

这当中，最为珍贵的为虎钮“永昌大元帅”金印（系张献忠时期的金印）和“长沙府天启元年伍拾两”金锭，这两件文物均为国宝级的一级文物。其他珍贵文物有张献忠时期的典型器物——“西王赏功”钱币（金、银、铜）、五十两银锭、皇帝册封金银册、金腰牌等。

眉山市文物部门表示，此案的成功侦破对研究张献忠大西国政权的建立、发展和衰亡具有重要的历史意义，追缴的大量珍贵文物有助于解读张献忠部队的行军路线、征饷方式以及与地方官府的关系，是研究明末清初社会形态、经济状况及社会生活的重要实物依据，进一步证实了中国历史上明末张献忠农民起义和在川建立大西政权的历史事件，具有重要的学术和历史价值。

有专家认为，从“江口沉银遗址”特大盗掘倒卖文物案中，不难看出，我国当前打击文物犯罪的诸多难点。

首先是田野文物保护难。彭山区文物部门称，以"江口沉银遗址"为例，此地处几公里长、开放式的岷江河道，分布面积超过 100 万平方米，如果仅靠严防死守，要实现全面保护难度很大。

其次是文物买卖监管难。眉山市文物部门一负责人说，民间文物买卖活动处于无序状态，一些地方对古玩店的开设不加限制，经营者不到文物部门备案，容易成为文物盗掘分子的销赃渠道。

对此，警方和相关专家结合"江口沉银遗址"一案办案经验建议，建立公安、文物部门联合打击盗掘文物的长效机制，加强田野文物安全管理；规范民间收藏行为，加强对文物市场的管理。

眉山警方一位人士称，鼓励"藏宝于民"的同时，可尝试对民间收藏文物建立登记制度，在群众中牢固树立"如果买的文物是盗掘来的，尽管主观上无故意，但事后被政府追缴，才真是赔钱又犯法"的意识。此外，国家有关方面可适时组织各地文物、公安、工商等部门，对文物市场进行联合检查，对违法出售文物的要清理整顿。

2015 年年底，来自故宫博物院考古研究所、中国国家博物馆综合考古部、中国人民大学、北京大学、国家文物局水下考古研究所、四川省文物考古研究院等单位的 10 余名专家，对沉银遗址、文物进行研讨后，出具意见书认为：通过与历史文献相比较，基本可以确定"江口沉银"的记载可信，彭山"江口沉银遗址"即为历史记载的张献忠沉银中心区域之一。

这片江水究竟埋藏着多少张献忠的稀世宝藏？据悉，由国家文物局水下文化遗产保护中心和四川省文物考古研究院将联合组建考古队，对张献忠沉银中心区域之一的江口沉银遗址进行考古发掘，采取的围堰考古发掘方案预计将持续到 2017 年。

伴随着案件的告破，这一片江水回归了短暂的平静。

如今，年过半百的郭建华骑着摩托车，沿着岷江彭山段的江边公路慢慢前行，望着滔滔岷江水，望着这片曾充斥着贪婪欲望、尔虞我诈的江面，不禁感慨："现在晚上巡江省心多了……"

（原载《文物天地》2017 年第 1 期）

考古求解张献忠沉船之谜

曾　江

宝藏考古热此起彼伏。顺着南昌海昏侯墓大白天下的金色眩晕，张献忠沉船"宝藏"往事近日再攀舆论排行榜，四川江口镇水运码头进入大众视野。

记者近日获悉，对江口沉银遗址的科学发掘初步计划将在 2016 年下半年启动，有望揭开张献忠沉船之谜。四川作为内陆地区尚未开展过水下考古工作，学界希望借此机会，推进四川水下文化遗产保护工作和学术队伍建设。

（一）证据链指向张献忠沉船

从江口镇的彭山汉崖墓博物馆北望，岷江主河道与府河在此交汇，故称江口。江口民间一直有关于张献忠沉船"宝藏"的传说。但学界对沉船地点、原因等问题有不同看法。2005 年以来，相继在江口岷江河道发现重要文物，引发广泛关注。

四川省文物考古研究院副院长周科华向记者介绍说，随着经济建设的发展，在河道内过度采砂取石，严重破坏岷江河道及河床，使埋藏于河道内的部分珍贵文物流失，2005 年和 2011 年先后都有类似事件发生，后经各相关部门共同努力，一些文物被征集和追缴回来，但仍有部分流失。

近年来江口沉银遗址出现被盗挖情况。2013 年以来，在利益驱使下，有人无视法律大规模在河道内滥挖滥采。在江口沉银遗址范围内，晚上九点至凌晨，有时多达 10 余只渔船，为了寻找水下珍贵文物，使用潜水服、金属探测器等工具潜入河底盗挖文物。2015 年 5 月，经过当地公安部门长达 1 年多的调查、侦察、取证等工作，终于打掉了盗挖犯罪团伙，并追缴了许多珍贵文物。

学界对这些江口沉银遗址新发现材料进行了初步分析。周科华介绍说，许多材料都指向张献忠，基本形成了证据链。如这些材料中有不少银锭、碎银、银饰品，其中有铭刻“西王赏功”的金币，铭刻“大西”“大顺”的金册等。

1644 年张献忠攻破成都建立大西政权，定年号为大顺，这些材料明确与张献忠有关。眉山市彭山区文管所所长吴天文表示，在江口沉银遗址出土银锭的内壁显示有时间、地域、工匠名字等，其中地域显示，这些银锭来自江西、湖南、湖北等地，与文献记载张献忠行军路线有关，很可能是沿途所得。

2015 年底，来自故宫博物院、国家博物馆、中国人民大学、北京大学、国家文物局水下文化遗产保护中心、四川省文物考古研究院等机构的学者齐聚江口。经过研讨，他们基本认为，江口沉银性质上与张献忠有关，江口沉银遗址至少是张献忠沉船中心区域之一。学者呼吁，对盗挖加大打击力度，加强保护，同时展开科学发掘。

（二）推动四川水下文化遗产保护研究

当前江口沉银遗址被严重盗挖，千疮百孔，而基础设施建设也使遗址内结构发生变化，造成破坏，为加强对遗址文物的保护、研究和利用，亟须对遗址进行抢救性发掘。

周科华说，启动科学发掘很有必要。首先，目前江口沉银遗址虽然发现了一些材料，但都不是科学考古发掘所得，因而损失了许多对研究有用的数据、信息等；其次，还有许多学术问题有待解决，如学者对于沉船原因存在观点分歧，有的认为是主动沉船藏宝，有的认为是由于作战失败、船毁沉没。再者，我们对于沉银遗址具体情况不清楚，目前还没有发现沉船遗迹。以上这些都需要通过发掘，获得科学材料，才能展开进一步讨论。

目前四川省文物考古研究院计划联合国家文物局水下文化遗产保护中心编制发掘方案，报主管部门批准后对江口沉银遗址开展考古工作，已进入前期筹备阶段。初步计划在 2016 年下半年启动考古发掘工作，到时将有望揭晓张献忠沉船之谜。受访学者虽然都倾向于认为江口沉银遗址与张献忠有关，但都比较谨慎，强调有一分材料说一分话，对于科学发掘充满期待。

记者采访中还了解到，推进江口沉银遗址发掘工作还具有学术生长点的重要意义。近年来我国水下考古发展迅速，在南海、东海等海域都有重要考古发现，但总体而言在内陆水域开展的水下考古活动还比较少，特别是对四川地区而言，基本还没有开展过水下考古。周科华向记者介绍说，四川省文物考古研究院也希望通过与国家文物局水下文化遗产保护中心合作，培养从事水下考古的专业研究力量。以前对四川水下考古不够重视，这与意识有关，事实上四川水资源非常丰富，而学界对与此相关的水下文化遗产了解不多，“十三五”期间计划展开四川的水下文化遗产的摸排、调查等工作，四川地区水下考古大有可为。

（原载《中国社会科学报》，2016 年 1 月 8 日）

张献忠千船沉银？传奇寻宝三百年

吴晓铃

“石牛对石鼓，金银万万五……”很多老成都或许都听过这首民谣。它说的是明末在成都建立大西政权的张献忠，兵败退出成都时，把数以千万计的金银财宝以“千船沉银”的方式秘密隐藏。谁发现“石牛”对“石鼓”的记号，巨额宝藏就将重见天日。

300 多年来，清朝政府、民国川军都曾展开过疯狂的寻宝。而有记载的藏宝地之一——彭山江口，由于不时发现明代银锭、钱币等文物，更引来无数淘宝人。那么，张献忠“千船沉银”的传说果然为真吗？

2015 年 12 月 25 日，由四川省文物考古研究院、彭山区文化广电新闻出版局组织的“江口沉银遗址”保护和考古研讨会在彭山举行。来自中国社科院、故宫博物院、中国人民大学等机构的考古、历史及文物专家集体签署了意见书。专家们认为，通过比对在江口出土的文物和历史文献，基本可以确定“江口沉银”的记载可信。而最终的结果，则要留待扎实的考古之后才能揭晓。

（一）

张献忠千船沉银，史料记载很多，然而张献忠沉银的数量、地点，均说法不一，而且，史料记载是否真实，专家们仍有不同看法。

藏宝传说扑朔迷离。史料记载，张献忠起义之后，曾一路烧杀抢掠，搜刮了不少财宝。《明史·张献忠传》中记载，张献忠的大西军 1636 年攻破河南许州时，“获物资巨万”；1641 年攻破湖北襄阳，抢得巨额军需饷银；1643 年，攻破武昌楚王府，“尽取宫中金银各百万，辇载数百车不尽”……还有史料记载，张献忠“发银六百余万两，赈济饥民”。据此，有专家大胆推测：张献忠建立大西政权后，他的财富也许已达几千万两白银之多。

然而，张献忠 1644 年在成都建立大西，1646 年便亡国。如此巨额的财富去向何处？

在清人吴伟业所著的《绥寇纪略》中记载：张献忠“用法移锦江而涸其流，穿数仞实以黄金瑶宝累亿万……然后决堤放流，名曰锢金。”意思是张献忠拦断锦江的某处，把亿万财富埋入其中，最后放水淹埋，让后人找不到。这个说法，《明史》也认可：“用法移锦江，涸而阙之，深数丈，埋金宝亿万计，然后决堤放流……”张献忠的宝藏，似乎就埋藏在锦江的某一段。

另一说是张献忠财富藏在彭山。清人杨鸿基《蜀难纪实》记载：“于是括府库民兵之银，载盈百艘，顺流而东。至彭山江口，初心忽变，乃焚舟沉镪而还。”这是说张献忠主动沉银在彭山江口处。但曾出任明代将领杨展幕客的费密则在其所著的《荒书》里这样写道：“（丙戌）正月，献忠尽括四川金银作鞘，注彭山县江。杨展先锋见贼焚舟，不知为金银也。其后渔人得之，展始取以养兵。”意思是杨展在江口与张献忠部队打了一仗，后来通过渔民捞起的东西，才知道水下有财宝。而与张献忠同时代的彭遵泗写《蜀碧》时，也称“献忠率兵十数万，装金宝数千艘，顺流东下，与展决战。展闻，逆于彭山之江口……”

张献忠究竟有多少财产？又把这些财产藏到了何处？不仅历史记载各异，现在的专家们看法也不一致。2010 年 12 月 30 日，国家清史纂修领导小组办公室张建斌撰写文章《寻找张献忠宝藏三百年》，怀疑张献忠之财还在江口。而曾专门研究张献忠、著书《张献忠传论》的巴蜀文化研究专家袁庭栋，则认为张献忠藏宝说的真实性值得怀疑。他告诉记者，"作为官方正史的《明史》曾记载张献忠在四川杀人'六万万'。但清朝时整个中国的人口才'四万万'，可见即使是官方的记载，也并不完全可信。"

（二）

尽管史料记载各不相同，寻找张献忠留下的巨额宝藏，从清代开始就从未断绝过。

三百年寻宝不断。最早对张献忠财富打主意的，是清朝皇帝。《彭山县志》上记载："乾隆五十九年冬季。渔者于江口河中获刀鞘一具，转报总督孙士毅，派员赴江口打捞数日，获银万两并珠宝玉器等物。"而《清文宗实录》记载，在道光十八年（1838），清政府再次派人到锦江实地勘察，因找不到确切地点而中止。而记者在官方修订的《大清历朝实录》中看到，咸丰三年（1853）时，翰林陈泰初说亲眼在彭山见到过居民在河里捞到银两。于是，咸丰帝命成都将军裕瑞"按所呈情形悉心查访，博采舆论。若知其处，设法捞掘"。当然，此事最终没能得手。

关于寻找张献忠宝藏最轰轰烈烈的事件，当属 1939 年川军在望江公园外锦江河上的寻宝行动。在成都市档案馆，至今仍馆藏有一份编号为0930022011、名为"四川省会警察局卷宗"的档案。档案馆研究员姬勇介绍，这份档案是当年主持寻宝发掘的川军高级将领幸蜀峰向省政府打的报告，称为了支援抗战提供财力，希望根据史料寻宝。而这份报告获批后，幸蜀峰带着上百名工程技术人员在望江公园外拦断锦江。

令人惊喜的是，仅仅一个月之后，传说中的"石牛"就出现了。袁庭栋说，此事当时轰动了整个四川。因为石牛的出现，正暗合了"石牛对石鼓"的歌谣，预示了宝藏真的存在。然而随着工程推进，工程人员虽然还挖到了刻有"张"字的条石，并且搞了金属探测仪进行勘察，结果只挖到了少量大西的“大顺通宝”铜钱。后来因为锦江汛期到来，此次惊动了军政两方的行动就此宣告结束。

袁庭栋说，当年川军抗战需要资金，也许情急之下，只是按民谣指引，随便找了一个地方便开挖。至于为何会有关于藏宝的民谣流传，袁庭栋透露，也许是张献忠有意为之。“张献忠是一个非常狡猾之人。他在四川的几个大仗，都编顺口溜激怒明军，最终让对方钻进了自己布的阵法之中。而民谣里的线索，便是布下迷魂阵，让明军因贪欲忙于挖宝无暇追击自己。”袁庭栋甚至认为，张献忠或许根本就没有巨额宝藏可藏，“因为他的政府收入来源全靠此前的烧杀抢掠，这些钱或者早已用掉，即使后来败走，也不可能沉船，因为张献忠不是疯子。更何况，千船之银数量至少上千吨，这种说法过于夸张”。

有意思的是，1993 年，彭山政府为搞清江口沉银之谜，也曾邀请了四川地矿局的物探大队在江口一带进行勘探。当年主持发掘的工作人员李明雄透露，他们当时发现了 7 个磁异常点，这预示可能出现金属物。2009 年，中国地质大学的专家也曾在江心发现了一处长 7 米、宽两米的异常点。

（三）

最近几年，寻宝又热——彭山江口连续发现了明代官银、张献忠大西政权的金册以及金币等文物。一个旷世宝藏的秘密，能否在未来解开？

金册银锭现身助力解密历史？

彭山江口近年重新吸引外界目光，始于 2005 年 4 月。

彭山文管所所长吴天文透露，20 世纪 90 年代，陆续有百姓在江中捞出银锭等财物。因此 2005 年彭山江口镇岷江大桥引水工程施工挖到“黑坨坨”，便又炸锅了。据说，当时挖掘机挖到一块大木头。而在附近搬石头的工人看到里面掉了东西出来，一拥而上，捡起来就跑。接到报案以后，文管所工作人员和当地民警赶到现场，"当时什么都没有了，只看到一根烂木头还留在河滩上"。

然而，正是这段烂木头引起了吴天文等人的注意，"这是一段青㭎木。根据史料记载，张献忠曾用青㭎棒装过银两。"原来，根据彭山民间传说，张献忠为了带走宝藏，把防腐性能极好的青㭎木锯成两半，中间挖空，再把银锭塞入其中。由于外形只是一根木棒，因此极易避人耳目。

那这次挖掘机挖到的是不是银锭呢？随着公安的介入，村民们陆陆续续把捡到的"宝贝"交了出来，果然是 7 枚银锭。记者在彭山文管所看到，这些银锭已被腐蚀成黑色，但其上仍可见"五拾两一定"等字样。银锭的圆弧底部，还刻有"庐陵县""沅陵县""清江县"等字样。"当时我很好奇，为什么 7 枚银锭装在一起，但铭文显示的产地却不一样？而且集中在湖南湖北呢？"吴天文开始查阅各种史料。当他把这些银锭上的地点连在一起，发现这正是张献忠当年的作战线路。"由此可以推断，当年张献忠在湖南、湖北一带行军作战以后，把部分搜刮来的财物带到了四川。"

惊喜接踵而来。2011 年，江口河道清淤，挖掘机竟然在 2005 年挖出银锭的位置又挖出了东西。吴天文说，这次发现的东西有一页金封册、一枚印有"西王赏功"的金币，以及一些碎银。记者在文管所看到，这页金册长 12 厘米、宽 10 厘米、重 730 克，上刻"维大西大顺二年岁在乙酉五月朔日壬午""皇帝制曰朕监于成典中官九御"等字样。吴天文称，这可能是张献忠在成都称帝以后，颁布的某种法令的第一页。经有关专家鉴定，金册为国家一级文物，而另一枚印有"西王赏功"的金币，也被认为是存世的为数不多的张献忠大西国金币之一。

吴天文表示，正是江口发现的文物越来越多，才引起了专家注意，最终有了这次专家论证会。而此次前往彭山的专家也一致认为可以在此进行水下考古发掘。

展开科学考古，这个建议就连不相信藏宝论的袁庭栋也表示了支持。“因为江口的确是张献忠部队作过战的地方。张献忠不一定在此沉银，但或许战船上也带有军饷、兵器等物资。展开科考，至少有助于了解张献忠的行军路线、征饷方式等，可从一个侧面反映明末的社会经济，揭开历史的面纱。”

（原载《四川日报》，2016 年 1 月 15 日）

三百年川西谜踪：张献忠江口沉银浮出水面前后

高　勇　白晨皓

（一）2017 年：江口沉银遗址发掘 3 万余件文物

从 2011 年开始，陆续有团伙合作盗取江口沉银文物，涉案的文物经过鉴定都与张献忠有关。不少专家呼吁尽快启动对张献忠江口沉银遗址的考古发掘工作。

张献忠江口沉银遗址位于四川省眉山市彭山区江口镇的岷江河道内。

2016 年 12 月 26 日，张献忠江口沉银遗址进行首次考古发掘。从今年 1 月 5 日，江口沉银遗址水下考古发掘工作正式启动，到现在已经过了 3 个多月，随着岷江汛期的来临，水位逐渐升高，按照既定的工作计划，现场考古发掘工作已于 4 月 12 日暂告一段落，将于 10 月至 11 月枯水期的时候，再次启动水下考古工作。

这次张献忠江口沉银水下考古发掘面积两万多平方米，目前尚未确定发掘地是否属于沉银遗址的核心区，出水的文物总数超过 3 万件，其中，发现直接与张献忠大西国相关的文物上千件，实证确认了"张献忠江口沉银"传说。

这次发掘出水的文物种类以金、银、铜、铁等金属材质的器物为主，包括属于张献忠册封亲王及妃嫔的金册、银册和"西王赏功"金币、银币及大顺通宝铜币、铭刻张献忠大西国国号的银锭、明代库银（铭刻有年号、重量、人名及府州县地名）、各类金银首饰和铁制兵器等，种类非常丰富。

在出水文物中最引人注目的当属金锭库银的保险柜"木鞘"的发现。据史料记载，张献忠为保存大量金银，将一段木头剖开成两半，中间凿空，放入金锭库银，再将木头合上用铁片或铜片箍紧，在兵荒马乱的年代，这是沿江转移金银财宝较好的一种方式。

（二）清代：江口沉银确有史料记载

张献忠藏宝一事并非空穴来风，而是历代稗官野史记载的热门话题。据清代彭遵泗所著《蜀碧》记载："（张）献（忠）闻（杨）展兵势甚盛，大惧，率兵数十万，装金宝数千艘，顺流东下，与展决战……贼奔北，士卒辎重，丧亡几尽。"这里所说的决战地就在当时的彭山江口镇。

明末清初人吴伟业在《绥寇纪略》中写道：顺治二年（1645），张献忠"用法移锦江而涸其流，穿数仞，实以黄金瑶宝累亿万，杀人夫下土石以填之，然后决堤放流，名曰锢金。"彭孙贻《平寇志》卷十二引查继佐的说法，也说张献忠"用法移锦江而涸其流，下穿数仞，实以黄金宝玉累亿万，杀人夫，下土石填之，然后决堤放水，名曰水藏"。两本书的作者一致认为，张献忠曾经动用大量人力，以治理水灾为名，在锦江筑起高堤，然后在堤坝下游的泥沙中挖了个很深的大坑，将无数金银财宝埋入坑中，再重新决堤放水淹没。虽然，他们一称“锢金”，一称“水藏”，但都是一个意思，就是把金银财宝埋藏在江底。

《蜀难叙略》一书描述了有关张献忠沉银的另外一些细节。书中写道：当年，张献忠部队从水路出川时，由于银两太多、太重，木船装载不下，于是张献忠命令工匠制作了许多木头夹槽，把银锭放在里面，准备在巫山附近水流狭窄的江段再打捞上来。但后来因为部队遭到了阻击，江船阻塞了江道，所以大部分银两沉入江中。

除了私家著述以外，清朝官修《明史》也对张献忠藏宝采用了史料中沉银确有其事的记载。如《明史·张献忠传》中记载：“又用法移锦江，涸而阙之，深数丈，埋金宝亿万计，然后决堤放流，名水藏，曰‘无为后人有也’。”陈克家继他祖父陈鹤完成的《明纪》，也一字不易地抄录了这条史料。

在地方志中也有相关挖银的记载。据《彭山县志》记载：清乾隆五十九年（1794）冬，一名捕鱼人在锦江中打捞起一把刀鞘，消息传到四川总督孙士毅耳中，他立刻派人赶赴江口，经过数日打捞，捞出不少白银、珠宝，并上书朝廷请求开掘江藏。但当时国富民殷，乾隆帝认为挖银之事并非政体攸关，否决了该项提议。直到咸丰年间，国库日虚，翰林院编修陈泰初呈请寻找这笔财宝，朝廷下令成都将军裕瑞筹办，但终因“锦江”两字太过宽泛，最终导致不能确定准确位置，未能实现开掘江藏的目的。

（三）1939 年：望江楼畔断流掘银

从清代到民国，挖掘张献忠沉银的呼声虽热度不减，但因政局动荡和技术水平的限制，付诸实际行动的甚为少见。直到 1939 年，川人才把断流掘银变成现实。

这次淘江挖银的地点是在锦江望江楼畔，主持挖银工程的是杨白鹿。

他是前清贡生、同盟会会员，早年当过四川省省长赖心辉的秘书长；光阴荏苒，宦海沉浮，挖银时他已是成都国医学院的一名教师。杨白鹿手里有一张珍藏多年的《藏宝图》，关于这张图的来历有两种说法：一种说法是，一位姓杜的清朝遗老因犯案而四处打点，曾受到杨白鹿的帮助而化险为夷，为报恩，杜某将当年参与埋银的一名石匠绘制的《藏宝图》转赠给杨白鹿；另一种说法是，上司江希因杨白鹿品行忠厚为人可靠，特在离川前将《藏宝图》交给了他，希望能有机缘将“宝藏”开发出来献给国家。

当时正值抗战时期，国家财政需求正殷，杨白鹿抱着“宁可求之勿得，不能知而不为”的决心，约集好友马昆山等人，呈准国民政府，将来如确有白银发现，决以百分之八十归国家，百分之二十归公司办理救济事宜。经过筹备磋商，邀股筹措，一支名为“锦江淘金公司”的挖银队在成都学道街挂牌。公司的大股东，除了马昆山、范绍增，还有熊玉璋、刘升平、罗祖南等川军将领。

正式开工的那天，国民政府四川省政府主席王缵绪领着副官和川内各界知名人士，参加了开工典礼，黄度和陈西华所属的两营特务团也进驻淘江挖银现场实施监控。该工程于 1939 年 3 月开工，八九十人的挖银队开始了紧张的挖掘工作。为了加快进度，该公司不惜重金聘请专家担任技术顾问，还购买了金属探测仪用于探测。

此次淘江挖金工程轰动全城，引来许多市民和记者的围观。《现世报》一名记者带着将信将疑的心态，来到望江楼附近的石牛堰挖掘现场。他撰文写道：“沿途看稀奇的市民络绎不绝，经过吟诗楼下，杨柳岸边早已站满了被好奇心冲动的男女，章嘉活佛也在人中，同行的一位喇嘛还在与人谈论。河中呈现一小沙岛，岛上几十名背着布标的囚犯在努力挖淘工作，江水从岛旁分流，绕洲而东，宪兵与警察在四周守望，拒绝任何人参观和维持秩序，在岸边有几顶帐篷供工役住宿，还有两辆水车用于将沙岛中积水排出。”这名记者还有幸在幸蜀峰的引导下至沙洲高处，幸蜀峰向他介绍道："沙洲里有一条如战壕般的深沟，约两丈深，刚刚挖掘时没有什么发现，后来更改方向仅仅挖掘五尺就发现无数枯骨，并人头四具，当时就交由川大学生携往学校化验。因为枯骨相隔不远，可推断并非江水冲来，多半是所杀工匠的遗骨。继续发掘又发现几十条长四尺、宽一尺五寸的红砂石，石块两侧分别刻有'张''天''司''下''王'等字样，并有张献忠的杀人符号，再下为桐油石灰与枯木条，一般认为将来其中必有宝藏或石冢发现。"

有了这些发现，该公司挖掘进展得十分迅速，抽水机日夜不停地转动，鹅卵石、河沙也被一筐筐挖起，一担担挑出，坑子越挖越深。"石牛对石鼓"的传说也相继被证实，在工程的右岸，一头睡卧的石牛先被挖出，重千余斤，石牛的头朝向东北角。在牛角所对的方向继续挖掘，出现了一块奇石，半边圆形半边方形，石头表面中间凹陷，左右突出，似乎是一面石鼓。

在淘江挖银的现场，不时有名人和团队到此参观，国民党政府的军政要员林森和陈诚都来过，华侨回国慰劳团也来过，甚至连美国米高梅电影公司（好莱坞八大电影公司之一）也派出摄影师王小亭把挖掘现场的情景拍成影片，送往好莱坞。

雨季就要到来，锦江水位逐渐升高，河水慢慢逼近了工地，幸蜀峰决定暂停挖掘，先请专家进行金属探测。探测结果却给幸蜀峰一个意外，就在挖掘地点下方，探测仪发出十分强烈的信号，这意味着此处肯定埋有大量的金属，这让公司员工们更坚定了挖银的信心。该公司又购买了一部起重机，但不管怎么挖，除了挖出几箩筐锈迹斑斑的大顺通宝铜钱外，巨额的沉银却始终没有现身。

随后，连绵阴雨导致河水暴涨，并迅速淹没了工地，挖掘工作被迫中断，耗费了大量人力、物力、财力，"金银万万五"却杳无踪影，轰轰烈烈的挖银工程，也只好草草收场。

（原载《中国档案报》，2017 年 4 月 28 日）

张献忠江口千船沉银新揭秘

胡平原　杨　敏

近日，四川省文物考古研究院发布了江口沉银遗址水下考古工作的阶段性工作成果，称发掘现场出水的大量文物证实了民间流传的张献忠“江口沉银”的传说。铁刀、铁剑、铁矛、铁箭镞等兵器的出水基本确认了张献忠江口之战的地点。

古往今来，在四川彭山江口地区的人们津津乐道地传说着张献忠江口千船沉银的故事，时至今年更是热传高涨。张献忠江口沉银究竟有多少国宝？被不法分子盗卖了多少？现在又挖掘出多少？

江口沉银文物被盗卖及追回情况

张献忠来到四川后便大肆搜刮文物和金银财宝，在岷江岸边，江口古镇，几百年来一直流传着张献忠江口沉银的传说。当地一直流传着这样一首童谣：“石龙对石虎，金银万万五。谁人识得破，买到成都府。”

早在 1999 年，《成都商报》就刊发了张献忠“江口沉银”的相关报道，引发了全国文物界及广大读者的特别关注，同时也引发起贪婪者的觊觎。于是，各地盗挖者纷纷潜入滚滚江流，探寻宝藏，进而金虎印、“西王赏功”金银币、金册子、金银锭等一件件珍贵文物被带出水面……与此同时，也让张献忠江口沉银这段历史的轮廓愈发清晰可见。

从2009年到2015年，《成都商报》再次刊发《四川破获上亿元文物案或涉嫌张献忠宝藏》等多篇独家报道。

2014年，彭山警方获知，江口镇部分村民，利用专业设备夜间潜入“江口沉银遗址”河道区域内，盗挖文物，高价倒卖，牟取暴利。于是，公安、文管部门迅速组成联合巡查组，经过一年秘密侦查，警方梳理出以沉银遗址文物为目标的6个盗掘团伙、3个倒卖团伙，涉案人员40余名，涉及全国10多个省市。

2015年4月25日，眉山市212名民警组成的抓捕行动队，分成8个组，在云南、四川等多地对6个盗掘团伙骨干展开同时抓捕。此次行动12小时内到案31人，扣押“西王赏功”钱币27个、银锭39个、各类钱币逾千枚、其余金银杂件逾百个，还扣押大量涉案汽车、潜水服、氧气瓶、金属探测仪等。此案也是2016年全国破获的最大文物盗掘倒卖案，取得了“两个全部”（涉案主要文物全部追回、涉案主要犯罪嫌疑人全部起诉）、“三个第一”（同类案件中，追回的国家珍贵文物数量、文物总数、抓获的犯罪嫌疑人数均为全省第一）、“四个之最”（2016年全国破获的最大文物盗掘倒卖案、追赃难度最大、涉案文物历史和学术价值最厚重）的战果。

2016年10月14日，据眉山警方通报，经过眉山市、彭山区两级公安机关两年多的缜密侦查和连续奋战，中国公安部督办的“2014·5·1”特大盗掘倒卖文物案成功告破，追回文物千余件。其中国家珍贵文物百余件，包括国家一级文物8件、二级文物38件、三级文物54件，涉案文物交易金额3亿余元。在追回的文物中，有不少是张献忠时期的典型器物，如“西王赏功”钱币（金、银、铜）、50两银锭、皇帝册封金银册、金腰牌等等。

江口沉银遗址历年文物出土情况

江口沉银遗址位于四川省眉山市彭山区江口镇的岷江河道内，遗址保护范围为东西各至河堤，南至岷江大桥，北至府河、南河交汇处，面积100万平方米。20世纪50至90年代，岷江河滩上偶尔发现被水冲刷出的零星文物，但由于受财力、人力和技术等因素所限制，未进行大规模挖掘。近年来，在当地工程建设中发现了大量文物，文物出水地点与文献记载张献忠“江口沉银”地点完全一致。

早在2005年，当地就曾在岷江中挖出7枚银锭，经鉴定为明代银锭，属国家珍贵文物。2010年，这里被确立为市级文保单位——“江口沉银遗址”。2015年底，故宫博物院考古研究所、国家博物馆综合考古部、国家文物局水下考古研究所等单位的10余名权威专家出具意见书认为：“彭山江口沉银遗址”即为历史记载的张献忠沉银中心区域之一。

截至2017年3月15日，对“江口沉银遗址”的考古发掘面积已有一万余平方米，共出水文物一万余件。这些文物包括西王赏功金币、银币、大顺通宝铜币、金册、银册、银锭以及戒指、耳环、发簪等各类金银首饰和铁刀、铁剑、铁矛、铁箭镞等兵器。通过此次发掘，基本确认了张献忠江口之战的地点，出水的万余件文物是确认这一重大历史事件最直接、最有力的证据。

“长沙府天启元年伍拾两金锭”被认为是1621年长沙府上供藩王王府的岁供黄金，是已知的明代金锭中的最大锭型，存世稀少，价值极高。

“金封册”是国家一级文物，长约20厘米，宽约10厘米，上书“大西大顺二年”等29字。据专家介绍说，这页金封册应是封面，内容大致是张献忠在成都称帝后颁布政令法规。在质地上，金封册全部用黄金所制，这一页重量达700多克。

“西王赏功”金币曾拍卖出230万元的天价。在众多宝物中，“西王赏功”币虽然个头不大，却是代表性文物之一，是张献忠用来奖励将士的钱币。“西王赏功”存世罕见，早年所知金、银皆为孤品，后又有新的发现，珍罕程度已不如从前。2011年嘉德春拍成交金质、银质“西王赏功”各一枚，金质成交价格 230 万元，银质成交价格 55.2 万元。

“大顺元年崇州伍拾两银锭”是张献忠在四川铸造的银锭。过去钱币界普遍认为张献忠使用的银锭是掳掠所得的，而该锭是张献忠自铸银锭的例证。“大顺元年眉州大粮银伍拾两银锭”也是张献忠大西政权的自铸银锭。

张献忠藏有大量金银财宝的传说

关于张献忠大败后留下“千船沉银”的金银财宝传说，在清代以来的很多文献史料里均有记载。据《明史》记载，明军将领杨展曾在彭山江口伏击了大西军领袖张献忠的船队。

崇祯三年，陕西农民起义，张献忠以米脂十八寨响应王嘉胤，自称八大王。在王嘉胤战死后，张献忠与另一头领罗汝才接受明朝总督洪承畴的招抚，不过不久后便重新反叛。崇祯八年，由于屡遭明军攻击，起义军共十三家聚于荥阳，商讨出路。由于与高迎祥、李自成意见不同，张献忠决定与高、李分道扬镳，向东进发。崇祯十三年，张献忠首次入川，不过并未占领成都，仅攻陷泸州与绵州。在明军一路追击之下，张献忠部逃离四川，一路经过重庆、湖北、安徽、湖南等地。

由于屡败于左良玉之手，张献忠决定避开锋芒，再度入川。崇祯十七年春，张献忠攻占重庆奉节，随后攻取涪州、重庆、成都。占据四川后，张献忠建立大西国，自称大西国王，改元大顺。后来，明朝参将杨展与张献忠战于彭山，火烧张船，并大败大西军。这也就是张献忠率军逃离，留下“千船沉银”宝藏的原因。1646 年 11 月，张献忠命殒西充凤凰山后，大西政权宣告结束，由他聚敛的金银财宝成为无主之物，不知去向。民国时期曾有人根据藏宝图在流经成都的锦江中打捞挖掘，但捞上的只有一些小铜钱，不见金银踪影。

第二种说法是，张献忠将宝藏藏于青城山上。原因为孙可望曾奉张献忠之命率领数百名石匠在青峰山（青城山支脉）采石，却鲜见有人运石出山或在山中修路以及建筑物。此种行为不免让人心生联想，张献忠可能以采石为掩护，在青城山上秘密修建藏宝工事。

还有一种说法是，宝藏藏在四川彭山县的江口古镇江道中。这个位于武阳江、锦江与岷江交汇处的古镇，水路运输十分便利，曾为商旅云集之地。据《彭山县志》记载："顺治三年四月，明参将杨展占领嘉定（今乐山市中区）后，沿江而上攻占彭山。秋季一天，张献忠部与杨展决战于江口镇，张部战船被烧，沉没过半，伤亡惨重，败回成都。"许多满载金银的木船由此沉没于岷江。

斗转星移，几百年过去了。这些文物经过张献忠掠夺和搜刮，再沉到江底，又经过不法分子的盗窃遭到流失，最终在国家考古队的辛勤挖掘之下，又完璧归赵回到博物馆里。

（原载《团结报》，2017 年 3 月 30 日）

揭秘沉银：张献忠是主动沉银还是战败沉银　300 多年"千船沉银"传说或将成真

吴晓铃　杨　琳　袁丽霞

1 月 5 日，彭山江口沉银遗址水下考古宣布启动。"大西国皇帝"张献忠是否在此"千船沉银"？他搜刮的惊天财富究竟有多少？这个传说了 300 多年的秘密，也许将随着此次考古发掘被一一揭开。

作为四川首次进行的水下考古，此次发掘也面临种种困难。水下考古如何进行？现场安保如何解决？文物出水后如何保存？种种疑问需要专家学者的解答。

（一）怎么发掘？提前1个月围堰断水

江口沉银遗址位于眉山市彭山区江口镇岷江河道内，遗址保护范围为东西各至河堤，南至岷江大桥，北至府河、南河交汇处，面积约100万平方米。参与此次考古发掘的省文物考古院队员李飞介绍："如果把整个遗址区划分为8353个探方，此次发掘的河滩上的探方仅有20多个，是整个遗址区域的四百分之一，面积约3000平方米。"

从2016年11月25日起，岷江河道开始围堰垒土抽水，将河中即将展开发掘的区域与江水分离。考古现场领队之一刘志岩告诉记者，围堰从府河、南河交汇处向下游延伸，长约1300米、宽200米。经过1个多月的施工，围堰才终于合围。记者在现场看到，围堰内的区域露出层层鹅卵石，多台抽水机仍在工作。刘志岩说，为节约成本，围堰采用了能使渗水控制在合理范围内的沙石和黏土结构，确保每小时渗水量在600立方米以内。发掘期间4台抽水机将24小时不间断抽水，发掘时探方内还得用潜水泵持续抽水，以确保考古正常进行。

考古现场领队之一、曾参与致远舰水下发掘的国家文物局水下文化遗产保护中心副研究员周春水介绍，这种把水排干后再进行发掘的方式，是为了更好地清理遗址，也是水下考古最常见的一种做法。

（二）难点在哪？无法做到心中有数

水下考古最大的难点，其实并不是水。省文物考古研究院副院长周科华说："无法在考古前做到心中有数，才是考古人员此次面临的最大问题。”

周科华说，四川从来没有开展过水下考古，对此没有任何经验。虽然领队之一的周春水曾参与过多次海底的水下考古，“但沉在海底的文物是在礁石上，而此次面临的文物却沉在视力不可及的卵石层下。要从哪个地方开始发掘，不清楚。文物分布的密集程度也不清楚。因为以前出土的文物，要么是施工时无意间在河滩发现，要么是盗掘者水下摸的，都说不清具体的情况”。相反，如果是在陆地考古，考古人员只需要通过一把洛阳铲进行前期勘探，就能了解一座墓室有多宽多深，甚至大概能挖到什么文物。

围堰前，专家通过多次论证，确定了大致的发掘区域。围堰抽水后，为确保发掘点更准确，金属探测也已进行了 10 余天。不过现场领队透露，考古人员使用的金属探测仪实在过于灵敏，“我们在实验阶段，发现它靠近金属易拉罐也会发出警报，所以准确性究竟有多大，我们并没把握”。围堰和金属探测已一个多月，还尚未在现场发现过文物。

（三）如何护宝？安检如机场般严格

如果真是沉银之地，又怎样保证数量众多的文物不流失？此次发掘，彭山派出 10 位民警、40 位专业安保人员参与了安保队伍。

彭山区公安分局常务副局长曾勇强介绍，围堰除了便于发掘外，另一个目的是让所有与考古无关者无法进入。待发掘展开，将有“1 室 4 组”负责现场安保。“1 室”是负责整个安保指挥调度的指挥室，“4 组”分别指文保组、安检组、监控组和巡逻组。围堰后，发掘现场只有一道门能出入。所有进出发掘区中心范围的人，必须安检。

记者在现场看到，安检处已在板房内建起更衣室，工作人员的钥匙等和考古无关的随身物品必须提前存放严禁带入。现场设置的安检设备，完全和机场安检设备相同，只要有金属带出，设备就会报警。即使非金属的物品，检测人员也会单独进行检测。

待文物出水，将有 4 名安保人员负责将文物从发掘现场安全送到文物存放的地方，所有文物必须进行登记。对这一过程，两个监控摄像头将全程监控。

曾勇强透露，整个发掘区域已安装了 18 个监控摄像头，其中中心现场有 8 个，既保证全区无死角，还保证了重点。4 名监控人员分两班，24 小时全程监视整个发掘现场。为保证现场秩序，所有工作人员的服装也做了区分，“负责考古的是红色背心；搞地勘以及前期的施工人员则是黄色背心，他们进不了中心区域”。

负责监控、巡逻的同样进不了中心区，但巡逻人员只要发现有人串区域活动或在外围发现可疑情况，就会马上报告。

（四）寻找什么？希望找到沉船和兵器

省文物考古研究院院长高大伦表示，发掘的目标不在“挖宝”，而是希望真正搞清楚遗址的性质。

高大伦说，最近几十年来，明史越来越受到学术界关注。张献忠大西军是影响明末清初历史走向的一支重要力量，遗憾的是，此前可研究这段历史的实物资料并不多。从目前来看，江口沉银遗址可能是战场遗址，如果能找到沉船、盔甲、兵器等直接的文物材料，则将为解决诸多有关张献忠的历史传说提供丰富的原始资料，对认识明末清初的社会经济状况、物质文化形态，乃至明末清初以来的社会历史走向等都将产生重要的意义。

为保护可能出水的文物，省考古院已将流动文物“医院”开到发掘现场。刘志岩介绍，文物受水及盐分影响，需要立即脱水脱盐处理，否则将影响文物结构。此外，兵器、铜钱等都会生锈，也必须进行应急处理。最后，文物才会送回实验室做封护，为未来更长时间的展示做保护。

国家博物馆综合考古部主任杨林说，如果此次考古能发现沉船，那里面的有机物、无机物，所有沉船装载的内容都需要现场进行保护，面临的挑战非常严峻。

对有可能出土的戒指、耳环等小件文物，为避免它们和泥沙粘在一起不被发现，考古人员还改进了文物筛子，确保不遗漏最小的文物。李飞说，此次发掘的科技含量也相当高，"不光前期有航拍器拍摄整个现场，出土文物处理的器材也相当先进，有的可以立刻测出文物金属含量，有的可以测出木材含水量"。

据悉，彭山区拟筹建张献忠江口沉银博物馆，面向全国征集一流的设计团队来设计和规划，打造全国首家"宝藏"博物馆。

（原载《四川日报》，2017 年 1 月 6 日）

出水文物与史书记载相符：考古成果力证张献忠"江口沉银"

李佳霖

民间传说，明末清初，农民军领袖张献忠兵败四川，曾经把大量金银财宝沉入江底。这个传说是否属实？究竟有多少金银财宝被沉入江底？记者日前从四川省新闻办公室召开的彭山江口沉银遗址水下考古阶段性工作通气会上获悉，今年 1 月开始发掘的江口沉银水下遗址目前已出水文物超过 1 万件，实证确认了"张献忠江口沉银"的传说。

（一）“张献忠江口沉银”证据确凿

张献忠是陕西延安人，明崇祯三年（1630）在米脂参加农民起义，是与李自成齐名的明末农民起义军领袖，号称“八大王”。1643 年后，张献忠占据了武昌、长沙，控制了湖南全省、湖北南部等地区。1644 年，率部攻破成都，在成都称帝，建立大西国。但张献忠在成都立足后不久，就与南进的清军展开恶战。1646 年，他顺岷江南下转移财物，遭明朝参将杨展伏击，战败船沉，大量财物沉于江底。

关于张献忠沉银，《蜀碧》和《彭山县志》记载了他在江口战败，船被烧沉，金银随船沉入河中。《蜀难纪实》中对沉银的细节有更多记载：张献忠部队从水路出川时，由于银两太多，木船载不下，于是张献忠命令工匠做了许多木头夹槽，把银锭放在里面，让其漂流而下，打算在江流狭窄的地段再打捞上来。但后来部队遭到阻击，江船阻塞江道，所以大部分银两沉入江中。

彭山江口镇是川西一个平常古镇，岷江在这里曾有一个古码头，江口沉银水下遗址就在古码头下游，分布面积 100 多万平方米。多年来，当地一直流传着“张献忠江口沉银”的传说。2005 年和 2011 年，在岷江彭山江口段河道施工中也陆续发现了一些与张献忠有关的文物，包括刻有“大西”年号的银锭及“西王赏功”金币、银币等。为破解历史之谜，2016 年 1 月，四川省文化厅组织四川省文物考古研究院、国家文物局水下文化遗产保护中心、彭山区文物保护管理所联合向国家文物局提出了对该处进行考古发掘的申请。2016 年 4 月，国家文物局批准对江口沉银水下遗址进行考古发掘，并于 2017 年 1 月 5 日启动发掘项目。

根据通气会通报，截至 3 月 15 日，江口沉银水下遗址已发掘面积 1 万余平方米，出水文物 1 万余件，包括“西王赏功”金币、银币、铜币，金册、银册、银锭以及戒指、耳环、发簪等各类金银首饰和铁刀、铁剑、铁矛等兵器。“通过此次发掘，基本确认了张献忠江口沉银确有其事，出水的万余件文物是确认这一重大历史事件最直接、最有力的证据”，四川省文物考古研究院水下考古中心主任刘志岩说，比如出水了相对完整的、内部藏有银锭的木鞘，这与史书记载是相符的。

“出水的银锭来自不同的地方，包括江西、湖南、湖北、四川等，这也与当时文献记载的张献忠的行军路线相吻合”，眉山市彭山区文物管理所所长吴天文说。

（二）创新方法　科技助力

“江口沉银水下遗址的考古，在发掘方法和理念上都有突破”，中国社会科学院学部委员王巍如此评价该遗址的发掘。

据悉，在发掘之处，考古队把整个发掘区分为四大区域，每个区域用 10 米×10 米的方格进行划分，整个区域一共划分为 8360 个探方。“这样不管我们在哪个区域发掘，都有自身的标识，不管文物在哪个区域出水，都有自己的三维坐标”，刘志岩说。

考古队还针对遗址处于岷江河道内的实际情况，进行围堰考古，即修建围堰把遗址区内的水排干，将发掘环境从水下变成了陆地，再进行考古发掘，同时修建导流渠排清余水。“这是中国考古界首次在内水区域开展围堰考古，为今后滩涂考古、浅水埋藏遗址的发掘提供了工作范式和借鉴经验”，四川省文物考古研究院院长高大伦说。

在该遗址的发掘中，科技的运用也是一大亮点。高大伦表示，在整个发掘过程中，都做金属探测，每向下发掘一层，就做一次金属探测。同时，磁法、电法和探地雷达等物探手段也广泛运用，以确定发掘区域，再通过筛选机与人工筛选双重筛检，确保文物无遗漏。“发掘过程中采用

PTK（实时动态差分法）精准记录每一件文物的出水位置，在重点区域安装延时摄影，搭建整个遗址的考古数据管理系统等，保证了考古工作科学、有效地进行”，他说。

此外，此次考古发掘工作还面向全国公开招募了志愿者，为公众参与考古提供了平台，也扩大了考古工作对公众的影响力，有利于让公众真正了解考古、走进考古，享受考古成果。

（三）规划建设遗址博物馆

因为遗址发掘的时间要选择在岷江的枯水期，即当年的 11 月底至次年 3 月底。而如今，距离今年发掘工作结束还有约半个月。尽管出水文物数量巨大，但不少专家表示，目前的发现可能仅为“江口沉银”的冰山一角，未来的发掘成果更值得期待。

对以后的遗址发掘以及保护，不少专家提出建议和意见。北京大学城市与环境学院教授夏正楷指出，该遗址最下面是基岩，之上是基岩被河流侵蚀而成的冲刷槽，冲刷槽中沉积着文物。因此，在汛期来临之前，可以考虑将整个河道切断，再做相关解剖，以了解整个河道的基岩情况，并做测年，弄清楚基岩冲击槽的年代。

北京大学考古文博学院教授李伯谦建议，应立即启动对该遗址发掘工作的总结和文物研究以及保护工作，同时遗址博物馆和遗址公园的规划编制工作也需要着手进行。

据透露，下一步，当地将本着集约节约、共享资源的原则，在张献忠沉银遗址附近规划建设考古遗址博物馆。

（原载《中国文化报》，2017 年 3 月 23 日）

彭山江口镇岷江河道出土明代银锭——兼论张献忠江口沉银

方　明　吴天文

彭山历史悠久，在公元前316年，秦灭蜀置县，属蜀郡，治地在今江口镇。西汉沿之。汉昭帝后，犍为郡治遂徙武阳。武阳位于武阳江、锦江与岷江的交汇处，是我国最早的茶叶市场，是万户以上的大县。到了西魏、北周和隋代，改称为隆山县。彭山县的县名从唐代开始，沿用至今。

2005年4月20日，彭山县引水工程在江口镇岷江河道内进行，施工过程中，由挖掘机在距地表2.5米左右的地方挖出一圆木并从中散落7件银锭。由施工民工全部捡走。21日上午，江口镇政府得知此情况后，当即向县政府做了报告，随即责成公安和文物部门对出土文物进行调查和追缴。时值"彭祖长寿节"在我县召开新闻发布会，此事被参会媒体于21日以《彭山县江口镇挖出张献忠沉银》为题进行了报道，后被全国各大报刊和网站转载，引起了轰动。公安和文物部门组织的联合调查组于21—24日顶着烈日走乡串户对出土文物进行了调查，同时向当地群众进行了《文物法》的宣传并印发宣传资料散发到群众手中。27日，经过文物部门和公安部门的努力，收回所有流失的7件银锭，并收回已被损毁的贮藏银锭的木筒。

出土银锭藏匿于一木筒内。木筒长118厘米，外径18厘米，为2个半圆形木桩（图一，封三：1）。将内挖空把银锭放人其中，然后合在一起，两头用铁箍箍紧。7件银锭中，除1件无铭文外，其余6件都有铭文，现介绍如下：

Ⅰ式：2件。船形，腰微束，小平底。

1. 重 1400 克，面长 13 厘米、腰宽 6 厘米、底长 7.4 厘米、底宽 4 厘米，正面阴刻："京山县十五年□□□饷肆十两"，竖写三行（图二，封三：2）。

2. 重 1800 克，面长 12.7 厘米、腰宽 6.2 厘米、底长 8.2 厘米、底宽 4.1 厘米，正面阴刻："茶□□□十六年分□□□□□攻□将军□银五十两解□□□□□贞分"，竖写四行（图三，封三：3）。

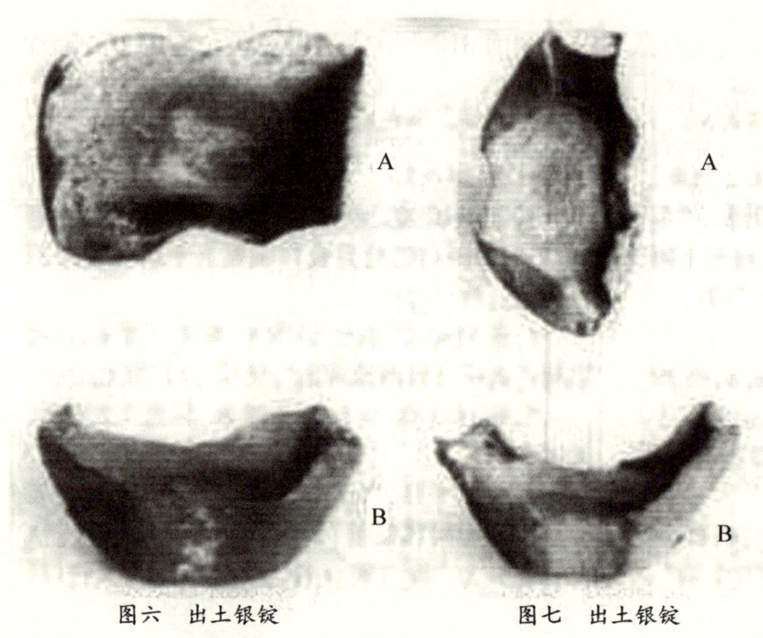

图六　出土银锭　　　　图七　出土银锭

Ⅱ式：5 件。船形，腰微束，圆弧底。

1. 重 1825 克，面长 13.1 厘米、腰宽 6.95 厘米，正面阴刻："沅陵县征完解司载充兵饷银五十两崇祯十年八月□日银匠姜国太"，竖写四行（图四，封三：4）。

2. 重 1775 克，面长 12.2 厘米、腰宽 6.85 厘米，正面阴刻："湘潭县运粮官军行月银五十两"，竖写二行（图六）。

3. 重 1800 克，面长 13.4 厘米、腰宽 7.45 厘米，正面阴刻："巴陵县榆□饷银五十两"，竖写三行（图五，封三：5）。

4. 重 1750 克，面长 14 厘米、腰宽 7 厘米，正面阴刻："黄冈县银四拾两正"，竖写三行（图七）。

5. 重 1825 克，面长 14.9 厘米、腰宽 7.2 厘米，无铭文。

2005 年 8 月，出土银锭经四川省文物鉴定委员会鉴定为明代银锭，属国家珍贵文物。其中 6 件有铭文银锭为二级文物，1 件无铭文银锭为三级文物（图八—图十九）。

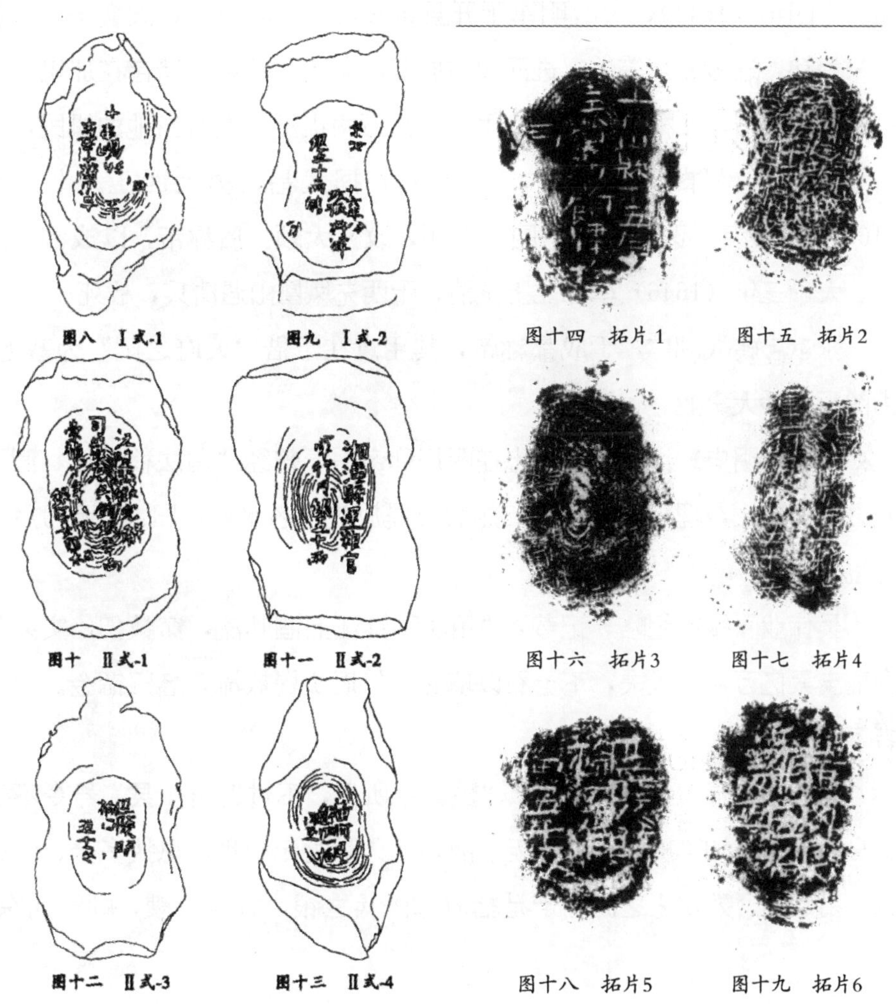

图八 Ⅰ式-1　图九 Ⅰ式-2　图十四 拓片 1　图十五 拓片 2

图十 Ⅱ式-1　图十一 Ⅱ式-2　图十六 拓片 3　图十七 拓片 4

图十二 Ⅱ式-3　图十三 Ⅱ式-4　图十八 拓片 5　图十九 拓片 6

早在 20 世纪 90 年代，国内多家报刊就以《解读"千船沉银"之谜》为题，对江口镇沉银传说作了大规模报道。出土的银锭与张献忠沉银是否有关，值得考证。

张献忠（1606—1647），明陕西延安人，字秉吾，号敬轩。供役为捕快、边兵。崇祯三年（1630）在米脂起义，自号八大王，一作西营八大王。次年，参加农民起义联军，为三十六营之一。后破凤阳，焚皇陵，转战皖、豫、陕、鄂。十一年（1638）袭南阳失利，乃伪降，休兵谷城（今属湖北）。十二年（1639）再起，以走制敌，转战四川境，使明军疲于奔命。十四年（1641），大败明军于开县黄陵城，长驱出川，破襄阳，杀襄王朱翊铭，进破光州等地。进而攻占襄阳，缴获了杨嗣昌储存在那里的大批粮饷、兵器，又把襄王府金库里的十几万两银子分发给当地的饥民，明督师杨嗣昌畏罪自杀。十六年（1643）据武昌，称大西王。十七年（1644）破成都，改称秦王，国号大西，改元大顺。后称帝，以成都为西京。大顺三年（1646）率部北上抗清，于西充凤凰山遇清兵，战死①。

张献忠转战湖广，于成都称帝，其用意在于借“天府之国”为基地，力图干一番大事业。

根据《明史》记载：张献忠在四川称帝后，曾经“用法移锦江，涸而阙之，深数丈，埋金宝亿万计，然后决堤放流，名水藏，曰：‘无为后人有也’”②。

吴伟业《绥寇纪略》记载：“用法移锦江而涸其流，穿数仞，实以黄金瑶宝累亿万，杀人夫，下土石以填之，然后决堤放流，名曰锢金。后至者不得发。”③

杨鸿基《蜀难纪实》记载：“贼威令所行，不过近省州县，号令不千里矣。献忠自知不厌人望，终无所成，且久贼之无归也，思挟多金、泛吴越、易姓名、效陶朱之游。于是括府库民兵之银，载盈百艘，顺流而东。

---

① 《中国历史大辞典·明史》。
② 《明史·列传第一百九十七》。
③ 吴伟业：《绥寇纪略》。

至彭山之江口，初心忽变，乃焚舟沉镪而还。"[①]

大清顺治三年，张献忠大西军面临故明军队与清军主力的两面进攻，为此驻守四川的大西军十余万众试图顺长江东进湖北，行至彭山江口时，遭到故明参将杨展的阻击，退回成都。

据《彭山县志》载："顺治三年四月，明参将杨展占领嘉定（今乐山市中区）后，沿江而上攻占彭山。秋，张献忠部与杨展决战于江口镇，张部战船被焚，沉没过半，伤亡惨重，败回成都"[②]。

费密当时任杨展幕客，在其所著《荒书》中记载："（丙戌）正月，献忠尽括四川金银作鞘，注彭山县江。杨展先锋见贼焚舟，不知为金银也。其后渔人得之，展始取以养兵。"[③]

与张献忠同时代的彭遵泗所著《蜀碧》记载："（张）献（忠）闻（杨）展兵势甚盛，大惧，率兵数十万，装金宝数千艘，顺流东下，与展决战，且欲乘势走楚，变姓名作巨商也。展闻，逆于彭山之江口，纵火大战，烧沉其舟。贼奔北，士卒辎重丧亡几尽。展取所遗金宝以益军储，自是富强甲诸将"[④]。

顺治六年（1649），李乾德计杀杨展后，袁韬、武大定瓜分了杨展的部众、地盘和库藏。"初意江口所获金银如山积，及搜展府内不满所愿，吊拷夫人并烧毙经事之人，都无窖藏之物。二人大失所望。"[⑤]

据《彭山县志》载："乾隆五十九年冬季，渔者于江口河中获刀鞘一具，转报总督孙士毅，派员赴江口打捞数日，获银万两并珠宝玉器等物。"[⑥]

---

① 杨鸿基：《蜀难纪实》。
② 《彭山县志》。
③ 费密：《荒书》。
④ 彭遵泗：《蜀碧》。
⑤ 《南明史》第二十一章。
⑥ 《彭山县志》。

20 世纪 90 年代，彭山打鱼捞沙者，也曾捞起过明代银锭、金银器等。

在出土的银锭中，从其铭文可看出来自湖南的沅陵县、湘潭县、巴陵县；湖北的京山县、黄冈县等地区，为崇祯时期所征解的税银。而且与张献忠转战路线及所占地点十分吻合。

张献忠在彭山县江口岷江河道内到底沉有多少金银，是否如杨鸿基《蜀难纪实》记载："于是括府库民兵之银，载盈百艘，顺流而东。至彭山之江口，初心忽变，乃焚舟沉镪而还。"我们现在还不得而知，只能有待进行考古勘探后，方可大白于天下。

300 多年来，张献忠在彭山县江口镇沉银之说一直是世人难解的一个谜团。此次挖掘出土的银锭，从形制和贮藏上来看，都与史料记载相吻合，充分证实了张献忠江口镇沉银之说，并为之提供了有力的实物证据，同时为研究明代的政治、经济提供了重要依据。

● 彭山江口镇岷江河道出土明代银锭

1.贮藏银锭的木筒

2.出土银锭之一

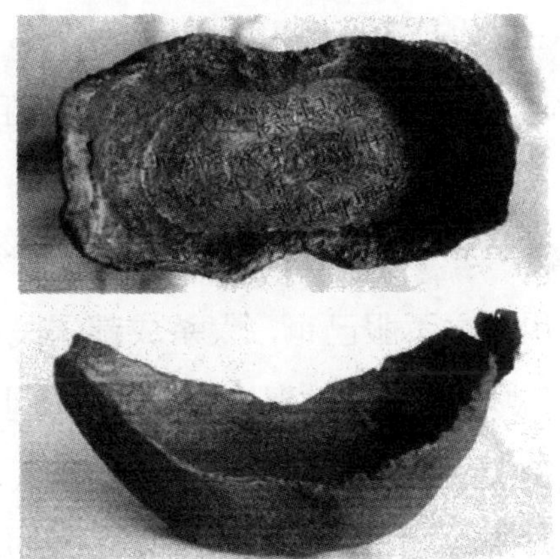

4.出土银锭之三

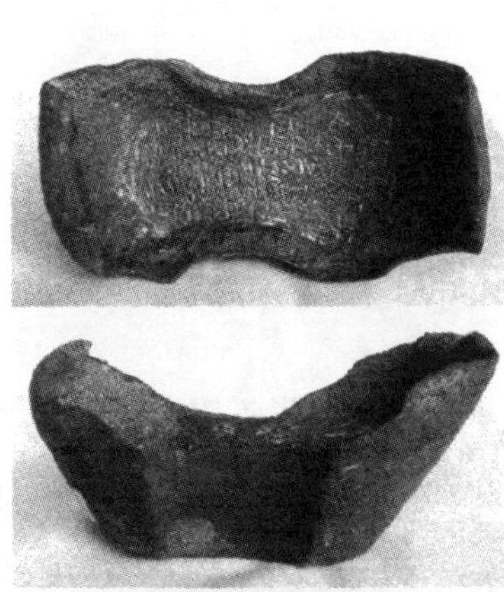

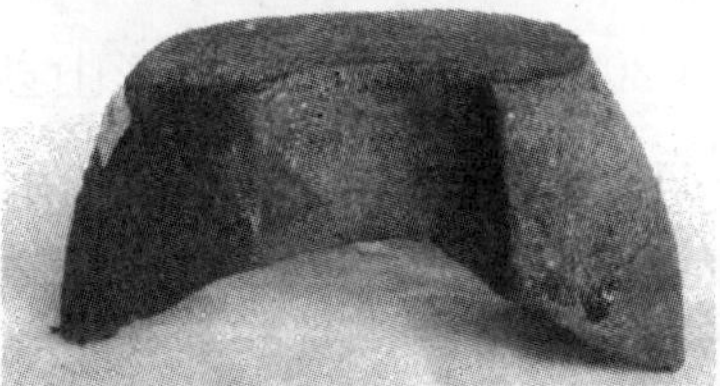

3.出土银锭之二

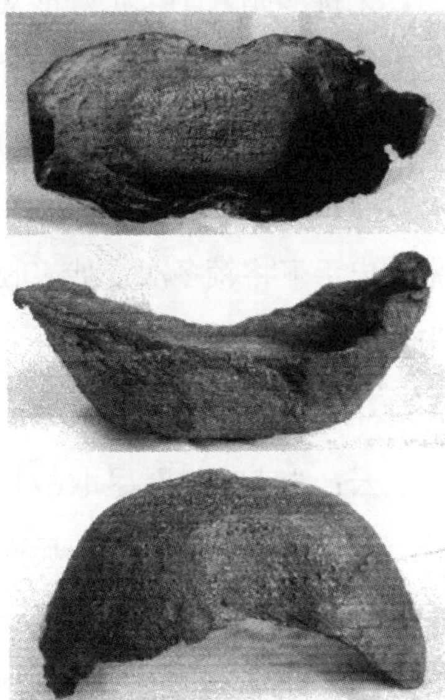

5.出土银锭之四

（原载《四川文物》2006 年第 4 期）

杨展与“江口沉银”

唐长寿

1646年，张献忠率大西军十多万人马，乘坐满载金银的数百艘木船，从成都沿府河南下，不意在彭山县江口镇遭到明参将杨展的阻击。张献忠大败，焚舟船败回成都。这就是明末历史上著名的江口之战。

2005年4月20日，彭山县江口岷江河中挖出了7枚明代银锭和一个长118厘米、外径18厘米的木鞘（两个半圆形木块中间挖空，装银锭于内，然后合在一起，两头用铁箍箍紧）。一枚银锭有“沅陵县征完解司载充兵饷银五十两崇祯十年八月□日银匠姜国太”的铭文，其年代在江口之战前。银锭形制大小又正好能重叠放在木鞘内，由此证明了这7枚银锭确是张献忠所有。“江口沉银”当为信史。

此役中，大败张献忠的杨展是嘉定州大佛镇人。杨展为崇祯十二年（1639）武进士，任职参将，于1644年在犍为起兵，后为明总兵。他率兵与张献忠手下将领多次交战，收复了嘉定、宜宾多处城邑，最终在江口阻击张献忠大西军并获大胜。

对江口之战，清代蜀人笔记多有记载。如《嘉定府志》载彭遵泗《杨展传》云：“献忠忿展尽取故地，又怒川人之不服己也，大杀成都居民，率众百万，蔽江而下。展起兵逆之，战于彭山。分左右翼冲拒，而别遣小舸载火器以攻贼舟，兵交，风大作，贼舟火。展身先士卒，殪前锋数人，贼崩反走。江口两岸逼仄，前后数千艘，首尾相衔，骤不能退，风烈火猛，势若燎原。展急登岸促攻，枪铳弩矢，百道俱发，贼舟尽焚，士卒糜烂几尽。所掠金玉珠宝及银鞘数千百，悉沉水底。”

刘景伯《蜀龟鉴》对江口之战也有较详细的记载；与彭遵泗所记不同的是，说到张献忠率军南下的动机时，记载道：“献率劲兵十数万、金宝数千艘，顺流东下，将变姓名走楚作巨商。”杨鸿基《蜀难纪实》也有类似记载：“献忠自知不厌人望，终无所成，且久贼之无归也，思挟多金、泛吴越、易姓名、效陶朱之游。于是括府库民兵之银，载盈百艘，顺流而东。”均认为张献忠并非针对占据川南的杨展而南下的。

此外，对张献忠舟船焚烧的原因，也有不同说法。或说是张献忠自焚舟船，见于沈荀蔚《蜀难叙略》所载：“逆之焚舟北走也。”费密《荒书》也有相似记载：“杨展先锋见贼焚舟。”《蜀难纪实》也说是自焚舟船：“至彭山之江口，初心忽变，乃焚舟沉镪而还。”或说是被杨展所焚，《蜀碧》《蜀龟鉴》均持此观点。前文所引《蜀碧》记载“焚舟”经过甚详，因此，被焚的可能性更大些。

此外，关于江口沉银，还有另一种说法。欧阳直在《蜀警录》中载：“金银山积，收齐装以木鞘箱笼，载以数十巨舰。令水军都督押赴彭山之江口沉诸河。”似乎张献忠是有意沉银于江，与江口之战无关。但我们揣测不到张献忠这样做的动机，当不可信。

江口之战，张献忠将多年所掠金银沉于江口镇外府河江底。但对张献忠沉银江口，杨展开初似乎并不知道。《荒书》记载了一种说法：“（丙戌）正月，献忠尽括四川金银作鞘，注彭山县江。杨展先锋见贼焚舟，不知为金银也。其后渔人得之，展始取以养兵，故上南为饶。”可知，杨展得知江口沉银是通过捕鱼人才知道的。

《蜀难叙略》记载了另一种说法：“逆之焚舟北走也，一舟子得免，至是诣展告之。”此说杨展是从一位从张献忠部逃脱出来的船夫口中得知的。于是，“展令以长枪群探于江中，遇木鞘则钉而出之，周列营外，数日已高与城等”。杨展组织士兵打捞，方法很妙：针对木鞘装银的特点，用长枪“钉而出之”，所获巨大。《蜀龟鉴》又记载了杨展另一种打捞方法：

“展募泅者捞江口遗金。”这是招募会水者潜水打捞。《荒书》还载：“江中河口银数百万，他人求之则无，展甫至，则又得之。”这就把杨展打捞江口沉银之事弄成神话了。

杨展打捞起来的数量巨大的银锭用到什么地方去了呢？《荒书》载：顺治六年（1649），李乾德等杀害杨展后，袁韬、武大定瓜分了杨展的地盘和库藏。“初意江口所获金银如山积，及搜展府内不满所愿，吊拷夫人并烧毙经事之人，都无窖藏之物。”看来杨展并未以“藏宝”致富，而是将它做了其他用途。对此《蜀警录》有明确记载：“募善泅水手打捞江口金银。时无栽插，内地无粮，惟远诣董卜高杨诸边土司籴运。计斗米需值六七十两，尚难寻买。”《蜀龟鉴》也有类似记载：“分给兵民，易米于董卜高杨各土司，南道多全活命。”就是说，杨展将沉银多用于购粮救荒，接济川南百姓了。清李馥荣《滟滪囊》则记载说：“初，展于江口得献忠所弃金宝，运万年寺募兵屯耕为长久之计，令子璟新主之。”这是讲杨展以沉银“益军储”，用来募兵屯田。

总之，靠这一批飞来横财，杨展“自是富强甲诸将”。“于时全蜀，惟嘉定不饥。”故彭遵泗称：杨展“蜀为赖之”。《荒书》评说道：“至南北用兵以来，北以保宁为大镇，中江顺庆为边；南以嘉定为大镇，成都为边。”杨展家乡嘉定（今乐山）因此成为清初战乱中的相对稳定之地。

由于江口沉银数量巨大，杨展当时不可能把沉银打捞干净。《蜀龟鉴》记载说：“居民时于江口获木鞘金银。”“至今居民时于江底获大鞘，其金银镌有各州邑名号。”《彭山县志》也载：“乾隆五十九年冬季，渔者于江口河中获刀鞘一具，转报总督孙士毅。派员赴江口打捞数日，获银万两并珠宝玉器等物。”因此，2005年在江口打捞出7枚明代银锭、木鞘的事就一点也不奇怪了。

（原载《文史杂谈》2010年第2期）

张献忠江口沉银目击记

毛佩琦

2015 年 12 月 25 日，应四川文物考古研究院之邀，省内外考古、文物、历史业界人士，包括北京大学、中国人民大学、中国社会科学院考古研究所、故宫博物院、国家文物局水下文化遗产保护中心、四川大学以及四川文物考古研究院等一行 10 人，前往四川眉山市参加彭山“江口沉银遗址”保护和考古研讨会并考察“张献忠江口沉银遗址”。余忝列末座，得以亲历其事。今谨就所见，并参以若干文献，成此小文，以答《中国史研究动态》之约。

“江口沉银遗址”在今眉山市彭山区江口镇。江口，实二水汇合之口，正南江、府河二水西南行，于此汇入岷江。在岷江口南岸，立有水泥卧碑，上镌“眉山市文物保护单位江口沉银遗址”，署“眉山市人民政府二〇一〇年十月二十一日公布，彭山县人民政府立”。彭山县，即今眉山市彭山区，2014 年国务院批准彭山县撤县改区。卧碑身后，是不高的山坡，稍西数十米就是江口汉墓博物馆，“江口沉银遗址”为市级文物保护单位。

时届隆冬，天色阴沉，站在“遗址”碑附近极目北望，只见江水浩浩，并无只帆片板，可谓一片茫茫都不见，哪里有什么遗迹可寻！彭山文物管理所的同志指示说，府河口北岸曾经是繁忙的码头，岷江上往来船只多在码头停留转运。随着公路铁路的畅通，码头消歇已久了。又说，当年张献忠的军队就在江口受到川西“义军”的阻击，发生激战。张献忠军战败，在撤退前将金银财宝沉入江底。以前江水很深，后来上游修了水库，江水变浅。我们朝岷江口看去，只见岸边平阔，向西一两百米在江心处有一带浅滩。彭山文物管理所的同志又说，张献忠沉银处就在江口，在2005年和2011年岷江河道建设过程中，江口地区都出土了大量文物。近两年又不断有金银等物品从河底露出，甚至引起了附近民众的哄抢和不法分子的盗掘。“张献忠稀世宝藏案”，曾经作为公安部督办的大案进行侦办。文物发现地从河口向西迤逦1000余米。2010年，“江口沉银遗址”被眉山市人民政府公布为市级文物保护单位。保护范围及建设控制地带：东至公路，西至河堤，南至岷江大桥南1000米，北至双江汇合处向北500米，南北外延500米。现在，文物部门和公安部门相配合加强了对遗址附近的保护和警戒。出水文物和收缴文物中一些银锭和金册残片上有的有明朝纪年，有的有张献忠政权纪年，经过鉴定，一些珍贵文物可定为二级甚至一级文物。

在参观了近在咫尺的彭山汉墓遗址和彭山汉墓博物馆后，研讨会与会人员来到了彭山文物保管所。该保管所向我们展示了尚未对外开放的江口出水文物，也包括一些收缴的文物：金币1枚，银币1枚，文曰“西王赏功”。银锭10余锭，多数银锭都有铭文。其中1枚镌刻：

大西眉州征完元年

分半征粮银五十两一定

银匠右闵季

据说这枚银锭是2005年4月20日，彭山引水工程在江口岷江江心施工时，挖掘机在地下两米多深处挖出的，当时挖出一段木头，木中空，内有7枚银锭，这是其中之一。众所周知，张献忠军入蜀后建立大西政权，改元大顺。仅凭此两件文物，就可大体断定江口出水文物与张献忠之间的关系。

出土文物中最引人注目的是1页金册残页和2枚金册残片。据彭山文物保管所公布的材料，金册残页长12厘米、宽10厘米、重730克。看实物，册文30字，清晰可见，文曰：

维

大西大顺二年岁在乙酉五月朔日壬午

皇帝制曰朕监于成典中宫九御

计六奇《明季南略》卷一《张献忠乱蜀本末》（中华书局，1984 年，第 354 页）记载张献忠入蜀称帝，曾有册封皇后之举，后宫制度也应随之建立：

乙酉春，夺取井研县，内阁大学士陈演女为皇后，问左右以册封皇后之礼，伪礼部具仪注进。献忠见其礼数繁多，怒曰：“皇后何必仪注……”

此册页文字年号完整，语义清楚，纪事与文献记载相符，系大西政权遗物无疑。所谓皇帝，就是大西皇帝张献忠。所谓“监于成典，中宫九御”，什么成典？就是关于“中宫”的成典，即皇帝后宫的传统制度。“九御”，当为后宫某一等级的妻妾之数。《礼记·昏义》：“古者，天子后立六宫、三夫人、九嫔、二十七世妇、八十一御妻。”《周礼·天官》：“九嫔，掌妇学之法，以教九御。”“各帅其属，而以时御叙于王所。”张献忠身边不乏熟悉历代典章之士。在后宫制度建设时，一时也想不出别的花样来，遵循“成典”，也不意外。有记载说，张献忠入川后，后妃多达 300 人（《绥寇纪略》，参见顾诚《明末农民战争史》，中国社会科学出版社，1984 年，第 309 页）。册文“中宫九御”，只是一个论述性的开头，下面要说什么不知道，要册封什么人、给予什么名位也不知道。如果拿明朝制度来比，金册只用于册封皇后、皇太子妃。“皇贵妃而下……妃册，用镀金银册二片”，“嘉靖十年，立九嫔，册用银……以金饰之。”（《明史》卷六八《舆服四》，中华书局，1974 年，下文版本同。第 6 册，第 1659 页）可见，这份金册的规格是很高的。它是张献忠政权建立后宫制度的物证，定为国家一级文物，是妥当的。但有的介绍说它可能是张献忠在成都建立大西国后颁布的法令的第一页，显然是不对的。它只是后宫封册的一页，颁给被册封人，收储于后宫，也不会广泛发布。

另两件是金册残片。

其一，残存 24 字，其中两字残缺。文曰：

尔湖广武昌

贺廷洲女贺□

封尔为楚王□

其懋修尔德

宗藩钦哉

册文“宗藩”，当然是指明朝皇室的宗藩，张献忠政权短暂，还来不及分封宗藩。册文“武昌”，当是武昌府（《明史》卷四四《地理志五》，第 4 册，第 1071 页）。楚王，《明史》卷一六《楚王桢传》：朱桢，太祖第六子，洪武三年封为楚王，十四年就藩武昌府，这是第一代楚王。楚王七传至于华奎，是为末代楚王。“张献忠兵至武昌……执华奎沉之江，诸宗无得免者。”（第 12 册，第 3573 页）《明史》卷一〇一《诸王世表二》：“华奎，恭子，万历六年封世子。八年袭封……崇祯十六年，献贼陷武昌，沉王于江。”（第 9 册，第 2607—2609 页）是华奎死于张献忠之手。华奎暴死，未几明亡，未及上谥号。这件残片，当是张献忠得自楚王府。那么，这枚残片究竟是用于谁的？

按明朝制度，册封皇后、皇妃、太子、亲王、亲王妃，使用金册。《明史》卷六八《舆服四》（第 6 册，第 1658—1660 页）：

皇后之册，用金册二片，依周尺长一尺二寸，广五寸，厚二分五厘。字依数分行，镌以真书。上下有孔，联以红绦，开阖如书帙……

皇太子册宝。册用金，二片，其制及篚之饰与皇后册同……

皇太子妃册宝。其册用金，两叶，重百两，每叶高一尺二寸，广五寸……

亲王册宝。册制与皇太子同……

亲王妃册印。其金册，高视太子妃册减一寸，余制悉同，册文视亲王……

公主册印。银册二片，镌字镀金……

亲王世子金册金宝……

世子妃亦用金册……

郡王，镀金银册、镀金银印……其妃止有镀金银册。

残片册质为金，可知规格较高，楚王、楚王妃，楚王世子、世子妃，皆可使用金册。按册文"贺廷洲女……封尔为楚王□"，应当是封楚王妃所用之册。

另一残片，17字，文曰：

万历四

壬辰

曰宗子

于宜家

德用协

山永誉

此片残页有"万历"年号，又有"宗子"二字，同样是明朝王府之物。在王府，宗子可以是亲王，也可以是亲王世子。查《明史·诸王世表》，"万历四"年或"万历四□"年、"万历四□□"年，楚王府没有册封事宜。而张献忠攻占的另一王府是蜀王府。《明史》卷一一七《蜀王传》："崇祯末……未几，张献忠陷成都，合宗被害，至澍率妃妾投于井。"（第12册，第3581页）查《诸王世表》蜀王名下，第九代蜀王，"恭王奉铨……万历六年封世子，四十三年袭封，薨。"末代蜀王，"至澍，万历三十二年封世孙，四十四年改封世子，既而袭封。"（第9册，第2645页）那么，如果此残片确是蜀府之物，其主人有三种可能：1. 蜀恭王朱奉铨，于万历四十三年袭封时使用；2. 末代蜀王朱至澍于万历四十四年改封世子时使用；3. 朱至澍于万历四十四年袭封蜀王时使用。

但是，《明史·蜀王传》所记最末三代蜀王袭替情况与《诸王世表》不同：蜀端王宣圻“万历四十年薨。子恭王奉铨嗣，四十三年薨。子至澍嗣。”（第12册，第3581页）那么，此金册就可能有两种情况：1. 万历四十年恭王奉铨袭封时使用；2. 万历四十三年至澍袭封时使用。《明史》记载常自牴牾，最后几代蜀王袭替的年代究竟如何，还需要进一步考证。不过这一金册残片属于蜀王府之物，是大体可以确定的。

蜀王之外，还有几个王府被攻占、亲王被害，需要对他们与金册的关系逐一排除，上述推断才更为稳妥。

襄王被张献忠杀害。《明季北略》卷一七（中华书局，1984年，第301页）载：

贼焚襄王府端礼门，执襄王，献忠据坐王宫，坐王堂下，劝之以卮酒，……因缚王杀之，投尸火中。……贼杀宫眷并贵阳王常法，尽掠宫女，发银十五万以赈饥民。襄阳守兵数千，军资器械山积，尽为贼有。

襄王朱瞻墡是明仁宗第五子，永乐二十二年受封，宣德四年就藩长沙。正统元年徙封襄阳，六传至于忠王朱翊铭，万历二十九年袭封，崇祯十四年张献忠攻陷襄阳，被杀（《明史》卷一〇三《诸王世表四》，第10册，第2868—2869页）。从襄王的经历看，也与上述金册无关。

被张献忠杀害的瑞王，《明史》卷三〇九《张献忠传》：“（崇祯）十七年……破重庆，瑞王常浩遇害。”（第26册，第7975页）按，瑞王，神宗庶五子，万历二十九年封，年已二十五，尚未选婚，天启七年就藩汉中，年已近五十岁，后因反军逼秦中，流亡到重庆，于崇祯十七年在重庆被杀。瑞王作为一个老年的流亡中的亲王，金册与他的关系或可排除。

被张献忠追杀的还有吉王、惠王、桂王。据《明史》卷一二《诸王传》（第12册，第3653页）：

惠王常润，神宗第六子……天启七年之藩荆州。崇祯十五年十二月，李自成再破夷陵、荆门，常润走湘潭，自成入荆州据之。常润之渡湘也，遇风于陵阳矶，宫人多漂没，身仅以免，就吉王于长沙。

桂端王常瀛，神宗第七子。天启七年之藩衡州。崇祯十六年，衡州陷，与吉、惠二王同走广西……

其中惠王、桂王显然在万历年间没有册封之事。需要考察的是吉王。吉王朱见浚，英宗第七子，天顺元年封，成化十三年就藩长沙，七传至于慈煃，"崇祯十六年，张献忠入湖南，同惠王走衡州，随入粤"（《明史》卷一一九《吉简王传》，第 12 册，第 3637 页）。我们从嘉靖以后看起，吉简王嘉靖六年薨，孙定王厚嘉靖八年袭封，十八年薨；其子端王载均嘉靖十九年由光化王袭封，嘉靖四十年薨；其子庄王翊镇嘉靖四十二年袭封，隆庆四年薨，无子，庶兄宣王翊銮隆庆六年由龙阳王进封，万历四十六年薨。孙由栋天启元年袭封，崇祯九年薨。其子慈煃崇祯十二年袭封（《明史》卷一〇四《诸王世表五》，第 10 册，第 2921—2922 页）。那么，吉王一系同样在万历年间没有册封之事。

排除了这几个王，后一金册残页是蜀王府之物更加确信。前述张献忠大西金册，是实用册，在张献忠军中是圣物，不得毁坏，因而保存完整；而这两枚金册残片，是张献忠军队的战利品，仅仅是财富，没有册封文书意义，所以不惜分割，以用做赏赐或军饷。观察此册页断裂状，显系人工外力所为。

彭山文物保管所向我们展示的银锭，多数有铭文。

现在能记得起来的有：

1. 大西眉州征完元年

分半征粮银五十两一定

银匠右闵季

2. 元年粮银

银匠孙荣

3. □□县解

□□□□

银五十两

4. 咸宁县解

赂（?）编抵禄

银五十两

据此前彭山文物保管所所长方明等刊文介绍，江口出土的明代银锭，每锭1400克—1800余克不等，方明等将其分为二式：Ⅰ式，船形，腰微束，小平底；Ⅱ式，船型，腰微束，圆弧底（方明、吴天文《彭山江口镇岷江河道出土明代银锭——兼论张献忠江口沉银》，《四川文物》2006年第4期）。

Ⅰ式2枚，铭曰：

1. 京山县十五年□□□饷肆十两

2. 茶□□□十六年分□□□□□攻□将军□五十两解□□□□□贞分

Ⅱ式4枚，铭曰：

1. 沅陵县征完解司载充兵饷银五十两崇祯十八年八月□日银匠姜国太

2. 湘潭县运粮官军行月银五十两

3. 巴陵县榆□饷银五十两

4. 黄冈县银四拾两正

上述银锭，凡有大西年号的，属张献忠政权无误。署“元年”的，也应该是大西遗物。它们是张献忠建立政权，征收税赋的证据。其他刻有明朝年号的，当是明朝政府的官银，是张献忠在各地夺取的。银锭镌刻的地名京山、巴陵、黄冈、沅陵、湘潭，有的是征解地，有的是饷银使用地或储存地，都与张献忠行军路线相符。这些银锭，反映了明朝末年财政赋税使用白银的情况，是明代社会经济生活的佐证。

现在，回到问题的开头。这些金册、银锭为什么会出现在江口水下？在什么时候，发生了什么事情？

（一）一首民谣

在彭山当地，有一首世代流传的民谣，说：“石牛对石鼓，银子万万五。有人识得破，买尽成都府。”又说：“石龙对石虎，金银万万五”。这民谣有许多版本，被称为“寻银诀”，吸引了众多寻宝人来到彭山。传说当年张献忠在江口兵败，将金银沉入江底，并派了一位将军在此暗中守护。后来，将军去世，变成一座石虎踞守于此，与河中的石龙遥遥相望。不过，当地民俗学者说，在四川许多地方都有类似的民谣，主角不是张献忠，情况则大同小异。巧合的是，在彭山江口附近，真有一座石龙山和一座石虎山。

清嘉庆《彭山县志·杂识》记载：“石龙，彭山县治东十五里。其形肖龙，首爪蜿蜒，髻鬣迸露，鳞甲峥嵘，有持雨拿云之势，长三、四丈许，若经神工鬼斧者然，与石虎山相对。谚云：‘石龙对石虎，金银萃山薮’盖即此也。”这一民谣在清代中期就已经载入地方志了。但是，近年考古工作者认定，彭山江口附近的石龙是宋代的雕刻，早在所谓张献忠江口沉银之前几百年就已经存在了。2002 年 12 月，“江口石龙”被公布为第六批省级文物保护单位。从石龙石虎向西直线距离约 1500 米的地方，正是府河和南河的汇合处，也就是所谓张献忠“江口沉银”的地方。这种位置指向，是巧合还是有意为之，不得而知。

（二）文献佐证

在彭山江口发现了张献忠大西遗物，是无需争辩的事实。但是为什么这些金册、银锭会出现在这个地方？历史事实究竟是怎样的？有必要查看文献记载。

《明史》卷三〇九《张献忠传》（第 26 册，第 7975—7977 页）写道：

（崇祯）十七年……进陷成都……南京诸臣尊立福王，命故大学士王应熊督川、湖军事，兵力弱，不能讨贼。献忠遂僭号大西国王，改元大顺。冬十一月庚寅，即伪位，以蜀王府为宫，名成都曰西京。用汪兆麟为左丞相，严锡命为右丞相。设六部五军都督府等官……遂据有全蜀……

顺治三年，献忠尽焚成都宫殿庐舍，夷其城，率众出川北……至盐亭界，大雾。献忠晓行。猝遇我兵于凤凰坡，中矢坠马，蒲伏积薪下。于是我兵擒献忠出，斩之。

彭尊泗《蜀碧》卷二：

（甲申十月）十六日，流贼张献忠踞藩府，称帝，僭号大西，改元大顺，以成都为西京。贼僭位，置丞相六部以下等官，命汪兆麟为左丞相，严锡命为右丞相……

计六奇《明季南略》卷一〇《张献忠乱蜀本末》（第 353—354 页）：

（甲申）八月，围成都……凡成都所属州县悉降于贼，献忠乃称帝，国号大西，称大顺元年。

之江抱阳生辑《甲申朝事小记》卷七（谢国桢《明代农民起义史料选编》，福建人民出版社，1981 年，第 182 页）：

十一月十六日即伪位，称成都为西京，国号大西，僭元大顺……

这些记载的核心内容是张献忠“僭号”“改元”。至于“僭”什么号？是“王”，是“帝”？何时僭号？何时改元？所记歧出，应该进一步讨论。

我们看上述银锭，一枚铭文有“大西眉州征完元年”字样，“大西”是国号，“元年”是纪年，是什么年号？没有。还有一枚铭文只书“元年粮银”，既无“大西”称谓，也无纪元年号。而在张献忠的金册上，则有完整的“大西大顺二年……皇帝制曰”。那么，能不能推断，张献忠入蜀所谓僭号称大西国王时，只称“元年”，而未建元；后称帝，始建元“大顺”，因此可以确定，大西政权的“元年”无“大顺”年号，至二年始有

"大顺"。"大顺二年"的年序则是延续了尚未建元的"元年"，就是：

大西——王——元年（甲申）

大西——帝——大顺二年（乙酉）

以往官私史籍不论是"僭号大西国王，改元大顺"，还是"称帝，僭号大西，改元大顺"等等，都与所见文物不符，是不确切的。

前述江口文物中，还有"西王赏功"金银币各一枚。崇祯十六年，张献忠攻占武昌即自立为西王，铸"西王之宝"，入蜀之初张献忠仍称西王。已故前辈学者顾诚认为，此钱"铸造时间大约在入川以后至称帝以前"（《明末农民战争史》，第307页）。而且说"这种赏功钱至今只发现于四川，在湖北、湖南和江西还没有见到发现的报道"（《明末农民战争史》，第323页注47）。也与我们的推断相一致。

关于张献忠称帝的时间问题，顾诚也已经注意到。他写道："张献忠称帝的时间，诸书说法不一。"有十月初八、八月十五、十一月十六、十一月十一、十月初四等各种说法。同时，他又说："这里所说的'僭位'，不一定是指称帝，有的是指'僭称'大西国王。"（《明末农民战争史》，第322页注27）确切情形仍有待考证。但他没有注意到张献忠在称王时并未改元，到称帝时才建元"大顺"这一细节。

另外，文献记载，张献忠"设铸局，取藩府所蓄古鼎、玩器及城内外寺院铜像，熔液为钱。其文曰'大顺通宝'。令民间家悬顺民号帖，以大顺新钱钉之帽顶"（《蜀碧》卷二）。"大顺通宝"并没有在江口沉银中出现。在"江口沉银"中，还有不少耳环和耳钉等极为粗糙的银饰品，显系下层普通百姓所用，也可以证明张献忠普遍敛财的情况：

欧阳直《蜀警录》：

献贼……禁人带藏金银，有即赴缴，如隐留分厘金银或金银器物首饰，杀其一家，连坐两邻。于前门外铺簟满地以收之，须臾，钮扣亦尽。金银山积……

那么，张献忠是如何与彭山江口发生关系的？

《蜀碧》卷三：

参将杨展大破贼于江口，焚其舟，贼奔还。献闻展兵势甚盛，大惧，率兵数十万，装金宝数千艘，顺流东下，与展决战。且欲乘势走楚，变姓名作巨商也。展闻，逆于彭山之江口，纵火大战，烧沉其舟，贼奔北。士卒辎重丧亡几尽。复走还成都。展取所遗金宝以益军储，自是富强甲诸将。而至今居民时于江底获大鞘，其金银镌有各州邑名号……献自江口败还，势不振，又闻王祥、曾英近资、简，决走川北。将所余蜀府金银铸饼及瑶宝等物，用法移锦江，锢其流，穿穴数仞实之，因尽杀凿工，下土石淹盖，然后决堤放流，使后来者不得发。名曰锢金。又尽毁宫殿，堕砌堙井，焚市肆而逃。

《明史》卷三〇九《张献忠传》（第26册，第7976页）：

又用法移锦江，涸而阙之，深数丈，埋金宝亿万计，然后决堤放流，名水藏，曰："无为后人有也。"……顺治三年，献忠尽焚成都宫殿庐舍，夷其族，率众出川北……

《明史》卷二七九《樊一蘅传》（第23册，第7147页）：

献忠颇惧，尽屠境内民，沉金银江中，大焚宫室，火连月不灭，将弃成都走川北。

欧阳直《蜀警录》：

金银山积，收齐装以木鞘箱笼，载以数十巨舰。令水军都督押赴彭山之江口沉诸河。

按《蜀碧》所记，参将杨展与张献忠在江口有一次激战。张献忠"率兵十数万，装金宝数千艘，顺流东下，与展决战"。杨展迎战张献忠军于彭山之江口。杨展纵火烧"烧沉其舟"，张献忠败走，"士卒辎重丧亡几尽"，其船所载大量财宝，为杨展所得。

张献忠沉入水中的金银装在"大鞘"之中，且"镌有各州邑名号"。

2005 年，彭山县在江口镇岷江江口河道内施工时，挖出一个装有 7 个银锭的圆木，经鉴定为明末崇祯时期征收的税银。这与上述文献记载完全相符。据说，用来装盛金银的木鞘，是以当地常见的青㭎木制成，青㭎木是橡树的一种，将青㭎掏空，或以两半合而成筒，外以铁箍固定。所以，当年杨展打捞张献忠沉银时，可以用长枪“钉而出之”。

杨展因为得到张献忠的财宝而“富强甲诸将”，但后来也因此而丧命。杨展本明朝参将，是南明时期一支重要的武装力量，因抵御“流贼”而被称为“义军”。史称张献忠死后，“诸将杨展等各据州县自雄，（弘光兵部尚书兼文渊阁大学士王）应熊不能制”（《明史》卷二五三《王应熊传》，第 21 册，第 6532 页）。后来内讧，“（故偏沅巡抚李）乾德利展富，说（袁）韬、（武）大定杀展，分其赀”（《明史》卷二七九《樊一蘅传》，第 23 册，第 7148 页）。

问题在于，根据上引记载，张献忠似乎遗留了两批财宝，一批是因战败船只被毁而沉于水的，另一批是张献忠主动“移锦江”而埋藏的，即所谓“錮金”或“水藏”。是张献忠确有两处遗宝，还是后人误认为两处？《明史》关于张献忠金银“水藏”的记载，显然源于《蜀碧》，但并不取其兵败船只被焚之事。同样，《明史·樊一蘅传》也不载张献忠兵败船只被焚之事。《蜀警录》则说张献忠收齐金银之后，直接沉诸“彭山之江口”。锦江，是正南江的别称。江口是正南江与府河汇合之口。所谓移锦江，就在彭山江口，还是在别的什么地方？这需要有更多的文献、文物材料来证明。

自清朝初年开始，张献忠江口沉银一直受到持续关注。

据嘉庆《彭山县志》记载，乾隆五十九年冬，有渔民在江口河中得到一把刀鞘，报给总督孙士毅，孙派人到江口打捞多日，“获银万两并珠宝玉器等物”。咸丰年间，由于太平天国战乱，财政吃紧，经人建议咸丰帝曾命成都将军裕瑞设法打捞挖掘，但一无所获。1937 年，川军曾成立锦江淘金公司在今成都市区东南望江楼边锦江下游一带打捞，竟然真的从江心挖出一个石牛和一个石鼓，似乎验证了“石牛对石鼓”的民谣，可惜淘金十个月，最终只挖到了三箩筐铜钱，“锢银”或“水藏”却不见踪影。直到 2005 年和 2011 年，彭山江口相继发现大西银锭和金册，张献忠江口沉银再一次引起广泛关注。

总之，通过文物、文献以及社会调查等三重证据的相互印证，可以确认眉山市彭山江口是张献忠沉银遗址。目前江口已出土的器物具有重要文物价值和历史意义，它们是张献忠大西政权在四川活动的物证，可以纠正和补充一些文献记载的讹误，也有助于证实张献忠的行军路线、征饷方式及其与王府、地方官府的关系。同时，这些沉银也透露出明末清初社会生活的种种信息，值得进一步发掘和研究。最后，参加考察的同行们共同出具了《四川彭山“江口沉银遗址”考古研讨会专家意见书》，基本确认彭山“江口沉银遗址”为张献忠沉银中心区域之一，并且呼吁尽快将张献忠江口沉银遗址考古立项，进行抢救性发掘，让文物得以保护，让更多的历史谜团大白于天下。

（原载《中国史研究动态》2017 年第 1 期）

张献忠“沉银埋宝”初步研究

李　飞

张献忠是明末著名的农民军领袖，曾于崇祯十七年在成都建立了大西政权。近年来，四川彭山江口镇发现了大量银锭、金册、银耳环等文物，与记载中的“江口沉宝”颇多吻合，这一问题引起了学界关注。

历史上对张献忠“宝藏”的埋藏地点有很多种记载。一种认为宝藏在青城山普照寺，一种认为藏宝于雅安州府芦山县青衣镇[①]。但这两种说法均为推测，缺乏历史依据。

真正在大量文献中记载并引起广泛关注的，主要有“锦江埋宝”和“江口沉银”两种说法。对此，多位专家有相应的考证。如沈仲常从大顺三年的政治形势入手，认为记载中的“锦江埋宝”一事为后世讹传[②]。冯广宏梳理了关于“沉银”“埋宝”的相关历史记载，并根据相关地望及历史研究认为“锦江埋宝”一事可信[③]。唐长寿则考证了杨展利用江口沉银不断发展壮大的史实[④]。除此之外，王纲和袁庭栋也对“江口沉宝”提出过自己的看法。

2005 年以来，四川彭山江口镇的岷江河道内发现了银锭、金册、银耳环、碎银等文物，这些发现为我们探讨张献忠“沉银埋宝”提供了实物依据。

（一）“锦江埋宝”。“锦江埋宝”多被认为是张献忠有目的地通过规模浩大的工程将宝藏埋藏于锦江之下，文献中称为“锢金”或“水藏”，一般认为埋藏地点在锦江边的九眼桥、望江楼附近。

这种说法见于吴伟业《绥寇纪略》卷十：“用法移锦江而涸其流，穿数仞，实以黄金瑶宝累亿万，杀人夫，下土石以填之，然后决堤放流，名曰锢金，后至者不得发”；“贼得蜀府金，铸银饼置舟中以东下，会多功城败，后又败于贺珍，故怒而沉之江。”[⑤] 吴伟业原是崇祯朝史官，可见到镇压起义军的奏报，故《绥寇纪略》是研究张献忠的重要史料。张献忠“败于贺珍，故怒而沉之江”的记载不见于其他文献。彭孙贻《平寇志》与

---

① 郑光路《张献忠“藏宝”的历史黑洞》，《龙门阵》，2010 年第 10 期。

② 沈仲常《“锦江埋银”质疑》，《社会科学研究》，1979 年第 4 期。

③ 冯广宏《张献忠埋银悬案——张献忠帝蜀实情考之七》，《文史杂志》，2011 年第 1 期。

④ 唐长寿《杨展与“江口沉银”》，《文史杂志》，2010 年第 2 期。

⑤ 吴伟业《绥寇纪略》卷十，李学颖点校，上海古籍出版社，1992 年，第 292 页。

《绥寇纪略》的记载基本一致[①]。

《明史》卷三百九亦记载“（献忠）用法移锦江，涸而阙之，深数丈，埋金宝亿万计，然后决堤放流，名水藏，曰：‘无为后人有也。’”[②] 夏燮《明通鉴·附编·附记一下》记载直接来源于《明史》[③]。

由以上记载可知，锦江沉银在明末清初广为流传，其记载大体一致。

（二）“江口沉银”。“江口沉银”被认为是张献忠沉银于彭山区江口镇。但是对于“江口沉银”也有不同的记载。

一种认为是张献忠怕宝藏为敌人所获，有意沉银于江。

欧阳直《蜀警录·蜀乱》记顺治三年“金银山积，收齐装以木鞘箱笼，载以数十巨舰。令水军都督押赴彭山之江口沉诸河”[④]。欧阳直曾转仕于大西、明、滇，清诸将间，其记载多为其亲历。

杨鸿基《蜀难纪实》（乾隆四十二年修《富顺县志》卷五，清光绪八年重刻本）中记载，“献忠自知不厌人望，终无所成，且久贼之无归也，思挟多金、泛吴越、易姓名、效陶朱之游。于是括府库民兵之银，载盈百艘，顺流而东。至彭山之江口，初心忽变，乃焚舟沉镪而还”。

〔法〕古洛东《圣教入川记》注释，“先是献忠备船只无算，均满载金银贵重之物，是皆百姓之物，由劫掠而来者。数月前曾将金银诸物令载船中沉于河，以免落入敌军之手”[⑤]。古洛东的注释为民国时期根据《明史》等文献所著。

但更多文献记载张献忠是在与杨展的战斗中兵败，船被焚，宝物也沉入江底。

《彭山县志》（嘉庆十九年刻本）卷一载：“明季杨展率兵拒张献忠，

---

① 彭孙贻《平寇志》，陈协琹、刘益安点校，上海古籍出版社，1984年，第279页。

② 《明史》卷三〇九，中华书局，1974年，第26册，第7976页。

③ 夏燮《明通鉴》，王日根等点校，岳麓书社，1999年，第2571页。

④ 何锐等点校《张献忠剿四川实录》，巴蜀书社，2002年，第192页。

⑤ 〔法〕古洛东《圣教入川记》，四川人民出版社，1981年，第28页。

焚贼舟数百，珠宝金银悉沉水底。"卷三《武功志》则载，"率众八万，蔽江南下，展起兵逆之，战于彭山，分左右翼冲拒，别遣小船载火器以攻贼舟，兵交，风大作，贼舟火，展身先士卒，殪前锋数人，贼崩反走。江口两岸逼仄，前后数千艘，首尾相衔，骤不能退，风烈火猛，势若燎原，展急登岸促攻，枪铳弩矢，百道俱发，贼舟尽焚，士卒糜烂几尽，所掠金玉珠宝及银鞘数千百，悉沉水底"[①]。

同时有文献记载"沉宝""埋银"是不同的两个事件，"沉宝"在前，"埋银"在后。

彭遵泗《蜀碧》卷三："参将杨展大破贼于江口，焚其舟，贼奔还。献闻展兵势甚盛，大惧，率兵数十万，装金宝数千艘，顺流东下，与展决战。……展闻，逆于彭山之江口，纵火大战，烧沉其舟。贼奔北，士卒辎重丧亡几尽。"江口战败后，锦江"锢金"，"献自江口败还，势不振，又闻王祥、曾英近资、简，决走川北。将所余蜀府金银铸饼及瑶宝等物，用法移锦江，锢其流，穿穴数仞实之。因尽杀凿工，下土石淹盖。然后决堤放流，使后来者不得发。名曰锢金。又尽毁宫殿，坠砌堙井，焚市肆而逃"[②]。

孙錤《蜀破镜》卷四记顺治三年秋七月，"张献忠闻杨展兵势甚盛，大惧。率兵三十余万，载金宝千艘，顺流东下，与展决胜负，拟乘势出峡，变姓名作巨商。展闻，以兵逆于彭山之江口，大战，顺风纵火烧贼舟无算，士卒辎重丧亡略尽。复奔还成都"。八月"既望，张献忠将前自江口败回所余蜀府金宝，用法移锦江，锢其流，穿穴数仞，填之下土石并凿工掩筑，然后决堤放流，名曰水藏"[③]。

除此之外还有记载"埋银"在前，"沉宝"在后。

① 县志中小字记载于《蜀碧·杨展传》，见王云五主编《丛书集成初编》，1939年，《蜀碧》附记《杨展传》，第64页。

② 前揭《丛书集成初编》，第43页。

③ 载《张献忠剿四川实录》，第399页。

沈荀蔚《蜀难叙略》记顺治三年“其所聚金银，以千余人运之江干，三月始毕。至是，测江水浅处多支流，以杀其势，一如筑决河法。水涸，于江底作大穴，投以金银，而杀运夫于上，后覆以土，仍决江流复故道。后续有所得，俱刳木成鞘，运至新津江口，载以千余艘，将为顺流计，至巫峡投之”①。“七月，逆以川北民未尽屠，且欲诱杀进忠，乃烧其财负舟楫于新津”②。

刘景伯《蜀龟鉴》卷三在顺治三年五月后记：“锢金……前门外铺席满地，金银山集，盛木鞘数万。测江水浅处开支流，如筑决河法，水涸掘大穴，投以木鞘，杀运夫而实以土，乃决江流，复故道，续得金银亦盛鞘，至新津江口而覆。”③ 又在六月记：“明副将杨展大败献于江口。献率劲兵十余万，金宝数千艘，顺流东下，将变姓名走楚作巨商。展遂于彭山江口，纵火焚其舟，展身先士卒，殪其前锋，风烈火猛，展登岸夹攻，枪铳弩矢齐发。士卒辎重丧失多，急走成都。”④

以上关于“锦江埋宝”与“江口沉银”的历史文献虽纷繁复杂，但是其记载的事件大略相同。首先虽然两事的时间先后有差异，但其发生在顺治三年当无异议，该年大西政权南北受到南明和清的夹击，政权危机，选择在此时“埋宝”和转移宝藏合情合理。其次，“江口沉银”随着近年来考古发现多被认可，而“锦江埋宝”却颇受质疑，基于明末清初大量的文献记录，“埋宝”一事不易被否认，需通过后期的发现验证。

（三）“宝藏”的打捞。史书中记载历史上曾在锦江和江口有多次打捞。

“锦江埋银”处曾引来了大规模的官方发掘行为，并传说有藏宝图记录了“锦江埋银”的位置，甚至流传了“石牛对石鼓，银子万万五。有人

① 载《张献忠剿四川实录》，第 101 页。
② 同上，第 108 页。
③ 同上，第 283 页。
④ 同上，第 284 页。

识得破，买尽成都府" 这样的童谣。一个叫杨白鹿的贡生把"藏宝图" 交给了军阀，1939 年军阀开办"锦江淘江公司"，开展了规模浩大的寻宝行为，传说还发现了石牛和石鼓以及大量的石条和大顺通宝①。1975 年 4 月，在望江楼附近的锦江岸边，发掘出张献忠大西政权铸造的"大顺通宝" 铜钱 10 多公斤。这些发现让有些专家认同"锦江埋银" 之说。但也有专家对此提出质疑②。

而"江口沉银" 处也记载多次打捞起"沉宝"。江口之战后，战胜的一方杨展就打捞起了众多宝物。费密在《荒书》中记载："（丙戌）正月，献忠尽括四川金银作鞘，注彭山县江。杨展先锋见贼焚舟，不知为金银也。其后渔人得之，展始取以养兵，故上南为饶。"③ 费密在顺治二年投杨展，其时正投身杨展一方，对当时之事较为清楚。

《蜀难叙略》记载了另一种说法："（顺治三年）逆之焚舟北走也。一舟子得免，至是诣展，告之"，"展令以长枪群探于江中，遇木鞘则钉而出之，周列营外，数日已高与城等"④，"（顺治十一年）又有渔人获银鞘于江口，而剖其鞘以为饲豕之具。见者诣守将告之，渔人献其所获，主者以为不止此也，遂炙拷而毙。于是制诸器日打捞于江中，亦时有所得，二三年后，尚矻矻不休"⑤。

《蜀警录》记载："（杨展）募善泅水手打捞江口金银。时无栽插，内地无粮，惟远诣董卜高杨各边土司籴运。计斗米需值六七十两，尚难寻买。"⑥《蜀龟鉴》卷三也有类似记载，"展募泅者捞江口遗金，分给兵民，易米于董卜高杨各土司，南道多全活命"⑦。

---

① 冯广宏《张献忠埋银悬案———张献忠帝蜀实情考之七》，《文史杂志》2011 年第 1 期。
② 沈仲常《"锦江埋银" 质疑》，《社会科学研究》1979 年第 4 期。
③ 载《张献忠剿四川实录》，第 433 页。
④ 前揭第 109 页。
⑤ 前揭第 116 页。
⑥ 前揭第 192 页。
⑦ 前揭第 293 页。

由于江口沉银数量巨大，杨展当时不可能把沉银打捞干净，所以在后世当地人亦多有发现。

《蜀碧》卷三记载："居民时于江口获木鞘金银……至今居民时于江底获大鞘，其金银镌有各州邑名号。"① 《彭山县志》卷六《杂识志》亦载"乾隆五十九年冬，渔人获鞘一具，报县转禀制军孙相国补山，饬令派官往捞数月，获银万两有奇，珠宝多寡不一。然江水深广，用夫淘取，费亦不赀，寻报罢"②。

（四）近年来发现。近年来，江口镇岷江河道在施工过程中发现大量的银锭、金册、银耳环等文物③。2005 年发掘的 7 枚银锭藏匿于一木筒内。木筒为两个半圆形木桩，中间挖空，银锭放入其中，然后合在一起，两头用铁箍箍紧。记载中多记录张献忠将金银等宝物置于"木鞘"内，发现的"木筒"与记载中的"木鞘"基本一致。

实际发现的银锭纯度不高，颜色偏暗，而且银锭上有大量蜂窝状的孔。《清文宗实录》记载，翰林院编修陈泰初奏曾经眼见彭山居民在江中打捞到"其色黑暗"的银子，咸丰皇帝于是令成都将军裕瑞"按所呈情形悉心查访，博采舆论。若知其处，设法捞掘"④，这与实际发掘的银锭的情况一致。发现的银锭正面多阴刻铭文，铭文的主要内容是地点和重量，部分银锭上还刻有年号，从其铭文可看出来自湖南的沅陵县、湘潭县、巴陵县，湖北的京山县、黄冈县，为崇祯时期所征解的税银，与张献忠转战时间、路线十分吻合，亦与《蜀碧》"至今居民时于江底获大鞘，其金银镌有各州邑名号"的记载一致。

除木筒和银锭之外，在该遗址还发现了"西王赏功"的金币和银币、

---

① 前引《丛书集成初编》第 43 页。

② 相同记载见于张邦伸《锦里新编》卷十六《异闻》。

③ 方明、吴天文《彭山江口镇岷江河道出土明代银锭——兼论张献忠江口沉银》，《四川文物》2006 年第 4 期。

④ 《清文宗实录》卷八十九，咸丰三年三月己巳条，中华书局，1986 年，第 195 页。

金册、银耳环、银簪及碎银等物。这与文献中张献忠在其征战以及在成都搜缴金银的记载相契合。

通过文献记载和现代发现的比较，两者契合，基本可以确定"江口沉银"的记载为信史。

目前对于张献忠"埋银沉宝"的研究多止于文献与传说，相信随着考古与历史研究工作的深入开展，对张献忠的研究也会逐步推进。

（原载《中国史研究动态》，2016 年第 5 期）

张献忠藏宝之谜及发掘的意义

江玉祥

张献忠在李自成退出北京四个月时，即明崇祯十七年（甲申，1644）八月攻下成都；十一月，张献忠即位于成都，国号大西，改元大顺，以成都为西京。顺治三年（1646）八月，张献忠放弃成都，向北撤退，其冬，在四川西充凤凰山遇清军伏击中箭牺牲。张献忠建立的大西政权，为什么只维持两年便失败了呢？历史学家总结的原因很多，但在四川人民的集体记忆里，最深刻的印象却是"张献忠剿四川"，杀人太多，丧失民心所至。鲁迅先生在《准风月谈·晨凉漫记》中说："《蜀碧》一类的书，记张献忠杀人的事颇详细，但也颇散漫，令人看去仿佛他是像'为艺术而艺术'的一样，专在'为杀人而杀人'了。他其实是别有目的的。他开初并不很杀人，他何尝不想做皇帝。后来知道李自成进了北京，接着是清兵入关，自己只剩了没落这一条路，于是就开手杀，杀……他分明的感到，天下已没有自己的东西，现在是在毁坏别人的东西了，这和有些末代的风雅皇帝，在死前烧掉了祖宗或自己所搜集的书籍古董宝贝之类的心情，完全一样。他还有兵，而没有古董之类，所以就杀，杀，杀人，杀……”现代历史学家为张献忠辩诬，认为“张献忠剿四川”系地主阶级文人造谣诬蔑，他即使有杀人过多之事，那也叫“严厉镇压地主阶级的反抗”。多数学者看法，以现代著名作家李劼人先生为代表：“我不同意旧日记载，把张献忠写成一个无人性的魔王，但也不敢苟同现代许多历史研究者将张献忠歌颂为一个毫无瑕疵的、合乎现时理想的农民起义的伟大的英雄人物，而把一些不可证言实是张公所干的过失，全部挂在清兵账上。”[①] 何谓“不可证言实是张公所干的过失”？除了滥杀无辜百姓，便是抢掠。这两个问题是联系在一起的，因为张献忠长期四处流动作战，没有稳固的根据地，筹集军饷的手段主要方式就是“打粮”，即抢掠，抢掠富人，也抢掠老百姓。抢掠必然遇到反抗，镇压反抗的手段便是杀人。人杀光了，田园荒芜，抢到手的金银财宝，饥不能食寒不能衣，反而成了行军作战的累赘，只好把它埋藏起来。于是，从清初开始，张献忠埋银藏宝的传说便不绝于书。

（一）传说中张献忠藏宝的地方有六处

1. 埋在成都锦江之中。《明史·流贼传·张献忠传》记载，张献忠占领成都后，“用法移锦江，涸而阙之，深数丈，埋金宝亿万计，然后决堤放流，名水藏，曰：‘无为后人有也。’”[②] 戴笠、吴乔《流寇长编》卷十七记载，张献忠“谓兵有妇女财物不肯死战，凡移营，金银必弃，妇女必杀。”“涸锦江凿而深之，集民间宝物实其中，覆以土石，与江底平，命曰

① 李劼人致川大中文系林如稷教授的一封信，王嘉陵主编《李劼人晚年书信集（1950—1962）》（增补本），四川大学出版社 2012 年 7 月第 1 版，第 262—263 页。

② 《明史》卷三百九，中华书局标点本 1974 年 4 月第 1 版，第 26 册，第 7976 页。

‘锢金’，欲使后人不得发也。”[①] 孙锜《蜀破镜》卷四载，顺治三年秋八月，“既望，张献忠将前自江口败回所余蜀府金宝，用法移锦江，锢其流，穿穴数仞，填之下土石并凿工掩筑，然后决堤放流，名曰水藏。”[②]（江按：锢为铸塞，铸铜铁以塞隙谓之锢）《蜀破镜》原文“用法移锦江，锢其流”，对照上两段引文，可知有误，应为“用法移锦江，涸其流”。涸其流，即截流筑堤，排干江水；然后“穿穴数仞”，“集民间宝物实其中”，铸铜铁以塞其穴，“覆以土石，与江底平”，谓之“锢金”；最后，“决堤放流”。这种在水底埋藏金银财宝的方式，叫“水藏”。

2. 埋在岷江新津渡口江底。沈荀蔚《蜀难叙略》云：张献忠“其所聚金银，以千余人运之江干，三月始毕。至是，测江水浅处多支流，以杀其势，一如筑决河法。水涸，于江底作大穴，投以金银，而杀运夫于上，后覆以土，仍决江流复故道。后续有所得，俱刳木成鞘，运至新津江口，载以千余艘，将为顺流计，至巫峡投之。”[③] 这段文字所称“江干”“江水”“新津江口”之“江”，不是锦江，应指新津渡口（俗称“三渡水”）至彭山江口那段岷江主流。“江水浅处多支流”也是新津渡口那段岷江河道的特征。成都出南门至新津县里程为 90 华里，“以千余人运之江干，三月始毕”，应指由旱路车运马驮将金银从成都运到新津渡江岸，然后就埋藏在新津渡江底。“后续有所得，俱刳木成鞘，运至新津江口，载以千余艘，将为顺流计，至巫峡投之”指的是彭山江口之战前，张献忠水陆进军，其中陆路一支系从成都先行至新津渡口，再下船顺流向江口进发。

3. 张献忠宝船沉没在青神江底。王培荀《听雨楼随笔》卷一：“费此度（密），明之遗民，流寓塞外，尝有句云：‘大江流汉水，孤艇接残春。’

---

① （清）戴笠、吴乔：《流寇长编》，下册，书目文献出版社 1991 年 12 月北京第 1 版，第 1028—1029 页，1122 页。

② 何锐等校点《张献忠剿四川实录》，巴蜀书社 2002 年 4 月第 1 版，第 399 页。

③ 四川大学图书馆编《中国野史集成》第 29 册，巴蜀书社 1993 年 11 月版，第 510 页，488 页，563 页，546 页，518 页。

深为渔洋所赏。有遗像，蒋心余题长古其上，总括生平，可作志传读。‘上书无益起义兵，壮士自结飞来营。安定关中十万户，贼不敢犯人长生。司命三军费孝子，剪发辞官父归里。携儿避乱陷凹蛮，黄金竟赎全家死。杨展镇蜀真英雄，孝子入幕参元戎。青神江底沉贼镪，谁贼之镪张献忠。得贼资粮即拒贼，雅州屯田孝子力……’。”[①] 青神县，现属四川省眉山市管辖。青神江，为岷江流经青神县一段水道的名称，位于彭山县的下游。“青神江底沉贼镪，谁贼之镪张献忠”，是说张献忠的宝船沉没在青神县的江底。引诗的作者费密，明末清初著名学者、诗人和思想家，字此度，号燕峰，四川新繁人。他曾受到镇守嘉定的明将杨展任用，亲身经历江口之战。康熙八年他撰《荒书》说：清顺治三年“正月，献忠尽括四川金银作鞘，注彭山县江。杨展先锋见贼焚舟，不知为金银也。其后渔人得之，展始取以养兵，故上南为饶。”[②] 此段原文有脱字，笔者参照《流寇长编》，将缺漏的“川”字补于方括号内。此段文字的标点断句，巴蜀版《张献忠剿四川实录》一书收录的《荒书》为：“正月，献忠尽括四川金银作鞘注。彭山县江［畔］杨展先锋见贼焚舟，不知为金银也。其后渔人得之，展始取以养兵，故上南为饶。”按照巴蜀版的标点，此段文字便读不通，也不符合史实。什么叫“鞘注”？为什么要加一个“畔”字？为什么未交战，张献忠便自焚战船？按照笔者的断句，方文从字顺。此段文字意思是：顺治三年（丙戌）正月，张献忠将搜刮四川的金银全部做成银鞘，藏于彭山县江底（注者，水注也，灌也，引申义有投入之意）。（三月）杨展前锋部队同张献忠军接战，用火攻，烧毁了张部的战船，当时江底沉银尚不为人所知。事后，杨展获悉渔人从江中捞到金银，才开始打捞彭山江中沉银，用以供养军队，故以嘉定（乐山）为中心的上川南顿成富饶之区。费密诗

---

① （清）王培荀著，魏尧西点校《听雨楼随笔》，巴蜀书社 1987 年 10 月第 1 版，第 54—55 页。

② 四川大学图书馆编《中国野史集成》第 29 册，巴蜀书社 1993 年 11 月版，第 510 页，488 页，563 页，546 页，518 页。

又说“青神江底沉贼镪”，看来同彭山江口沉银不是一回事，是另外一处藏宝地点。

4. 张献忠在峨眉山普贤峰顶埋有金银。王夫之著《永历实录·王祥杨展皮熊列传》引刘尧佐疏言：“张献忠辇金银至峨眉山，瘗之普贤峰顶，宜敕展发窖赍送赴阙，以供国用。”①

5. 张献忠部将刘文秀透露在黎（今四川汉源县）、雅（今四川雅安市）间埋金20万。戴笠、吴乔《流寇长编》卷二十载，顺治十五年四月，南明永历帝所封蜀王刘文秀在云南病卒，遗表有言：“臣兵二万在黎、雅间埋金二十万，臣之将郝承裔知之，请驾幸蜀就十三家之兵，出营陕、洛，庶可转败为功！”②

6. 张献忠彭山江口埋沉金银。有两说：

（一）张献忠有意将金银埋在江口水底。

欧阳直《蜀警录·蜀乱》：丙戌（清顺治三年），“献贼令各将士，自杀其新收妇女。如系蜀人，更不许擅留一人。禁人带藏金银，有即赴缴，如隐留分厘金银或金银器物首饰，杀其一家，连坐两邻。于前门外铺簟满地以收之，须臾，钮扣亦尽。金银山积，收齐装以木鞘箱笼，载以数十巨舰。令水军都督押赴彭山之江口沉诸河。”③ 这同上引费密《荒书》所载清顺治三年“正月，献忠尽括四川金银作鞘，注彭山县江”，或是一回事。

（二）江口之战，张献忠战败，宝船被焚，船上金银散落江中，积年累月，自然掩埋于层层沙石之中。

江口之战发生在清顺治三年三月。彭遵泗《蜀碧》卷三：“（前明）参将杨展大破贼于江口，焚其舟，贼奔还。献闻展兵势甚盛，大惧，率兵数

① （明）王夫之：《永历实录》卷十二，岳麓书社1982年9月第1版，第122—123页。

② （清）戴笠、吴乔：《流寇长编》，下册，书目文献出版社1991年12月北京第1版，第1028—1029页，1122页。

③ 四川大学图书馆编《中国野史集成》第29册，巴蜀书社1993年11月版，第510页，488页，563页，546页，518页。

十万，装金宝数千艘，顺流东下，与展决战。且欲乘势走楚，变姓名作巨商也。展闻，逆于彭山之江口，纵火大战，烧沉其舟。贼奔北，士卒辎重丧亡几尽。复走还成都。展取所遗金宝以益军储，自是富强甲诸将。而至今居民时于江底获大鞘，其金银镌有各州邑名号。”① 《蜀碧》撰于康熙二十四年，距离江口之战才 39 年，作者彭遵泗又是眉州丹棱人，应该是同时代人的实录。清同治三年刻本《嘉定府志·艺文志·文三》载彭遵泗撰写的《杨展传》对江口之战描写更详细：“献忠忿展尽取故地，又怒川人之不服己也，大杀成都居民，率众百万，蔽江而下。展起兵逆之，战于彭山。分左右翼冲拒，而别遣小舸载火器以攻贼舟，兵交，风大作，贼舟火。展身先士卒，殪前锋数人，贼崩反走。江口两岸逼仄，前后数千艘，首尾相衔，骤不能退，风烈火猛，势若燎原。展急登岸促攻，枪铳弩矢，百道俱发，贼舟尽焚，士卒糜烂几尽。所掠金玉宝珠及银鞘数千百，悉沉水底。献从别道逃免，旋奔川北，展追至汉州，封积尸而还。”②

清嘉庆十九年刻本《彭山县志》卷一：“双江镇，在县东十里彭亡山下。岷江诸水至此合注，直下嘉、渝，来往商旅泊舟憩息，每日约有数百艘。汉征南将军岑彭击公孙述，营此。宋朱龄石讨谯纵，大战于平模山。明季杨展率兵拒张献忠，焚贼舟数百，珠宝金银悉沉水底，俱在此处。彭邑惟此为水道要区。”③ 双江镇，即今彭山江口镇。

江口之战，张献忠率领军队的人数和装金银的船只数量，各书记载不一致。清嘉庆五年刻本《眉州属志》称“率兵十数万，装金宝数千艘”，《蜀碧》称“率兵数十万，装金宝数千艘”，彭遵泗《杨展传》称“率众百万”“前后数千艘”，刘景伯《蜀龟鉴》称“率劲兵十数万，金宝数千艘”，

---

① 四川大学图书馆编《中国野史集成》第 29 册，巴蜀书社 1993 年 11 月版，第 510 页，488 页，563 页，546 页，518 页。

② 《中国地方志集成·四川府县志辑》第 37 册，巴蜀书社、江苏古籍出版社、上海书店 1992 年 8 月第 1 版，第 572 页。

③ 《彭山县志》，清嘉庆十九年刻本，线装书。

孙锠《蜀破镜》称“率兵三十余万，载金宝千艘”，民国二十三年铅印本《乐山县志》称“率兵二十余万，装金宝千艘”。那么，哪一个记载比较可信呢?

据清戴笠、吴乔《流寇长编》卷十七载，大西国大顺元年“伐木造舡数千”。看来，张献忠并不打算在成都久留，时刻准备从水路东下，再度流窜出川。彭遵泗《蜀碧》卷三称，张献忠“率兵数十万，装金宝数千艘，顺流东下，与展决战。且欲乘势走楚，变姓名作巨商也”，张献忠“变姓名作巨商”的可能性不大，“乘势走楚”来一个战略大转移可能性是存在的。据《蜀难叙略》记载，张献忠在西充牺牲时，张部“死及降者三十余万”。据此，江口之战，张献忠率领军队的人数和装金银的船只数量，以《蜀碧》的记载较为可信。

以上六处藏宝的传说地点，现在只有彭山江口一处露出了藏宝的迹象。

首先，史料记载集中指向了江口，都说张献忠曾在江口藏宝或战败沉银。

其次，史载杨展在江口战败张献忠后，“展取所遗金宝，以益军储，自是富甲诸将”，“（杨）展始取以养兵，故上南为饶”。

再次，史载清代以来，居民于江口时有所获。如刘景伯《蜀龟鉴》卷三载：“居民时于江口获木鞘金银”。沈荀蔚《蜀难叙略》载：清顺治十一年“又有渔人获银鞘于江口，而剖其鞘以为饲豕之具。见者诣守将告之，渔人献其所获，主者以为不止此也，遂炙拷而毙。于是制诸器，日打捞于江中，亦时有所得，二三年后，尚矻矻不休”[①]。清嘉庆十九年刻本《彭山县志》卷六记载：“明季杨展拒献贼于江口，分左右翼，兵势甚盛，贼溃反走。展别遣小舸载火器以烧贼舟。贼舟被焚，金银珠宝悉沉水底。贼平

① 四川大学图书馆编《中国野史集成》第29册，巴蜀书社1993年11月版，第510页，488页，563页，546页，518页。

后，居民于江中采获金银，多镌有各州县名号。乾隆五十九年冬，渔人获鞘一具，报县转禀制军孙相国补山，饬令派官往捞数月，获银万两有奇，珠宝多寡不一。然江水深广，用夫淘取，费亦不赀，寻报罢。”

何谓“银鞘”？鞘：刳木使空，内贮银宝，以便转运的木筒。周元《泾林续记》：“洪镜潭讳澄源，登第后，因选期尚遥，借解银差南归。领万余两，分作五鞘，暂寄太仓银库堂中，候明晨发行。及启门登堂，则内有一鞘，剖破其腹，长尺五寸，失去元宝十锭。”① “领万余两，分作五鞘”，据此可知：每一鞘装银2000两，以一锭50两计，一鞘则装银40锭。亦可推测，张献忠宝船上每一筒装银的木鞘原长起码有6市尺。

最后，近10年来，在岷江彭山江口段，不断发现金银宝物，例如装在木鞘中的银锭。大量银锭上，分别镌有“赣州府”“巴陵县”“湘潭县”“沅陵县”“巴陵县”“京山县”“清江县”“大西眉州”等州县名号，这同历史记载的张献忠流动作战路线十分吻合，与彭遵泗《蜀碧》卷三所记“而至今居民时于江底获大鞘，其金银镌有各州邑名号”，以及清嘉庆十九年刻本《彭山县志》卷六所记“居民于江中采获金银，多镌有各州县名号”若合符契。还有张献忠大西政权铸造的“西王赏功”金币、银币，以及从民间掳掠的大量金银首饰，如银耳环、银簪之类。最令人惊奇者，从江中曾挖掘出一块长12厘米、宽10厘米、重730克的金版，上镌30字，竖排4行，从右至左读为：“维大西大顺二年岁在乙酉五月朔日壬午皇帝制曰朕监于成典中官九御（以下断缺）。”种种迹象显示，位于现四川省眉山市彭山区江口镇的岷江河道内，可能就是传说中张献忠埋藏金银财宝的中心地区，值得进行考古发掘，一探究竟。

目前，经国家文物局立项支持，江口张献忠藏宝沉银遗址的考古发掘工作已正式启动。随着张献忠江口沉银水下发掘工程的开展，一定会有新的文物露出水面。已经获得的和即将发掘出的江口水下文物，不但有助于

① （明）周元：《泾林续记》，吴县潘氏光绪十年刻本，载《功顺堂丛书》线装第21册，第29页。

弄清张献忠藏宝的真相，更有助于促进“张献忠剿四川”历史的研究，其学术意义大于文物价值，是不言而喻的！

（原载《文史杂志》2017 年第 1 期）

四川江口出水文物“永昌大元帅”金印

吴晓玲

彭山江口明末战场（江口沉银）遗址近日已结束第二阶段考古发掘，围绕张献忠及出水文物的相关研究，明末农民起义这段历史日渐清晰。

5 月 6 日从四川省文物考古研究院（以下简称“省考古院”）获悉，眉山警方两年前缴获的江口出水文物——“永昌大元帅”金印，其归属正在学界形成共识。省考古院公众考古中心主任李飞和四川大学博物馆研究人员周克林近日同时发表文章，一致认为“永昌大元帅”正是张献忠本人。

永昌大元帅金印（彭山区委宣传部供图）

金印细节（彭山区委宣传部供图）

李自成封“永昌大元帅”年代不符

2016 年 10 月，眉山警方宣布破获江口沉银遗址盗挖倒卖文物大案。在追回的文物中，一枚“虎钮永昌大元帅金印”受到学界关注。这枚印章金光灿然，虎钮身姿矫健，最引人注目的是用“九叠篆”在印台上阴刻了“永昌大元帅印，癸未年仲冬（1643）吉日造”字样。九叠篆是一种非常特别的篆书，象征着极高的身份。金印在江口出水，证实曾为张献忠所有，而“永昌”恰好曾是李自成的年号，那这枚大元帅金印，究竟是张献忠的还是李自成的呢？

在两年前金印公开时，学术界莫衷一是。随着研究深入，越来越多的学者认为李自成不可能是“永昌大元帅”。

李飞说，江口出水的文物，那些金册银锭等大多缘自张献忠一路掳获。按常理推断，这枚“永昌大元帅”金印除了是他自己所用以外，极可能来自他抢劫的对象，并且可能是明代以前的物件。然而查阅历史即可发现，在明代只有皇室才能用金印。"明代百官不用金印，是明代皇权专制使然，就是银印也控制得严，只有少数一二品官员才能使用。"同时明代能称元帅的也很少，"倒是明末农民战争中，多位起义领袖自封或者被封为元帅"。

那这个元帅为何不可能是李自成呢？李飞说："永昌大元帅"印铸于1643年冬，"但李自成在当年正月就自立，三月称'新顺王'。因此年底不太可能再自封大元帅。"李飞查阅史料获悉，李自成为避讳父祖，曾专门颁布一切文书要回避"印"等十字，"他自己更不可能在印章上刻上'印'字"。

这个说法也得到周克林的证实。周克林同时还发现，李自成虽然曾多次自封大元帅，"但他的封号中，均带有'倡义'二字。这枚'永昌'印章却并无这种字样。后来李自成建国后曾改元永昌，但已是1644年，晚于印章的铸造时间，因此印章之名显然与李自成年号无关"。

"永昌"寄托张献忠美好愿望

那自己只想当"倡义"大元帅的李自成，会不会再设"永昌大元帅"职位，将其颁给同为起义军首领的张献忠呢？

在明末农民起义中，张献忠在崇祯十四年兵败后，曾短暂投靠李自成。但周克林认为，除了这次短暂的接触，李、张二人并无长期统辖关系。更有意思的是，在投靠李自成以后，张献忠险些被杀。"因此李自成不可能把代表最高军事权力的大元帅金印颁发给张献忠，张献忠也断然不会接受任命。"

李飞认为，既然明末农民起义领袖有自封或被封大元帅之风，这些起义将领中与江口沉银发生联系的，又只有张献忠一人，因此印章极可能是张献忠本人所有。

张献忠曾经自封过“永昌大元帅”吗？李飞说，虽然史料上对此并无记载，但这种做法完全有可能。

在金印铸造的 1643 年，张献忠 5 月已攻占武昌，自称大西王，建立了大西农民政权。次年正月，便率军进入四川，占领成都以后称帝，建立大西政权，改元大顺。“1643 年，正是大西军向南征战、势力最盛之时。张自封永昌大元帅符合当时的形势，也表达了自己对政权永昌的期待。”周克林则表示，虽然文献上没有记载张献忠自封大元帅的事，但他有可能在军队中设置并自任。因为在政权和军队建设上，张献忠一直紧跟李自成步伐。当李自称“奉天倡义大元帅”的时候，他完全有可能照搬。

张献忠当元帅后不到一年，便在成都称帝，金印不再使用。只是，大西政权此后受到南明和清的夹击，内忧外患。张献忠为求妥善后路，于是“括府库民兵之银，载盈百艘，顺流而东”。李飞说，由此可见张献忠此时已计划放弃成都，转移财产。但因杨展成功阻击，一切计划都化为泡影。这枚元帅印，应该便是此次转移财产中的一部分。

据了解，江口出水文物的整理和研究已在持续推进。未来，将有更多关于“张献忠沉银”及明末农民起义的历史被揭开。

（文章来源：中国考古网，原图文转自《四川日报》2018 年 6 月 7 日第 12 版）

第二编　抄没与追比：张献忠的经济政策与『江口沉银』来源考究

张献忠为什么会有大量白银沉于江口

万　明

2015 年底以来，多家报刊以四川江口考古新发现为题，对张献忠江口镇沉银做了大规模报道，进一步坐实了张献忠江口沉银事件，掀起了探索沉银之谜的又一波热潮。进入 21 世纪，曾是“五朵金花”之一的农民战争史研究明显降温，对于张献忠研究，聚焦政治史、军事史角度的研究成果锐减，但是有一个例外，那就是视点转移到 300 多年来众说纷纭的江口沉银之谜上。据清《彭山县志》（嘉庆十九年刻本）记载，顺治三年张献忠迫于政局不利，打算撤离成都，由于旱路已被清军封锁，只好改道水路出川。从成都启程，沿锦江行至彭山县江口时，遭到明参将杨展伏击，几乎全军覆灭。在江口镇的这场决战中，张献忠许多载满金银的木船沉没在江口，由此张献忠沉银江口的传说流传甚广，几百年来在彭山江口镇，歌谣“石龙对石虎，金银万万五，谁人识得破，买到成都府”一直传诵。2005 年 4 月 20 日彭山县引水工程在江口镇河道内施工过程中，发现了 7 件明代银锭①。至此，张献忠江口沉银之说不仅有民间传说、史料记载，也有了实物证据。目前，随着 2015 年考古新发掘的进一步展开，我们相信张献忠江口沉银之谜将不再是谜。以新材料研究新问题是重要学术取向，问题是张献忠为什么会有大量白银沉于江口？江口沉银是一个表象，值得追寻的是那背后关乎张献忠成败的历史真相。

---

① 方明、吴天文《彭山江口镇岷江河道出土明代银锭——兼论张献忠江口沉银》，《四川文物》2006 年第 4 期。

（一）江口沉银背后的历史

2005年江口古镇岷江河道出土明代银锭，其形制与錾刻铭文都表明是崇祯时期征解的税银，其上刻有“京山县十五年□□□饷肆十两”“茶□□□十六年分□□□□□攻□将军□银五十两解□□□□□贞分”“沅陵县征完解司载充兵饷银五十两崇祯十年八月□日银匠姜国太”“湘潭县运粮官军行月银五十两”“巴陵县楡□饷银五十两”、“黄冈县银肆拾两正”等字样。

江口所沉的这些税银，有一个宏大的历史背景。学界论及明末农民战争爆发的主要原因，有明朝政治腐败、土地集中、赋税加派、灾荒频发等等，但是迄今鲜有关注明代白银货币化的问题。追寻历史，白银从贵重商品最终走向了完全的货币形态，即货币化，是在明代。大规模使用白银，是明代一个重要的社会现象，发展到晚明，白银作为主要货币，在社会经济生活中起了重要作用。白银货币不仅是财富的象征，而且成为政权赖以存在的基础。

明初推行宝钞，禁用金银交易，白银不是合法货币。自14世纪末开始，随着民间用银、官方赋役折银的盛行，白银货币化得以极大地扩展。15世纪末白银货币化在社会内部的膨胀，促使出现了海外贸易热潮，使得货币和财产进一步活跃了起来，唤起了人们新的更大的白银货币需求。嘉靖年间，白银在社会流通领域中已经占据主币的地位。此时，一方面出现了国家财政上的入不敷出，另一方面，社会上从皇族到小民都有对于白银的需求，日益增加的全社会的商业性行为，正说明了无论从国计还是从民生都存在着对白银的大量需求。16世纪全球化开端，这种中国社会内部产生的巨大需求形成与全球的互动，使大量白银流入中国。但我们切不能忘记，此前伴随白银货币化过程的，是经历了一个半世纪的赋役改革——

从折银到征银，这是明朝赋役改革有别于历朝历代的根本特征。发展到张居正改革，核心是财政改革，改革存留于世的两部重要文献《万历会计录》和《清丈条例》，证明了白银货币成为国家财政体系主体的趋向，表明中国古代两千年以实物和力役为主的国家财政体系向以白银货币为主的财政体系转型，标志着中国由传统赋役国家向近代赋税国家的转型。

在中外变革的历史大背景下，明代中国国家转型开端，货币经济化急速发展。白银货币成为一把双刃剑，无疑使明朝政治腐败、土地集中和赋税加派愈演愈烈，更激化了社会矛盾冲突的升级。白银货币成为社会财富的集中代表，无形中使贪污更为便利，太监刘瑾被抄家时有黄金 12057800 两，白银 259583600 两。明后期财政货币化，赋役货币化，军饷货币化，到处都要银子。官员考选“惟论钱粮”，“各边将士视米豆如泥沙，止欲金钱而已”[①]，这里所谓的“钱粮”“金钱”，都是白银。朝廷需要银子，地方政府需要银子，军队更需要银子。从万历四十六年以后，辽左用兵加派田赋，先是每亩增银 3 厘，不久至 7 厘，稍后至 9 厘，一共加赋 5200000 两；崇祯三年，再按每亩加征 3 厘，加上万历年间的 9 厘，每亩共征 12 厘，统称“辽饷”。崇祯十年，增赋 2800000 两，称为“剿饷”；崇祯十二年又加派“练饷”，每亩派征 1 分，共 7300000 两。先后三饷共增饷银 15300000 两，超过常年岁入一倍以上。农民完纳不了繁重的田赋，全国普遍出现欠赋现象，加速了明朝财政的崩溃，也加速了明朝的衰亡。白银对于王朝存亡具有至关重要的作用由此显现，而明末农民战争是对聚敛白银财富的明朝腐败政治的荡涤。

（二）江口沉银的白银由来

江口沉银的大量白银源于何处？从已发现银锭铭文可知，江口银锭实

① 李清《三垣笔记》附识卷中，清钞本。

物是大西军转战湖广、四川等地获取的。晚明最突出的问题就是政治腐败，皇族勋戚、贪官污吏利用政治上的特权，大肆搜刮和积聚巨额的白银财富。皇室、勋戚和官僚豪绅的私有土地——皇庄和庄田急剧膨胀，“庄田侵夺民业，与国相终”[①]。明宗室的人数大约以 30 年翻一番的几何级数增加，明后期数以万计的龙子龙孙的禄米，成为国家财政和地方开支的严重问题。藩王宗室的禄米和赐予的庄田，大多通过加派赋税来实现，庄田遍布地区成为社会矛盾突出的地区。追踪张献忠白银的来源，他建立政权，军饷等费用取之于没收官府、宗室和官绅所得，打击明朝藩王宗室是一条重要线索。

崇祯十四年二月，张献忠攻下襄阳，襄阳是明朝的军事重镇，是襄王的王府所在地，军需饷银，聚集在城内。张献忠处死了襄王朱翊铭和贵阳王朱常法，下令没收襄王宫中的全部财产，并“发银五十万以赈饥民”[②]。

崇祯十六年五月，张献忠攻下武昌。武昌是楚王朱华奎的王府所在地，楚王在武昌累世搜刮，聚集了大量财富，每年庄田租银就多达 21300 两。大西军到来之前，当地的文武百官曾齐集楚王府，向他借银作为军饷来守城，楚王却只是令人搬出一把洪武年间分封诸王时的裹金交椅，说：“此可佐军，他无有!”张献忠入武昌后活捉了楚王，“尽取宫中金银各百万，辇载数百车不尽”[③]。见到王宫中众多金银财宝，他不禁叹息道：“有如此金钱不能设守，朱胡子真庸儿!”[④] 下令把楚王扔入河中。

八月，张献忠挥师进抵长沙。明朝封在长沙的吉王和从荆州来避难的惠王逃往衡州（今湖南衡阳），投奔桂王。吉王仅在长沙、善化两县就占有沃田七八十万亩，占两县田额总数十分之四；还在醴陵县占有籽粒田 6895 亩。张献忠从长沙向衡州推进，明惠王、桂王逃往广西，吉王逃到广

① 《明史》卷七十八《食货志一》，中华书局，1974 年，第 1889 页。
② 孙承泽《山书》卷十四，清钞本。
③ 彭孙贻《流寇志》卷七，康熙刻本。
④ 彭孙贻《平寇志》卷六，上海古籍出版社，1981 年，第 136 页。

东。在大西军的打击下，分封在湖广的楚王、吉王、桂王、荣王、岷王等或覆灭或逃往他乡。他们原来积聚的白银财富，大都为张献忠大西政权所有。

崇祯十七年六月，张献忠攻克重庆，处死了瑞王朱常浩。瑞王的20000顷庄田，一直是靠陕西、河南、山西、四川按分摊田亩数加派赋税取得租银的。成都是明蜀王的封地，蜀王凭借政治势力，霸占大量跨府连县沃土，积聚了惊人的财富。史载第一代蜀王朱椿霸占大量土地，共建了300多个王庄，每天由一个王庄提供“王膳”，一年才轮换一遍，“富无与比”。万历年间，蜀王府庄田已经占有都江堰灌溉的11个州县土地的十分之七。当大西军进川时，这位富有的末代蜀王朱至澍还舍不得出银子，居然说自己没有积蓄，仅有承远殿一座可以卖了充饷。张献忠于八月初九日攻下成都，改成都为西京，建立大西政权。朱至澍和王妃投井死，张献忠将蜀王府改称皇宫。

（三）江口沉银故事的启示

清军入关后，大顺三年九月，迫于形势，张献忠率众50万退出成都，准备移师陕西。十一月七日，张献忠在西充凤凰坡与清军交战，中箭身亡。此后江口沉银传说广为流传，直至21世纪为考古发现所证实。而留给我们的是国家转型与大西政权失败等沉重话题。

崇祯十六年在湖南长沙，大西政权曾发布檄文，宣布“钱粮三年免征”。所谓“钱粮”，在万历年间全国清丈田亩统一征银、明朝财政体系发生从实物与力役为主向以白银货币为主的重大转型以后，基本上是白银的代名词。张献忠一路转战，获取了大量白银财富，为在成都正式建立政权提供了经济保障。但是定都成都以后，一方面要解决庞大的军费和政府开支，另一方面“三年免征”，大西政权也就不可能建立正常的财政税收制度。财政是政权存亡的命脉，在文献记载中，我们看不到大西政权实行按土地或人口征收赋税的政策，看到的是几十万大军和各级政权的消费，基本上依靠没收官库和“打粮”来获得。这样一来，尽管张献忠严控财富，部下若私藏金银一两，斩全家，私藏十两，本人剥皮，斩全家[①]，并铸造了“大顺通宝”，但是大西政权不能建立财政税收制度，也就不可能建立坚实的财政基础；“打粮”激化社会矛盾，不利于恢复社会经济发展，更不可能建立稳定的社会秩序。这正是张献忠徒有大量白银，只落得江口沉银悲剧的根本原因之一。

（原载《中国史研究动态》2016年第5期）

张献忠米脂十八寨起义考略

汪生儒

张献忠，字秉吾，号敬轩，明万历三十四年（1606）出生于今陕西省定边县学庄乡刘渠村。其短暂的一生（1646年牺牲于四川西充凤凰山年仅40岁）折射出无比耀眼的光芒，成为中国古代农民革命战争中真正享誉全国、彪炳史册的历史名人。他所领导的农民革命军从揭竿起义，以走制敌，转战大半个中国到建立大西农民革命政权，成为推翻明王朝封建制度的一支重要力量。他的丰功伟绩对后世有着深远影响，他波澜壮阔的英雄诗史与可歌可泣的传奇故事在历史上留下光辉篇章。

无产阶级革命导师列宁说过：“伟大的革命斗争会造就伟大的人物”[②]，

---

① 刘景伯《蜀龟鉴》卷三，清刻本。

② 《列宁全集》第29卷71页

张献忠就是在农民阶级与明末封建地主阶级及他们的代理人明王朝统治者你死我活的阶级大搏斗中，在风起云涌的农民革命战场上经受了刻骨铭心的锻炼，并不断提高、成熟、完善，而逐渐成长为统率百万农民革命军的领袖人物。虽然这次起义斗争最终失败了，但张献忠的英雄事迹与革命精神将流芳千古，永垂不朽。

（一）张献忠籍贯、出生与青少年期概况

在众多关于张献忠生平记述的史籍中，对于张献忠起义前的家庭背景、历史的记载均较为简单。特别是关于张献忠的出生地及揭竿起义地——米脂十八寨，均一笔了之。有些清初野史（大多由四川籍作者编撰）除对明万历时陕北地理位置、建置管辖、民俗、物产不甚了解外，更深怀对张献忠农民革命军的无比仇恨，对义军活动进行了大肆地污蔑与篡改，致使以诬传诬，流毒匪浅。《明史·张献忠传》《怀陵流寇始终录》《爝火录》等书云：“张献忠延安府柳树涧人”；《明史纪事本末》《清波小志》《罪唯录》《荒书》《绥寇纪略》《明季北略》《滟滪囊》《蜀难叙略》《蜀碧》等书又云：“张献忠延安肤施人”，“延安，安定小寇耳”。由任杰编写的《中国农民革命史话》说张献忠是陕西安塞县柳树涧人。清光绪年间的《延安府志》载：“明朝延安为府，领州三，县十六。延安治所设在肤施县，柳树涧属肤施县管。”

无疑，张献忠是陕北人。故笔者认为研究张献忠必须首先研究了解陕北历史、民情及建置变迁。并应以本地乡土志为蓝本，实地走访，方可得出正确结论。近年来，笔者翻阅了大量有关资料及史籍，对张献忠出生地籍称、起义地概况，均做了些必要的探讨，撰此文以供商榷。

1. 籍贯与出生地

张献忠是明末陕北农民大起义中一支较大农民义军的领袖，在对他的

研究中，首先该以《延绥镇志》中明史部分为准[①]。

“明洪武初定陕西，分绥德卫千户刘宠屯治。正统中，河套骎骎为患害，特敕都督王祯镇守。延绥城镇旧治绥德，而外弃米脂、鱼河地凡三百里。”[②] 实际上，“明洪武二年（1369）四月，大将军徐达出萧关，下平凉指挥朱明克延安守之。四年大将军汤和攻察罕脑儿地（今榆林市定边县）获猛将虎陈，定东胜，置延安、绥德二卫（明代陕北二卫之军籍），实于此始”[③]。

洪武九年（1376）三月，汤和、傅有德屯延安，四月，元将伯颜帖木儿犯边，有德击败降之。十年（1377），延绥巡抚马恭更展筑边墙和各营堡地，皇帝下诏迁山西汾、平、泽、潞之民于延绥河西地“任土基田，世业其家”。“并置绥德卫指挥使司，迁江南上江之军于其地，立屯田法戍之。”[④] 这就是陕北地区历史上一次大的移民行动。移民垦田立业，随军家属也均入军籍范畴，开始建设延绥地方建置的活动。至洪武十三年（1380）“置神木、府谷二县属葭州（今佳县）；二十七年（1394）城东胜、复立军戍守边套”。至此在延绥范围内形成了一个军政合一的地方权力机构。军民以屯垦戍边，固守边套为中心工作。

明英宗正统元年（1436）都督王祯建筑延绥沿边城堡、墩台、卫仓，以控边防。宪宗成化元年（1465）九月，阿罗出、乩加思兰、孛罗忽、毛里孩等部落入榆林塞，大肆抢掠扰边，忽来忽去。守边军旅，战乃频繁，疲于奔命。延绥北地成了明王朝与鞑靼各部频于交锋的战场。“可怜无定河边骨，犹是春闺梦里人”。年年岁岁烽火不息，生灵涂炭，延绥北地人民深受侵凌。

---

① 延绥镇建于明初，废于清初，历时300余年。地域包括今陕西榆林、延安市二市，甘肃庆阳市，内蒙古鄂尔多斯市、宁夏灵武市以东地区，治所先在绥德，明成化九年（1473）巡抚余子俊迁治所于榆林卫（今陕西榆林市）。

② 《延绥镇志》地理志卷1。

③ 《延绥榄胜》曹颖僧著，2006年刊本。

④ 同上。

成化八年（1472），明宪宗任命余子俊为副都督御史，巡抚延绥。九年迁延绥镇治于榆林卫。自余子俊徙镇榆林，增卫益兵，拓城置戍，攻守俱备。榆林遂为陕北重镇（延绥镇），亦成为明中期边境防线的九边重镇之一。从此“鞑靼寇钞渐稀”。“五鼓严军令，平明出塞行，青霄横杀气，白日振军声。”（明·唐龙《秋日出塞》）正是当时榆塞的真实写照。

成化十年（1474）余子俊筑延绥边墙，东起黄甫川（今府谷境内），西迄花马池（今宁夏盐池县），一千二百余里。墩台堠堡相望，横截套口，复堑山湮谷。沿边各地设三十六营堡，岁调延安、绥德、庆阳三卫军分戍。

是年又展榆林城，移绥德重兵于榆林，并清理陕人有伍籍者、罪谪者，悉数徙往榆林，以实户口。建卫学，兴屯田，择军籍弟子有才者，分别教养、训练经制焕然，兵民充实。余子俊经营延绥十载，边备整饬，“套人不敢越边南下”。逐渐形成了边民相安，蒙汉和辑，边贸繁荣之大好的和谐局面。

戍守延绥边防线上的三十六营堡分为三路，东自黄甫川，西抵双山堡十二营堡为神木道，领葭州、神木、府谷三州县为东路，置右参将一员，驻孤山堡（今府谷境内）。由常乐堡抵清平堡计十营堡为中路榆林道，领绥德、米脂、清涧、关堡四州县，镇府参将驻保宁堡（今横山县境内）与镇城（榆林）。由龙州堡抵花马池十四营堡为西路靖边道，领保安（今志丹县）、安定（今子长县）、安塞三县，置右参将二员，分驻清平堡与定边营。

在西路十四营堡中，靖边营领龙州堡、清平堡、镇靖堡，宁塞堡；定边营领柳树涧堡、新兴堡、饶阳水堡、石涝川堡、三山堡、安边堡、新安边堡、砖井堡、盐场堡、花马池堡。

“巡抚余子俊先后相继在榆林城增设‘榆林卫都司’衙门；左、中、右营游击衙门；以及火器营（局）。中路榆林兵备道署，中路粮管厅、榆林卫税课使；城堡厅、户部分司（管理全镇额饷）、抚夷厅（安置归降鞑靼人）等军政设置。之后又增设健全延绥镇西、中、东三路军务兼管行政的兵备道。各道均设道使（即按察司佥事）副使员。西路靖边兵备道领转西路各营堡及各千户、百户所屯田军籍人口和安定、保安、安塞三县民籍人户的屯种、筹饷、修筑城堡储仓军务、行政事并兼管盐政。”[①]

明万历时，延安卫实属延绥镇下属四卫之一（其余三卫为榆林卫、绥德卫、庆阳卫），其卫治之地设肤施县（今延安市宝塔区）。从地域观念考证，肤施县与柳树涧堡隔有保安县或靖边营堡地（今靖边县新城滩，俗称范老关，在今安塞、志丹、靖边三县交界处）。

另有记载：“张献忠为安塞人、保安人”，亦不确。安塞县、保安县与柳树涧堡中间隔靖边营，不可能跨过靖边营去管理柳树涧堡。更况北宋年间延安镇守使范仲淹初设定边军即在今柳树涧堡之南的吴旗县铁鞭城，距柳树涧堡不足百里。从有史以来，柳树涧即为定边之辖地。

综上所述，我们可以确认：张献忠的籍贯应该是明属：“延绥镇靖边道定边营柳树涧堡”（今陕西省榆林市定边县学庄乡刘渠村柳树涧村民小组），经到张故里实地考察，原柳树涧堡遗迹犹存，张献忠祖居土窑洞已半被沙埋。

明万历三十四年九月十八日（农历）张献忠就出生于柳树涧堡一户贫苦农民家庭。

2. 生日及青少年时期经历

“献忠祖上本世为军籍。”[②]“献忠延安卫肤施人，本将家子。”[③] 到张献

① 《榆林军事志》三章一节“延绥镇军政建设”。
② （清）计六奇撰《明季北略》卷1。
③ （清）彭遵泗撰《蜀碧》。

忠父亲这一辈可能脱离军籍，专在家务农，农闲时也外出贩运，以贴补家用[①]。

到明万历三十四年（1606）农历九月十八日献忠出生后[②]，张家已十分贫寒。在离堡城两百余米处的一个向东低矮山坳处有土窑洞三孔（现已被沙埋，据当地老人讲此即张献忠家），上边是柳树涧营城堡寨，下边涧地中柳树丛生，薄沙缓坡上即有几顷赖以活命的山地。献忠“少年时，生性顽劣”，是个天不怕地不怕，不服管，不认输的孩子，很具叛逆精神。五岁时父亲送他到一个姓林的穷秀才在金明驿东土桥办的私塾读书[③]。他纠集一帮穷人家孩子与有钱人家的子弟对垒，曾狠揍过一个欺侮他们的地主家孩子。为此他父亲“赔尽仅有的积蓄”。别的孩子上学念书写字，他却一个人跑到涧底河湾，捏了一排泥人，然后退到远处，手里高举木片作大刀，大喊着“杀”冲向那些泥人，刀过之处泥人脑袋纷纷落地，并且“乐不知疲”。因打架斗殴，“读书年余不识字”，被学校开除，“稍长，父命放羊，又无赖为狗偷”。小献忠身边常聚一帮穷人家孩子，在一起玩军事游戏，玩官兵捉贼。这当然与堡内驻军影响有关，同时在他幼小心灵中滋长着对军旅生涯的向往。当时，陕北农村已逐渐凋破，加上自然灾害不断，辛苦劳作一年，很难维系最低生活，父亲就带他出去贩盐、逃荒。在

---

① 《蜀碧》云“献忠儿时随父贩枣至内江”。笔者认为此不可成立。三边习俗是“自古地多人少，广种薄收，一年饱收，三年足食”。即使遇到大年馑外出逃荒，亦多去宁夏平原黄灌区鱼米乡，不可能纵穿整个陕西，由陕北到陕南再入四川去。况定边从秦汉始即盛产食盐，“咸盐、皮毛、甜甘草”是定边自古即称的“三宝”，如果要搞贩运也多为驮盐到东边各地去贩卖。

② 关于张献忠的确切出生时间历来众说纷纭，《明季北略》云：“崇祯十五年张献忠，围桐城时，九月十日，众将为献忠寿。”明余瑞紫撰《张献忠陷庐州纪》说是“九月十八日生”。因余瑞紫曾被张献忠破安徽庐州（今合肥市）时虏在营中，生活半年有余而逃去。其云：“八贼重之，与之共饮食，晨夕聚谈，起居本末甚悉，耳闻目见，丝毫不爽。”（《张献忠陷庐州纪》）其文中有这样一段话：“一日，八贼忽想起自己生辰将近，要许多食物用。忽点各营兵马，每一营或数十名或百名，令往枞杨镇掳掠食物……次日赏各将官，人人攒起，赶九月十八日与八大王贺寿。先十六、七两日预祝。自辰至酉唱戏、饮酒、大吹大擂。正席排列八洞神仙，堂上悬百寿锦帐。山柱上贴大红缎金字寿联云：‘上天命明君曾见黄河清此日；人间寿新主争睹嵩岳祝千年’。”此段记载比较客观，故笔者认为，张献忠生日应为九月十八日。

③ （清）彭孙贻撰《平寇志》卷8。

外边的闯荡，使献忠开阔了眼界，了解了社会民情，并结识了许多朋友。

逃荒总不是长久之计。后来他们又回到柳树涧老家。肤施县衙招捕快，他去了，然而捕快的生活并不比老百姓好多少，还要为贪官去做帮凶，欺压穷苦人，这与张献忠的性格大相径庭，他最终毅然离去。这时献忠已长大，“年少，貌奇伟”[①]，身材魁梧。献忠从小热爱军旅生涯，崇拜军人生活，加之本系军籍出身，二十岁时（1626）征为边兵［先在柳树涧堡营，后调延绥镇（今榆林）总兵王威麾下］[②]。

王威是绥德人，万历三十五年任延绥镇总兵。据《平寇志》说：张献忠在当边兵时，“作战勇敢屡立军功”。由于当时边兵生活十分清苦，时而无饷无食，以至“常年欠饷，无米下炊”，有时还会饿肚子，边兵们就常偷偷跑出去抢东西。有一次他和另外十七个边兵又去抢，被告发捉回，犯了淫掠之罪，“论律当斩”。总兵王威已对其验明正身，准备行刑。这时别将陈洪范有事求见王威，“献忠等十八人已解衣就刊，见陈仰而乞命，洪范为之请。总兵王威说：‘是犯淫掠者三，不可赦’”。献忠缚最后，因其年龄最小，又长得修长高大，“洪范目而奇之”，即说：“若必不可原，请特贳此儿!”威笑而允之。格外开恩鞭一百，才死里逃生，躲过了一劫，但还是被关了禁闭，后又被开除离营。

这件事一直让献忠愤愤不平，出狱后，穷无所归，他回到家中无所事事，却又遭到诬陷，被县令抓去严刑拷打[③]，左也不是，右也不是，献忠愤怒地说：“逼迫若此，驱虎入山耳。”

---

① （清）彭孙贻撰《平寇志》卷3。

② 时延绥镇设都督总兵官一员，辖三路人马。东自黄甫川，西至花马池，三十六营堡为镇属。延安卫至鄜州、宜君、庆阳卫诸营皆隶。《延绥镇志》卷三《武志》。

③ （清）计六奇撰《明季北略》卷七。

（二）率领米脂十八寨起义

早在明成化七年（1471）以前延绥镇治设于绥德卫，而外弃米脂、鱼河地三百里。成化元年（1465）九月，阿罗出部、乩加思兰部、孛罗忽部、毛里孩部等入侵榆林寨，大肆抢掠扰边，忽来忽去，生灵涂炭，延绥北地人民深受其害。明中枢拟定沿边构筑边墙、营堡，驻兵防守。这时民间殷实大户为保护自身家产、生命亦召集乡民围筑土寨，并组织民间武装团练。有警即招村人入寨躲避，乡勇上寨墙护卫。史籍记载时米西龙耳镇（今米脂龙镇）建土寨几十处。因系民间自发构筑，有钱出钱，有力出力，故所筑土寨起名多冠以“民”字。

1. 陕北明末农民大起义概述

明天启七年（1627）二月，白水人王二首先在陕西东部的澄城点燃革命的火炬。在王二起义的影响下，陕北农民起义的烈火很快达燎原之势。

崇祯元年（1628），陕北延安地区连续两年发生灾荒，赤地千里，农作无收，饥民们已经吃尽草根树皮，甚至刨食“高岭土”，“人相食”。到处“流家吃大户”，“打家劫舍”，“与公人相殴，随即聚众为寇”。十一月，边民出身的王嘉胤领导饥民在府谷首先发动了起义。他们掠富济贫，遭到明廷残酷镇压。“司卫侍者利其财，捕王、苗妻子杀于小校场”① 更激起了众怒。他们与北上的王二部会合，分三路向延、鄜进攻，攻掠延安、清涧、府谷。

随着王二、王嘉胤的起义不断地攻城略地，发展壮大，陕北各地贫苦农民武装起义反抗明王朝的斗争风起云涌：在延安爆发了潘十万领导农民起义；在安塞高迎祥、李自成与王异等举起反明的义旗，自称“闯王”；

---

① （清）谈迁撰《国榷》卷十八。

王虎、黑煞神揭竿洛川；宜川的王子顺（左挂子）起义；延川王自用（王和尚）起义；混天王在绥德、苗美在安定、苗登雾在清涧起义。到处燃起了饥民杀官府、掠大户的燎原之火。

崇祯元年（1628）当张献忠离开边营回到家乡，遭官府诬陷后更激起了他对明王朝统治者的无比强烈的愤恨。

听说马守应义军过境袭保安时，张献忠立即参加了他的革命队伍，“守应一见奇之”，初为小卒，号为“黄虎”[①]。他在战斗中非常勇敢，“屡立战功，领红旗为先锋，有力多诡，同伙咸尊之”[②]。因此受到马守应的重视，命为统帅五百军的头领。

从崇祯元年到崇祯二年（1628—1629），张献忠随马守应的义军转战于绥德、清涧、米脂一带，这锻炼了他的组织与领导才能，并积累了丰富的战斗经验，为他后来成为一位杰出的农民起义军领袖创造了条件，并为他后来直接组织米脂十八寨农民起义做好了准备。

2. 率米脂十八寨起义

在米西、无定河畔，有一条小溪叫马湖峪，清清溪水绵绵不断地注入无定河，是无定河的一条支流。沿马湖峪两岸良田万顷，并可引溪水灌溉，风调雨顺时，禾稼茂盛，沃野千里。然而这些土地却被几家大地主、官宦之家控制着，艾总兵家即是其中之一。广大贫苦农民只在边远山峦处租种些薄地，辛勤劳作，年景好时尚能维持糠菜半年粮，冬春还得在马湖峪下游的盐湾当熬盐工赚点零钱补贴家用。如遇年景不好，溪边水地还勉强，山地则就颗粒无收了。农民们只能靠借贷、逃荒、卖儿鬻女去苦度时光。所以历史上这一带的农民们反抗力很强，也很团结。一家有难，八方支援，户挨户，村连村，一呼百应。张献忠的爱将，大西朝定北将军艾奇

① 《明季北略》、《闻献发难》说：“献忠长身而瘦，面微黄，剽劲果侠，人皆惮之，目如黄虎。”

② 《延绥镇志》伪顺。

能即是此地人[①]。崇祯以来，“流贼四起”，大户们又强迫佃农常驻寨防守保护其生命财产。

崇祯三年（1630）陕北农民起义的烈火越烧越旺，正月，王子顺、苗美率领义军会同哗变的逃兵进攻绥德时，打败明参将石在部。部队扩大到三四千人，并南下围攻韩城，攻破前锋镇[②]。与此同时，王嘉胤率领起义军又克府谷县城。这时在马守应营中为先锋的张献忠已然觉得首领“胸无大志，处事不公”，决定趁大好形势把部队拉出去，响应配合王嘉胤的行动。

四月，张献忠纠集艾能奇等部属联络米脂西部各寨饥民，以龙耳镇为中心聚义起事，在当地饥民积极响应配合下，上旬十日，饥民与义军高举大旗攻堡掠寨，杀死恶霸、地主，宣布起义[③]，部队总称“西营”，张献忠绰号“八大王”，以示自立[④]，“米脂人从贼过半”[⑤]。

起义成功后，张献忠率领十八寨饥民及原部共五六千人迅速向靖边和西南的安定、保安，南部的绥德、清涧发动进攻，由于张献忠卓越的指挥才能，这支义军队伍打了不少胜仗。除给明朝官军以沉重打击外，还严加惩处了惠世扬、康水泰等纠合的地主武装。搞得时任陕西三边总督杨鹤焦头烂额，如坐针毡，迅速思谋剿抚对策，启用旧部杜文焕为总兵，以图扑灭农民起义的熊熊烈火。

崇祯四年（1631）“陕西大旱延安尤饥，民自相食”[⑥]，大量的饥民源源不断地参加到农民起义军行列，农民起义军更加活跃。正月，神一元攻克了保安（今志丹）、顺宁寨、柳树涧堡，二月，赵和尚向泾阳、三原、

① 米脂《艾氏家谱》。
② （清）谈迁撰《国榷》卷九十一。
③ 《明史·庄烈帝》卷一。
④ （清）佚名撰《纪事略》。
⑤ （清）戴笠撰《怀陵流寇始终录》卷三。
⑥ （清）李馥荣《滟滪囊》卷一。

韩城一带进攻；四月，不沾泥进攻米脂；五月，赵四儿（点灯子）率领一万多义军攻陷合阳、蒲城、大荔、朝邑等地；六月，混天猴、独行狼再攻鄜州；九月，独头虎、满天星、一丈青、上天猴攻宜川、洛川；十一月，谭雄克安塞，缴获明军饷银十八万两，并克葭州（今佳县），杀敌兵备佥事郭景嵩。农民起义军不仅转战陕北、关中，而且进入山西打击敌人，致使“全晋震动”[①]，搞得新上任的陕西三边总督洪承畴晕头转向，捉襟见肘，“贼势日炽，承畴不暇给矣！”[②]。

六月，农民起义军中影响最大的领袖人物王嘉胤由于在山西阳城醉酒，疏于防范，被明军收买的部属王国忠杀害后，各支农民军推选王自用（紫金梁，又称王和尚，本一寺僧）为首，并将各路义军编为三十六营。这时张献忠已与闯王（高迎祥）、曹操（罗汝才）、马守应、闯塌天（刘国能）及八金刚、扫地王、破甲锥、乱世王、显道神、活地草等“皆为之渠”，成为明末义军三十六营的主要领导者之一。当时农民军中已有“二队八大王”，“南营八大王”，“北营八大王”[③]。张献忠自称“西营八大王”。这个名号是他在米脂十八寨起义时所称名号，其意“八”是八方，取“四方、四隅”之意（东、南、西、北、东南、东北、西南、西北），以此命名，表示起义战争将取得全面胜利，势力将遍及四方八面。

献忠自率米脂十八寨饥民起义后，作战勇敢，“战辄先登”，他率领义军与王自用部配合行动，从沁水北上榆次（今晋中）、寿阳进逼太原，“离城仅六十里”。其势益盛，影响很大。“常雄长诸部，李自成不能比也”[④]。

明朝末年，统治阶级的残酷压迫剥削，加上天灾人祸，激起陕北农民大起义像火山一样大爆发。“官逼民反”使一些生活在最底层，而又极端困苦的农民铤而走险。张献忠正是这千万人中的一员。米脂十八寨起义

---

① 《米脂县志》卷十二，光绪版本。

② （雍正）《陕西通史》。

③ （清）戴笠、吴殳《怀陵流寇始终录》卷四。

④ （清）冯甦撰《见闻随笔》卷上。

后，他率领这支农民革命军势如破竹，勇往直前，在熊熊烈火中把自己锻炼成一位农民革命领袖，一生转战山西、河南、湖广、安徽、江西、四川等地，给明王朝以沉重打击。特别在崇祯八年（1635）农民军十三家七十二营的领袖在河南荥阳召开明末农民大起义史上具有重大意义的“荥阳大会”后，张献忠成为一支独立的义军主帅，独当一面。焚皇陵、下长沙、陷武昌，开始了他“以走制敌”，风云变幻，波澜壮阔的传奇式革命生涯，最后发展壮大成为牵制明朝主要军事力量、推翻明王朝的主力军。他先后三次入川，智取襄阳，逼死督师辅臣杨嗣昌，建立大西朝农民政权，英勇抗击清军入侵，无不显示出其卓越的军事才能与过人的胆魄。他辉煌传奇的一生及永不服输的精神为中国古代农民革命史留下了光辉篇章，千古流芳！

（原载《明末农民起义领袖张献忠全国学术研讨会文集》，陕西定边，2010年8月）

张献忠在湖北地区活动考略

邹时炎

张献忠在明末农民起义中的地位与作用问题，史学界已多有论述。本文拟重点就张献忠在湖北地区的活动与评价问题，谈谈自己的一些比较肤浅的看法。

（一）

张献忠自公元1630年（明崇祯三年）在陕西米脂发动农民起义，到公元 1646 年（清顺治三年）在四川壮烈牺牲，前后共经历了十七年的战斗生活。他所领导的农民起义队伍，是一支英勇善战的劲旅，曾驰骋于陕西、山西、河南、安徽、湖北、江西、湖南、广西、四川等省，对明王朝不断发起进攻。它摧枯拉朽，所向披靡，把反动的统治阶级打得落花流水。战斗的烽火燃遍了中国南部的广大地区。而其中湖北则是张献忠活动的主要战场之一。根据有关史料的记载：公元 1634 年（崇祯七年），张献忠“遁入应山”[①]；公元 1635 年（崇祯八年），张献忠“从英、霍遁，道麻城”，联合马守应等进入陕西；公元 1636 年（崇祯九年），“献忠自均州”出，与马守应等“犯襄阳”，“湖广震动”[②]，公元 1637 年（崇祯十年），“群盗久扰河南无所掠，悉入楚，寇蕲、黄间。官军败献忠于黄冈”，遂率众东去。不久，献忠又“西走入楚”；公元 1638 年（崇祯十一年）四月，张献忠在谷城假降于明朝将领陈洪范；公元 1639 年（崇祯十二年）五月，“张献忠叛于谷城”；公元 1640 年（崇祯十三年）初至公元 1641 年（崇祯十四年）初，张献忠转战于四川；公元 1641 年二月，张献忠率轻骑神速出川，进入湖北境内，并相继攻克襄阳等地；公元 1642 年（崇祯十五年），张献忠在安徽、湖北交界的一带地区活动；公元 1643 年（崇祯十六年），张献忠“西入楚”，连续攻破了麻城、武昌等地[③]。

以上概述，说明张献忠在湖北地区的活动时间长（辗转约八个年头）、范围广（涉及的府、州、县共有几十个）、影响大（明末清初的许多书刊和湖北一些地方志，多有这方面的记载）。张献忠在湖北的整个活动中，有一些事件是比较重要的，并且具有一定的历史意义。主要表现在以下几个方面：

一、在谷城重举义旗。公元 1637 年底前后，明末农民起义运动暂时

---

① 《明史纪事本末》卷七十七《张献忠之乱》。

② 《明史》卷三〇九《张献忠传》。

③ 《明史纪事本末》卷七十七《张献忠之乱》。

处于低潮之中。张献忠在一次战斗中严重失利，队伍受损失，本人身负重伤，军事力量有很大的削弱。在这种极其不利的形势下，张献忠为了保存实力，伺机再起，于公元 1638 年四月在谷城假降于明朝将领陈洪范。“献忠造降丁姓名册，归农一万八千一百三十三口，皆所掠难民。留精兵一万一千余名于谷城十五里外之白沙洲，造房屋千间。”[①] 张献忠据谷城期间，在政治上，始终坚持“不放兵，不应调，不入见制府”等条件[②]，保持了农民起义队伍的独立地位和实际力量，在军事上，“训卒治甲”[③]，“招纳亡命，买马置器”[④]，学习“孙吴兵法”，练习“团营方阵，左右诸营法”[⑤]，既扩充队伍，又努力提高部队的战斗能力。同时，这支队伍“潜勾诸贼为犄角”，与罗汝才等农民起义军保持密切联系，彼此遥为声援[⑥]；在经济上，要明朝多发给军饷，“乞饷十万人”[⑦]，并“立关于河，榷税为饷”[⑧]，“征其税，月数万金”[⑨]。此外，他还经常与潘独鳌、王秉贞、徐以显等人聚会，运筹帷幄，谋划方略，观察形势的变化，随时准备重举义旗[⑩]。经过一年时间的休养生息，张献忠领导的这支农民起义队伍完全得到了恢复，兵强马壮，已经可以再次同敌人进行武装搏斗了。公元 1639 年五月，张献忠利用对敌作战的有利时机，在谷城再次发动起义，杀死谷城知县阮之钿，重新举起了反对明王朝的旗帜。张献忠谷城再起以后，迅速向西进军，与罗汝才等农民起义军相汇合，攻破了房县，杀死房县知县郝景春。接着，又在房县西部八十里的罗睺山设伏，击败了明朝将领左良玉的军

---

① 《心茅堂集》卷之二《诗话纪事》。
② 《怀陵流寇始终录》。
③ 《明史》卷三〇九《张献忠传》。
④ 《明史》卷二六〇《众应桂传》。
⑤ 《烈皇小识》卷六、《绥寇纪略》卷六。
⑥ 《明史纪事本末》卷七十七《张献忠之乱》。
⑦ 同上。
⑧ 《烈皇小识》卷六、《绥寇纪略》卷六。
⑨ 《小腆纪年附考》卷二。
⑩ 《绥寇纪略》卷十。

队。左的前锋罗岱被农民起义军击毙，“一军尽没，良玉失其符印，仅收残兵数百走回房县”[①]。这是张献忠在“谷城之变”以后，对明朝军队作战所取得的一次重大的胜利。

二、用计谋奇袭襄阳。张献忠谷城再起，弄得明朝统治集团焦头烂额，慌乱一团。明思宗朱由俭急令兵部尚书兼大学士杨嗣昌亲自督师镇压。嗣昌领旨起程，赶路匆匆，于公元 1639 年十月抵达襄阳。他竭尽全力，调兵遣将，围剿张献忠和其他各支农民起义军。在明军紧逼的危急形势之下，张献忠充分利用敌人内部的矛盾，采取“以走制敌”的策略，不断突破敌军的包围和封锁，神奇巧妙地转战于四川各地，不断获得胜利。旋又挥师东向，于公元 1641 年初重返湖北。“贼间道还楚，流转疾如鬼神，尝以一昼夜行三百里。”[②] 农民起义军途经兴山、当阳、荆门、宜城，很快即逼近襄阳。恰值此时，农民起义军遇杨嗣昌的使者于途中，被张献忠的部将李定国杀掉，从而获取了敌人的军符。同时，还从使者的供词中“侦襄阳无备”，遂“简二十骑持符，伪为官兵”，急驰襄阳城下。假称杨嗣昌有令前来调兵，“守者验符信启关”，农民起义军旋即蜂涌入城，原先已潜伏于城内的农民起义军也乘机行动，“俱起应之”[③]。顿时，城内火光四起，一片混乱，“二月初四夜三鼓，遍地举火，满城从睡梦中惊突奔窜，民与兵与贼搅混，狂哗于烟火熏灼之中，而城中遂大乱矣”[④]。随后，张献忠率领的大队人马迅速赶到，很快就占领了襄阳城。农民起义军攻克襄阳，是张献忠在军事上取得的一个重大胜利，其政治上的影响也是很大的。首先，张献忠处死了襄王朱翊铭及其地方官吏张克俭、邝曰广等人，给了明王朝宗室在地方的势力以致命的打击。其次，襄阳为明朝的军事重镇，“守兵数千，军资器械山积”，尽为张献忠所获，使农民起义军的力量

① 《明史纪事本末》卷七十七《张献忠之乱》。

② 《心茅堂集》卷之二《诗话纪事》。

③ 《明末农民起义史料》（北行稿第九八九号）。

④ 《明史纪事本末》卷七十七《张献忠之乱》。

有了进一步的发展和壮大。再次，由于襄阳失守和襄王被杀，围剿农民起义军的计划惨遭失败，杨嗣昌也在赴沙市的行军途中被迫自杀了。张献忠领导的农民起义军奇袭襄阳之后，乘胜前进，在襄阳、郧阳、孝感等地开辟了一个广阔的战场，四处出击，攻城略地，重创明军，不断地传出胜利的捷报。农民起义军攻“陷樊城”，攻“陷随州，知州徐世淳死之”，张献忠“以兵三万犯应山”，“献忠围郧阳”，“郧兵与献忠战，败绩”，“献忠既拔郧西，马骡器甲，抢获甚盛”；明军“总兵黄得功麾下兵叛，西投走献忠”。由于农民起义军在战斗中屡挫敌军，取得胜利，力量增长很快，“众至数十万”。这是献忠谷城再起以来，力量由弱到强，不断发展壮大的一个重要时期，也是他在军事上大显身手，战功卓著的一个重要阶段。以后，由于罗汝才与献忠发生矛盾，“北合李自成”，使献忠的力量有所削弱，加之献忠“屡胜而骄”；以及部队连续作战、过于疲劳等原因，张献忠在公元1641年八月的一次战斗中，被明朝左良玉的军队所打败，损失很大，“献忠众散且尽”，遂投奔李自成。此时，“自成方强，欲屈之，献忠不为其下。自成怒，欲杀之”。在这一情况下，张献忠便于夜间率五百骑逃走，进入英、霍山区一带活动。公元1642年，张献忠在安徽、湖北交界的一带地区转战。同年九月，在潜山一战失利，“献忠西入楚”，并攻陷黄梅等地[①]。

三、在麻城解放僮仆。公元1642年底至公元1643年初，明军将领左良玉因惧怕与李自成作战，尽撤“湖广兵”至安徽，造成了湖北境内明军力量的空虚。张献忠利用这一有利时机，乘虚向湖北出击。公元1643年一月，“张献忠以二百人夜袭，陷蕲州”，三月，攻“陷蕲水”（现蕲春、稀水等县）。接着，“自蕲水急驰黄州，乘大雾攻城。黎明，城陷”。张献忠领导的农民起义军席卷鄂东一带，势如破竹，所向无敌，先后攻占了麻

① 《明史纪事本末》卷七十七《张献忠之乱》。

城、罗田等地，取得了很重要的战果①。特别值得指出的是，张献忠攻占麻城及其所采取的措施，具有很重要的意义。据有关史料记载，公元1643年春，张献忠领导的农民起义军曾到达过麻城，但是很快就撤离了。在农民起义军的影响下，麻城的明承祖和僮仆洪楼先等人，组织了“里仁直道二会”，杀死统治者，发动了武装起义。地主、豪绅对此万分恐惧，组织武装力最进行镇压。在这万分危急之际，起义的群众派汤志向张献忠求援。为了解救起义的群众，张献忠立即派出农民起义军，在公元1643年四月六日攻占了麻城。张献忠占领麻城以后，将该县县丞李体明和教谕肖颂圣等人处死，解放了大批受地主、豪绅压迫的僮仆和贫苦民众。张献忠的这一革命行动，受到了僮仆和贫苦民众的热烈欢迎，并且拥戴张献忠为首领，“会众奉以为主”。张献忠为了纪念这一具有历史意义的重要事件，采取了提高麻城地位的措施，决定将麻城县改名为“长顺州”，并且委任了“知州”进行管理②。同时，张献忠还在麻城扩充和整编队伍，吸收广大僮仆和贫苦民众参加农民起义军，并将这一部分人单独组编为“新营”。“城中降者五万七千人，献忠别立一军，号为新营，选勇士将之，势复大振。”后来，“新营”的部队战斗力很强，他们在攻打武昌等重要城市的战役中，英勇杀敌，前仆后继，建立了许多战功，发挥了很重要的作用，“五月破武昌，皆此军力也”③。

四、破武昌威震鄂南。公元1643年五月，张献忠从鄂东挥师西进，攻陷了汉阳。接着，又神速渡江攻破了武昌，在军事上和政治上都取得了重大的胜利。张献忠占领武昌以后，活捉楚王朱华奎，并把这个鱼肉人民的害人虫沉入江中，给了封建统治者以沉重打击。张献忠据楚王府，称大西王，铸西王之宝，设尚书、都督、巡抚等官职，还开科取士，吸收人

① 《麻城县志》卷三十七《大事记》。
② 《明季北略》卷十九《张献忠人麻城》。
③ 《明史纪事本末》卷七十七《张献忠之乱》。

才。为了进一步扩充农民起义军的力量，张献忠还吸收十五岁以上的男子参加起义军。他还将武昌改名为授天府，把汉口改名为上江县。这时，连同圻州和黄州，共计有二十一州、县归附于张献忠，农民起义军的力量又一次获得了很大的发展。后来，由于明军的反扑，张献忠遂率领部队南下，于同年八月，先后攻陷了咸宁、蒲圻等地，农民起义军席卷了鄂南。

（二）

张献忠在湖北地区的活动，对于推动明末农民起义运动的发展，对于李自成最后直接推翻反动腐朽的明王朝，都起了一定的促进和配合作用，做出了应有的贡献。张献忠在湖北地区的活动，究竟有哪些历史功绩值得肯定呢？我认为主要有以下几点：

一、张献忠谷城再起，对于明末农民起义运动由低潮转入高潮，起了很大的鼓舞和推动作用；同时，也进一步加剧了统治集团的内部矛盾。张献忠在农民起义运动暂时处于低潮的恶劣形势之下，不畏强暴，不惧艰险，敢于在谷城重新举起反对明王朝的旗帜，充分表现了一个农民起义领袖大无畏的革命精神，这是十分可贵的。正是在张献忠重举义旗的鼓舞和推动下，其他各支农民起义队伍奋起响应，纷纷向明王朝发动了新的进攻。“张献忠叛于谷城”，“罗汝才九营并起应之”[①]。“十三家降贼一时并叛，惟王光恩不从”[②]。隐蔽在商、洛山中的李自成，处境十分困难。但是，当得知张献忠在谷城重举义旗的消息以后，“自成大喜，出收众，众复大集”[③]。不久，明末农民起义的烈火，就在全国各地重新燃烧起来了。星火燎原，蓬勃发展，结束了“万马齐喑”的局面，使明末农民起义运动

① 《明史》卷三〇九《张献忠传》。
② 《明史》卷三〇九《李自成传》。
③ 《明史》卷三〇九《张献忠传》。

进入了一个新的阶段。

张献忠和各支农民军的再起，对于垂死挣扎的明朝统治集团来说，是敲响了丧钟，并宣告了他们对农民起义军“剿”“抚”两手的彻底破产。在公元1637年以前，朱由检依靠洪承畴、卢象升等人，对农民起义军主要是采取“剿”，即血腥屠杀的一手。他们杀气腾腾，凶横残忍，满手沾染了人民的鲜血，结果还是没有办法把农民起义军镇压下去。从此以后，朱由检便采纳杨嗣昌的建议，任用熊文灿等人，对农民起义军主要是采用“抚”，即招降的一手。“剿”与“抚”是统治者惯用的不同手法，其实质都是为了扑灭农民起义，维护自己的统治地位。在熊文灿任职期间，张献忠在谷城假降，其他农民军也偃旗息鼓，进行休整，明末农民起义运动暂时处于低潮之中。明朝统治集团被其表面现象所迷惑，误认为主“抚”成功，天下太平了。“朝廷皆谓贼剪扑殆尽”，“谓文灿能办敏，不复忧也”[①]。待到张献忠率军再起于谷城、李自成聚众杀入河南之后，犹如平地一声春雷响，震撼了统治集团内部，进一步加剧了他们之间的矛盾和斗争。“事闻，文灿、良玉俱革职。”朱由检为形势所迫，即派杨嗣昌亲自督师镇压农民起义，并“逮熊文灿，论死”[②]。特别是在张献忠一举攻占襄阳之后，朝廷内部更是一片混乱，互相攻击和指责更为激烈，“廷臣闻襄阳之变，交章论列”[③]。这说明统治集团内部的矛盾进一步尖锐化了。

二、张献忠转战湖北各地，沉重地打击了封建地主阶级的势力，摧毁和削弱了明王朝在地方的反动统治。张献忠在湖北转战多年，足迹几乎遍及全省。他领导的农民起义军同敌人浴血奋战，百折不挠，留下了许多可歌可泣的英雄业绩。他曾经攻克了如襄阳、武昌等一些属于府治所在地的军事重镇，也席卷了数十个县城和集镇。他始终把明朝统治集团作为打击

① 《明史纪事本末》卷七十七《张献忠之乱》。
② 《明史》卷二五二《杨嗣昌传》。
③ 《明史》卷三〇九《张献忠传》。

的对象，除了处死明朝宗室朱翊铭、朱华奎等罪大恶极的吸血鬼以外，还击毙了一大批与农民起义军为敌的官吏和形形色色的爪牙。打击了封建地主阶级的势力，削弱了明王朝在地方的统治力量。例如襄阳、随州等地，在经过张献忠领导的农民起义军的扫荡以后，地方的封建统治势力受到了致命的打击，元气大伤。他们发出了一片哀鸣之声，什么“孤露于瓦砾之中，坐卧于颓垣之内”呀！什么“或受伤而投井，或受伤而掳去”呀！什么“目下竟无供职之人”呀！等等[①]。从公元 1643 年开始，张献忠在攻占一些州县，处死反动的地方官吏以后，已着手委派一些拥护农民起义军的官员，管理地方上的事情。例如攻占麻城以后，采取的委任“知州”的措施，便是一个例子。攻破武昌以后，张献忠建立了比较完备的“大西”政权。同时，因为有二十一个州县归附，次定“授郡县官”。从敌人对农民起义军的反扑与屠杀，也可以证明张献忠确实委任了一些拥护农民起义军的官员。根据有关史料的记载，明军“方国安等进兵黄州，斩伪知府”[②]。“蕲、黄、汉阳三府皆反正”，“左良玉兵复西上，伪官吏多被擒杀”[③]，等等。明军这里所斩的“伪知府”和“伪官吏”，就是屠杀的那些农民起义军的官员。“三府皆反正”的含意，即意味着农民起义军在地方的力量被敌人颠覆。从这里可以看出，封建地主阶级是不会甘心于自己的失败的。他们一有机会就要疯狂地反扑，夺回他们失去的“天堂”。张献忠在从鄂东向武昌进军的过程中，注意委任一些拥护农民起义军的官员，管理地方上的事情。这与前一时期相比较，也算是一个进步。但是，对于这件事绝不能估计过高。因为这是张献忠在作战过程中所采取的措施，加之时间紧迫，环境恶劣，估计至多也不过是委派了一些官员，建树不可能很多。所以在敌军压境的形势下，农民起义军的一些地方官员大多被擒杀，农民起

① 《明末农民起义史料》（北行稿第九八九号）。
② 《明史纪事本末》卷七十七《张献忠之乱》。
③ 同上。

义军在地方上的力量趋于瓦解。这一点是完全可以理解的。

三、张献忠在湖北每攻占一个地方，即没收当地地主和官府的财产，用于充实军需和救济饥民。如在攻克襄阳以后，“即发银十五万以赈饥民”。攻破武昌以后，“尽取宫中积金百余万”[①]，并“下令发楚邸金赈饥民”。由于张献忠代表了广大农民和贫苦民众的利益，因而农民起义军所到之处，都受到了热烈欢迎。如攻襄阳时，城内有人响应，以配合张献忠大队人马作战，“拔郧西，郡盗附者万计”；因有“乡官周之任勾引张献忠”，使农民起义军攻陷了蕲水，麻城僮仆与民众在困难的时候，主动向张献忠求援，并“以城降贼”[②]，进攻武昌时，“楚府新募兵为贼内应，开门迎贼”，“楚宗室多从贼者”，等等。但是，历代的反动统治阶级对农民起义怀着刻骨的仇恨，他们总是竭力诬蔑张献忠“嗜杀”，甚至将他描绘成为杀人不眨眼的魔王。这是完全不符合历史事实的。根据大量的史料分析，说明张献忠打击的对象主要是地主、豪绅和官吏。就是对于官吏的策略，张献忠也是有所区别的，即归降农民起义军者不杀，反对农民起义军者处死。例如公元 1643 年一月，张献忠攻陷蕲州后，捉住了该州守道许文岐。“因献忠仲贩杭州，识文岐，颇礼之。文岐阴谋图贼，乃被杀。”[③]从这个例子可以看出张献忠开始并没有想到要杀死许文岐，而且还是待之以礼的。后来，由于这个该死的反动家伙耍阴谋诡计，“暗约从中击贼，以柳圈为号”[④]，张献忠才坚决将许文岐杀掉，给了他以应得的惩处。

四、张献忠在湖北攻城略地，打了不少的胜仗，充分显示出了他的军事才能和领导艺术。张献忠足智多谋，变化多端，神出鬼没，难以对付。这一点是阶级敌人也不得不承认的事实。“河南、湖广贼十五家，惟献忠

---

① 《明史》卷三〇九《张献忠传》。
② 《明史纪事本末》卷七十七《张献忠之乱》。
③ 《明史》卷三〇九《张献忠传》。
④ 《明季北略》卷十九《张献忠覆蕲水》。

最狡黠骁劲”[①]，“献忠狡而多计，群盗每以为的”[②]。张献忠在对明军的作战中，经常注意根据不同的情况，采用不同的战术和策略。例如假降于敌人，保存实力，伺机再起；采取“以走制敌”、迂回作战、轻骑出击、里应外合等办法，攻占敌人的军事重镇；利用有利的地形打伏击战，消灭或重创敌军，利用敌人的内部矛盾，分化和打击敌人，借以保存自己；“声东击西”，避开敌军的主力作战，攻打敌人的薄弱环节，等等。

总之，张献忠在湖北地区的活动，在明末农民起义运动中占有很重要的地位。它的历史功绩是不可否认的。特别值得指出的是，自从张献忠谷城再起之后，明末农民起义运动虽然经历了一些曲折的道路，但是总的来说，发展比较顺利。其趋势是逐步由分散走向集中，由弱小变为强大，最后在全国形成了两个大的农民起义军作战集团。以张献忠为首的一个作战集团，主要转战于长江流域，几乎席卷了中国的南部，给予敌人以有力的威慑、牵制和重创；以李自成为首的一个作战集团，主要转战于黄河流域，给予敌人的主力以歼灭性的打击。正是由于这两大作战集团向明王朝猛烈进攻，并不断取得胜利，才使李自成在最后推翻了明王朝的反动统治。旧的史学家对于明王朝的覆灭曾这样评述：“譬犹人之死也，献絷其手，而后闯刺其心，献揕其胸，而后闯扼其吭。”[③] 我认为这种看法，是有一定道理的。

［原载《中南民族学院学报（哲学社会科学版）》1981 年第 1 期］

① 《明史》卷三〇九《张献忠传》。

② 《明史纪事本末》卷七十七《张献忠之乱》。

③ 同上。

对张献忠在“湖广”活动的估价

田培栋

崇祯十六年，是明末农民军战斗历程中最关键的时刻，也就是农民军与明军决战的关头。李自成于这一年占据了荆襄以及河南省的五十余城，更重要的是他采纳了顾君恩所建议的正确进军路线，迅速进驻西安，继而平定陕西，攻取银川、庆阳、兰州等地，更遣兵东渡黄河至平阳，全晋人民纷纷响应，为次年攻取北京奠定了基础。同时，张献忠领导的另一支农民军，转战在湖广地区，也取得了重大的胜利，不但在武昌建立了农民政权，而且又南下占领了湘、赣的广大地区，致使“江右大震”。张献忠为什么在这样有利的条件下，既没有歼灭左良玉这股反动军队，也不敢东向吴越，却偏偏要在十二月放弃长沙而进军四川？我们认为，深入探讨这一年张献忠在湖广地区活动的历史，对于了解他西上入川的原因是大有帮助的。

（一）张献忠在湖广取得巨大的胜利

崇祯十五年，张献忠主要活动在安徽地区，曾先后攻陷过濠州、舒城、六安、庐州、庐江、桐城等地，更练水师于巢湖，拥有巨舰二百余艘，“大会‘群贼’，合水陆五十六营，集于皖口”，直接威胁南京，使“江南大震”。

崇祯十六年正月至五月，张献忠活动在蕲黄地区，曾攻取了蕲州、蕲水、黄州、麻城、罗田等地，农民军在此得到广大农民的拥护，所到之处，“逆奴、惯盗及游手、游食之徒，从者如市，良民无不呼千岁，间呼万岁，其辎重之多，供奉之役，皆未可名状”[①]。这个地区的地主阶级多蓄奴仆、世仆，当农民军一到，这些受苦人就纷纷参加农民军，“楚士大夫多奴仆，麻城尤甚，梅、刘、田、李，强宗右姓，家僮不下三四千人，雄长里闾，其泰已甚。寇既作，思齐以尺伍为捍，蔽听其下，纠率同党为里仁会，竞饰衣甲以夸耀之，其人遂炮烙衣冠，推刃故主而投献忠，名曰新营，依为向导”[②]。这一“新营”大约有五万七千人，成为破武昌的主力军[③]。

五月，张献忠趁武昌“武备废弛”，迅速渡江攻取武昌，消灭了“楚府兵”，执楚王而沉入江中，“尽取宫中金银各百万，辇载数百车不尽”，又在这里建立农民政权，称武昌为“京城”，“设六部五府，铸西王之宝，开科取士，殿试取三十八人为进士，即授县官”，还严厉地镇压了许多反动分子，巩固了政权。这时，他完全控制了长江中游水陆交会的武汉地区，“蕲黄等二十一州县尽附”。敌人对武汉的丢失是不甘心的。六月，明朝“谕平贼将军左良玉专制张献忠”；七月，左军开始反扑，“联络蕲黄四十八寨义军数万人”，并与“左镇诸将并进”，八月占领武昌。从此武汉就变成了左良玉的大本营。

张献忠移师南下湖南，“敛舟数千艘”，水陆并进，从八月开始，连续攻下咸宁、蒲圻、岳州、长沙等地，尤其是占据长沙，在军事上重挫了敌人，所谓“一时名藩重臣，大帅劲卒，俱溃于长沙”，从此湖南剩余的明军失去了战斗力，“莫能自固”，农民军又乘胜追击，九月陷衡州。再分兵为三路，一军守永州，一军入广西，一军向江西袁州进发。不久，三路进

---

① 康熙《麻城县志》卷10《邑人梅之焕·与洪制台》。

② 《怀陵流寇始终录》卷15。

③ 《明季北略》卷19《张献忠人麻城》。

军皆取得了胜利。于是广西的永州，广东的连州，江西的袁州、吉安等地，都为张献忠所占据。这是明末农民军在南方取得的最大的一次胜利。

张献忠在长沙时，壮大了自己的力量，并且推行了一系列的政策来巩固农民政权。张献忠到麻城时，“骑士七千人而已”，在此增加“降者五万七千人”；至武昌时，一部分“楚府兵”降附，大约兵额至十万人；在长沙时，“增兵为九营，四营皆老卒，五营皆新附”，比在武汉时增加一倍多，总兵额为二十五万左右。除了军队之外，在各地还有许多革命力量配合。如崇祯十五年，在江西吉安地区爆发了佃仆起义，逐渐蔓延数县，“其后叛仆并党于寇随湖广贼飘流四方，势益难制。”[①] 另外，湖南郴州有数万起义矿工，给了农民军以有力的支援：

癸未年，因流寇乱，砂贼复起，发牌张示，约六月至刘家塘开挖，州民不得惊惶。后果聚众二万余，如期以至。近矿数十里庐舍林木，一望丘墟。及九月，献贼陷衡，发贼将率伪官来州。郴内苦砂贼，外苦流寇，两战间如坠涂炭。献逆平，砂贼据矿犹肆掠无已[②]。

还有许多州县衙门的胥吏作为农民军的“内应”和刺探，如农民军进到岳州时，“四门洞开，贼荷戈笑语而入，盖抚军胥役皆贼调也”[③]。这部分人对农民军的胜利是做了一定的贡献的。

张献忠领导的这支农民军在反明军包围的战斗中也显示了优势。崇祯十六年十月，左良玉调水陆军队，从两路进攻，包围农民军。东路以副总兵吴学礼率领五千人由陆路进攻袁州，另一路由方国安率领水师进攻岳州。吴学礼暂时占领了袁州，但袁州、吉安、临江三郡“人民多徙山谷”，“所在屯结以拒官军”，再加上农民军的配合，使明军“粮绝回兵”，遭到了可耻的失败，农民军再次入据袁州和吉安等地。在西路，张献忠于十一

① 光绪《庐陵县志》卷五下。
② 康熙《直隶郴州总志》卷12《志余》。
③ 蔡通宪《蔡忠烈公遗集》卷1《行状》。

月派兵反击，于是“沿江设伏，藏轻舟于汊港，以巨舰载重资顺流下，官军邀击之，贼佯走，官军争利，溯流上，尽夺其赀入舟，舟重，不能速行，贼轻舟四出，围之夹击”，使明军“丧师二千、舟二百艘”，遂复岳州。这一战役，张献忠以“利而诱之，乱而取之”的战术打败了敌人，使“左兵驻武昌者咸震动。”

这时，张献忠在军事上基本巩固了湘、赣，北面收复岳州，控制了“洞庭之险”，东面收复袁州、吉安等地，江西“全省大震”。又有张化龙统领十万农民军驻扎萍乡[①]。在荆州方面，张献忠又修好于马守应，使“献忠益横荆岳间”。

在经济方面，主要是减轻农民的负担。张献忠在长沙发布檄文，提出了“钱粮三年免征”的口号[②]。在明代，湖广农民负担的钱粮是很重的，一因地处南方，管辖区内住有许多少数民族，明统治者在镇压少数民族时，往往就地摊派钱粮。二因明朝宗室“分封楚地最多”，大约有十四府[③]，这些皇族也给当地农民增加了负担。尤其是在明末，明统治者为了镇压农民军，官吏“催粮严急”往往逼死人命，以致农民对官府的异常仇恨，经常出现农民执送县官“献贼杀之”的现象[④]。所以张献忠的“免铜”“免粮”政策宣布之后，老百姓互相转告，在各地产生了巨大的政治影响。当农民军到达湖南、江西时，本地人假献忠的名号攻破城池，或为内应开门迎降，这就加速了该地区明朝地方政权的瓦解。

在政治上，对于归顺的明朝官员大封爵位，反之，对于那些负隅顽抗者则重法惩处。张献忠在长沙嘉奖一批投诚农民军的明朝官员，“封（尹）先民、（何）一德世袭伯，所部将领，皆为总兵。升岳州知府原任朱朝、通判任维弼为分巡监军长岳道，升蒲圻知县吕凤起为知府”。这样的做法，

① 康熙《萍乡县志》卷 6《祥异》。
② 《平寇志》卷 7。
③ 《明季实录》。
④ 《怀陵流寇始终录》卷 14。

一方面可以争取明朝更多的官员投降，促使明朝统治阶级分化。另一方面，使已经投诚过来的明朝官员更好地为农民军效力。

张献忠在湖广，严厉惩处了一大批反动分子。在江西袁州，对于刽子手袁继咸的“袁氏村焚洗一空”[①]。又在常德武陵县清算了杨嗣昌的财产，惩办了他的家族，为此献忠还正式下令云：

照得朱贼杨嗣昌，昔天曾调天下兵马，敢抗天兵。嗣昌幸早死，于吾忿矣。今过武陵，乃彼房屋土田坟墓在此，只不归顺足矣，为何拴同乡绅士庶，到处立团。合将九族尽诛，坟墓尽掘，房屋尽行烧毁，霸占土田，查还小民。有捉杨姓一人者，赏银十两，捉其子孙兄弟者，赏千金，为此牌仰该府[②]。

张献忠宣布的“霸占土田，查还小民”，这可能是带有普遍性的一项重要政策。《湖广通志》记载：“明末邑民竞修土地祠。识者曰：土地一新，人民非旧。又童子俱以纸作虾蟆，拽之有声。谣云：‘满街虾蟆喊，土地都皆换。’后果验。”[③] 人民竞修土地祠，这并不是一般的迷信崇拜，而是具有深刻的政治意义，很可能是农民分得土地之后的一种情不自禁的祝贺，也是纪念的标志。“后果验”三个字，更反映了无地的人是确实得到了土地，身受其惠。由此可见，张献忠建立的农民政权，也触及了土地问题。

张献忠在湖广时的军纪也是十分严明的，崇祯十六年，农民军破黄冈、据武昌时，就广传“一民不杀之谣”[④]。农民军到达衡州后，也盛传“不戮一人”[⑤]。这样好的农民军是深受人民欢迎的，许多老百姓都“携牛酒远迎”，与左良玉军队的“纵掠烧杀”形成了鲜明的对比。

① 乾隆《袁州府志》卷15《武备》。
② 杨山松《孤儿吁天录》卷16。
③ 康熙《湖广通志》卷79《备遗》。
④ 《罪惟录》传十二中《刘熙祚传》。
⑤ 《广阳杂记》卷2。

张献忠在湖广建立的农民政权，领导农民军战斗在长江中游，给了统治者以沉重的打击，取得了巨大的胜利。尤其是在长沙时推行的各种政策，在我国农民战争史上应占有很重要的地位。这个政权的存在，还牵制了明朝在长江流域的大部分军队，对李自成在中原的战斗起到了极其有利的作用。

（二）张献忠过高估计了左良玉的力量

左良玉的这支反动军队，早已遭到了李自成农民军致命的打击，“朱仙镇之战，左精锐已尽”。后来他采取“招诱降寇”的办法补充兵额。“贼帅惠登相、常国安、马进忠、马士秀、杜应金、吴学礼皆附之，士马滋益众”，“左兵无虑八十万，号百万，前五营为亲军，后五营为降军”，这些数字都是夸大，据顾炎武的估计，左军最多也超不过四万人[①]。他的军队不但数量有限，就其素质来说也非昔日可比。“向之猛气实力，澌灭殆尽”，“兵非昔日之兵，将非昔日之将”。实际上早已失去了战斗力，一遇到农民军，只是“凭借威灵，而不能免于观望，贪功避罪，前瞻后却”，根本不打硬仗。郾城之役，汪乔年覆没而不救；开县、项城之役，皆做了逃兵。再如崇祯十六年，李自成以十万之众逼之于襄阳而左良玉避其锋引遁。所以李长祥说：“素负长城之左良玉，当贼辄引避去。”[②]

左良玉的军队，在明军中是以烧杀抢掠著名的，其军“有马数万匹，计其军食于度支者不及什之一，余皆剿掠以为资，百姓畏之甚于贼”[③]。他烧杀抢掠最凶的一次是崇祯十五年十二月，在襄阳溃退之后，溃兵至武昌，“纵兵大掠”，沿江东下，在途中尽夺“漕艘盐船”，“商旅中断”。行

① 《明季实录》记载：“所谓数万者，妇女老稚居其过半，实四万人而已”。

② 《天问阁集》卷上。

③ 《绥寇纪略》卷11，又据《平寇志》卷5记载：“（左兵久屯襄阳）拥众二十万，其饩于官者仅二万五千，余皆因粮村落，襄人不堪。”

至九江、安庆，更是“饱掠客商，焚劫百姓”。又在芜湖附近的繁昌县，“妇女之守节投溺八百余人”[①]，“江左男妇被杀掳不下二万”。左军的淫掠抢劫必然引起广大农民的反抗，崇祯十六年左良玉驻兵九江，“此时，楚民方沿江设炮，以拒左兵，一时疑畏之情况难以遽释”[②]。又如崇祯十六年十一月，“左帅镇将马进忠、王允成等督兵再复袁州，左兵淫杀百倍于寇，宜春县北乡林田石洞深邃广阔，居民逃入洞内，兵以火薰之，死者千余人。分宜梁家坊居民逃入毯岑洞，左兵亦以火薰之，死者八百余人”[③]。惨绝人寰的屠杀，遂引起“三郡（袁州、吉安、临江）民所在屯结以拒官军”[④]，甚至于“汹汹仇杀”官兵。左军的烧杀抢掠，受害的不仅是人民，同时也包括部分衿绅。《绥寇纪略》卷11记载：

左初画楚疆为各镇，自惠登相驻汉阳外，诸将咸有分地，楚人多苦之。王之纲者，在武昌县尤残忍，好以人为粮，裸而悬之于柢，灌沸汤以荡尽其肠腑而后烹之。之纲别号杠子，百姓闻其名，皆夺魂魄。楚绅士之不能去者，出子女财帛，所以奉镇将者，百端冀得免，濒行乃悉取而棚考于营中，或夹以两门，俾健儿行其上以索贿，贿未尽入，其人已折肋拉骼。祝世英、樊维城诸君，于其地皆死。旧江抚刘宗祥与之纲约为兄弟，军既发，掠其赀十余万杀之，不能得其尸云。

于是，左军不仅失去了民心，同时也引起了地主阶级内部绅士阶层的反对，他们不是以左兵“出境为快心”[⑤]，就是在形势所迫的情况下加入农民军，所谓“楚豫衿绅多从贼”[⑥]。

左良玉的军队表面上是个庞然大物，实际上不过是只纸老虎，仅仅是由叛军拼凑成的一群乌合之众，早已失去了战斗力。左良玉再次移镇武昌

---

① 赵吉士《寄园寄所寄》卷11。
② 《明清史料》乙编第十本《兵部题行〈平贼镇左良玉呈稿〉》。
③ 乾隆《袁州府志》卷15《武备》。
④ 《明史纪事本末》卷77《张献忠之乱》。
⑤ 《明末农民起义史料》第408页《援剿总兵左良玉奏为备述将士进止并近日维谷情迹事》。
⑥ 《国榷》卷100。

并不是因为他的军力强大，只不过是乘虚而入。《明季北略》的作者计六奇曾有一个形象的比喻，“贼来我去，贼去我来，犹如白日鼠见人辄避，夜间乘人睡梦，复出盗米，良玉为将，何以异此”。当时，张献忠面对这样虚弱的敌人，不加歼灭，反而躲避退却，遗患于后，这是农民军的重大失策。

（三）张献忠东下吴越，直捣南京的可能性

崇祯十六年全国的斗争形势，对农民军是非常有利的，李自成在中原、北方战场上的节节胜利，给了明军以毁灭性的打击。这年正月开始，李自成占领以襄阳为中心的湖广大片土地，九月，他又在河南歼灭了孙传庭的军队，十月、十一月平定陕西、宁夏及甘肃等地，十二月渡黄河至山西平阳，直接威胁北京，使明统治者陷于惶恐的气氛之中，根本无力南顾。南京一带的形势更为混乱，谣传四起，人人思逃，一片惊惶景象。所谓：

今荆襄陷矣，……我无将无兵无舟船无车马无器仗无斥候，奸人勾引盗贼窃发，上何以卫陵寝，下何以固陪京？东南腹腴之地，将蹂践为豫楚齐鲁，而神京何所恃以无恐，此可为胆寒股栗，蹙然不终日者也。……天下未有贼据荆襄一日不扑灭，而东南可一日解严者也。孙吴时西陵合暮举烽火，三鼓竟达吴郡之南沙。南宋之都杭也，倚荆襄以为固，贾似道不救吕文焕，襄阳失而东南随之。天下安有失荆襄而可以固守江南者乎？[①]

且逆贼久瞰南都，垂涎淮扬苏松已非一日，其布散奸人探视，亦非一日……其地方无赖之徒，又皆乘机倡乱，放火劫掠，聚众以望流贼而至。然此不独池州、太平两府而已也，臣郡京口，江洋大寇般舟数百余生于黄天荡、青山港等处，待贼至而发难矣。江南江北诸郡之凶是奸棍结党立

① 《牧斋初学集》卷 87《请调用阃帅议》。

盟，预瞰某豪官家子女，某豪官家资财，待贼至而发难矣。太湖水贼、沿海巨寇高樯大格，蠢蠢思动，欲乘机而为贼之所为久矣[①]。

农民军在湖广，尤其是在荆襄地区的胜利，给长江下游的敌人施加了极大的压力，东南地区反明力量的存在，更增加了明统治者的焦虑。张献忠能在湖广取得胜利的一个主要原因，就是“流寇”与“土寇”的结合。像在麻城等地的奴仆给农民军做向导，或者做攻城时的“内应”，对于农民军的胜利起了积极的作用。“献贼无他长技，但狡耳，既袭破楚省，长、岳、衡、永皆张狸载鬼，闻风而溃。或楚之人自为献贼名号，而献贼实未敢蒙覆楚心，且未尝身临一郡也。古今陷城之可笑，未有甚于此者。”根据湖广的情况，南京方面的敌人最怕张献忠沿江东下和“水贼”“海寇”“奸棍”奴仆结合起来，因此，这些官僚“胆寒股栗，蹙然不终日”，道理就在此。

其次，在江南地方，明军防御力量松弛，张献忠进军时，几乎是如入“无人之境”。崇祯十六年，衡州被农民军占领后，溃兵四五万逃入永州骚扰，九月十九日，农民军“仅五六百人”至永州，“而四五万兵，望风奔溃，自相践踏，死者无算”[②]。同年冬天，在湘西的桃源县，因农民军到达此地，有一僧人，逃避入山，“见官兵四五千人，失魂丧魄，争先恐后，顷刻间，落崖坠死者，不计其数。僧以为贼大队至矣，及数之，止十六骑耳”[③]。最可笑的一件事，就是农民军一人破吉安府[④]。当时的南京，驻军也是不多的，基本上是“无将无兵无舟船无车马无器仗无斥候”的状态。

在明朝灭亡的前夕，由于政治的腐败，南方各地很少设防，即使是要冲之地的驻军也是一击即溃，当然个别地方还存在一些顽固的反动势力，

---

① 葛麟《葛中翰集》卷1《请以淮抚史可法督诸镇帅疏》。

② 《明季实录》。

③ 同上。

④ 《明季北略》卷19记载：吉安府城不设防，城之半壁生一树，农民军到达时，一人钩树而上城，只杀一人，众皆惊溃，这一农民军再下城又杀守门一人，遂开城门迎农民军进城。

如盘踞在山寨的地主武装，仍需要加以扫荡，但就全部来说，只要农民军一到，差不多都是“望风奔溃”。张献忠不采取进军吴越的路线是十分错误的。

在军事上的大决战时刻，进军路线的选择是一个十分重要的问题，采取正确的进军路线，就能沉重地打击敌人、消灭敌人，最后可以取得辉煌的战果。相反的却是另一个局面。在明末农民战争期间，李自成采纳了顾君恩所建议的正确进军路线，先消灭明朝的反动军队于河南，然后进军关中，再渡河经山西直指北京。这样“进有可攻，退有所守”。而张献忠在湖广则是没有歼灭左良玉这支反动军队，采取避而不击的战略，又在进军路线的选择上，当时有人给张献忠“献计东下取吴越，献忠终忌良玉在，乃决计入蜀”[①]。

入川路线的选择，其错误是严重的：（一）这一进军路线的确定是在崇祯十六年十二月，那时李自成已进驻西安，陕西全省几乎平定了，张献忠对此是非常清楚的，而自己偏要入蜀而再秦，后果必然是放弃了对左良玉的斗争，而导致与李自成的冲突。（二）江浙是明朝的财源之地，南京又是明朝的陪都，如果放弃这个重要目标，而进军四川，显然是舍大求小。当时，张献忠如果能进军江浙，其历史作用将是无法估价的。一方面在这里绝不会有南明政权的出现，另一方面，对江浙地区的地主阶级进行一次大扫荡，一定会使那里的社会经济发生巨大的变化。

崇祯十六年，张献忠在湖广的活动，一方面取得了重大的胜利，推行了许多进步的政策，又有力地牵制了南方的明军，给李自成在中原的大决战和向北京进军，都创造了一些有利的条件，这些历史功绩应当充分肯定。另一方面，也不能忽视他的错误：一、张献忠不利用优势兵力歼灭左良玉，在战术上没有发挥他以前的优点，如“献忠行兵，其来也，如风雨之骤至，其出也，若鬼蜮之难知……避实击虚之法，将帅坠其术中而不觉

① 《绥寇纪略》卷 10。

耳”。结果让这股反动势力仍盘踞在长江中游，严重地威胁着农民军。二、张献忠不进攻吴越，其后果也是极有害的。这时明朝政府指挥失灵，无力南顾，实际上南京已变成了明朝在南方的政治中心，左良玉虽在武汉，但他却和南京的许多官僚是勾结在一起的，他集中兵力向张献忠进攻，也是代表了南京这些残存势力的利益。

最后，张献忠放弃湘、赣，西上入川，绝不是畏惧左良玉的军事力量，主要原因是张献忠的自私心理作祟。他为了与李自成争夺天下，抢先一步占领四川，发展个人势力，养威蓄锐，以达到“改号正位”的目的。他原来打算东向夺取“金陵”，作为自己的根据地，但汪兆龄却向他陈策说：“江南未可图也，若欲改号正位，养威蓄锐，莫如秦、蜀。然欲取秦，必先得蜀，以为根本，根本既固，然后北伐，四征天下，不足定也。”[①] 张献忠听了这番话之后，才改变计划，选择了入川的进军路线，决定带领二十余万重兵入川。进入四川后，虽然经过了屡次的艰苦战斗，仍是孤处四川一隅，在军事上始终处于被动地位，打不开局面。终于在清兵、南明军队和四川的地主武装的包围中，陷入不可挽救的结局。

［**原载《西北师范大学学报（社会科学版）》1984 年第 1 期**］

张献忠在安徽的重要战绩述论

王 纲

在明末农民大起义中发展起来的张献忠农民军，曾多次在安徽地区作

① 《纪事略》。

战。了解这支农民军起义队伍在安徽活动情况及其影响，对于研究明末农民革命战争史是很有意义的。

攻克中都凤阳

适应明末农民大起义形势的发展需要，崇祯八年（1635）正月，农民军十三家七十二营在荥阳召开大会，同意了李自成提出的“宜分兵各随所向”[①] 的意见，并做了分工。张献忠部的任务，是和高迎祥、李自成部引兵东进安徽。张献忠部自荥阳东下，直捣凤阳。

凤阳原名临濠府，是明太祖朱元璋的出生地，因此，于明洪武二年（1369），以临濠府为中都，成为江淮重镇。洪武七年（1374），又改为凤阳府。朱元璋为其父修建的皇陵是神圣不可侵犯的。为了防备农民军自荥阳东下凤阳，明南京兵部尚书吕维祺曾请调兵到凤阳设防。农民军的先头部队首先在上窖山与明中都留守朱国相、指挥袁瑞征等所领部队作战。不久，数万农民军主力部队赶到，“矢聚如猬”，全歼守敌，朱国相战败，畏罪自杀。时方元夕，伪装成商人、车夫、和尚、乞丐等先期进入凤阳的三百名农民军战士，突然四处放火。凤阳城内秩序大乱，官兵狂奔逃命。农民军胜利攻占凤阳，焚毁了皇陵，惩杀了敢于抗拒的明驻守凤阳的官吏和诸生六十六人、太监六十余人，并且从监狱里查出了穿着囚服、装成“囚犯”的明凤阳知府颜容暄。

张献忠农民军攻克凤阳、焚毁皇陵表明，农民起义的目的，已不再停留在杀一些贪官污吏，夺点钱粮，解救一时饥困的斗争阶段了，而是把矛头直接指向了明朝的最高统治者——朱家王朝。张献忠在攻克凤阳后，“列帜自标”称“古元真龙皇帝”[②]，更说明了农民军把夺取全国政权的任

---

① 《见闻随笔》卷上。

② 《明季北略》卷十一。

务，开始提到日程上来了。

农民军攻克凤阳，焚毁皇陵，是自起义发动以来给明朝统治阶级第一次沉重的打击，大长了革命人民的志气，大灭了明朝统治阶级的威风。据《明史》记载，崇祯帝闻讯，“素服哭，遣官告庙，逮漕运都御史杨一鹏弃市”。巡按凤阳御史吴振缨亦被逮下狱，后被遣戍。明总督漕运兼巡抚朱大典和阁部史可法等，由于害怕被农民军歼灭，也只是象征性“率兵援剿”，没有一个敢与张献忠正面交锋的，而各州县官，更无什么守御之策。据时人梅之焕在他所写的《与洪制台书》中说，由于农民军政治影响的进一步扩大，所到之处，“从者如市。其辎重之多，供俸之侈，皆未可名状”。由此可见，张献忠农民军之得到人民群众的广泛拥护。

张献忠在直捣凤阳的同时，又分军乘胜向凤阳东南地区挺进。崇祯八年（1635）正月二十二日，攻克巢县。二十四日，攻克舒城。二十六日，攻克庐江。二十八日，攻克无为州。含山、和州亦相继为农民军攻下。

张献忠亲自带领的部队，于正月二十二日，自凤阳南下进攻庐州。二月，进攻安庆。接着又西克潜山、太湖、宿松，经霍山等地，进入湖北东部地区作战。

丰家店歼灭战

崇祯十年（1637）三月，张献忠农民军在攻克应城、随州等地之后，自湖北东进，间道攻安庆，直逼南京。在安庆丰家店打了一次干净利落的歼灭战。

三月下旬，农民军先头部队约三千人到达安庆宿松之丰家店一带，与明官军发生小规模战斗。明安庆兵备史可法侦察到农民军士气旺盛，作战力强，主张退守要害，以避锋芒。这时，率领苏州兵三千的副将程龙、守备陈于王和率领安庆兵九百驻于丰家店的参将潘可大，则妄图顽抗。四月初，数万农民军主力接连攻克安庆以西之太湖、潜山等城后，于二十七日到达丰家店，将丰家店六千守敌包围，“分屯四山，围数重”。敌援兵刘昌祚害怕被歼，“逗留不至”。崇祯帝朱由检也感到形势紧张，下令左良玉、马爌、刘良佐联合救援安庆。然而，左良玉却率军向北而去。已经将湖北东部之蕲州、黄州所属州县和安徽西部之潜山、太湖等地连成一片的农民军，不仅士气高昂，而且由于“入英山阻险种田”，后勤支援上也有了保障。被围敌人已成瓮中之鳖。史可法与总兵许自强还想“以兵驰救”，然而，“兵至不敢击”，只好“鸣大炮遥为声援”。被包围的程龙、潘可大寻机突围，立即被挡了回去，“雨淋甲重”，狼狈不堪。第二天中午，一万多农民军骑兵从四面八方向敌人发起了冲击，迅速攻入敌阵，把敌人砍杀得七零八落。副将程龙畏罪自焚而死，守备陈于王亦自杀，参将潘可大、武举陆王猷等皆被农民军惩杀。

这次丰家店歼灭战，时间不过一天，即干净利落地全歼守敌六千多人。至此，安徽、江苏的反动统治阶级再也拿不出什么像样的军队与农民军作战了。

丰家店之战，是张献忠农民军打击敌人有生力量最大的一次歼灭战。这不仅表现了农民军将士们高昂的作战士气，在战斗中向敌人勇猛冲杀，而且还说明了农民军运用包围战术的成功。

张献忠在取得丰家店歼灭战的重大胜利后，乘胜继续东进。其先头部队曾到达南京与镇江之间的六合、仪征一带，“扬州告急。命督理太监刘元斌、卢九德选勇卫营万人往援”[1]，南京大震。

巧取铁打庐州

庐州（今合肥市），在明末不仅为安徽政治、经济、文化中心，且城

---

① 《国榷》卷九十六。

坚池深，易守难攻，历史上早有“铁庐州”[①] 之称。张献忠曾先后三次进攻庐州，直到崇祯十五年（1642）第三次进攻庐州时，才以巧取制胜。

崇祯八年（1635）正月二十二日，张献忠自凤阳南下抵达庐州城下，会同混天王等包围庐州，发起进攻。在激烈的战斗中，农民军将领二大王张进嘉不幸中炮牺牲。“至二十八日解围去。”[②] 同年十二月，张献忠自鄂东的克山、皖西的固始东进，第二次进攻庐州。因守城敌军早有防备，又侦知敌援兵分路将到，未作久攻，即分兵转战，攻克巢县、含山、和州等地。

崇祯十五年（1642）五月四日，张献忠第三次进攻庐州。他率领部队由皖西之太湖、潜山、桐城、六安州等地进驻舒城七里河、汪家滩一线。“三河寨民刳羊豕”，以欢迎农民军。农民军侦察部队到达离庐州八十里之白露寺时，发现明参将廖应登的部队设防于庐州郊区，阻挡农民军的去路。根据前两次进攻庐州的经验，张献忠一改过去硬攻的战术，决定采用巧取。他选派了英山、霍山一带路熟可靠的群众，伪装成商贾先期进入城内，进行侦察和准备内应。明庐州兵备道蔡如蘅一贯贪污暴虐，百姓极端痛恨。正在这时，农民军侦知督学御使徐之垣要到庐州校士的消息。张献忠一方面派遣农民军伪装成诸生，预先进入城内，分宿各旅舍，侦察城内敌人动静，积极准备配合攻城；一方面又选派精壮的农民军战士，伪装成迎接学使的书役，在途中刺死徐之垣，另使人假扮徐，坐着高车，由农民军战士扮成的书生，簇拥着向庐州城内走去。庐州知府郑履祥见校士学使到来，立即命令打开城门迎接。直到见面言谈时，他才发现这些随来的文士身上都佩着短刀，吓得屁滚尿流。欢迎者立即如鸟兽散，城内顿时大乱。经小路，由小蜀山到达庐州城下的农民军先头部队，自将军庙攀牒入城，打开西门。恰好农民军大部队赶到城下。先头进入城内的“商贾”

---

① 《明季北略》卷十八。

② 《烈皇帝遗事》上。

“学士”们，立即四处放火响应。农民军迅速占领庐州全城。除庐州兵备道蔡如蘅、合肥知县汤登贵等乘乱翻城逃跑外，庐州知府郑履祥、通判赵兴基、经历郑元绶等皆未逃脱农民军的惩罚。明官军参将廖应登后来亦仓皇向巢湖方向逃去。至此，“铁庐州”攻不破的神话被粉碎了。

农民军攻克庐州后，张献忠在城内鼓楼南街富户孙辉的家里，接见了表示愿意归顺农民军的原明庐州卫百户李禹花等四人，并每人赏银千两，叫他们协助农民军安抚百姓，并封李禹花为都指挥使，为愿意投向农民革命军的明朝地方官吏和官军指明了出路。农民军在庐州还特别注意争取录用知识分子。其部众对士人们说：“天下大乱，我老爷应运而生，相公可同我共成大事。”读书人均由张献忠亲自考试，并赏给银两[①]。

农民军在庐州地区作战，十分注意纪律，对老百姓很客气，杀人少。据余瑞紫《张献忠陷庐州纪》说，农民军凡遇金银首饰皆掷之，只以绸衣放驴背上驮去。宿营时，在树林中以绸被铺草堆上休息。对俘获的男女，要报告张献忠查点。愿意回家的另立一边，妇女愿意从军的，经媒人说合，由张献忠批准可以结婚。行军前，下令搜查金银，凡私带金银者，投于河中，有违抗者杀之。

庐州之为农民军所攻克，再次证明张献忠所用伪装“巧取”战术的成功和侦察工作的准确。这一点，就是封建史家也是承认的。《平寇志》的作者管葛山人说：“曹、革、左、袁既并，陆沉海内者，二大盗而已。用其故智，时时盗陷郡邑，非能攻城略地，献忠穿窬之雄耳。庐州、襄阳皆以诈取之，摧强陷坚也。”张献忠农民军打过不少硬仗，从《平寇志》的上述论断看，确也证明张献忠真是一个搞“智取”的行家。

---

① 参见郭影秋《李定国纪年》第44—45页，中华书局1960年5月。

巢湖大练水师

崇祯十五年（1642）七月六日，张献忠堕毁庐州城。八月，农民军在陶冲分营为三：一走六安，一趋庐州，一往庐江。八月十五日，再克六安后[①]，又连克庐江、黄安，再回舒城，屯驻于舒城的白马、金牛诸地，控制着桐城、芜湖、英山、含山、巢湖一带。农民军连营数十里。在巢湖以西的三河，农民军缴获了双措巨舟三百多艘。这时，张献忠部“于巢湖习水师（这是农民军第一支水师营），因合回、革诸贼老哨三十二营、小哨二十四营，水陆俱集于皖口，声言渡江出芜湖，犯南都”[②]。

农民军水师营在安徽巢湖的建立，具有重要意义和作用。第一，它适应了农民军由主要转战山区而发展到河湖纵横的水战的需要。它培养了大批能够进行水上作战的农民官兵，为在以后的水战中更好地打击敌人创造了条件。从这以后所进行的岳州水战、入川作战等获得的一系列胜利可以看出，水师营所发挥的作用是很大的。

第二，农民军水师营的建立，给敌人以直接打击和严重威胁。明兵部侍郎冯元飙向崇祯帝朱由检报告说：“巢湖环八百里，经两濡口达大江。孙吴所置坞屯兵争衡曹魏。今舍之以资寇盗，俾收艅艎窥天堑，南都危矣。”[③] 明朝政府害怕农民军以水师之便，顺流直下南京，不得不把左良玉等部队集中于九江一带待命。

第三，在战术上收到了声东击西的效果。张献忠在巢湖练水师，也正如李自成在襄阳大治舟舰一样，使敌人无法捉摸农民军的行动计划，从而麻痹了敌人，牵制了敌人的兵力。张献忠如果借水师的力量，出芜湖，东

---

① 张献忠再克六安的时间，有关史书各说不一。现据《明史纪事本末》《明季北略》《国榷》《蜀龟鉴》等书，定为“八月”。

② 《平寇志》卷五。

③ 同上。

下南京，确实易如反掌。然而，完全出于敌人预料，农民军偏偏于崇祯十六年（1643）底，沿长江溯流而上，向四川进军。这时，四川设防已来不及了。张献忠相继于崇祯十七年（1644）攻克重庆、成都，迅速占领四川全境。《明季北略》的作者计六奇说：“张献忠欲入蜀，先于巢湖习水师。李自成谋取秦，并于荆、襄造舟舰，俱欲止南兵不上，且使秦蜀不戒也。二贼声东击西，诡计略同。”这段分析，看来不无道理。

建立农民政权

张献忠早在崇祯八年（1635）正月攻克凤阳时，即称“古元真龙皇帝”，于崇祯十五年（1642）四月攻入舒城，改舒城为得胜州，并且在这里建立了最初的农民政权。设立丞相，分设各官，并设立了吏、刑两个部，由张献忠亲自掌管。八月十五日，攻克六安州，也建立了政权。我们从《平寇志》《明季北略》和《石匮书后集》等书的记载中可以看出，农民政权的口号是：“一统齐天。”这个政权的国号为“天命”，另有建元年号，并刻有国宝，还在军队中建立了总兵、参将、游击等官职。

张献忠在安徽舒城、六安所建立的政权，虽不甚完善，但其意义是重大的。它标志着义军已经将建立政权的任务，提到日程上来了。

同年九月七日，张献忠南下枞阳，设四大营：一曰老营，献忠居之，二曰中营，三曰前营，四曰后营。后三营环护老营为鼎足。农民军又夺得敌船百余艘，招收了熟习水性的水手，使水师营进一步扩大。之后，向西北进军包围桐城。九月下旬，队伍进一步扩大，步骑九十哨[①]。由于部队接连打胜仗，麻痹轻敌，以致遭到明总兵黄得功、刘良佐的偷袭。张献忠部在潜山的天井湖一带与敌人激战后，经太湖、黄梅等地西入鄂东地区，结束了在安徽地区的作战。

① 《罪惟录》传十一。

总之，张献忠农民军在安徽地区的战绩，是出色的，在明末农民战争中做出了独特的贡献，为彻底摧垮反动的朱明皇朝立下了不可磨灭的功勋。

（原载《江淮论坛》1981 年第 5 期）

张献忠进军江西初探

单文彬　汪锡鹏

崇祯十六年（1643）九月底，张献忠领导的农民军进军江西，三个来月的时间横扫了江西西部和中部的广大地区，攻克了十几个府县，建立了地方性的农民政权。张献忠的这次行动沉重地打击了明王朝的统治，给江西历史留下了深远的影响。

一

明末农民起义从天启七年（1627）爆发到崇祯十六年，经过十七年的英勇斗争，形成了分别以李自成、张献忠为首的两大主力集团。崇祯十六年三月，张献忠打下黄州，被推为“西王”，五月，又一举攻克华中重镇武昌，处决了楚王朱华奎。张献忠于是“据楚王府，僭称武昌曰京城，伪设六部、五府，铸西王之宝，开科取士”①。

当时武昌周围的形势是：在张献忠的东面，明军的精锐左良玉部正溯

① 《明史纪事本末》卷七十七。

江而上，直逼武昌，在西北面，李自成的农民军占领了襄阳一带。李自成改襄阳为襄京，自称新顺王，其他多支农民军归附于李，力量空前壮大。李与张之间久有龃龉，张献忠称王之后，双方的矛盾更尖锐了，李自成公开告示“有能擒献忠以献者赏千金”[①]，摆开了吞并张献忠的姿态。而此时张献忠的力量刚刚复起，自然不敢西上与李自成相争，同时为了避开咄咄逼人而来的左良玉部队，只得决定向南发展。七月底，张献忠率军撤出武昌，南下咸宁、蒲圻，攻克岳州、湘阴，进入湖南。八月二十五日占领长沙，二十九日又攻克了衡州，仅一个来月时间，农民军几乎占领了湖南全境。这样，紧靠湖南的江西便暴露在农民军的兵锋之下。

明朝末年，江西人民所受的封建压迫和剥削十分沉重。在繁重的赋役外，人民还要承担名目众多的加派，如辽饷、剿饷、练饷等等。万历末年加派给江西的辽饷达三十六万一千多两[②]。这次辽饷是按亩摊派的，每亩九厘，称为“九厘地亩银”。可是到了袁州却改为按粮加派，本来粮税就偏重的袁州凭空增加辽饷一万二千多两，总额高达两万三千多两[③]。袁州在京的乡官也不得不上疏惊呼：“袁民拊膺莫可奈何，嗷嗷一郡膏血已尽，骨髓俱竭。”[④] 辽饷之后紧接着又有崇祯十年的剿饷、崇祯十二年的练饷。这三饷的加派使广大人民“重益加重，苦益加苦”[⑤]。

明朝后期的差役也十分繁重，主要有四种：里甲之役、均摇之役、骚传之役、民兵之役，简称“四差”。四差的对象主要是贫苦的农民，残疾、病废、牧竖、乞儿也不能免。贫穷之户“家徒四壁而追呼不离门”[⑥]。正是这种残酷的压迫和剥削，迫使广大农民背井离乡，走上逃亡的道路。当时

---

① 《明史纪事本末》卷七十七。
② 同治《江西通志》卷八十三。
③ 同治《分宜县志》卷三。
④ 同上。
⑤ 道光《万载县志》卷二十九。
⑥ 同治《安福县志》卷十六。

万载县逃亡的情况最为严重，“二三十年来，逃亡相继，十室九空，一望荆榛”[①]。破产逃亡的农民在忍无可忍的情况下，便走上了反抗的道路。据《江西通志》记载，崇祯年间江西境内几乎年年都发生农民起义和暴动。如崇祯十五年，在赣南有阎王总、剐刀总、番天营、猪婆总等十几支流民起义队伍，曾攻破安远、石城等县城；在靖安有李肃七、李肃十兄弟领导的农民起义，自号红巾军，使南昌也受到震动；在浮梁有洪溪洞饥民暴动，截船夺粮，杀死了前往镇压的守备夏某。这些起义和暴动虽然规模不大，但却能攻城破寨，此起彼伏，不同程度地打击了明王朝在江西的统治。崇祯十六年八月奉命巡按江西的周灿看到这种情况忍不住悲叹：“今岁旱灾特甚，而军兴旁午，一切本折钱粮，势必取之地方，小民疾视长上，抢攘之风日见告矣。……今追呼日繁，内溃将作，大寇猝至，其何以支。”[②] 这种急如汤火的阶级斗争形势为张献忠向江西发展创造了有利的条件。崇祯十六年八月底，张献忠在占领湖南之后，决定分兵三路：一路进攻永州，一路进入广西全州，一路东取江西袁州，揭开了东进江西的战幕。

二

张献忠进军江西，有三次比较大的行动。

（一）飞兵奇袭，攻克萍乡下袁州。

萍乡是湘赣边境的咽喉、拱卫袁州的大门。崇祯十年，萍乡曾被临蓝农民军一度攻陷，于是统治者便在萍乡加强防卫，设立了守备营，后来又不断添兵加将，在各险要处兴建营署、官廨、兵营，使萍乡成为“一方雄

① 道光《万载县志》卷二十九。
② 同上。

镇”[①]。攻克萍乡成为张献忠进军江西的关键性的第一仗。张献忠对萍乡之役十分重视，在军事上作了严密的布置，命令镇守在醴陵的参将毕登云作先锋，因“登云曾贸于萍市，知萍市虚实”[②]。崇祯十六年九月二十五日，毕登云领兵攻破湖南醴陵进入江西的第一个关隘——插头关。此后，毕登云没有正面向萍乡出击，而是引兵绕过驻守在黄花桥的明军，从小道直扑萍乡。当农民军降临萍乡时，守军措手不及，守备陈平策被杀，知县徐时震慌忙弃城出逃，其余官兵尽被杀散，农民军“陷萍城，如入无人之境”[③]。二十七日，张献忠亲率大军入城，“萍乡士民牛酒远迎”[④]。

首战告捷，农民军乘胜挥戈，直扑袁州。当时，赣西的封建统治阶级惊慌失措，移镇袁州的江西巡抚郭都贤率先单骑逃往南昌，各府县的官吏争相出逃，致使“瑞州、临江、新喻、分宜、袁州俱空城遁”[⑤]。农民军势如破竹，十月三日，进入分宜。十月四日，万载县的棚民起义领袖丘仰寰奉张献忠之命攻破万载县城，把万载县改为龙城县。农民军兵临袁州时，袁州士民逼迫知府霍子衡献城以降，霍子衡怀印潜逃，十月十日，农民军“安步而入”袁州[⑥]。短短数天，张献忠占领了袁州四县，并向邻近的新喻、上高等派遣了官吏。

（二）以走制敌，乘虚而入打吉安。

农民军攻陷袁州后，屯兵九江的明军左良玉部即调兵遣将，气势汹汹地杀奔袁州。张献忠采取“以走制敌”的战术，速将农民军主力撤往湘赣边界，只留少量部队守城。十月十三日左良玉部攻下袁州，但农民军的主力并未受到损失。

---

① 同治《宜春县志》五卷。
② 同治《袁州府志》卷五。
③ 同上。
④ 同治《江西通志》卷九十六。
⑤ 《怀陵流寇始终录》卷十六。
⑥ 同上。

素以野蛮闻名的左良玉军队进袁州后，大肆烧杀抢掠，其残暴程度，令人发指。在宜春化北乡林田石洞，左兵对避入洞内的居民竟“以火熏之，死者千余人”[①]。在分宜梁家坊，左兵也以同样的方式对待躲入洞内的居民，结果“死者八百余人，仅二人熟知洞径，从石孔中出”[②]。这种灭绝人性的行为引起人民强烈的憎恨和反抗。袁州、吉安、临江三郡人民纷纷“屯结以拒官军”[③]。在这种情况下，巡抚郭都贤只得将左部撤回九江，招募当地乡勇来设防。张献忠抓住这个机会，命前军都督张其在率大队人马自长沙乘虚直下吉安。

十月十七日，吉安兵备道岳虞峦正在郊外阅兵，突然传报张献忠的人马杀到，岳虞峦微服逃遁，官兵一哄而散，府县官吏随之逃匿一空。十月十八日，农民军拿下吉安；同日，庐陵、吉水、永新、安福、龙泉、泰和诸县也为农民军占领。农民军攻下吉安之后，设置了官职，分派了县令，改吉安为亲安府、庐陵为顺民县。紧接着，张其在又率农民军“由峡江、分宜入袁州”[④]，临江、袁州的官兵闻风而逃，十月二十五日农民军再次进入袁州城。这样，张献忠几乎控制了整个赣西地区：袁州府四县、吉安和临江府的大部分，瑞州的上高县。

（三）利用敌隙，长驱直入取赣中。

张献忠在江西的胜利，使朝廷上下一片恐慌。兵科都给事中曾应遴奏曰：“倘江省不戒，毋论溯流渡岭，闽粤相邻，江南财赋之地必成中断。将顺风扬帆，直走长湖彭蠡，绕出浔阳之东，江督即拥师十万，艨艟千艘，措手何及乎？此臣所为大恐也。”[⑤] 十一月十六日，崇祯皇帝下谕责备左良玉“濡滞九江，坐失事会”[⑥]，严令左部迅速进剿。左良玉于是兵分两

① 同治《江西通志》卷九十六。

② 同治《分宜县志》卷五。

③ 同治《江西通志》卷九十六。

④ 《明通鉴》卷八十九。

⑤ 《崇祯长编》卷一。

⑥ 同上。

路，一路由马进忠率骑兵驰袁州；一路由马士秀率水师逼岳州，企图将张献忠围歼于湘赣边界。大敌压境，张献忠迅速收缩兵力，农民军大将张化龙率兵十余万自袁州撤到萍乡。十一月二十七日袁州再次失陷，十二月二日万载失陷，十二月三日萍乡被左兵攻陷。关于萍乡失陷的日子，一些史书记载有异，《绥寇纪略》《怀陵流寇始终录》等书均为“十一月癸卯，左良玉复萍乡”。十一月癸卯即为十一月十三日，左良玉在这一天攻陷萍乡不太可能。第一，据《国榷》记载，马进忠赴袁州是十一月十七日。十一月十三日兵马尚未出动，也就谈不上攻陷萍乡。第二，袁州失陷是十一月二十七日，万载和醴陵失陷分别是十二月二日和五日。十一月十三日袁州及萍乡四周尚都在农民军控制之下，怎么可能独陷萍乡。第三，袁州府志和萍乡县志都记载“十二月总兵左良玉至，贼溃”。由此推测，十一月癸卯可能是十二月癸亥（即十二月三日）之误。十二月三日萍乡失陷才能与周围各县失陷的日子相衔接。在左良玉攻陷萍乡之前，总督吕大器率兵于十一月初攻陷了吉安，并逐次占领了吉安府各县。这样农民军在江西的据点基本都丧失了。

吕大器当时官任兵部右侍郎，接替左良玉的恩师侯恂为总督。左良玉对此甚为不平，“心怏怏，与大器龃龉”[①]，甚至发展到“兵私斗”[②]。在分别攻下袁州和吉安以后，吕、左二人互不相统，观望不前。张献忠利用吕、左之间的嫌隙，于十二月初，遣兵长驱直入赣中。十二月二日攻下建昌，明藩益王逃往福建。十二月七日又攻下抚州、南丰。这时“大器无兵不能救，良玉亦不援”[③]，赣中地区遂成为农民军的天下。

农民军夺取赣中，在军事上，牵制了明军兵力，使袁州的马进忠部和吉安的吕大器部都有后顾之忧，不能全力进攻湖南；在政治上，给明王朝

---

① 《明史》卷二百七十二《左良玉传》。
② 同上。
③ 同上。

以重大的打击，因赣中为江西腹地，又是明王室的封藩所在。农民军攻陷抚州后，左都御史李邦华慌忙上奏："论天下大势，北则当急救秦（当时李自成已入陕）……南则当急救吾乡（李为江西人）。"[①] 朝廷不得不临阵换将，以袁继咸替代吕大器，以加强江西战场。

张献忠在夺取赣中之后，十二月八日，又在新堤大败马士秀；十七日再败马士秀于嘉鱼，马士秀逃回武昌，左良玉的二路围剿计划终于破产。

在张献忠转战湖南、江西的时候，全国农民战争的形势发展很快。李自成的农民军在河南痛歼了陕督孙传庭的部队，接着挥师入陕，十一月中旬拿下了西安，以西安为据点正式建立了大顺农民政权。十二月中旬李自成又东渡黄河进入山西，矛头直指明王朝的统治中心北京。李自成北上后，留守荆州的是马守应的部队，张献忠主动遣人通好于马守应[②]，两家重修旧好。张献忠的活动区域便扩大到荆、岳间。这时，如何进一步发展自己的力量，以何处为立足之本的问题，又提到了张献忠面前。张献忠的东面，左良玉虽受到一些挫折，但仍拥兵数十万驻于武昌、九江一线，南京一带，凤阳总督马士英握重兵，东进显然不利。谋士汪兆龄献计："江南未可图也。若欲改号正位，养精蓄锐，莫如秦、蜀。然欲取秦，必先得蜀，以为根本。根本既固，然后北伐，四征天下，不足定也"。[③] 西入秦蜀，张献忠在武昌时就有此意，只因李自成挡住去路，欲去不能。现在入蜀的道路已经畅通了，张献忠便迅速做出了入蜀的决定。崇祯十七年正月，张献忠率大军撤出湘赣，"自岳阳渡江，虚设伪官于江南，大队俱往江北。……步骑数十万入夔州（今四川奉节）"[④]，完成了战略大转移。

① 《崇祯长编》卷一。
② 《明史纪事本末》卷七十。
③ 《纪事略》。
④ 《明史纪事本末》卷七十。

三

张献忠在江西的活动，自崇祯十六年九月底攻克萍乡到十七年初撤出湘赣，前后只有三个多月，时间虽短，却意义重大，影响深远。

首先，这段时间是张献忠农民军发展壮大过程中一个十分重要的阶段。崇祯十六年五月，张献忠攻克武昌后，局势十分严重。西面，入川不能；东面，强敌压境。张献忠南走湘赣，既避开了明军的锋芒，又保存壮大了自己。张献忠在长沙提出的“钱粮三年免征”[①]，得到广大人民的拥护，人民纷纷参加起义军，史书载：“献忠在长沙增兵为九营，四营皆老卒，五营皆新附。”[②] 张献忠的军事力量进入一个极盛时期，为转战四川，建立大西农民政权打下了基础。

第二，农民军在江西的英勇斗争动摇了明王朝的统治，加速了它的崩溃。

崇祯十六年前，各支农民起义军主要活动在长江以北，张献忠进军湘、赣就把明末农民战争的烈火烧到了江南腹地。农民军在江西横扫了十几个府县，遍及江西的西部和中部，使江西成为农民军在江南的一个重要战场。农民军所到之处，上至藩王、巡抚，下至府县官吏“风鹤相惊，纷纷逃避，城市一空，不待贼至已成乱形”[③]。

明王朝为了对付张献忠，崇祯十六年特设了“总督九江地方兼制江西、湖广、应天、安庆军务”一职，这是江西设总督的开始，并且不得不把明军精锐左良玉部摆在江西。这对当时正在北上的李自成是一个有力的支援。两支农民起义军南北呼应，促进了明王朝的灭亡。

第三，农民军沉重打击了江西的地主阶级，鼓舞了广大贫苦农民的反

---

① 《平寇志》卷七（转引自李文治《晚明民变》88页）。

② 《明史纪事本末》卷七十。

③ 《崇祯长编》。

抗斗争。

农民军在江西转战的过程中，镇压了一大批地主分子，尤其是严惩了那些罪大恶极的恶霸豪强。比如，与农民军作对的安福横龙大地主周柱国等遭到了农民军无情的镇压。

农民军的这些行动极大地激发了广大人民的斗争热情。他们或者以各种方式来支援、配合农民军作战，或者自发地起来同地主官吏斗争。《永丰志》记载张献忠进军江西后“奸民乘乱蜂起，党羽盛者号为‘大约’，焚掠劫杀，岁以为常。其后，佃户、户奴乘乱叛主，又自称‘小约’”[①]。“乱民蜂起”，“夺粟封屋”[②] 的现象遍及各地。邱仰寰领导的棚民起义军余部由卢绵三率领在张献忠撤出江西之后，也仍在万载一带打着张献忠的旗号坚持斗净。《万载县志》记载：“绵三至株树潭，倡为剿兵安民之说，众服令，以鼓吹送伪官至万载，无敢逆者。”[③] 崇祯十七年春，这支棚民起义队伍再次攻破万载、上高，一直打到新昌（今宜丰），袁继咸以重兵围剿也不能消灭，后来这支队伍为南明宏光政权招抚，加入了抗清的行列。一直到清初，赣中赣西一带人民的反抗斗争仍然十分激烈。《新喻县志》记载：“顺治初年，逃民客户往往滋事，喻驻重兵，累岁始克。”[④] 吉安还爆发了刘京领导的农民起义，一度攻陷了安福、龙泉、永宁等县城。顺治时，江西左布政使卢震阳在上奏中承认：“（江西）自明迄今，钱粮积逋，从无完期。逃亡不止，叛变不常。”[⑤] 这生动反映了张献忠农民军在江西的英勇斗争所留下的深远影响。

（原载于《江西师院学报》1983 年第 3 期）

---

① 光绪《吉安府志》卷二十。
② 同治《分宜县志》卷五。
③ 同治《万载县志》卷十四。
④ 同治《新喻县志》卷六。
⑤ 道光《萍乡县志》卷四。

张献忠在湖南作战史迹述略

王　纲

崇祯十六年（1643），张献忠曾在湖南地区作战达半年之久。农民军的足迹遍及湖南全境。了解这支农民革命军队在湖南的作战情况及其所实行的一系列政治、经济、文化等方面的政策，对于研究明末农民战争史是很有意义的。

（一）直捣长沙　赶走吉王

张献忠于崇祯十六年（1643）五月在武昌建立大西农民革命政权之后，为了扩大胜利，决定向湖南进军。这次进军的首要目标就是明朝湖南的封藩重镇——长沙。

明吉王朱慈煃长期盘踞长沙，任意欺压百姓。甚至在明末眼看朱家王朝就要覆灭之时，他还仗势霸占民田万顷，激起了长沙一带人民的强烈反抗，阶级矛盾十分尖锐。长沙地区的农民自发组织起来开展了夺田斗争。他们为了争取夺田斗争的胜利，派人与张献忠取得联系，希望农民军给予支援。“明崇祯末，吉藩强收民田万顷。奸民聚众倡乱，杀校尉，扼其疏不得上。时流寇张献忠已破荆、襄。奸民招之至，且为内应，上下鼎沸。”[①] 支援长沙人民的夺田斗争，打击任意欺压剥削人民的宗藩封建势

① 光绪《湖南通志》卷一七五。

力，解放湖南地区的受苦受难的劳动人民，是农民军义不容辞的责任。

当张献忠农民军席卷湖北南部地区，李自成转战于鄂西一带时，湖北地区的宗室藩王纷纷向湖南逃命，而且大都逃到长沙依附吉王朱慈煃。明神宗朱翊钧的第四子封于荆州的惠王朱常润与湖南巡抚陈赓模一道从荆州逃出，至湘潭渡湘江时，船只被大风打沉，随从宫人淹死，只身逃往长沙投奔吉王。扫荡在长沙的宗藩巢穴，已十分必要。明朝在湖南地区的官军和地方反动武装，烧杀淫掠，无恶不作，搞得“人之居者、行者，俱不得安保其身命矣!”[①] 湖南地区的人民迫切盼望农民军来到湖南消灭这些反动军队，解除他们的痛苦。

长沙，还是明末湖南军事重镇。它地处湘江之滨，控三州之会，为湖南的襟要。“南出，则连韶之头背可附；东出，则章赣之肘腋可挟；西下，则黔僰之咽喉可塞也。”[②] 要解放湖南，必须首先夺取长沙。

崇祯十六年（1643）七月二日，张献忠决定留张其在守武昌，他亲自率领农民军分水陆两路向湖南进发。由陆路南进的农民军，连克咸宁、蒲圻、临湘，惩杀明临湘知县林不息；由水路南进的农民军，亦连续攻下嘉鱼、洪湖，相继到达岳州以北之城陵矶。明偏沅巡抚李乾德、总兵孔希贵以明官军伪装成老百姓欢迎农民军进城，致使先头部队中了敌人埋伏。敌人用惨无人道的手段将被俘的农民军战士割掉耳朵加以侮辱，激起了广大农民军战士的极大愤怒。水陆两路部队联合向敌人发起了猛烈的进攻。这时，张献忠亲自率领的二十万大军亦到达岳州。李乾德眼见自己就要被歼，只有与监军道许憬、总兵孔希贵等向长沙逃窜。八月十五日，农民军胜利攻克岳州。张献忠在岳州举了“郊祭”[③] 后，决定调出一部分农民军将士组成小部队深入到湖南各州县发动群众；又将主力部队分为两支：一

① 《明季北略》卷十九。

② 光绪《湖南全省掌故备考》卷四。

③ “郊祭”：亦可称“郊祀”，就是在郊外祭祀天地。

支上荆州，一支由他亲自率领由陆路直指长沙。当农民军到达长沙以北之湘阴县时，该县明朝官吏已逃跑一空，湘阴知县投水自杀。八月二十日，农民军到达长沙城下。而巡按御史刘熙祚和李乾德等已与吉王朱慈煃、惠王朱常润在这之前向衡州逃去。农民军的水师营首先控制了长沙城北的山砂矶，并向北城发动了试探性的进攻。农民军的步兵在戴家湖、白果林一带与敌总兵孔希贵所部发生了战斗，并迅速将孔希贵包围加以歼灭。巡抚王聚奎、兵备道冯云起见势已败，也向衡州仓皇逃跑。为了减少攻城可能带来的损失，农民军向长沙城内喊话，希望守城推官蔡道宪缴械投降，可以得到宽大处理。然而，蔡道宪却企图负隅顽抗。这样，张献忠才下令对长沙实行全面包围。到八月二十五日，长沙已被包围三天。预先已与农民军有联系的敌守城副总兵尹先民、何一德等决定向农民军投降，“潜送款迎之”[①]，农民军胜利开进长沙城。

（二）穷追逃寇 解放湖南

为了穷追逃寇，张献忠在攻克长沙后，未作休息，即命令部队迅速向长沙以南之湖南重镇衡州进军。农民军沿湘江南下，至湘潭，一举消灭湘潭谭思敬所纠合抗拒的地主武装，直指衡州。在前往衡州的路上，农民军查获了湖南巡按御史刘熙祚的仪仗邮符，于九月四日到达衡州[②]。伪装成

① （民国影印《湖南通志》卷八十八）。关于张献忠农民军攻克长沙的时间问题，史书记载略有不同。《明季实录》说是“八月二十五日长沙破。”光绪《善化县志》也说是“八月二十五日。献贼入长沙。”但该志卷十八《名宦》又说：“八月二十六日，城陷。总兵尹先民降贼。”《平寇志》说：“献忠怒。攻三日夜，丙戌城陷。”《明史纪事本末》亦说：“丙戌，长沙陷。总兵尹先民、何一德降贼。”持此说者还有《怀陵流寇始终录》《国榷》《明季北略》《小腆纪年附考》等书。“丙午”，即八月二十五日。我从此说。

② 张献忠农民军攻克衡州的时间。同治《衡阳县志》说：“九月四日，寇犯城。桂王常瀛与吉王、惠王同奔广西，城遂陷。”《劫灰录》又说：“十六年张献忠陷衡州，八月二十九日庚寅，衡桂、吉、惠三王走永（州），九月十六日城陷。”我从《衡阳县志》说。因张献忠于八月二十五日攻克长沙后，并未休停，即下令南进，沿途并未遭到敌人的严重抵抗，即迅速到达衡州。由长沙至衡，并不需二十天之多的行程时间。

明官军的农民军战士拿着邮符说巡按已到城下。守城官兵验符信以为真，即打开城门。农民军顺利开进衡州。原在衡州的桂王朱常瀛已于八月二十八日和逃往衡州的惠王朱常润与巡按御史刘熙祚等向永州（今零陵）逃去。衡州城内已被明守承天皇陵的副总兵孔甲所领的安陆溃兵抢掠一空。桂王府被明官军焚毁，只剩下主殿残楼①。明衡州巡道金九升、衡州知府张任亦弃城逃跑。衡阳知县张鹏翼顽抗被杀。

为了不给逃寇以喘息的机会，张献忠命尹先民领万人守衡州，又将部队分为三支：一支往永州，继续追击明宗藩桂、吉、惠三王；一支向广西的全州方向前进；一支向江西的袁州方向扩展。张献忠亲自率领的追往永州的仅五六百人的农民先头部队，迅速粉碎了刘熙祚企图以水师顽抗的计划。而龟缩永州城内的四五万明官兵，"望风奔溃，自相践踏，死者无算"②。九月十九日，永州人民大开城门迎接农民军入城。沿湘江溯流而上于九月十七八日才陆续逃到永州的桂、惠二藩，见农民军追来，仅距一百二十里路，眼看就要被俘，仓皇弃掉打算从水路前往广西全州的宫眷，改为骑马由陆路向广西逃跑。农民军将其宫眷全部俘获。巡按御史刘熙祚等亦被农民军骑兵捕到。

农民军在穷追吉、惠、桂三王的同时，又乘胜向湖南各州县进军。在湖南南部，随着永州的被攻克，农民军顺潇水南下，直取道州，又克兰山、桂阳、嘉禾、临武等州县，杀道州守备沈至绪，粉碎篮山贡生朱元辅和诸生成鼎甲、成民正等组织反动武装进行抗拒的阴谋。由衡州逃到临武的吉王朱慈煃与临武知县蔡宗虞弃城向广西桂林逃命。农民军继又攻克郴州、汝城、耒阳等地，生俘汝城知县李逢春，消灭耒阳谢如珂反动武装。

在湖南北部，农民军相继攻克祁阳、东安、武冈、宝庆（邵阳）、新化、溆浦、宁乡、益阳、沅江等州县，惩杀了明宝庆知府李振挺及反动武

① 同治《衡阳县志》卷二。

② 《明季实录》。

装骨干分子刘源澄、李凤翼等。在沅江以北，农民军于十一月二十六日攻克常德、武陵，并相继克复桃源、慈利、石门、澧阳等州县。在进攻常德的战斗中，农民军与敌陈瑸所领之反动武装战于鳌山铺，将其包围全歼。在常德之荣王朱慈炤向辰奚逃窜。农民军在攻克桃源县时，亦大败其团练地主武装[①]。

在湖南东部作战的农民军亦相继攻克平江、浏阳、醴陵、攸县、茶陵、酃县等地。

到此，整个湖南已在农民军控制之下。农民军所到“州县，望风破溃”[②]。

（三）岳州水战　乱而取之

湖南以北之岳州，是历代兵家必争之水陆要冲，“湖南得之，足以规取荆、襄；淮南得之，足以包举湖南。……自江而东西，自湖而南北，巴陵皆居其要会。”[③] 逃避农民军锋芒的明官军左良玉部乘农民军集中主力在湖南、江西作战的时候，沿江上犯武昌。敌将方国安甚至派出其水师营率舟进犯岳州，企图控制岳州，以封住湖南的北大门，扼控长江上下游之咽喉，使农民军既不能沿长江东下苏、皖，夺取金陵，又不能溯流西上三峡，占据巴蜀。然而，敌人的如意算盘打错了。对于岳州这样的水陆军事要道，当然不能让其为敌人所控制。对于敌人水师营的进犯，必须予以坚决回击。

崇祯十六年（1643）十一月三日，张献忠命令农民军水师营沿湘江经洞庭湖直下岳州，迎击敌军的进犯。明官军，特别是左良玉的部队，以贪

---

① 光绪《桃源县志》卷九。
② 光绪《湘潭县志》卷八。
③ 光绪《湖南全省掌故备考》卷四。

财好利著称，随意抢掠人民的财产，已成为他们的家常便饭。农民军巧妙地利用了敌人的这一致命弱点，决定采取“利而诱之，乱而取之”[①] 的战术打击敌人。首先，农民军水师营以轻舟快艇在沿江秘密设下埋伏。配合作战的步骑兵也沿江设守。然后，以巨舰装载大量的物资顺流而下，以诱使敌人上钩。这些装满物资的大船与敌副总兵王世泰、杨文富率领的三千水师接战后，即假装败走。明官兵如饿狼般紧追，将大船上的物资抢劫一空。敌舰装满物资，行动笨缓，不利作战。这时，埋伏在沿江汊港的农民军水师快艇，向敌舰发动了突然袭击，并将其包围于江中，四面夹攻。沿江两岸的农民军步骑兵也堵截企图登岸逃跑的敌人。敌将方国安、徐懋德、马士秀、李国英虽企图合兵救援，但也无济于事，终未逃脱全军覆没的命运。岳州水上大捷，使敌人内部发生了极大恐慌。“岳州军民空城走。贼急驰复陷之。武昌大震，人民走一空。抚按皆浮舟江上，图东下。”[②]

岳州水战，是农民军水师营与明官军水师第一次大规模水上交战。一战告捷，这充分表现了农民军水师营的强大战斗力。

农民军在水上作战中，抓住敌军的弱点，“利而诱之”，使之就范；乘敌混乱之际，加以狠狠打击，直至全歼，“乱而取之”。《明季北略》的作者计六奇对这一出色战例慨叹说：“贼既得岳，所谓洞庭之险，与我共之。于湖南一带，如数节而后迎刃解。献忠此计，所谓利而诱之，乱而取之也。惜乎，庸将不知。”[③] 计六奇的这段感慨确也道出了农民军运用这一战术的巧妙和敌人的愚蠢。

岳州水战，使农民军水师进一步取得了水上实战的经验，为农民军沿长江西上四川做了准备。

紧接着岳州水战的胜利，农民军艾能奇部又连克新堤、嘉鱼，打败明

---

① 《平寇志》卷七。

② 同上。

③ 《明季北略》卷十九。

官军马士秀部。明官军马进忠部在蒲圻遭到第三次惨败后，“溃奔武昌”[①]。

（四）打击宗藩官僚　降官各授以职

农民军在湖南作战过程中，在政治上实行了打击宗藩官僚，“降官各授以职”的政策[②]，狠扫了敌人的威风，争取了大量明朝军官和地方官吏投降归附。

农民军进入湖南后，首先打击的目标就是朱氏宗藩和敢于抗拒的反动地主与官僚。农民军穷追在湖南地区的藩王不放，使得昔日还在人民面前作威作福的吉、惠、桂王等，转眼已成过街老鼠，昨天还在横征暴敛，任意欺压剥削人民的反动官僚地主，今日已成了农民军的阶下囚。永明王朱由榔的两个弟弟被农民军俘获后，顽抗不降，农民军坚决镇压，绝不含糊。长沙推官蔡道宪、巡按御史刘熙祚、湖广参议陈琸、衡阳知县张鹏翼、嘉鱼知县王良鉴、宁乡知县邱存忠等反动官吏，坚持与人民为敌，都受到农民军的严厉惩罚。

农民军在攻克武陵县前后，对原明首辅大学士、亲自督“剿”过张献忠农民军的督师杨嗣昌反动家族进行了搜捕镇压。“张献忠令票云……西府平南将军张云云。其辞悖逆不能悉举，总为杨阁老部而发。有云：‘杨某调动天下兵马与之为难。其子又到处团聚乡勇敢行抗拒。杨某已中我刃，令掘其坟墓，毁其房屋。有拿得杨族一人者，赏银十两，有拿得其亲子孙兄弟者，赏银一千两。’后书‘癸未十二月日’。上有‘平南先锋’印。杨公子仲丹亲取出看。”[③] 据《痛余杂录》说，一农民军挖了杨嗣昌四世祖坟，而且把其尸骨砸得粉碎，混在杂草中喂了马。挖掘杨嗣昌墓，

---

① 《平寇志》卷七。

② 《客滇述》。

③ 光绪《湖南通志》卷末之十四。

“肢解其尸”。

为了进一步分化瓦解敌人，扩大农民军革命队伍，张献忠在湖南对原明官军和地方官吏实行了“降官各授以职”①，“故官有名称者授以职”的政策②。“军民人等各宜投册归顺，庶免屠僇”③，对于明朝官吏，农民军的争取工作可谓耐心细致。即使是对象长沙推官蔡道宪这样的反动官僚，也是“慰以好言”④，“百计诱降”⑤，一再争取。崇祯十六年（1643）九月，农民军在永州俘获明湖南巡按御史刘熙祚后，张献忠也派人“再三谕降”⑥。

在上述政策的感召和农民军的一再争取下，许多明官军将领和地方官吏纷纷向农民军投诚归顺。驻守长沙的明官军副总兵严先民、何一德等，在农民军进攻长沙时，率部投降，对顺利解放长沙起了一定作用，受到张献忠的奖励。《平寇志》说：“（张献忠）大书伪檄，檄远近曰：‘孤提天兵临长沙，一日之内，两府三州归顺。副总兵严先民、何一德带兵效顺，孤甚嘉之。封先民、一德世袭伯，所部将领皆为总兵。升岳州府原任朱朝通判任维弼为分巡，监军长岳道；升蒲圻知县吕凤起为知府。’”原明在籍给事中史可镜在投归农民军后，被授为朝宪，镇守常德地方，表现很好。他还向张献忠提出了攻取辰州、沅江、靖州等州县的重要建议。他曾写信叫明官军驻武冈副将刘铁棍向农民军投降，后被敌人杀害于靖州⑦。宁乡黎光照，在农民军到达宁乡时，主动逮捕宁乡知县向农民军投诚，被张献忠任命为宁乡知县⑧。曾任农民政权巡抚的谭嘉瑞、衡阳知府的吴之才、衡阳知县的陈瑛等都为农民革命事业而牺牲。他们在向富室征集钱粮，以

① 《客滇述》。
② 同治《衡阳县志》卷七。
③ 《平寇志》卷七。
④ 《小腆纪年附考》。
⑤ 《明季北略》卷九。
⑥ 《明史纪事本末》卷七十七。
⑦ 《小腆纪年附考》卷二。
⑧ 光绪《湖南全省掌故备考》卷四。

保证部队供给等工作中做出了一定贡献。

（五）争取王夫之　招纳赵进士

张献忠十分重视知识分子在农民革命中作用。“若见文士，则询其策略，或当意者，即授之职，赐以符合，使攻取城邑。”[①] 他说：“吾昔日在庐州（今合肥市），用一人即破一城，岂有文人无用之理！”[②]

张献忠在湖南争取录用知识分子，主要通过开科取士和个别吸收两个渠道进行。“献忠归长沙，开科取士。”[③] 张献忠率领农民军攻克衡阳后，又“亲至衡州试士，促诸生赴应”[④]。通过开科取士，吸收了大批知识分子到农民军和各州县地方政权中来，充任军队中的参谋、文书和地方官员。

张献忠还在湖南一再争取过王夫之，招纳过赵进士。王夫之，字而农，号姜斋，湖南衡阳人。他和其兄王介之在崇祯十五年（1642）同时考中举人。一个举人，在当时算不了什么知名之士。但是，张献忠为了广纳知识分子为农民革命事业服务，曾不厌其烦，一再争取，“将官之”。王夫之拒不出见，躲藏于好友夏汝弼在莲花峰的草屋中。张献忠将他父亲王朝聘找去，希望通过他们的父子关系，把王夫之争取过来。但是“（王）夫之自刺两臂作重创”[⑤]，以示拒绝。张献忠甚至派人用轿子把他抬到官庭中，以示争取之诚意。王夫之仍坚持地主阶级的立场，“表示不可用”[⑥]。王夫之的哥哥王介之准备出见，也被他制止。与此同时，张献忠还争取过王夫之的好友、曾在桂王府当过医官的李相国等。虽然遭到他们的拒绝，但张献忠还是以礼相待。

---

① 《明季北略》卷十六。
② 同上。
③ 《明季北略》卷十九。
④ 同治《桂阳直隶州志》卷十六。
⑤ 同治《衡阳县志》卷七。
⑥ 光绪《湖南通志》卷一八五。

《明季北略》所记张献忠在长沙争取赵进士的经过颇为详细，现抄录于此："赵某，长沙人。膂力绝伦，能倒曳两水牛走。崇祯时中武进士。当北上途中遇响马，击杀数人乃免。及归，知盗甚盛，恐为所害，遂隐居不出。至是，献忠犯长沙，其兵分数十人各为队伍，四出劫粮。忽遇赵某，被扑而走，归营不敢言。已而复益百人驰至。赵怒曰：'前仅笞汝以警若辈，今将杀汝等矣！'举刀相向。贼惧其勇，各骇而退，还白献忠。献忠问安在。诸卒告之。献知为将材可用，遣骑士厚币往迎。赵度贼去必纠众复至，整甲砺刃以俟。忽见旌旗载道，车骑如云，鼓吹引前，武夫拥后，金币列庭，逊辞征聘。赵以事出非望，大喜，遂归献忠。时麾下勇猛数人，悉为义子，赐姓称王。若序后先，则赵应列末位。而赵自负所长，欲较武艺之优劣，以定爵秩之崇卑。孙可望闻之，即出愿与相较。献忠恐伤其一，使徒手搏战。于是两人乘马，东西分立，彼此顾盼，不敢遽交。久之，金鼓一震，两马相对突前。赵度可望必举手相交，不意可望驰至，竟不举手，并辔相挨而过，猝以肩臂向赵一推；赵不及备即堕，然以力大两足夹于鞍上，身即为马腹下倒穿而过，扔跃马上，竟不及地，其蹺捷如此。献忠见之，谓可望虽胜，然可谓斗智而非角力，使再试之。二人驰马如前。赵俟其至，将可望怀中一握而举，两足遂悬，马即空鞍飞去。诸军喝彩。献忠等大加叹赏，遂以赵为二王，可望为三王，李定国为四王。将士称赵二千岁，孙三千岁，李四千岁。后献忠欲入川，虑军士多携妇人，道险难行，密与诸将议杀妻妾，以令三军，咸为难色，独赵先杀妻子。献忠大悦。"①

在农民军的广为争取下，不少知识分子投向农民革命阵容。农民军在到达湖南湘潭时，湘潭生员主动逮捕叛乱地主武装首领谭思敬等二十四人押送到农民军营内。"其时，生员有执义民以求伪官者。"②

① 《明季北略》卷十九。

② 光绪《湘潭县志》卷八。

（六）发粟赈饥　三年免征

张献忠农民军在湖南作战和建立政权的过程中，实行过一系列有利于农民阶级利益的经济政策。概括起来有如下几方面：

1. 支持贫苦农民的夺田斗争。张献忠有力地支持了长沙农民反对吉王朱慈煃强占民田的斗争。农民军在攻克常德、武陵时，严厉镇压了杨嗣昌家族的反抗的同时，发出通令，凡“霸占土地，查还小民”[①]。

2. “散财赈贫，发粟赈饥”。明庶吉士马士奇在崇祯帝召对群臣时对朱由检说：“贼知人心之所苦，特借剿兵安民为辞，一时愚民被欺，望风投降。而贼又为散财赈贫，发粟赈饥，以结其志，遂至视贼如归。”[②]

3. “钱粮三年免征”。《平寇志》说，农民军曾在湖南发出通告，告示“所属州县士民照常乐业”，并明文规定“钱粮三年免征”[③]。明工科给事中彭琯在崇祯十七年（1644）正月给崇祯帝的奏疏中说：“逆贼犯楚，实由人心惑于三年免征，一民不杀之伪示耳？”[④]

由于农民军在湖南地区作战过程中，实行了上述一系列经济政策，因而受到湖南各地人民的热烈欢迎，崇祯十六年（1643）九月，农民军追击桂、惠二王到达永州，永州人民开门迎接。“奸人开门迎贼，熙祚被执。”

湖南各地人民还以各种形式配合农民军作战。善化县群众将改名换姓逃跑的反动分子冯一第逮捕送交农民军。平江县连方山起义山民与农民军一道保卫平江。马士奇对崇祯帝说：“其实，贼何能破各州县，各州县自甘心从贼耳。”[⑤] 人心向背，何等鲜明。

湖南各地人民为表示对农民军的拥护，还在家门口供上书有“西府万

---

① 《孤儿吁天录》卷十六。
② 《明季北略》卷十九。
③ 《平寇志》卷七。
④ 《国榷》卷一。
⑤ 《明季北略》卷十九。

万岁，顺民某人”的牌子①。

湖南人民还积极参军，为壮大农民革命队伍做出了很大的贡献。“献忠在长沙，招土寇、叛民，增兵为九营”。“四营皆老卒，五营皆新附。”②这样，张献忠农民军迅速由二十万扩大到五十万以上。

张献忠农民军在湖南地区的作战，在明末农民革命战争史中具有重要意义。它沉重打动击了湖南地区的朱氏宗藩和地方封建反动势力；把湖南人民从残酷的压迫剥削下解放出来，虽然这是很不彻底的。农民军还牵制了明官军主力之一的左良玉部，有力地支持了李自成在北方战场的作战。由于农民军队伍的扩大，力量的增强，也为进军四川，直捣重庆、成都准备了条件。

［原载《湘潭大学学报（社会科学版）》1982年第2期］

张献忠在蜀事迹考察

孙次舟

张献忠于明末崇祯十七年（1644）正月进入四川，下夔州。六月，破涪州，取重庆。八月，攻占成都，建大西国。到清顺治三年底（1646），归于失败。张献忠统治四川的时间，不到三年。在这短短的两三年中，张献忠在四川和明军及地主叛乱武装曾经进行过一些战争。叛乱的地主，多被张献忠所消灭，明军也多数被打垮了。农民起义军，向地主阶级和封建统治者进行不调和的斗争，是正义的行动，没有丝毫可以非议的。但自清

① 光绪《湖南通志》卷末之十四。

② 《平寇志》卷七。

以来却流传着张献忠“屠蜀”的一种谣言，说张献忠“嗜杀自天性”[①]，“一日不流血盈前，即悒悒不乐”[②]，“发兵四出，搜各州县山野，不论老幼男女，逢人便杀”[③]，制造出张献忠“疯狂”滥杀的种种故事。我们考察了张献忠一生革命斗争的历史和张献忠的真正为人，感到清统治者和地主阶级所传述的张献忠“屠蜀”故事，完全不是历史真实，而是有意捏造的一些诬蔑之言。

清军被明朝总兵吴三桂导引进入山海关后，在清军面前摆着三个敌对政权：一是李自成的大顺政权，一是张献忠的大西政权，再就是江南的南明政权。清军首先打败李自成，接着又渡过长江，摧毁江南的南明政权，第三步便是向四川进军，攻打张献忠。由于张献忠顽强地抗击清军，清军曾付出了高昂的代价。而在张献忠死后，他的部属又和南明桂王政权相结合，为了保卫西南，和清军进行了十五六年的激烈战斗。直到康熙初年，清军对四川的军事征服，才算初步停止。可是从康熙十三年到二十年（1674—1681），在这七年中，清军又和吴三桂部属展开争夺四川地盘的战争。到这时，四川人民的确被摧残殆尽！明万历六年（1578），四川省“户二十六万二千六百九十四，口三百一十万二千七十三”[④]。这个人口数字仅是明官方“赋役黄册”登记的纳粮户，而大量的荫户、漏户以及逃亡人口，并未包括在内。核其实际人口，应比这个数字增加一倍或两倍。但到清康熙二十四年（1685），四川“通省之户口，总计仍不过一万八千九十余丁”[⑤]。原先有着数百万人口或近千万人口的四川，这时却成为“合全蜀数千里内之人民，不及他省一县之众”的荒凉区域[⑥]。四川人民不是被

---

① 《蜀碧》卷三，《绥寇纪略》卷十。
② 同上。
③ 《客滇述》。
④ 《明会要》卷五十。
⑤ 嘉庆《四川通志》，引何源浚《条议》，但妇孺未计算在内。
⑥ 何源浚《条议》。

屠杀光了，又往哪里去了呢？

问题就在这里。屠杀四川人民的，应如清统治者和地主阶级所说，是张献忠“滥杀”的结果呢？还是另有罪魁祸首？清军在顺治三年（1646）据说已“斩”张献忠于“西充”，为什么经过近四十年的“招徕”“生息”，到康熙二十四年（1685），四川还仅有一万八千多男丁呢？在这里，我打算对当年“屠蜀”的真相，做一番严肃的考察。

（一）《明史·张献忠传》的诬妄

清朝在征服中国和统治中国的过程中，很早就懂得文化统治的重要性。清朝为了防止顺治十六年（1659）郑成功、张煌言大举反攻，进逼南京之威胁的再度发生，特制定了“迁海”“告密”“奏销”三项政策。发生在康熙二年（1663）的庄廷珑私修“明史”案便是这种奖励“告密”的结果，该案许多无辜者遭到杀害（株连而被杀者七十余人，被害之家的妇女均发边）。由此发生了两方面的影响：知识分子感到明朝的历史变成禁物，不能公开写作、公开谈论了；清政府开始认识到文化统治的需要，对“明史”要来一番“钦定”工作，对民间保存的明史资料，也要大力搜查一番。康熙十八年（1679）开“明史馆”，地方官假借修史为名，向东南一带世家大族强索明史资料。人民惧祸，大批的明史资料被湮没或窜改了。康熙五十年（1711），戴名世《南山集》案发生。《南山集》中有南明的历史记事，触犯“忌讳”，又有人被杀被充军。清朝的“文字狱”迫害，继续推行，到乾隆后期始渐停止，历时约一百年。“明史馆”规定“屠蜀”的“罪魁”是张献忠。因此在“文字狱”的威胁下，清初士大夫很少有愿意冒着生命危险，违反官方规定而据实记述张献忠事迹的真相。

清修“明史”，最初是依据黄宗羲《明史案》稿本，由黄氏弟子万斯同参加指导，编成《明史稿》五百卷。这部史稿未能符合清康熙帝玄烨的心意，命令史官们续加改编。康熙五十三年（1714），王鸿绪的传稿首先改编完成，玄烨相当满意，又命王鸿绪协助进行本纪、志、表的改编。雍正元年（1723），《明史稿》全部改编竣事。但清雍正帝胤禛仍不满意，又命张廷玉等为总裁，对王鸿绪的《明史稿》再加审查修改，到雍正末年，才告完成。清乾隆帝弘历继位后，开始刻版，到乾隆四年（1739），武英殿版《明史》始得流行于世。清朝“钦定明史”纂修与刊刻，历时六十一年。《明史·张献忠传》，完全照抄王鸿绪的《明史稿》。这说明对张献忠“屠蜀”的诬蔑，是清统治者的授意，王鸿绪是徐乾学之党，参加过皇子的皇位争夺，又做过玄烨的御用特务，《文献丛编》第二辑有“王鸿绪密缮小折”可证①。《明史·张献忠传》到王鸿绪手里已完成定稿，它的史料来源，主要是取自吴伟业的《绥寇纪略》和无行学人毛奇龄的《后鉴录》。《明史·张献忠传》说：“献忠晓行，猝遇我兵于凤凰坡，中矢坠马，蒲伏积薪下。于是我兵擒献忠出，斩之。川中自遭献忠乱，列城内杂树成拱，狗食人肉若猛兽，虎豹啮人，死辄弃去，不尽食也。民逃深山中，草衣木食久，遍体皆生毛。”这段话显然是取自《绥寇纪略》，在时间上却加以颠倒。《绥寇纪略》卷十说：

进忠已入营中，与善射者俱，而指示之曰：“此献忠也。”发一矢，中额。讶曰：“果然。”逃伏积薪之下，执近侍询之而得，乃曳出斩之。（此下叙述了张献忠死后四川十几年的战乱，即紧接下文）……蜀乱久，城中杂树皆成拱，狗食人肉，多锯牙若猛兽，聚为寨，利刃不能攻。虎豹形如魑魅饕餮，穿屋颠，逾重楼而下，搜其人，必重伤且毙，即弃去，又不尽食也。荒城遗民几百家，日必报为虎所暴，有经数十日而一县之民俱食尽者。其灾如此。叙州人逃入深山，草衣木食久，与麋鹿无异。见官军以为献忠复至也，惊走上山，步如飞，追者莫及，其身皆有毛云。

① 王鸿绪“史稿”和万斯同的“史稿”无关系，可参考魏源《古微堂外集》卷四《书明史稿》一、二。

“明史开局，求天下野史，有旨勿论忌讳，尽上史馆。”[①]《绥寇纪略》也被采送“明史馆”。《绥寇纪略》记张献忠死时情形已是妄说，而《明史》袭用了它。所谓“中矢坠马，蒲伏积薪下”，绝非事实。王夫之《永历实录》卷十四：“献忠兵溃自刎死。”《明史纪事本末》卷七十七：“献忠以病死于蜀中。”这些早期的私家记录，均和《绥寇纪略》不同。《明史》列传所描写的四川残破荒凉的一段文字也是节录《绥寇纪略》，但它又拿来颠倒了一下，把《绥寇纪略》所说张献忠失败十几年后的四川残破情况，一股脑儿都算到张献忠的账上了。

《绥寇纪略》作者吴伟业没有到过四川，他这部书的资料从哪儿来的呢？是出于东南一遗老的《鹿樵纪闻》。由于吴伟业的本家吴继善（明成都知县）投降张献忠后，因罪被杀，因此吴伟业在改编《绥寇纪略》时，对张献忠任情诬蔑，是必然之事。全祖望《跋绥寇纪略》说：“陈令升曰：‘梅村《绥寇纪略》，不类其集，疑非梅村所为’。……及见林太常玺蒂答先赠公帖子，谓此书原名‘鹿樵野史’，出一遗老之手，梅村得之，遂以行世。然其中为不肖门生邹漪窜改十五，遂无完本。”[②]《绥寇纪略》上“明史馆”的本子，当是经邹漪“窜改十五”的书。《鹿樵野史》当即流行的《鹿樵纪闻》，只残存三卷，这书不但残缺不全，内容也有被后人改动的痕迹[③]。但《鹿樵纪闻》记张献忠之死，是“贼众以锦褥裹尸，埋于僻处而遁”，而不是“逃伏积薪之下”，便和《绥寇纪略》有异。

《明史·张献忠传》再一史料来源是毛奇龄的《后鉴录》。《明史·张献忠传》说：

献忠黄面长身，虎颔，人号黄虎（按，张献忠绰号“八大王”，非黄虎，黄虎为另一人。《绥寇纪略》卷一，记崇祯三年“贼党黄虎复乞降于

① 《曝书亭集》卷四十四《跋绥寇纪略》。

② 《鲒崎亭集》外编卷二十九。

③ 参“神州国光社”本所载毕沅跋文。

守备白邦政。”《怀陵流寇始终录》卷三：“总兵杜文焕，参将李卑击苗登雾……招贼党黄虎、小红狼、一丈青、龙得水、掠地虎等来降。”）性狡谲，嗜杀，一日不杀人，辄悒悒不乐。……坑成都民于中园，杀各卫籍军九十八万。又遣四将军分屠各府县，名“草杀”。伪官朝会拜伏，呼獒数十下殿，獒所嗅者，引出斩之，名曰“天杀”。又创生剥皮法，皮未去而先绝者，刑者抵死。将卒以杀人多少叙功次，共杀男女六万万有奇。

这段文字，显然是剪裁毛奇龄《后鉴录》而成。《后鉴录》原作：

献忠黄面长身而虎颔，人号黄虎。强不及自成而狡谲过之。性嗜杀，与自成比，较无道难测。……伪官朝会拜伏，呼獒数十入班次，有为獒所嗅者，不忠，引出剖其心。……先杀所俘蒙古一千五百人于南门之外，始分兵计杀。凡一兵杀男子一百，授把总，女倍之，以手足为记。……会计各路所杀，卫军七十五万有奇，兵二十三万有奇，家口不计。……

然后捱户杀，名“草杀”。……岁丙戌元日，命四将军分路草杀。五月，回成都上功疏。平东一路，杀男五千九百八十八万（《平寇志》无下一“八”字），女九千五百万（《平寇志》“九”作“五”）。抚南一路，杀男九千九百六十余万，女八千八百余万。安西一路，杀男九千九百余万，女八千八百余万。定北一路，杀男七千六百余万，女九千四百余万。……剥皮法，从顶至尻，刻一缕裂之，张于前如鸟翅，逾日始绝。有即毙者，行刑者抵死。

“草杀”字样，是毛奇龄的独创，未见于清初其他记载，《明史》采用了这词汇。《明史》“杀各卫籍军九十八万”，便是把毛奇龄的两个数字加在一起；“共杀男女六万万有奇”，便是把毛奇龄的四路杀人数字加在一起。稍有历史常识的人都会知道，在明代，全中国的人口不过一万万，而张献忠在四川竟然杀人“六万万有奇”，像这等弥天谎言，还有一驳的必要吗？毛奇龄年轻时节，曾参加抗清，因失败而流亡[①]。但到晚年却变成

① 章太炎：《检论》卷八。

一个媚清的文化流氓[①]。毛奇龄在“明史馆”当过几年纂修官，《四库全书总目提要》卷五十四著录《后鉴录》七卷说：“皆记有明一代盗贼之事，盖亦明史拟稿之所余也。”毛奇龄曾分纂《明史·流贼传》，他的《张献忠传》拟稿当和保存于《后鉴录》的从同，而为后来王鸿绪删订《明史》列传时所本。

四路杀人伪说的编造者是冯甦，即赵吉士《寄园寄所寄》卷九所引《见闻随笔》的作者。冯甦曾为官云南。当吴三桂和清朝决裂时，他曾讨一万七千两高价卖身于吴三桂为奴。后来逃脱，为清朝招抚了广东。事见《吴逆取亡录》上和尤侗《艮齐倦稿》卷十一《少司寇冯公传》。《四库全书总目提要》（卷五十四）著录《见闻随笔》二卷，并说：“时方开局修《明史》，总裁叶方蔼以甦久官云南，询以西南事实。因摭所记忆，述为此编，以送史馆。毛奇龄分纂《流寇传》，其大略悉取材于此。”冯甦奉命撰写的《见闻随笔》，是抄袭与伪造的混合品。其大部分的南明史实，是抄袭的原本《劫灰录》，又伪造了李自成、张献忠二传，冠诸编首。这一隐秘，是清咸丰间一位不慕荣利的老学人叶廷琯给透露出来的。叶氏《吹纲录》卷四《劫灰录补注跋并撰人辨》说：

> 观《随笔》一书，大段与《劫灰录》相近，惟增入张、李二寇及张同敞、李乾德、皮熊三臣。而三臣事迹，《劫灰录》已散见诸臣传中。颇疑蒿庵（冯甦号）即取珠江旧史（叶氏考证为方以智）之书为蓝本，增删而成《随笔》，上之总裁[②]。

冯甦的书，成为毛奇龄据以对张献忠诬蔑栽赃的资料根据了。由此可见，对张献忠“屠蜀”的诬蔑，实出于清政府的意旨，冯甦奉命撰写《见闻随笔》，“以送史馆”，便把这种意旨暗示给纂修官。毛奇龄也就奉迎意旨来撰稿。毛奇龄在当时的著作界很有虚声，因而助长了伪史传播的便

---

① 参《鲒埼亭集》外编卷十二《萧山毛捡讨别传》。

② 据同治八年刻本。

利。直到他的弟子邵廷采，在《西南纪事》孙可望、李定国等人传首还说：“可望杀男五千九百八十八万，女九千五百万，报功称最。蜀中千里绝烟火，邑无居人”云云。既有清政府“文字狱”血腥屠杀的威胁，又有一批附清无耻文人的捏造伪史的传播，一般地主阶级知识分子的广泛受骗，又何足怪！

（二）张献忠在四川究竟杀过些什么人

张献忠在四川短短不到三年当中，究竟为什么要无故屠杀四川人？被杀的究竟是些什么人？我想根据几种清初直接记载，以探张献忠在蜀事迹的真相。但一考察现存的几种所谓直接史料，发现都有被后人删改的痕迹，这就降低了它们的史料价值。新繁地主费密，亲身经历过四川的战事，写过一部《荒书》。当时“明史馆”曾一再向他征求这书的稿本。由于“文字狱”的威胁，他始终不敢拿出来。直到清末光绪年间，《荒书》才有刻本。他儿子费锡琮在《荒书跋》中说：

先君子少丁离乱，祸患身经，年近六十，纷成此书。亲历者多，或闻于同时亲友，间得之老父余贼。当诏修《明史》时，《荒书》削稿未成，止以先祖大夫行状，上之史馆。已而韩公英、徐公乾学、万先辈斯同，及吾蜀樊公泽达、李公先复，咸欲构观。……故裁成逆献之传，必取事《荒书》。不孝兄弟尝请之，先君子但笑而不答。

《荒书》原稿所记张献忠在蜀事迹，必然详细真实，和迎合清朝意旨的作品不相同。费密的“笑而不答”，是大可玩味的。再看费锡琮的“又记”：

先君子之著《荒书》，盖几劳心矣！初属草时，值乌程难作（按，即庄廷珑《明史》案），不遑终其卷帙。……康熙十八年，圣祖仁皇帝修《明史》，通行征书。部文曰：“凡官员庶民之家，有明时事迹者，虽有忌讳之语，亦不罪之，尽送史馆。”先君子乃裒旧稿，重为涂乙。

这段话非常重要。据费锡琮《荒书》附注，顺治九年，费密二十八岁，顺推到康熙十八年，费密已五十五岁，所以说“年近六十，始成此书”。这时《荒书》已经写成，只因有“忌讳之语”，不敢把原稿交出。康熙二年庄廷珑《明史》案的示威，费密已感到恐怖，所以“不遑终其卷帙”，当曾搁笔一段时间。到康熙十八年的征求“明时事迹”，“明史馆”中“要人”还不断和他打麻烦。费密到此，便十分恐怖了，遂把“荒书”原稿“重为涂乙”，大加删削，《荒书》的本来面目便消失了。不过，现行《荒书》当又经费锡琮加过一番工，违实的地方更多了。怡兰堂刻本第十九页有“献忠遁”一语，和上下文都不衔接。可证这书是经过一再删削窜改，因而发生了凌乱现象。

和张献忠同时的广安欧阳直写过《蜀乱》一书（道光间初刻本名《欧阳氏遗书》，其第一篇为《蜀乱》），也属于直接资料，如果不被窜改，史料价值当很高。欧阳直二十二岁补了庠生后，逢到崇祯十七年张献忠进入成都。他在顺庆府参加过张献忠的甲申试士。录取后，奉旨发光禄寺给养，又派到刘进忠“骁骑营”任事。大顺二年（清顺治二年）三月，刘进忠为清军派入四川的间谍所蛊惑，背叛张献忠北走秦、陇时节，欧阳直乘间逃脱。清军向四川进攻，欧阳直被俘于清军，清军败退，又逃脱清军进了杨展幕府。最后他参加了张献忠部属刘文秀军，随军到达云南。直到吴三桂军攻入云南西部，明桂王逃往缅甸，李定国军溃败，他才脱离农民军回到四川家乡。欧阳直很被刘文秀所敬重。所写《蜀乱》，都是身历目击的记述，有头等史料的价值。可惜在他后人于道光间付刊刻时，也有过一定的删改。欧阳鼎《欧阳氏遗书跋》说：

先人遗书……借岁久残蚀数纸，心常于悒不释。偶与张玉泉先生闲谈明末轶事。先生云：“有所藏抄本，纪蜀难事甚详，题名杨老人记。”……乃求其书读之，与家藏本竟一字不爽。……一旦缮而辑之，曷胜快

然。……兹因同好怂恿，取其记事三篇，付之剞劂。

据此，则《蜀乱》原稿，不但有了“缮……辑”，并且付刊的不是全稿，仅只三篇。

此外，现存记张献忠时事的直接资料，还有沈荀蔚的《蜀难叙略》（《知不足斋丛书》本）和冯之璋的《冯氏历乱记》（1922 年梁山石印本）。《蜀难叙略》的价值最低。作者的父亲，为明华阳知县，被张献忠所俘杀。作者方七岁，事先逃入山中。因此这书对张献忠的生前事迹，只是得诸传闻，并非亲历。作者又曾接受东南士大夫的指示，对原稿作过一番修改，可资征信的地方，更加稀少了。《冯氏历乱记》所记，仅限于“摇黄”在四川东北涂炭人民的情况，惊心动魄，凄凉满目，作者本人曾度过若干年的原始人生活，幸免于死。这书有力地证明了把川北人民屠杀光了的，是“摇黄”和清军。但对张献忠的事迹，却绝少正面地记述。

清初东南历史家的著作稿本，保留到现在的共有三种，都很珍贵。谈迁的《国榷》，是一部巨大的明代编年史，一直是抄本流传，到新中国成立后，才有排印本行世。但这书记事，到弘光元年（清顺治二年）清军攻陷南京而止。对张献忠在蜀的记事，少而且略。清初戴笠编辑的《流寇长篇》，经同时人吴殳删节改编为《怀陵流寇始终录》，是一部明末农民起义的编年史，资料丰富，剪裁精当，有极高的史料价值。所遗憾的是，这书原稿最初存于顾炎武弟子潘耒家中，潘耒是个胆小的人，由于惧怕“文字狱”之祸，连老师的《日知录》（让黄汝成花了三十年的功夫才给考证还原）和《亭林诗集》，都经窜改后才敢刻版。《怀陵流寇始终录》于崇祯十七年以后事，颇有删削，极为简略，且有抄录《绥寇纪略》的痕迹。可能也是潘耒给动了笔。因此，《怀陵流寇始终录》所记崇祯十七年以后张献忠在蜀事迹，便绝少有参考价值。东南历史家记张献忠在蜀事迹，比较可靠的是查继佐《罪惟录》的《张献忠传》。《罪惟录》是保存了三百年的查氏手稿，未经后人窜改过（《四部丛刊》三编影印本）。我们根据《罪惟录·张献忠传》，可以看到张献忠在四川究竟杀过一些什么人。

根据查继佐《罪惟录·张献忠传》，张献忠入蜀以后，只有三次杀人较多。

第一次是在攻破重庆时。《罪惟录》说："城破，瑞王阖宫被难。旧抚臣陈士奇死之。屠重庆——取丁壮万余，刵耳鼻，断一手，驱洵（徇）各州县。"这里所说的"屠重庆"，就是下文所说"取丁壮万余"。"丁壮"是指所俘获的明军的丁壮，并不是说把全城人民都杀光。当时四川按察佥事张一甲上奏说："六月二十一日，张献忠陷重庆。瑞王遇害，旧院陈士奇拷死。绅弁俱歼，兵民斫一手者万计。"[①]《怀陵流寇始终录》卷十八说："重庆陷……瑞王出汉中时……士大夫多携家以从。故衣冠死者甚众。"这都可证张献忠并没有把全城人民屠杀光。但《蜀乱》却说："尽屠其城。间有避匿得存者，查出复断其手。"计六奇《明季南略》卷十二说："城中数百万生灵，无一逃者。……砍手三十余万，流血有声。"这都是过分夸张了。第二次的杀人是在攻下成都之后。《罪惟录》说："陷成都，蜀王阖宫被难。巡抚龙文光暨道府各官，皆死之。檄诸绅于成都，皆见杀。"这里说得很明白：张献忠攻下成都，杀的是明宗室和官绅，并没有屠杀人民。《鹿樵纪闻》说："悉驱百姓于□（园），将纵骑蹂之。天忽尾垂一物如龙尾。黄虎喜，以为瑞。贼将汪兆龄亦固谏，乃释去。"《荒书》《蜀难叙略》也有同类的记载。《绥寇纪略》记"将尽屠蜀人"，以平东（孙可望）之谏而止。这些记载固然有的还夹杂着一些神话在内，但也可证明张献忠破成都后并没有妄杀人民。但《蜀乱》却说："屠城三日，贵贱同尽，惟少艾妇女为营伍密藏者，暂得免。"显然是欧阳直子孙根据诬蔑资料加以窜改的。《蜀记》说："贼大众驰聚而入，不分老幼良贱，皆杀之。三日后，方招安。"彭遵泗《蜀碧》卷二："贼攻成都，陷之。……大杀三日。""壮男少妇，选入宫中，民间父子夫妇皆失散无复聚者。"这些夸张违实的

① 《国榷》卷一百三。

记载，可能窜改了《蜀乱》者的蓝本（《蜀碧》是康熙、雍正间人编辑的书，时代晚，谎言多。《蜀记》是《纪事略》的窜改本）。

张献忠在成都所杀戮的，是地主阶级的贵族和官僚。至于他之“檄诸绅于成都”而杀掉他们，主要是因各县地主、官绅有武装反抗的图谋。张献忠进入成都不久，各县的地主武装便纷纷起来和他对抗。《明季南略》卷十二说：

远近州县，无不起义兵杀贼。献忠乃大肆屠杀（攻杀地主武装）。……然贼兵一过，义兵随起。凡献忠所选用府、州、县官，有到任两、三日即被杀者。甚至有一县三、四月内连杀十余官者。虽重兵威之，不能止也。

《蜀难叙略》记有：“贼旋下令曰，凡尔处市镇俱顺民，毋恐；家给大顺钱缀于首，可不死；而山中作逆者，当剿除之。人以是不敢入山。然搜求仕官，尤为残酷，滨于死者，日以数计。”张献忠所捕杀的，是各县图谋暴乱的地主绅士。搜查深山，一在捕杀“蜀王府宗室”（《荒书》），一在扫荡筑寨恃险抗命的地主武装。《客滇述》说：“献忠遣使四出，趋地方官兵及乡绅朝见，百姓藏匿官员者凌迟，乡绅不来见者，亦如之。其求朱姓更急，蜀府宗支，多在灌县，乃发兵围之，不论宗室细民皆杀之。”

关于四川地主及举人、秀才之类，组织武装，据山依险反抗张献忠的事迹，彭遵泗的《蜀碧》曾记载了不少，这里不再抄引。张献忠对待愿意前来“朝见”的明地方官及乡绅，无不量才录用，给以官职，并不杀戮。至于被押送或拘捕的明官和乡绅，张献忠也是耐心地劝说他们“归顺”，为农民军办事。直至他们要顽固到底，誓不回头，这才处以死刑。《蜀碧》卷二记：宜宾尹申，“历官陕西提学，湖广布政司，以节义文章自负，尤工书法。避乱山中，为贼搜获，大骂贼。贼重其名，欲生致之，舁至井研。骂贼益厉，贼不堪，杀之。”“陈怀西，南充武生，贼诱之官，怀西曰：‘宁作明朝武生，岂为逆贼元老?’贼斩之。”张献忠所杀的都是这种顽固反动到底的分子。我们由张献忠大力争取李含乙的事例，有力地证明了张献忠对乡绅也未曾滥杀。李含乙是渠县人，明礼部主客司郎中，休假在籍。“是时献逆亦僭号成都。所署伪县令杨以为，亲至家款奠（李母），将以礼招公。公匿不往，潜卜地葬母。事毕，贼首吴之茂、赵万邦将数千人至县，闻公不出，大索村里。……即缞绖扁舟至江干，挺身示贼。大叫曰……遂奋投逆流中，贼众争驾小舟挽救。志在必死，急以头没水汛波。涌洄浅滩，竟为贼所获。并逻得公胞兄储乙公。驱入城，欲以礼送诣献忠。公瞋目喝之……贼怒，引出将加刃。储乙公素刚直，不能忍，厉声大骂，公惟仰天大笑而已。……贼知不可屈，乃系之狱中，以兵守之。”[①] 张献忠军对李含乙这样的礼遇，这样的耐心争取，直到“厉声大骂”，还不加杀戮，要等待他慢慢醒悟。张献忠对待明官和乡绅的政策、作风，实是这样。谁知地主阶级却组织了武装，攻破渠县，把李含乙劫走。李含乙遂担任了川东北暴乱的主角。他和举人曹司冀联合巴州、达州、邻水、渠县、广安各山寨地主武装，和农民军为敌，大小战斗二十多次，曾攻陷大竹、达州、东乡、太平等城池，俘杀农民军的县令及参将、游击以下大小军官“数千人”[②]。但到大顺二年（清顺治二年）六月，张献忠把李含乙暴乱武装打垮后，仅仅杀死李氏一门三十余口罢了，此外并未多杀，惩罚是很轻的。李含乙共有十一个儿子，还给他保留了三个。

张献忠在四川的第三次杀人，那便是杀士子。《罪惟录》说：“县榜试士，士争趋乞生。复以兵围之。数千人咸振笔抉策以死。”张献忠为什么要围杀数千名士子？其中定有缘故。《鹿樵纪闻》说：“廉得诸生有通表于闯者，由是发怒，命州县教官率生监来省考试。……聚之大慈寺，照牌点名，驱至西城外青羊宫坑之。共一万七千余人，所弃笔砚如丘冢。”《怀陵

① 《明殉节故绅北礼部主客司郎中李公讳含乙事实》，载1945年成都排印《李忠烈公四世劫灰集》卷一。

② 《公请从祀乡贤录》，载《李忠烈公四世劫灰集》卷一。

流寇始终录》卷十八说：“朝天关逻者获成都诸生颜天汉等通闯贼书。怒，诡称开科，尽杀之青羊宫。”据此，则张献忠之杀士子，是和有些士子要勾引外力倾覆张献忠有关。而当时士子们所暗中勾结的，不会是李自成，应是清军，著书人为避祸而歪曲了事实。张献忠杀士子，应在最末一次的开科取士，即丙戌试士，时间应在大顺三年（清顺治三年），这时李自成早已撤离陕西了（李自成于清顺治二年三月已撤离陕西到襄阳了）。《平寇志》卷十二顺治三年记云：“本朝肃王将吴三桂等诸军大集汉中，将下西川……献忠不措意也，更开科取士”，可以为证。清顺治二年，清军已进入川北，占据龙安（今平武县。《荒书》顺治二年记：“赵荣贵降大清，军龙安”）。三月，“骁骑营”都督刘进忠拉着张献忠的精锐马队北降清军，清军开始向保宁（今阆中）一带进攻了。张献忠发现士子中有不少奸细，这才动手去杀。《明清史料》甲编（第二本）顺治二年十月《总督八省军门佟揭帖》：

一、广东秀才杨一雄，自本地来武昌，打听杀头消息，讨招安。……一、差生员杨再昌、骆锡命持书与告示，往福建招抚，未回。一、差生员唐之名、鲁大儒……往广西招抚，未回。一、差王汉杰、崔法舜持书与告示往四川招抚张献忠，未回。

又，同年三月，《陕西总督孟乔芳启》说：

四川保宁府州县，亦投降表到。臣以邛州知州黄应祥委受四川安锦（应作绵）道，以本官原任四川地方，熟识乡绅也。有八大王张献忠伪巡抚吴宇英，系故明朝兵科给事中。据彼处来人说称，彼有投顺之意。臣写信与彼，令其说张献忠投降，相机而行。

自顺治二年起，清政府已分别由湖广和陕西派遣间谍到四川进行诱降活动。担任这项工作的，多有生员。投顺张献忠的明官有的也派人到陕西和清军勾搭，四川地区一定有剧烈的间谍活动。《滟滪囊》卷三记：把守朝天关的刘进忠，就是受了来自汉中的伪商人严自敏的蛊惑而降清的（严自敏实是降清的一个明总兵官）。又记豪格打败张献忠后，曾委署了大批四川生员为官：“生员罗长允授同知，杨芳名授通判，郑大伦授推官，张思房、李春选各授职有差。”张献忠杀士子，其原因大概就在这里。

查继佐《罪惟录·张献忠传》所记张献忠在四川杀人较多的事迹，只是这样，此外并没有别的记叙。这虽然也说张献忠杀人，但不只在人数上和《明史》所说大为悬殊，而且所杀的对象也和《明史》所记有根本的不同。“明史馆”人员正是利用这些事实加以扩大渲染，并把张献忠死后，清朝统治阶级在四川涂炭人民的血腥罪行，一并加到张献忠身上。这一方面固然出于“明史馆”人员的阶级本能在发挥作用，另一方面也是有意识地为了逢迎清统治者的意旨，假借诬蔑张献忠以遮掩清军在四川的滔天罪行。

查继佐是明末一位有气节的历史家，他参加过鲁王朱以海的抗清斗争，失败后，隐居著述，义不仕清。他曾被庄廷珑明史狱牵连，坐牢两百天（当时有人给他造过对清屈服的谣言。但彭孙贻《茗斋集》卷七“查生伊璜诗”云：“蔡邕虚续汉，扬子未逢新”。可给造谣者以答复）。关于他的事迹，王崇武有《查继佐与敬修堂钓业》一文可参[1]。

《罪惟录》就是查继佐出狱后偷写的“明史”[2]。他的手稿潜藏近三百年，到抗日战争前夕，才被影印行世。这是逃过清政府摧残和地主文人窜改的原手稿，所以对张献忠便没多少诬蔑栽赃的话。一切逢迎清统治者意旨而诬蔑张献忠的记载，和惧怕“文字狱”而窜改过的著述，都可依据《罪惟录》把它们廓清。

---

① 参《历史语言研究所集刊》第十本。

② 朱彝尊《曝书亭集》卷三十五《曝书亭箸录序》，谓明史狱起时，“凡涉明季事者，争相焚弃”。

（三）明朝官军对四川人民的残害

张献忠于崇祯十七年进军四川，一帆风顺。像《鹿樵纪闻》所说：“四方郡邑，初惧加兵，故贼号令所至，争先送款。”《荒书》说：“成都州、县皆降，惟崇庆知州王励自焚死，新都知县包某避去。”《明季南略》卷十二说：“由夔州历忠、万，所在军民望风奔逃，并无一矢相加遗者。”这些，都反映了四川各州县迎降的情况。一开始，不论人民或官僚，都是迎接农民军的。《蜀记》曾记重庆知州潘某藏匿了，“贼檄催缴印，州民迫之出见”，又“新都知县，挂印于县堂……遁迹于田间，被民擒解”，可以看出当时四川人民对张献忠的拥护。大西建国后，《圣教入川记》也说：“僭位之初，假施仁义，以博民心。……闻献忠有勇有为，能任国事。于是一班官吏（指明官员），均出任事。”可是不久，各地地主便纷纷反叛，而投降的明官也据城抗命了。《鹿樵纪闻》说：

> 四方郡邑，初惧加兵。……既而王祥起遵义，杨展起犍为，曹勋起黎州，各据地自保。而前大学士王应熊，亦聚众起义，缟素誓师，传檄讨贼。袁韬、武大定（“摇黄”的首领）等皆以其兵反正。前守道马乾德（“德”字衍）自达州起兵，逐贼将刘廷举，迎曾英入据重庆。英以书招（殷）承祚……承祚大惧，即举顺庆降英。

《蜀破镜》卷四也说：“初献忠所陷郡邑，建置文武各官，缉捕绅士、富民。时川人（应说是官僚地主）之荼毒未尽者，斩木揭竿，纠集壮勇，杀其伪长，投之火，沉之水，或生剥其皮。”这一来，叛乱的明官，以讨张献忠为名，各自割据城池，招兵买马，扩充实力。四川人民却大受他们的涂炭了。

残酷屠杀人民的是地主阶级武装集团，而不是农民军。使四川人口遭到巨大损伤的，其一是由于明官军的杀掠（包括与明官军合流的“摇黄”

在内)，其二是由于清军长期进攻四川的杀掠，其三是清政府和吴三桂集团争夺四川地盘的杀掠。在清初二三十年的长期战争中，四川人民确实几乎被屠杀光了，但和张献忠并不相干！

《罪惟录·张献忠传》说：“时官兵淫掠，杀良作俘，民屯聚以拒官军。”这是张献忠在湖南、江西时期官军的情况。反之，张献忠军队则纪律很好，刘献廷《广阴杂记》卷二就说：“余闻张献忠来衡州，不戮一人。以问娄圣功，则果然也。”(娄有侄曾在李定国营)《蜀碧》卷三也说：“献(忠)初破武昌，有大志，不甚残杀。”封建时代的官军，多数是行同强盗，而明末清初的所谓官军，尤为凶残。冯梦龙《甲申纪事叙》说：

今未具饷而先聚兵。兵既聚而饷不足，于是倡为“打粮”之说，公然扫掠民间。掠妇女则为妻妾，掠家丁则为奴仆。一兵家属，多者至十余人……其势益不得不出于扫掠。而有兵之处，闾里皆空。未馘一二贼兵，先添万千兵贼，百姓嗷嗷，无所控诉[①]。

湖南、江西的官军，以杀掠老百姓为能，江淮、江浙的官军，到处“打粮”，被称为“兵贼”，然则四川的官军又如何呢？请看欧阳直所记明官军抢劫四川人民的情形吧。《蜀乱》说：

丙戌(顺治三年)……时官兵无粮。曾英条议云：“今沿江间田，一望荒芜，各营所获牛只颇多，请准兵丁择便屯种，无事则登岸耕作，有警则登舟敌忾。”阁部(王应熊)以田烛乃朝廷疆土，百姓己业，未经奉旨，何得给兵？不允其说。于是营兵尽抢劫以向活，自叙、泸以至重、涪，两岸“打粮”。至一月，路上地方残，民尽饿死，田上尽荆莽矣！

在清顺治三年，因明官军的“打粮”，自叙州(今宜宾)到涪陵，沿江一千多里的农民遭到最大的残害。耕牛先被官军抢去，无法耕作，才有“沿江闲田，一望荒芜”的情景。接着官军又两岸“打粮”，于是“地方残，民尽饿死”了。《蜀乱》又说：

---

① 载《国粹学报》己酉第八册。

甲申（崇祯十七年，清顺治元年）……四川各隘兵乱，遍行劫抢。兵备道马乾集兵下渝州，副将赵云贵集兵走龙安，大旗余朝宗自号“红十万”，集兵劫内、富、犍、威，走长寿。总兵甘良臣，副参贾登联、莫宗文、屠隆、曾英、王祥、王启、冯朝宣等，各集兵走忠、涪、泸、合、永、遵、綦、真等处。凡所过所驻，皆抢劫而食。东南大扰，庐舍一空。

丙戌（清顺治三年）……杨展兵至叙府之南岸，守叙府贼将方都督，扼江拒之。……展兵随势掩杀，贼败走，死者大半。展兵擒掳，城为一空。上南道（嘉定）周士贞闻报，集军民谓之曰：“所望者官兵，今官兵入叙，亦复抢掳……吾当与尔等共逝矣！”因大开六门，传民连夜远遁，全活甚多。……展至嘉，据其城。

己丑（清顺治六年）……杨展先分各处旧将，俱纵兵劫抢，拔营赴嘉定西南，西川大扰。……冬月二十四日，各弃城散去。袁（韬）、武（大定）入城，大肆掳掠，吊拷炮烙，备极其惨，哀号之声，数日夜始息。

又（酉）阳土豪李调燮，尝对余言及，彼集士兵扎寨时，无粮，每发兵捕人，谓之“人粮”。凡拿到人口，选肥少者付厨下，余者系，瘦乃给兵士。烹宰俱按整猪羊法。彼受招安，入杨展营，人赠以绰号，曰“万人坟”（讥讽他人肉吃得多）。

沈荀蔚《蜀难叙略》说：

（顺治）四年丁亥……（杨）展遂大肆掠眉州、青神之间，凋残亦与川西等矣！

费密《荒书》说：

戊子（清顺治五年），各府州县王公至士庶冢墓，尽皆遭发，十余年未罢。二月，朱容藩还夔府。三月，督师阁部吕大器自贵州出，至李占春营，东南总督杨乔然偕至。大器出而四川鱼烂不可为矣！……容藩……闻广西失守，遂称楚世子，其僚属有光禄、鸿胪之称。吕大器与巡按监察御史钱邦芑移檄讨之。是时，李占春仍屯涪州江口，于大海屯云阳县，谭诣仍屯巫山县，谭文宏屯万县天字城，袁韬屯重庆寨山坪。残民复被杀戮，存者人又相食。

很明显地在张献忠失败前后，在四川长江两岸千余里之地（自叙州到巫山），以及川西南一带，烧杀抢掠，使田地荒芜，人民饥饿死徙的，主要是明朝官军，其次便是地主、土豪的武装，和张献忠并不相干。

（四）摇黄“土暴子”的屠杀四川人民

在张献忠生前，除掉明官军和地主、土豪的武装残害人民以外，还有一种四川的土军名叫“摇黄”的，杀戮人民最为凶残。这里边成员很复杂，有农民，有流氓，有地主家奴，也有地主、土豪。像后来变成明官军并曾投降过杨展的袁韬、武大定，便是地主、土豪出身，而做了“摇黄”的大头领（《荒书》说：“武大定，贺人龙旧部曲也”）。这种土军，当时也称为“土暴子”。《蜀碧》卷四说：

崇祯中，川贼有姚天动、黄龙，聚众劫掠。……而沔县人袁韬，因奸婶事发，逃投响马贼马潮、胡九思等，继踵姚、黄，日事掠杀。及献入，遂乘势据蓬州、仪陇、南部各地方。杀老幼，掳精壮，掘墓开坟，生死无得免者。……顺治二年，我巡抚李国英大破诸贼于遂宁之旷虚坝，九思、潮等走死，韬以残卒数百奔川东，归樊一蘅（明宜宾总督）。

各州县乱民，号“土暴子”，以打衙蠹为名，凡胥吏之有声者，纠众擒之。或投之水，或畀诸火，甚则脔食其肉。官司束手，无可如何。而一时绅士家豪奴悍仆，戕灭其主，起而相应。深山大谷中，竖寨栅标旗帜，攻劫乡里，以人为粮。……其时川南、川北，畏“土暴子”，甚于流贼也。

在张献忠入蜀以后，川北的“摇黄”残部，自加入了袁韬、武大定等地主流氓分子，已变成了“土暴子”，他们没有斗争目标，专以残害人民为事。虽然在崇祯十七年八月，曾以“摇贼五万降于张献忠”之事[①]，但他们仍然盘踞于川北原地，张献忠不能过问。因此，“摇黄”很容易为明朝反动政权所利用；而不久，“摇黄”便在袁韬、武大定、胡九思等分别串领下，和明官军合流了。“摇黄”亦称“摇黄十三家”。如身临目睹“摇黄”残害川北地区的梁山冯之滗所写《冯氏历乱记》，就有“忠州总兵胡云凤，与三谭构隙，私通摇黄十三家”之语。有的人往往把“摇黄十三家”和“西山十三家”混为一谈，这是错误的。“西山十三家”是李自成的余部，据夔、归、房、竹一带山区。当时反动派也称之为“西山寇”。“十三家”之目，是起于崇祯八年农民军的荥阳大会，当时以农民军十三家领头，大会农民军首领于河南荥阳，商讨作战方略（《绥寇纪略》卷二），以后便流传下“十三家”之目，成为定名。但十三家的首领，却不固定，也不限于十三家的数目。李自成的余部支持南明抗清时，有“忠贞营”十三部。王夫之《永历实录》卷七：“（堵）胤锡为高，李部奏请立名‘忠贞营’。易高得功名曰必正，李过名曰赤心。……忠贞十三部，连营亘二百里。”到以后退据郧西至夔、巫一带山区时，李自成余部即被称为“西山十三家”了。《蜀乱》说：“闯贼余党，合别寇刘体仁、郝摇旗、李登云、塔天宝、王光兴、王友进、党守素等十三家，遁入竹、房各山寨，屯耕自守。”《荒书》也说：“辛卯（清顺治八年）秋，孙可旺（望）遣其将张虎，联络‘西山十三家，李赤心等，并于大海、李占春、三谭等。‘西山十三家’者，李贼余党也。”这里说得非常清楚，“西山十三家”是指李自成“余党”而言，川东其他地方武装，如于大海、李占春、“三谭”等，并不包括在内。《蜀碧》卷四说：“献忠未败，李自成之众，先溃出关。袁宗第、贺珍（锦）之徒，偕郝摇军。”“四川总督李国英奏：进剿昌宁（即大宁，今巫溪县），直捣逆巢，渠魁袁宗第乘夜遁去。当阵杀死伪

① 《国榷》卷一百二。

总兵以下六十员。”①

康熙三年（1664）清军打败“西山十三家”：“四川总督李国英等奏：蜀中巨寇刘二虎、郝摇旗、袁宗第，抗抚负固。……师次陈家坡，逼近贼巢，满、汉兵奋勇剿杀，贼遁入天池寨。杜敏等统兵进剿，刘二虎势穷自缢，郝摇旗、袁宗第夜遁。杜敏等复追至黄草坪，大败贼众，擒郝摇旗、袁宗第，并伪王朱宗蒗等。数万巨寇，一朝扫平，无一漏网。”“湖广总督张长庚奏……合剿西山巨逆，郝摇旗、刘汝魁等，业经授首。独李来亨拥众茅麓山（湖北兴山县西北七十里），最为险峻。官兵昼夜环攻，贼势穷迫，其党陆续下寨归降。八月五日，李来亨全家自缢，举火焚巢。官兵搜剿余党，楚寇荡平。”②“刘体纯、郝永忠辈合数万众于八月二十四日攻巫山县甚急，凡八昼夜。九月，大清兵出战，体纯等败走，永忠退屯大宁。……已而大清将军自陕西率兵至四川。十二月，大清兵入陈家坡，再夺孝木孔，体纯自缢，举室焚死。大清乘胜以进，至黄草坪，永忠、宗第皆获。惟李来亨居茆麓山寨，高险难攻，湖广、四川兵围之。……甲辰（康熙三年）六月十五日，来亨出围国英营垒，既破而败。……八月初五日，（来亨）焚其妻子而自缢。茆麓破，获数千人，皆杀之。惟留妇女，散给营伍。……李、张二贼之余，至是尽矣。”③

根据以上清军进攻四川的残存资料，可以看出清军屠杀四川人民的惨重。清军的掠杀规律是：进攻时，拼命斩杀，俘获的丁壮，一概杀死；俘获的妇女、小儿、牛只、器物，则官、兵坐地分赃。攻下城池、山寨时，是要烧光、杀光，必使荡然无余而后已；放弃城池时，便把老百姓全部掳走，有时在半路上“复尽杀之”。像这样的反复攻杀，或“竟无遗种”，或“斩获无算”，或“余党悉除”，或“无一漏网”，一直延续了二十年没有停

① 王先谦：《东华录》。

② 同上。

③ 《荒书》。

刀，整个四川，焉得不千里荒凉、人烟灭绝呢？

顺治十五年（1658），李国英正在调集“秦、蜀、楚三省大兵”会攻“西山十三家”时节，有一位做李国英幕僚的明阆（即阆中）庠生刘达，曾奉命往西宁口外购买战马。他在回川途中，看到川东北一带被“旗兵”破坏杀掠，不堪入目，不由义愤填胸，坚决向李国英请假返里。他给李国英写信道：

曩出极塞，办买战马。……已而取道邠、凉，道经孔、雒，返乎三巴。见夫尸体遍野，荆棘塞途。昔之亭台楼阁，今之狐兔蓬蒿也！昔之衣冠文物，今之瓦砾鸟鼠也！昔之桑麻禾黍，今之荒烟蔓草也！山河如故，景物顿非。里党故旧，百存一二；握手惊异，宛如隔世。……辄慨然太息！旋当枕石漱流，与老农老圃，课雨谋晴，富贵功名，讵我所知哉！”（《滟滪囊》卷四）

刘达这封书信，是清军屠杀四川人民的一个缩影。这些血腥的罪行与张献忠又有什么干系呢？欧阳直《蜀乱》在叙述完了清军“攻剿夔东刘、李、党、郝、塔等十三家”后，总束前文说：

自此，东、西、南三川，全归清，蜀乱暂定矣！自乙酉（顺治二年）以迄戊、己（戊戌、己亥，即顺治十五年与十六年），计九府一百二十州县，惟遵义、黎州、武隆（故治在今涪陵县东南）等处免于屠戮。上南一带（嘉定）稍有孑遗，余则连城带邑屠尽杀绝，并无人种，且田地荒废，食尽拟空。未经“大剿”地方或有险远山寨，间有逃出三五残黎。初则采芹挖蕨，继则食野草，剥树皮。草木俱尽，而人遇且相食矣！

很明显这是清军长期向四川人民进行“大剿”，才弄到这“连城带邑，屠尽杀绝”，“田地荒废，食尽粮空”的地步。欧阳直已说出了清初“屠蜀”的真相。

在清军中，投降的汉军也和“旗兵”一样是残虐四川人民的。彭孙贻《平寇志》卷十二说：

(吴)三桂镇蜀,虐使蜀人,蜀人咸贰。尽夺献忠将士子女,日置歌舞,诸将恨刺骨。……献忠所部,共推平东将军孙可望为主,潜勒两川散亡诸部曲,合兵袭成都。……三桂大败,弃成都东走。可望逐之,三桂且战且走,两川兵尽起,攻本朝之戍守者。三桂仅得反汉中,可望遂踞两川。

《明季稗史初编·平西王吴三桂传》说:"文秀善抚士卒,多乐为死。蜀人闻其至,所在响应。重庆、叙州诸郡邑为三桂所克省,次第失陷。"张献忠部属孙可望、刘文秀之能够反攻四川,打退吴三桂,就因为清兵和投降汉军的残民,而张献忠部属却是深为四川人民所拥护所支持的。《滟滪囊》卷四记康熙元年,"吴三桂移镇云南,家属道经四川,年余络绎不绝。船只夫役,供应浩繁,民疲于奔命。……民人逃匿,不获耕耘。"在没有战争的时候,吴三桂的侵害,尚且如此,若在军事行动期间,其残暴更可想见。

清政府自康熙四年对四川人民的屠杀暂告停止之后,曾用"鼓励招垦之法"[①],招徕他省人民到四川垦荒,企图借此恢复生产,增加赋税收入。但四川没有平静多久,到康熙十三年(1674),因"撤藩"之故,吴三桂和清朝发生决裂,吴三桂部属王屏藩强据了四川。双方为了争夺四川的地盘,进行了七年的血战。四川的残余和新迁来的少数人民,又大部分作了双方刀下之鬼。

玄烨调兵遣将,要向四川王屏藩、吴之茂等进攻,利用汉将张勇、赵良栋、王进宝、孙思克等,把已经进攻到陕、甘间的王屏藩军打回四川。双方在汉中和川陕边界对峙了几年。清军借口转运困难,粮饷匮乏;又借口北京地震,"房屋倾坏……人各怀内顾之忧",请求暂缓进攻。玄烨除严令进军外,在康熙十八年十一月,下了就地"打粮"的"上谕"。《平定三逆方略》卷四十八说:

① 《明清史料》丙编第十本《户部题本》。

上谕户、兵二部：前据大将军等疏称，王屏藩济贼，于汉中兴安诸处，拥众数万，坚定抗拒。以此推之，必广储粮饷，为数年之备。今我大兵骤入，恢复之地，贼所聚粮，必已多得。虑蜀路运粮，最为重要。宜于所复城池、村落，遍访贼积米谷，悉行察收，俾进蜀官兵，不误支给。……诸将军、大臣等，俱宜殚心储备，所获汉中诸处钱粮米谷，节省支用，副朕灭寇安民至意。此后所至之地，惟宜以此为急务。

这纸冠冕堂皇“上谕”，就是暗示进攻四川的官兵，只要能够拼命打进四川，所到之处，不管城市或乡村，准许大肆抢劫，尽量搜索财物。表面上说：“副朕灭寇安民至意”，实质上，是以牺牲四川人民的生命财产去引诱这一群虎狼将兵贪财忘生地拼命向四川进攻。这完全是明官军“打粮”政策的扩展。玄烨又敕谕张勇、王进宝等四汉将，规定：“官兵前进，则满洲大兵，亦即相继进剿。”于是汉军在前，旗兵后继，到康熙十九年（1680）一月，已经由广元、保宁而攻下了成都。可是四川人民乃大受涂炭。先被汉军杀戮搜刮一番，紧跟着旗兵又来抢掠一场，诚如李瑨《平贼碑》所说：“甲寅（康熙十三年）之岁，逆藩煽乱……全川陷失……士民其瘵。渠邑界在东陲，实当孔道，兵篦寇梳，受祸尤烈。”[①] 四川人民就在“兵篦寇梳”的情况下，被这群虎狼强盗抢光、杀光了。

清初的官僚，都知道掩盖自身罪恶的办法，把破坏四川的责任，诬加到张献忠身上。但从他们的四川纪行中[②]，仍能看出四川逐步破坏的情形，和破坏逐步加深的程度。

康熙九年（1670），王沄随蔡毓荣入蜀安辑地方，他在《蜀游纪略》中说：“经永川、荣昌、隆昌、内江，观盐井。……旁有废井，乃献贼所塞。他邑废井甚多，修复者十未及一。问火井，闻在富顺云。”但到吴三桂战乱后，陈奕禧于康熙二十一年（1682）押运饷银入川（陈仅是县丞一

---

① 见《片石齐斋集》。

② 多收入《小方壶斋舆地丛钞》第七帙。

类小官，偶尔还说几句真话)，他在《益州于役记》中说。“盐亭、南部、阆中、射洪，皆有盐井……惟南部多至五十二井。盐亭十六，为乱兵所塞，止存其一。”陈奕禧说破坏盐井的是“乱兵”，而王沄却推到二十多年前的张献忠身上，显然是故意栽赃的。王沄入川所见，成都破坏得最凶，只有嘉定还有完整的房舍。他说：

成都……官民庐舍，劫火一空。蔡公至，馆于棘园，即蜀王宫也。……惟有重城，馆舍皆草创……又至青羊宫，楼观焕然，时贤所重构也。登楼四望……阡陌宛然，溪流清驶，人烟久绝，尽成污莱，山麋野豕，交迹其中。野外高丘累累……城中茅舍寥寥，询其居民，大都秦人矣！(清政府由陕西移民来的)

至嘉州……州治未被兵残，庐舍完整，为仅觅云。

康熙十一年（1672)，王士祯典试入川，沿途所见，荒凉不堪。王在《蜀道驿程记》说：

(闰七月）十三日……次宁羌州。州在乱山中，无城堞。……明末流寇小红狼据之，又经献贼之乱，城郭为墟。

十四日……二鼓抵黄坝驿。……夜闻呼噪声，询之，云麋多食稼，农夫野宿驱之故耳！

十六日，未午次广元县。……自宁羌至此，荒残凋瘵之状，不忍观。闻近有旨招集流移，宽其徭赋，募民入蜀者，得拜官。

二十四日，午次盐亭县。……行十五里，次秋林驿，在深箐中。目前种种，如地狱变相。……人家十余，结茅竹在箐中。土人云，蛇虎虽多，与人无害。

二十六日……晡抵建宁驿。竟日出没荒草中，土人云，地多虎，日高结伴始敢行。

二十七日……自潼川西来，山险稍平，然泥淖特甚。……弥望百里，田在草间。午后次中江县。……县颓废甚于潼川，境内人户才三十余家。

二十九日……次汉州……城中石表，咫尺相望，想见盛时。而城堞室庐，鞠为茂草矣。

八月……初三日……午抵成都府。

九月二十五日，发成都府……次双流县，县已废入新津。入城，即颓墉废堑，虎迹纵横。

二十八日……出眉州西行……弥望荒原，风雨如晦，数十里无炊烟，最为荒阒。

二十九日……午次夹江县，嘉定州界……自巴阆走成都至眉，千余里名都大邑，鞠为茂草。

王士祯沿途所见的荒残情况是：川北自宁羌到广元，破坏得最凶，“城郭为墟”，居民稀少，“麋多食稼”，“荒残凋瘵之状，不忍睹”。自保宁经成都到眉州，千余里名都大邑，“鞠为茂草”，“田在草间”，城内“虎迹纵横”。可是四川又遭受了清军和王屏藩等七年战祸，到康熙十九年才算基本结束。所以康熙二十一年（1682）陈奕禧运饷银到四川，二十二年方象瑛典试到四川，他俩沿途所见到的情景，更加凄凉了。陈奕禧《益州于役记》说：

（十月）四日……至宁羌州，入北门，四郭皆荒草，缚柴为城门，刺史与城隍同衙。

十三日，十五里虎跳驿。烟火百家……颇盛于县。

十五日，晤阆中令。……舍舟登陆，以民稀夫少，未得行。

十八日（按，陈在阆中等民夫数日），渡嘉陵江，稍南上锦屏山。……今逢变乱，古木尽遭逆兵戕斫，无复佳胜。

廿日，渡嘉陵江而南……高地低田，兵余仅见耕耨。

廿一日……十里柳边驿，宿馆舍。自入栈来，州邑皆荒残，无复烟火。

廿三日……十五里紫荆铺小尖。岩阿群鹿，大者如马，往来于荒田中，止息甚闲。……廿五里盐亭县，宿店。

二十四日……十里庙垭，见虎。……十里秋林归驿，宿店。……终夕群虎逐鹿，鸣声绕床不绝。

二十五日……十五里桃花溪。……土地肥厚，人民不存，鞠为蓬茆。

方象瑛《使蜀日记》说：

八月……十七日，是夕泊广元县。……二十日，经苍溪县……午余抵保宁府。二十二日，渡阆水复陆行。次龙山驿，舍宇颓废。……夜趋柳边驿，不及宿。小猴牙草舍索米，不得，取干粮给从人，燃薪达旦。……二十三日，次柳边驿，颇多居民。……二十四日，由灵山铺至盐亭县。川北自保宁以下，旧称陆海，明末张献忠屠戮最惨，城廨村镇尽毁。田野荒芜，人民死徙，处处皆然。……二十六日，抵潼川州。沃野千里，尽荒弃，田中树木如拱。……九月一日，次汉州，抵新都县，皆名区。乱后中衢茅屋数十家，余皆茂州（指羌人），虎迹遍街巷。

当王士祯入蜀时节，在亭子口、阆中、盐亭等城镇，还偶见恢复景象："亭子夹岸居民数百家，有良田沃野。""阆中人民城郭，在川北诸郡，差为完好。""盐亭县……城堞已毁，居民尚数百家。"但到陈奕禧、方象瑛入蜀时，川北个别地区的恢复情况，已经消失。王士祯在亭子口见到"居民数百家"，盐亭县"居民尚数百家"，可是陈奕禧在虎跳驿见到"烟火百家"，便认为很难得了。以王士祯时"人民城郭""差为完好"的阆中，到陈奕禧来时，竟变成"民稀夫少"，等了几天，才拉齐民夫。一般看来，残破的程度，又加深了一步。像潼川：王士祯所见，是"弥望西百里，田在草间"。但方象瑛所见，是"沃野千里，尽荒弃，田中树木如拱"。田中荒草竟变成树木了！像汉州：王士祯所见，是"城堞室庐，鞠为茂草"。但陈奕禧所见，是"城内外皆林莽，成虎狼之窟"。像成都：康熙九年王溭所见，尚有"棘园"，"馆舍皆新创"，郊外田地"山麋野豕，交迹其中"，"青羊宫，楼观焕然"。但方象瑛所见，则"无使院"，"亦无院署，僦民宅以居”，城内“虎狼且攫人”，青羊宫“旧极壮丽，今圮”。请问，像这样地把四川搞得愈来愈荒凉，人烟愈来愈稀少，变成荒草丛树，虎狼横行的世界，究竟是谁的罪恶呢？

陈奕禧说：中江县“城大而荒，民四十家，赋六金”。方象瑛说：“额赋，大县不过五十金，或一二十金，甚至四五金。人亡土芜，目中所未见，招徕生聚，故未易也。”徐乾学在《送姚佥宪抚蜀序》[1] 和方象瑛一样，把西川的“数被兵革，地荒民流”的惨祸，推到张献忠和吴三桂身上。但戴名世在康熙二十九年（1690）写的《李县圃唱和诗序》说：“自明之末以来，而蜀已非前日之蜀矣！使子美、务观见之，当如何叹息？”[2] 他言外有物，却不敢明白说出这残害四川的罪首。川东传教神甫古洛东根据清初四川传教记录，在所著《圣教入川记》中写道：

张献忠灭后，旗兵在川，一时未能设官治理。彼时川人不甘服旗人权下者，逃往他处，聚集人马，抵抗旗兵。如此约有十年。迨至一千六百六十年（顺治十七年），川省稍定，始行设官。所有官长，皆无一定地点居住，亦无衙署，东来西往，如委员然。此时四川已有复生之景象。不幸又值云南吴三桂之乱，连年刀兵不息。自一千六百六十七年（康熙六年），至一千六百八十一年（康熙二十年），一连十五载，川民各处被掳，不遭兵人之劫，即遇寇盗之害。哀哉川民，无处不被劫掠，殊云惨矣！幸至一千六百八十一年，匪党盗寇，悉为殄灭。然四川际此兵燹之后，地广人稀，除少数人避迹山寨者，余皆无人迹。所有地土，无人耕种，不啻荒郊旷野，一望无际。

古洛东这段话，算说出了清初四川残破的真正原因。这都是和张献忠不相干的。

封建统治者一贯利用伪造历史对农民起义军进行诬蔑，甚至把自己屠

① 《憺园文集》卷二十三。

② 《南山集》。

杀人民的血腥罪行也一并推到农民起义军身上。《明史·张献忠传》的诬妄，只算是封建统治者监修的史籍中的一例，但也是封建统治者最为鄙劣无耻的表现。我们不但要揭穿清统治者的作伪与诬蔑，我们更应当正视清统治者“文字狱”迫害的威力，竟使这伪造与诬蔑广泛推行，欺骗了后世的广大群众，“三人成虎”，“众口铄金”，让明末农民起义军杰出首领之一——张献忠，蒙诬近三百年。著文至此，能不慨然！

（原载《历史研究》，1957 年第一期）

关于张献忠农民起义的流寇主义问题

袁庭栋

在我国古代历史上，爆发过多次轰轰烈烈的农民起义。可是，他们英勇奋战的结局大都是失败了。史学界曾经有很多同志著书撰文来研究这种失败的原因，不少具体问题也被逐步地提了出来，流寇主义问题就是其中之一。明末农民大起义时间长、规模大、斗争尖锐、对后世影响也颇为深远，但也是在“流”字上表现比较突出的。在过去的有关史籍中，几乎毫无例外地将明末农民起义军称为“流寇”“流贼”，《明史》中记载农民大起义的部分也叫《流贼传》。

基于这种历史现象，早在四十年前，就有研究者提出了流寇主义的问题，认为在这种长期流动的作战方式之中包含着一种流寇主义的政治路线，其特点是不重视革命根据地的建设，斗争没有依托之地，不能巩固革命成果，因而造成革命斗争的最终失败，明末农民大起义则是这种流寇主义的代表。另有一些研究者认为，古代农民大起义中不存在流寇主义问题，流动是应予肯定的，明末农民大起义的失败与流寇主义无关。上述两种意见到底哪一种更符合历史真实呢？本文拟就张献忠的长期斗争实践为例进行剖析，谈谈自己对有关流寇主义几个问题的看法。

明王朝的封建统治自明神宗万历之后，其贪污腐败日益加剧。政治上，宦官专权，冤狱遍于国中；国防上，边事日蹙，辽东连遭败绩。以农业生产为基础的社会生产力受到封建统治阶级苛残暴虐的种种破坏，日渐衰颓。而各级封建统治者却不恤国事，只知榨取人民血汗。统治阶级的残酷剥削，造成了阶级矛盾的日益激化，其中一个特别突出的现象就是广大农民失去了土地和其他的生产资料，成为四方漂泊的流民。

明王朝的封建统治阶级长期以来用尽种种巧取豪夺的办法掠夺农民的土地，建立田庄，“公私庄田，逾乡跨邑；小民恒产，岁剥月削”[①]。从皇帝的“皇庄”和各地藩王的“王庄”到全国很多官僚的“官庄”，造成了“庄田遍郡县”的局面。而各地的地主乡绅也千方百计侵夺土地，占田数万亩的大地主并不罕见。封建统治阶级长期的鲸吞蚕食，造成了明末的土地高度集中，而广大农民纷纷失去土地。失去土地的农民，一部分离开家乡，或入山林，或入城镇，衣食无着，四处流徙，成为流民。有的则向地主佃田，成为佃农，但他们在地主的残酷剥削下，也仍无法维持生活。这些无法生存的佃农中，有不少人不得不走上流徙四方的道路，最终也沦为流民。

至于还保有小块土地勉强耕种的自耕农，生活并不比失去土地的佃农好多少。他们要承担封建国家的田赋力役和各种苛捐杂税的剥削，如侯朝宗所说，“明之百姓，税加之，兵加之，刑加之，役加之，水旱灾侵加之，官吏之鱼食加之，豪强之吞并加之，是百姓一而所以加之者七也”[②]。其中单田赋一项就足以使人倾家荡产。顾炎武说：“愚历观往古，自有田税以

① 《续通典》卷三《食货》。

② 见《读史札记》第三十三页。

来，未有若是之重也。以农夫蚕妇，冻而织，馁而耕，供税不足，则卖儿鬻女，又不足，然后不得已而逃。”①

“逃”而“流”，这是苛虐的剥削压迫造成的必然后果，而且“逃”而“流”者越来越多。因为逃亡之后，地方官估逼“留者输去者之粮，生者承死者之役”②。这样又造成更多的人流亡异乡，其结果正如崇祯初年马懋才所说：“国初每十户编为一甲，十甲编为一里。今之里甲寥落，户口萧条，已不复如其初矣。……如一户止有一二人，势必令此一二人而赔一户之钱粮；一甲止有一二户，势必令此一二户而赔一甲之钱粮。等而上之，一里一县，无不皆然。然则在见之民，止有抱恨而逃，漂流异地，栖泊无依。恒产既无，怀资易尽，梦断乡关之路，魂消沟壑之填，又安得不相率为盗乎!”③“流”而为“盗”，成了阶级斗争的必然，即所谓“初为流民，继为流寇，蔓延全国，不可收拾”④。可是，就在这“不可收拾”的情况之下，明朝统治者还在明万历四十六年至崇祯十二年间（1618—1639）连续在正赋之外加派“辽饷”“剿饷”“练饷”，总额达一千六百七十万两的巨数。“三饷”成了将“流民”转化为“流寇”的催化剂。

明末农民大起义的策源地陕北地区的流民群众较之其他地方更多，因为这里土地瘠薄，农作不丰，历来就有大量农民离开家园，或投军吃粮，或驿站为卒，以谋衣食。到了明末，军屯早被破坏，军饷又不能发出，到崇祯二年（1629）时，延绥、宁夏、固原三镇士兵已连续三十六个月未领到分文饷银，兵士们甚至以卖儿鬻女，质盔当甲谋生。卢象升到边境检阅军队后上疏称：“迄今逋饷愈多，饥寒逼体，向之挪钱借债，勉制弓矢刀枪者，依然典且卖矣。多兵罗列武场，金风如箭，馁而病，僵而仆者且纷纷见告矣。每点一兵，有单衣者，有无裤者，有少鞋者。臣见之，不觉潸

① 《日知录》卷十《苏松二府田赋之重》。

② 《明史》卷二二六《吕坤传》。

③ 《续修陕西省通志》，卷八十六《备陈灾变疏》。

④ 《罪惟录·列传》卷三十一。

然泪下。”[①] 军士如此，驿卒亦是如此。也是崇祯二年，明政府大量裁减驿递，其结果如计六奇所说：“秦晋土瘠，无田可耕，其民饶膂力，贫无赖者。藉水陆舟车，奔走自给。至是，遂无所得食。”[②] 这样，广大的失业无依的士兵驿卒也必然纷纷加入“流民”再而“流寇”的行列。

十分清楚，在明朝末年，在封建统治阶级的残酷剥削掠夺之下，在连年水旱的交相催逼之下，“贪婪助旱魃之虐，繁苛鼓冯夷之波”[③]。造成了充斥道路、转徙沟壑、衣食无着的大量流民，单以大起义策源地的陕西而论，就是“有一里一百一十户内止存十余户者，有一甲十一户内止存十余丁者，有数甲全逃者”[④]。流民问题成为明末的主要社会问题。而一旦大起义爆发，流民就必然成为起义军的主要成分，“流贼初起，大约有六：叛卒、逃卒、驿卒、饥民、响马、难民也。”[⑤] 张献忠本人就是一个“穷无所归”的逃卒。

作为农民军主要成分的这些“穷无所归”的流民群众，既无家产，也无居室，哪里可以谋生就走向哪里，对于乡土早已没有多少东西可以留恋了，乡土观念已十分淡薄，逐渐形成了一种“流动性”，而作为封建社会中农民阶级所固有的闭塞、守旧、安土重迁甚至死徙无出乡的那些特点则逐渐泯灭。他们参加大起义之后，也就必然地把“流动性”带给了农民军，哪里敌人薄弱，哪里能够取得生活资料就奔向哪里。而且，由于他们长期离乡背井，养成了长途跋涉的适应能力，可以坚持长途的快速行军；由于他们熟悉各地情况，无需向导，也便利了东西闯荡的行军和作战。因此，他们很自然会采用流动作战的方法同敌人周旋。所以，初为流民，继为流寇，蔓延全国，不可收拾。这应当是事物发展的必然结果。封建史家

---

① 《卢忠肃公奏议》卷八。
② 《明季北略》卷五。
③ 《国榷》卷九十七。
④ 《皇明经世文编》卷一十五《议复陕西事宜疏》。
⑤ 《明季北略》卷四。

总结张献忠的特点时说："献忠等发难于陕西延安府，而蔓延于各省，望屋而食，奔走不停，未尝据城邑为巢穴，故曰流贼。"[①] 应该承认，这种说法是有一定根据的。

但是，流动作战并不是流寇主义，绝不能将二者简单地等同。流动作战是军事斗争中一种作战方针，流寇主义是农民革命中一种政治路线，二者有着密切的联系，但又有着明显的区别。流动作战是一种古代农民战争中常见的作战方针，张献忠在长期战斗中用"以走制敌"的流动作战的方式同明军作战，其中包含了主动进攻、速战速决、灵活机动、不固守一城一地、在运动中消灭敌军有生力量等重要的积极因素。张献忠指挥着大西军"倏东倏西，暮南晨北"[②]，"飘忽若风雨"[③]。"献之行兵，其来也如风雨之骤至，其去也如鬼蜮之难知，故数月间或驰江北，或趋楚豫，蹂躏三省，令官兵追逐不暇。"即《孙子》所云："'出其所不趋，趋其所不意'，'避实击虚'之法。将帅堕其术中而不觉耳。"[④] 张献忠运用流动作战的办法前后打破了明军的五次大围剿（有的是和农民军其他各部联合行动的），曾经在崇祯十三年（1640）十月到次年正月的四个月中率领以骑兵为主的大西军在四川境内东西驰骋，高速行军（最快时一日夜行三百余里），长驱五千余里，消灭了大量明军，最后出川轻取了明军经营多年的军事重镇襄阳，逼得明大学士、军务督师杨嗣昌在沙市自杀，创造了我国古代军事史上极其光辉的战例。张献忠以流动作战消灭敌人，取得作战胜利，这一点，就是明王朝的官吏也看得很清楚。明朝户部主事张缙彦说："贼之得势在流，而贼之失势在止。"他还分析了农民军有时失利，就是因为"守而不去"而取得胜利就是因为"流而不居"[⑤]。此外，流动作战除了在军事

① 《客滇述》《荒书》。
② 《纪事略》。
③ 《国榷》卷九十八。
④ 《明季北略》卷十七。
⑤ 《明季北略》卷十四。

斗争中消灭了大量明军之外，还如暴风骤雨一般在大半个中国摧荡着各种阻碍、束缚和破坏生产发展的腐朽的封建制度，镇压了无数吮吸人民膏血的吸血鬼，使广大被压迫被剥削的劳苦大众获得了暂时的解放，报了仇，雪了恨，一度夺回了被官吏地主掠夺的生产资料，因而在推动历史前进的长河中，起到了一定的历史作用。因此，我认为对于流动作战的积极因素和巨大成就必须给予充分地肯定，不应将它同流寇主义混为一谈而加以一概否定，特别是张献忠在流动作战中所取得的军事指挥艺术上的杰出成就，是很值得进一步研究和总结的。

但是，流寇主义却不能加以肯定，我们不能将流动作战和流寇主义等同视之。流寇主义是常常伴随着流动作战而出现的一种政治思想，是农民起义军领导者所推行的一种错误的政治路线。张献忠和由他统率的大西军在长期斗争中就存在着十分明显的流寇主义，其主要表现就是流而不居：只是用流动作战的方式去打垮敌军，而没有建设作为自己进行革命战争的依托和巩固革命战争成果的根据地。在张献忠看来，战胜明军，就是胜利。曾经长期和张献忠联合行动的罗汝才曾经明白地说过：“吾等横行天下为快耳，何专土为?”[①] 张献忠的行动和罗汝才的自白完全一致，他在长期作战中总是“陷不留守”，攻占甲地，丢了乙地；攻占丙地，又丢了甲地，有些地方是多次攻占，又多次丢失。张献忠入川建国之前，活动时间最多的地区是今天鄂、陕、川交界的郧、襄山区和安徽的英、霍山区，他曾几次到过这里休整队伍，但从未进行过什么建设性的措施，也未建立过地方政权，一直是时来时去。崇祯十六年（1643），张献忠曾在武昌和长沙两地停留，都有过设官、取士等措施，都曾受到当地人民的热烈欢迎，很有建立根据地的条件，但他在武昌只住了两月，在长沙也不到百日，就又率军而走，在当地的一些设施，也就风流云散了。进军四川之后，建了国，成立了中央政府和一些地方政权，并一直住了两年多，入川时，也曾

① 《绥寇纪略》卷九。

经有过“暂取巴蜀为根，然后兴师平定天下”的许诺[①]，但事实上这个“根”并没有扎下去，只有一些并不得力和不完备的临时性军政措施，没有用经济政策发动群众，没有用力组织和发展生产，长期以来“饥则聚掠，饱则弃余，已固之粮，不知积畜，地生之利，未闲屯种”的作风[②]，无所改变。一些仅有的军政措施不能贯彻，地方政权极不牢固，史书上的一些记载，如“献忠当时窃据者，川西锦城一区耳”[③]，“献忠拥兵数十万……而其威令所慑服者，不过成都前后十余县耳”[④]，基本上反映了当时的实际情况。因此，张献忠所控制的川西地区只能说是当时的军事中心，而根本没有成为可以达到保存和发展自己、消灭和驱逐敌人之目的的战略基地。当时居住在距成都不过百里的傅迪吉记叙他的亲身经历时，只明白地写着大西军的部队到了简阳等地，镇压了一些人，招了一些兵，如此而已，至于如何发动群众、组织群众、恢复经济、扶助农桑等等措施，是一件也没有的[⑤]。

那么，以不建设根据地为主要表现的流寇主义给张献忠和大西军带来什么影响，产生什么后果呢？从张献忠的后期活动中可以看得十分清楚，这种流寇主义是导致他们最后失败的最重要原因之一。张献忠可以用流动作战的长处去战胜明军，在军事上取得胜利。但军事上的胜利并不等于革命事业的胜利，军事上的胜利只是达到革命目标的必要条件，并不是革命目标本身。要想达到革命事业的胜利，就必须变“流”为“停”，建设根据地，这就需要建立地方政权，组织各阶层的广大群众，实施自己的政治经济纲领，从而实现农民革命所追求的推翻暴政、得到土地、发展封建的小农经济的具体目的。可是，张献忠停下来之后，就不再能发挥其流动作

① 《滟滪囊》卷二。

② 《国榷》卷九十八。

③ 《纪事略》。

④ 《明季南略》卷十二。

⑤ 见傅迪吉《五马先生纪年》。

战的长处，又不实行建设根据地的任何措施，从而在军事上失去锐气，在政治上又得不到广大群众的持久支持，最后必然是走向失败。张献忠入川之后的情况，正是按照这条道路发展的。

崇祯十七年（1644），张献忠在纵横驰突十七年的流动作战之后，建国成都，停止了长期流动作战的生活。一停止流动，过去主动积极的进攻精神没有了，叱咤风云的锐气消失了，东攻曾英，南御杨展，都未能取胜，北面的清军又步步逼来。过去是无所不攻，现在是无所不守，兵力分散，坐困成都，张献忠没有拿出力量来建设四川这块根据地，也就不可能真正发动各地农民群众起来和大西军共同保卫已经取得的战果，因而大西政府在各地建立的地方政权极不稳固，“凡献忠所选府州县官，有到任两三日即被杀者，甚至有一县三四月内连杀十余县官者。虽重兵威之，亦不能止也”①。

要想发动群众，巩固地方政权，这在农业社会的古代，首先必须以有力的措施来保护和发展农业生产。大西军入川建国之后，一个最严重的问题摆在面前：粮食何在？过去流动作战，是靠“打粮”，如今停了下来，官府和地主的粮食很快被吃光，这就必然要从广大农民身上取粮。战乱之中，农业生产已不能正常进行，农民又有多少粮食可提供作为军粮呢？从傅迪吉的《五马先生纪年》一书的记载来看，张献忠和大西政府没有采取过一项保护和发展农业生产的措施。张献忠入川后不久，农村中就出现缺粮现象，“谷价渐渐昂贵，且无甚卖的”。以后就出现了“大荒”“大饥”，乃至人吃人的记载。在这种情况下，战争如何能取胜？政权如何能巩固？革命又怎么能成功呢？

如果要在四川立足，得到四川农民的支持，使四川成为大西政府的战略基地，张献忠还必须满足农民的最迫切的要求——土地。上面我们谈到，明末社会危机的主要表现之一就是大批农民被剥夺了土地，失去了最

① 《明季南略》卷十二。

基本的生产资料。土地是农民的命根子，谁要想得到农民的支持，就必须要解决农民的土地问题。张献忠在长沙时，曾经有过“钱粮三年免征”的檄文[①]，曾经下令将大官僚杨嗣昌家中“房屋尽行燃毁，霸占土田，查还小民”[②]。虽然这些措施是否真正得到贯彻还不能肯定，但这些措施的提出，却使张献忠在当时受到人民群众的热烈欢迎，甚至每家供一牌位，上书“西府万万岁”[③]。然而，张献忠在四川两年多，竟连这类措施也未提过（只是对边区少数民族有过“免其三年租赋”的诺言），怎么能得到广大农民持久地拥护呢？张献忠在四川替农民做的好事主要就是镇压了一大批地主官僚，替农民报了仇，出了气，得到了暂时的翻身解放。

但是，政权的任务如果仅仅是镇压，而不能进行经济领域的变革，不能认真组织生产，这个政权是不可能牢固的，这个政权所暂时控制的川西地区也是不可能牢固的。在流寇主义的支配下，张献忠在四川两年多，由于他没有提出过恰当的政治经济措施来争取和组织广大农民群众，也就不能得到广大农民广泛而持久的支持。这样，四川地区非但不能成为赖以执行自己的战略任务，达到保存和发展自己、消灭和驱逐敌人之目的的战略基地，反而成了难以控制的包袱，造成了民心不力、给养困难、四面防守等各方面的困难，因而大西军作战节节失利，形势日益恶化，以至在顺治三年（1646）出现了大西军作战近二十年来从未出现过的两件大事：刘进忠率军叛变和清军偷袭老营，其结果是张献忠在西充凤凰山中箭牺牲。

三百多年前，封建史家查继佐在《罪惟录》中评论张献忠的失败时，说过这样的话：“张之失，不知所为固。……不知所为固则防疏，而后无余地可凭。”我认为这番话切中要害，颇有见地。所谓“不知所为固”，就是我们今天所分析的不知道建设根据地；而“无余地可凭”，就是指张献

---

① 《平寇志》卷七。

② 《骨董三记》卷三。

③ 《明季实录》。

忠所进行的农民革命战争目的的实现失掉了依托。既然如此，张献忠的失败也就成为必然了。所以，我认为流寇主义的确是张献忠失败的主要原因，虽然并不是唯一的原因。

[原载《四川师院学报（社会科学版）》1981年第1期]

明末农民军流动作战的探索

龚鹏九

明末农民起义是我国农民战争史上重要的一页，其规模之大，地区之广，时间之长，都是我国农民战争史上前所未有的。更重要的是它提出了“均田”“免赋”的斗争纲领，推翻了明朝；当清兵入关，外患严重的时候，又起而与清兵作战，给清兵以沉重的打击，影响极为重大。但是这次起义为什么失败了呢？有人认为是由于“流寇主义，削弱了农民军的战斗力，以至最终导致起义的全盘失败”①。这种看法是值得商榷的。本文不拟讨论明末农民起义失败的原因，仅就明末农民军的流动作战问题作一些探讨。

流寇主义是游民阶层的思想反映。其特点是采取流动作战方式，去扩大政治影响，不耐烦和群众在一起作艰苦的斗争，不建立革命根据地，只想走招兵买马、招降纳叛的路线。这种思想的产生，是与游民阶层的加入分不开的。但是我们也应该具体地分析具体问题，不应该对历史上所有流动作战的农民军，简单地毫无分析地套上这一公式。否则，我们就无法解

---

① 孙祚民：《中国农民战争问题探索》，第43页。

释，同是一支农民军，如黄巢、李自成、张献忠，以前是“流寇式”的，后来也建立了相当稳定的政权；东晋孙恩开始以浙东及其沿海为根据地，后来受到刘裕追击，被迫采取“流寇式”行动，他的继承者们卢循、徐道复转战的地区更广；更无法解释如太平军前后都是流动作战，而中间建立了一个时间的稳定局面。因为农民军的流动作战，除了有流民参加这一因素外，还夹杂着许多其他问题，如敌我强弱的对比、农民军饷糈的补给以及为了一定的政治目的等等。但一到形势变化，农民军的力量已经超过敌人，饷糈的供应已经毫无困难，流动作战就不存在了。例如黄巢打进长安、李自成据有西安、张献忠攻下成都以后，都改变了以前那种大踏步前进，大踏步后退的流动战争。农民本来是“安土重迁”“死徙毋出乡”的，就是爆发了起义，一般的也是强则攻城略地，弱则据险自守，只有在敌人的疯狂进攻下，据险也不能自守的时候，才被迫奔走四方。

明末农民起义，从陕北开始，逐渐转入山西、河南、安徽、湖北各省，来如疾风，去如骤雨地与明朝的军队斗争了十余年，这种大规模流动战争产生的原因，可以从它的阶级根源、经济背景、军事力量、战略要求等几个方面来考察。

从阶级根源来说。明末农民军的成分是十分复杂的，据崇祯二年六月陕西巡按御史吴焕的奏疏说，“有土贼、边贼、回贼、矿贼、和饥民”，统治阶级所诬称的“土贼、边贼、回贼、矿贼、饥民”就是当时长期失业的游民无产者、被裁减的边兵驿卒、参加起义的回民、失业的矿工和因人祸天灾没有饭吃的农民。这五种人中，饥民的数量最大，是农民军的主体。

“盗贼、边兵、驿卒、矿工”的数量虽然不大，但有一定的影响。“盗贼”产生于游民，因为他们失去了土地，没有可以维持生活的职业，不能不啸聚山谷，从事劫掠。边兵、驿卒也多系游民，他们为了生活问题，接受政府的招募，“河北游民向借食驿糈”[①] 就是指的这种情况。由于明末统

① 《明史纪事本末》卷七五，“中原群盗”。

治者克扣边防饷糈、大量裁减驿站，以致边兵驿卒无以为生而参加了起义队伍。矿工是受矿主招募或者自动组织起来挖煤谋生的无产者，一到矿源竭尽或被政府封禁时就聚集起来反抗并加入了起义军。

上述这四种人经常为生活流徙各地，没有农民安土重迁的意识，他们参加在农民军中又占有一定的数量，因而散布了“流寇主义”的思想，在战争中能以飘忽乘虚为长：这是明末农民军流动作战的根源之一。

在经济背景方面，明末农民起义与饥荒有着重大的关系。明末不断发生灾荒，但由于赋税繁重、官吏贪暴，地主的残酷压榨，使得灾荒影响扩大。小农本来就不得温饱，一遇灾荒就更无力维持其生活。这种天灾人祸交织在一起的结果，造成了明末长期的大灾荒，根据不完全的统计有：

崇祯元年，延边大饥，王嘉胤起义。

二年夏，陕西，山西大饥。

三年，陕西旱灾。

四年，陕西旱灾。

五年，陕西大饥，人相食。

六年，陕西旱灾、蝗灾，赤地千里。

七年，陕西、山西大饥，人相食；河南大旱，江西饥。

九年，山西饥。

十年，大旱。

十二年，两京、河南、山东、山西旱灾。

十三年，河南、山东饥。

十四年，山东大饥。

从以上情况来看，当时几乎无年不饥，无饥不大，农民沦于饥馑，而统治者的苛敛如故，这就迫使农民不得不起而反抗。这种情况，甚至当时的统治者也不得不承认。崇祯三年六月，“兵科给事中刘懋上言，秦之流贼，外流自他省，即延庆之兵丁土贼也。……近年荒旱频仍，愚民影附，流劫泾原富耀之间，贼势始大。……且迩来贪酷成风，民有三金，不能供纳赋之一金，至于捕一盗而破十人之家，完一赎而倾百金之产，奈何民不趋为盗乎”[①]。这些纷纷起来反抗的农民逐渐形成人数众多的农民军。然而，在当时灾荒缺粮的情况下，农民军不可能久驻一地，即以李自成的一支农民军为例，崇祯八年，李自成在陕西，因为“秦中郡县俱坚壁清野”，供应不给“东西分窜，退屯兴平”；十年，各路农民军在河南，“无可掠，悉入楚”；十一年，李自成在四川，“因乏食”，为洪承畴所败，孑身入楚依张献忠。可见移军就熟，是他们一贯的策略。有的农民军还成立了打粮队、打马草队，这更可以帮助了解农民革对粮食供应问题的一般情况。

农民军的粮食供应虽然很困难，但是他们仍然保持着优良的纪律，不惊夺人民。他们打开地主富户的仓库，把粮食分给饥民，如李自成在河南、张献忠在襄阳，都散发了万计的米银。农民军的饷糈来源，主要是劫夺官库富室，用以自给。为了不影响饷糈的供应，不能不采取大规模的流动战争，这是第二。

第三，从军事力量来看。农民军的主体既是饥民，起义之初既是为了找寻生活出路，还没有认识到要推翻明朝、建立新政权，所以都是一些武装的饥民集团，缺乏严密的组织，没有坚强的领导，没有统一的指挥，在大敌当前之际，虽然也有联合作战的措施，但都是暂时的，更多的时间是各自为战，避实击虚，不肯在优势敌人面前消耗力量。因此农民军人数虽多，股数虽众，却多采取敌去我来，敌来我去的流动作战方式。明户部主事张缙彦曾向崇祯帝谈道：“盖贼之得势在流，而贼之失势在止，贼之长技在分，而贼之穷技在合，贼之乘时在秋夏，而贼之失时在冬春。”[②] 可见敌人对这种流动作战是非常恐惧的。但是这些分散流动作战的起义军也曾经遭受过多次的挫折，在经过了数年的艰苦战斗后，才在起义军里锻炼出

① 《明史纪事本末》卷七五，“中原群盗”。

② 《明季北略》卷一四，“张缙彦论兵情贼势”。

了张献忠、李自成为首的两支大军。

有人在研究明末农民战争时，存在着这样一种看法，认为农民军在崇祯七年以后，在人数上、技术上已经超过敌人，与敌人作战的时候，“打不赢固然是走，打得赢同样是走”，是“游民阶层的流寇主义思想支配下的自发的盲目流动”[①]。把农民军与官军的人数比例说为十与一或数十与一是靠不住的，因为农民军分批作战，使敌人疲于奔命，好像有数十百万大军一样，真实数字可能比这要小。崇祯八年给事中常自裕所说“贼二三十万，大小七十二营，蜂屯伊嵩宛雒之间，以数千官军东西堵拒”[②] 的话，也是难以相信的。当时统治者的官僚们夸大农民军与统治者军队的比数的原因，除了惊恐以外，还有一个目的，就是胜则可以张皇其功，希图升赏，败则可以众寡不敌，虚为掩饰，这在历史上是不乏其例的。再次，农民军就是有数十百万大军，比官军多上十倍或数十倍，但农民军缺乏军事训练，军械窳劣，没有战争经验，这必然要影响战斗力的发挥。从总的发展形势上看，农民军是居于优势地位的，但对于每一支农民军来说，还是处于劣势的。因此农民军在没有汇合成两大主力以前，只能“打不赢固然是走，打得赢同样是走”。打得赢也要走的原因，一则怕敌人后援部队包围，二则因为粮食缺乏，需要移地就粮。当时农民军还没有意识到要推翻明朝政权，建立自己的政权，把自己武装起来，只是为了掠夺官绅地主，以及防卫明军的围攻，“打”绝大部分是自卫，或者扫清前进道路上的障碍，与为了一定的政治目的不同。农民军的军力应该考虑到，以免得出错误的结论。

最后，农民军的流动作战，也与一定的战略要求有关。在战争过程中，农民军逐渐向李自成、张献忠两支汇拢；到崇祯八年荥阳大会时，对明军也开始了战略性地进攻，这种进攻虽然还带有某种偶然性，但在明末

---

① 孙祚民：《中国农民战争问题探索》，第 49 页。

② 《明史纪事本末》卷七五，“中原群盗”。

农民战争史上总算是一个转折点。这当中比较显著的，如荥阳大会后，李自成、张献忠攻占凤阳，焚毁明朝皇陵，粉碎了洪承畴的围攻计划；崇祯十四年，张献忠从四川东下攻占襄阳，杀襄王，杨嗣昌惧罪自杀；十六年，李自成收缩襄阳、河南兵力，开始了北上推翻明朝的军事行动；十七年，张献忠为了摆脱左良玉的威胁，立国四川，主动放弃了湖广地区，这些都是具有一定战略要求的。平时农民军的“以走制敌”，从广泛的意义上看，也可说是为了一定的战略要求。

以上讨论的是明末农民军流动作战的原因，我认为游民阶层加入起义军，虽是原因之一，但是遍地饥荒与农民起义初期力量薄弱也是十分重要的因素，如果把它撇开不论，是不够恰当的。

明末农民军所以能够流动作战十余年，力量逐渐发展壮大，其主要原因在于得到人民的支持。农民军打到哪里，哪里的饥民就起而响应，或参加起义军，或为起义军做向导。就是在农民军作战失利时，人民也尽力来支援他们，如张献忠困于兴归山中时，山中人民“反为贼耳目，阴输兵情于贼”[①]。像这样的例子是很多的。人民群众的这种支持，是农民军能够流动作战，补充兵源和保证粮食供应的重要条件。除此以外，明末农民军在流动作战方面还有一些主观条件。第一，重视对敌情的侦察。农民军组织了各种各样的侦察队，四出侦察，有的伪装商贾、医卜、星相、僧道、艺人、乞丐，有的伪装书生应试。他们不但了解敌情、路线等情况，还做宣传工作，有的甚至在敌军内部做内应工作。这些对农民军流动作战起了很大的配合作用。第二，有马队，行动敏捷。当时黄梅有个贡士吴卿曾说，农民军“尤善侦走，如官军在汝、颍、襄、德间，彼夺凤阳、临淮，一日一夜，兼程行数百里”[②]。特别是李自成的骑兵最多，“自成自随骑兵五营，

① 《明史纪事本末》卷七七，“张献忠之乱”。
② 《明史纪事本末》卷七五，“中原群盗”。

营精骑二千……每战一骑兵必二三马，数易骑，终日驰骤，而马不疲”[①]。侦察与马队密切配合，发挥了避实击虚，远距离突袭敌人的作用，使明军顾此失彼，疲于奔命。这些都是明末农民军能够采取流动作战方式的一些因素。

综上所述，明末农民军的流动作战，有其多方面的原因，也有其能够这样做的条件，如果强调某一点，就会失之片面。但我们也必须指出，明末农民军的流动作战，与现代无产阶级领导的运动战是有原则区别的。明末农民军流动作战的“走”是为了就食、避敌等等，没有建立根据地的思想，缺乏政治方向。而无产阶级领导的运动战则是在敌我力量悬殊的情况下的一种进攻的战略，其原则是“打得赢就打，打不赢就走”，但“一切的‘走’都是为着‘打’”，“一切战略战役方针都是建立在‘打’的一个基本点上”[②] 的。两者的目的不同，作用也不同，如果把历史上农民军的流动作战和现代无产阶级领导的运动战等同看待，那将是十分错误的。

（原载《历史教学》1959 年第 3 期）

明末张献忠农民军用印初探

后晓荣　程　义

历代正史对农民军活动多讳莫如深，或一笔带过，或闪烁其词，更有甚者，对此大肆污蔑，颠倒黑白。一些野史也多出自文人之手，有的是道

① 《明史纪事本末》卷七八，“李自成之乱”。

② 《毛泽东选集》第一卷，人民出版，第二版，第 225 页。

听途说，有的是片语只字，也很不可靠。这就使得有关农民军的文物史料价值更高，其补史证史的作用更大。至今为止，尚没有涉及明末张献忠农民军用印的有关成果。本文拟对现存的有关明末张献忠农民军所建立大西政权（1644—1646）印章的收集整理，并结合历史文献讨论大西政权的用印制度和有关历史。

（一）目前所见张献忠农民军印章

中国历代农民起义政权存在的时间短，流动性强，加之失败后正统政权对其遗物大肆破坏，留下来的文物少之又少，弥足珍贵，此外，各地文物工作者水平不一，有时即使发现也未必能识别出来。到目前为止，发现有关张献忠所领导农民军建立的大西政权印章有十余方，现简介如下。

1. 西王之宝

常任侠先生旧藏，现藏中国国家博物馆。玉质，盘龙钮，白文，刻“西王之宝”四字，除“之”字作九叠文外，其余三字和汉印类同，完好无损，无侧款[①]（图一）。明崇祯十六年（1643），张献忠在湖北武昌称“西王”，“献忠遂僭号，改武昌曰天授府，江夏曰上江县。据楚王第，铸西王之宝，伪设尚书、都督、巡抚等官，开科取士”[②]。

2. 骁右营总兵官关防

中国国家博物馆旧藏。铜质（以下未注明质地者均为铜质），椭圆柄，长方形，长 10 厘米、宽 6.8 厘米[③]。背部刻款为“骁右营总兵官关防，礼部造，大顺二年五月□日。”左侧刻“大字九百五十三号”（图二）。

① 吴镜如、史树青：《谈有关农民战争的文物》，《文物》1961 年第 7 期。

② 《明史》卷三〇九《流贼传》，中华书局，1974 年，第 7974 页。

③ 罗振玉：《隋唐以来官印集存》影印本，1914 年。

3. 援剿营总兵官关防

原藏于四川甘孜藏族自治州德格县八邦寺，后收藏于甘孜藏族自治州文化馆。长方形，椭圆柄，鎏金铜印，长 10.4 厘米、宽 7 厘米、厚 2 厘米[①]。刻款为“援剿营总兵官关防，礼部造，大顺二年十二月□日，大字一千二百四号”（图三）。该印原是原德格土司家藏品，是大西政权授予德格土司的官印。原川西德格土司治在甘孜州德格县八邦寺，今西藏昌都之西。大西政权怀柔之远、开国规模之卓越由此可见。

图一　西王之宝

图二　骁右营总兵官关防

图三　援剿营总兵官关防

图四　离八寺长官司印

① 扎西次仁：《甘孜州发现大西农民政权的一方鎏金铜印》，《四川文物》1984 年第 4 期。

图五 潼川府经历司印

4. 离八寺长官司印

四川博物馆藏。方形，椭圆柄，厚 1.3 厘米，7.2 厘米见方[①]。刻款为“离八寺长官司印，礼部造，大顺二年正月，大字号六百六十二号”（图四）。离八寺在四川甘孜藏族自治州道孚县，原名尼玛巴寺，该寺建于明代，由于尼玛巴和离八字音相近，离八寺就逐渐成了尼玛巴寺的异译。

5. 潼川府经历司印

四川博物馆藏。印面破坏严重，印柄已被凿去，7.1 厘米见方[②]。刻款为“潼川府经历司印，礼部造，大顺二年九月□日，大字号一千二百二十四号”（图五）。《明史·地理四》“潼川州，元潼川府，直隶四川行省。洪武九年四月降为州，以州治郪县省入，直隶布政司。北有涪江，南有中江流合焉。又西南有郪江，有盐井。西南距布政司三百里。”[③] 张献忠升明潼川州为潼川府，潼川府治在今四川绵阳市三台县。《明史·职官四》载：“府。知府一人，正四品，同知，正五品，通判无定员，正六品，推官一人。正七品，其属，经历司经历一人，正八品。”[④] 大西政权在知府下设立经历司，其职能当与明代府属经历司相同。

---

① 王平贞：《大西农民革命政权的三方铜印》，《文物》1974 年第 6 期。
② 同上。
③ 《明史》卷四三《地理四》，第 1040 页。
④ 《明史》卷七五《职官四》，第 1849 页。

6. 南郑县印

四川博物馆藏。印柄残，方形，7.2 厘米见方，厚 1.4 厘米[①]。刻款为“南郑县印，礼部造，大顺二年正月□日，大字六百八十三号”（图六）。该印柄有凿痕多处，可能是持有者有意损毁。《明史·地理三》载“汉中府，元兴元路，属陕西行省。洪武三年五月为府。六月改名汉中府。领州一，县八。东北距布政司九百六十里。南郑……万历二十九年十月建瑞王府”[②]。南郑县在今陕西汉中市。

7. 芦山县印

罗振玉《隋唐以来官印集存》收录。该印背部刻款“芦山县印，礼部造，大顺二年三月□日”，侧刻“大字九百三十三号”方形，椭圆柄，长 6.9 厘米[③]（图七）。《明史·地理四》：“雅州，领县三，芦山，州西北。元曰泸山，后省。洪武六年十二月复置，改为芦山。”[④] 明芦山县在今四川省雅安市芦山县。

8. 西充县印

罗振玉《隋唐以来官印集存》收录。该印背部刻款：“西充县印，礼部造，大顺元年八月□日”；侧刻“大字五十一号”。方形，椭圆柄，长 6.9 厘米[⑤]（图八）。《明史·地理四》：“顺庆府领州二，县八。西充，府西北。洪武十年五月省人南充县。十三年十一月复置。”[⑥] 明西充县在今四川南充市西充县。

---

① 王平贞：《大西农民革命政权的三方铜印》，《文物》1974 年第 6 期。

② 《明史》卷四二《地理三》，第 999 页。

③ 罗振玉：《隋唐以来官印集存》影印本，1914 年。第 43 页。

④ 《明史》卷四三《地理四》，第 1044 页。

⑤ 罗振玉：《隋唐以来官印集存》影印本，1914 年。第 41 页。

⑥ 《明史》卷四三《地理四》，第 1028 页。

图六　南郑县印

图七　芦山县印

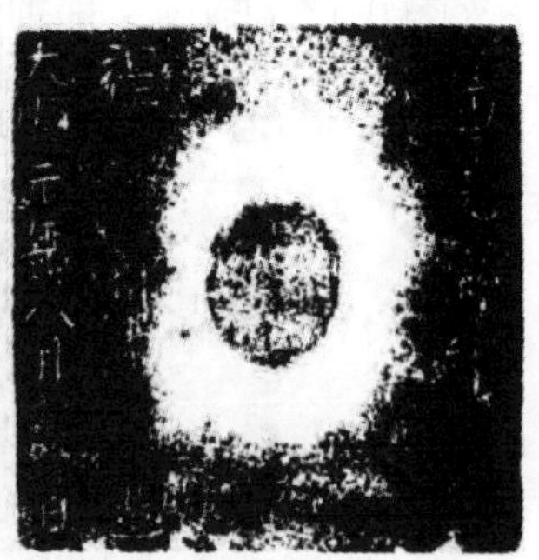

图八　西充县印

9. 西充县练兵守备关防

罗振玉《隋唐以来官印集存》收录。该印背部刻款“西充县练兵守备关防，礼部造，大顺二年三月□日”；侧刻“大字八百七十八号”。长方形，椭圆柄，宽 5.5 厘米、长 8.8 厘米[①]（图九）。此印为大西政权在西充县设置的地方武装官员印。

10. 蓬州之印

四川苍溪县出土。方形，椭圆柄，长 7.6 厘米，厚 1.7 厘米[②]。刻款为“蓬州之印，大顺元年八月□日礼部造，大字五十二号”（图一〇）。该印和“蓬州儒学记”印被原作者断为唐印，实误。《明史 · 地理四》：“顺庆府领州二，县八。蓬州，元属顺庆路。洪武中，以州治相如县省入。”[③]明蓬州在今四川省南充市蓬安县。

11. 蓬州儒学记

四川苍溪县出土。长方形，椭圆柄，长 8 厘米、宽 5 厘米、厚 1.3 厘米、高 7 厘米[④]。刻款“蓬州儒学记，大顺元年十一月□日，礼部造，大字三百八十七号”（图一一）。据《明史 · 职官志》载，掌教诲所属生员，训导佐之，各级儒学属当地府州县长官制约。《明史 · 职官四》“儒学。府，教授一人，从九品，训导四人。州，学正一人，训导三人。县，教谕一人，训导二人。教授、学正、教谕，掌教诲所属生员，训导佐之。凡生员廪膳、增广，府学四十人，州学三十人，县学二十人，附学生无定数。儒学官月课士子之艺业而奖励之。凡学政遵卧碑，咸听于提学宪臣提调，府听于府，州听于州，县听于县。其殿最视乡举之有无多寡。”[⑤]

---

① 罗振玉：《隋唐以来官印集存》影印本，1914 年。第 42 页。

② 王峻峰：《仓溪出土唐代官印》，《四川文物》1988 年第 6 期。

③ 《明史》卷四三《地理四》，第 1028 页。

④ 王峻峰：《仓溪出土唐代官印》，《四川文物》1988 年第 6 期。

⑤ 《明史》卷七五《职官四》，第 1851 页。

12. 南川县医学记

1951年重庆博物馆从成都征集。长方形，长7.8厘米、宽4厘米，柄钮[①]。刻款"南川县医学记，大顺二年四月□日，礼部造"，左侧刻"学字第三百三十一号"（图一二)。《明史·地理四》："重庆府，元重庆路，属四川南道宣慰司。洪武中，为府。领州三，县十七。西北距布政司五百五十里。南川，府东南。洪武十年五月省入綦江县。十三年十一月复置。南有南江，北流为綦江，中有龙床滩，在县北。"[②] 明南川县在今重庆市南川区。《明史·职官四》："医学。府，正科一人。从九品，州，典科一人。县，训科一人。洪武十七年置，设官不给禄。"[③] 明代在州县设置医学一职，为主管当地医疗事务之官员，在明代设官不给禄，应是兼职。

13. 都纲之印

罗振玉《隋唐以来官印集存》收录。该印方形，6.3厘米见方，椭圆柄[④]。篆书刻款："都纲之印"，背部楷书边款："都纲之印，礼部造，大顺元年十二月□日"；侧刻"大字五百二十二号"（图一三)。"都纲"为梵语"大经堂"之音译，自唐始有此称谓。《佛学大词典》条目中云："由政府任命，统领全国寺院僧尼以维持教法之官职。"其官制始于魏晋，后历代承袭。明初，中央政府在州府设置府僧纲司，都纲一人，副都纲一人，设官不给禄，掌管僧道宗教职务，兼职。在边远地区设都纲司，设"都纲"之职，由其主管佛教一切事宜。《明史·职官四》："府僧纲司，都纲一人，从九品，副都纲一人……设官不给禄。"[⑤] 此印为大西政权颁发给四川道教徒的管理之印，为张献忠崇奉道教之物证。

---

① 和中浚、吴鸿洲编著《中华医学文物图集》，四川人民出版社，2001年，第69页。

② 《明史》卷四三《地理四》，第1031—1032页。

③ 《明史》卷七五《职官四》，第1853页。

④ 罗振玉：《隋唐以来官印集存》影印本，1914年。第42页。

⑤ 《明史》卷七五《职官四》，第1853页。

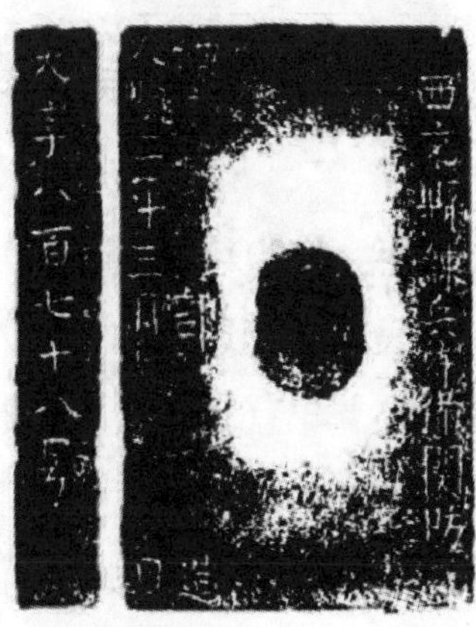

图九　西充县练兵守备关防

图一〇　蓬州之印

图一一　蓬州儒学记

图一二　南川县医学记

图一三　都纲之印

（二）张献忠农民军用印制度和相关史实

明末崇祯三年（1630），陕北大旱，农民起义此起彼伏。其中张献忠率米脂十八寨农民揭竿而起，自号“八大王”，其部成为三十六营义军中很强的一支。崇祯九年（1636），张献忠同李自成成为陕北义军的主要首领。之后张献忠率部进入江淮，主要在长江流域发展，先后大败明军左良玉部、熊文灿部等。崇祯十六年（1643）五月攻取武昌，执楚王朱华奎，改武昌为天授府，以为京都，称大西王，建置百官，开科取士，八月弃武昌攻长沙。农民军所到之处，无所不破。湖南、湖北、江西、广东等地此时皆在义军的控制之下。十六年冬，张献忠决定率部入素有“天府之国”的四川建立基地。十七年（1644）正月攻下四川东部大部分城市，六月攻克重庆，杀四川巡抚陈士奇，八月攻克成都。十月以成都为西京，建立大西政权，改元大顺，设官置员。顺治三年（1646）八月，清军南下，张献忠引兵拒战，在西充凤凰山中箭而死，起义失败。

有关张献忠农民军用印的记载，最早见于明崇祯十三年（1640）。文献记载明末陕北王嘉胤起义军“据府谷，陷河曲。献忠以米脂十八寨应之，自称八大王”。张氏后来制印“西营八大王”。《滟滪囊》记载：“崇祯十三年（1640）四月，内接陕抚郑从检、总兵左良玉塘报，称太平县玛瑙山于二月内大破逆贼张献忠……（获）篆书‘西营八大王承天澄清川岳’印，卜卦金钱三文。”[①] 崇祯十六年，张献忠占领武昌后，即正式建立大西政权，改武昌以为京城，铸西王之宝，地方设巡抚、守道。《明史·流贼传》：“献忠遂僭号，改武昌曰天授府，江夏曰上江县。据楚王第，铸西王之宝，伪设尚书、都督、巡抚等官，开科取士。”[②] 张献忠铸“西王之宝”，

---

① （清）李馥荣：《滟滪囊》，何锐等校点《张献忠剿四川实录》，巴蜀书社，2002年，第37页。

② 《明史》卷三〇九《流贼传》，中华书局，1974年，第7974页。

清代彭孙贻《平寇志》一书也有记载[①]。现所见张献忠的“西王之宝”印应与文献记载铸印有关。张献忠在成都建国后，设立丞相府，吏、户、礼、兵、刑、工六部尚书，四道各设学官一名，并开科取士，授县印官，地方设巡抚、守道、巡道、学道，均给敕印。《荒书》：“（八月）十五日，贼张献忠僭位，改贼国曰大西，贼元曰大顺，以蜀王府为贼阙，设五府六部等官。”[②] 文献记载大西政权建立之后，“追收全川文武印信，改铸七叠印文”[③]。今所见印章都是大顺元年（1644）、二年（1645）所颁发的，且确系“七叠印文”。从目前已发现的张献忠农民军用印看，大西政权的行政建制和地方职官设置仍实行明代的府、州、县三级制。除知府、知州、知县外，其属官已见于印文者，有经历司、儒学、医学、僧官等，也多仿明代官职，如“蓬州儒学记”，“南川县医学记”，“都纲之印”等。《隋唐以来官印集存》中就收录有明代“桐柏县儒学记”，“荆门州儒学记”[④] 两枚印章。此外从刻款中的“礼部”来看，张献忠政权中的礼部主要负责制作职官印。通过与明代官印比较，可见大西印和明代官印制度基本吻合，无论是尺寸质地、名称、刻款方式都和明印如出一辙。四川大学博物馆收藏一枚明洪武三十五年“南川县医学记”印章[⑤]，刻款“南川县医学记，洪武三十五年□日，礼部造”；左侧刻“学字一千三百三十号”，尺寸和文字几乎与重庆博物馆藏张献忠政权大顺二年“南川县医学记”印章一模一样，就是最好的例证。由此推之，大西政权地方行政设置及官僚规制基本上沿用了明代制度。

大西政权的兵制。据《蜀警录》载，大西军制有正规军和地方军之分，正规军共四十八营，以孙可望为监军，节制文武平东将军，刘文秀为

① （清）彭孙贻：《平寇志》，上海古籍出版社，1984 年，第 138 页。
② （清）费密：《荒书》，《张献忠剿四川实录》，第 428 页。
③ 阙名：《纪事略》，《晚明史料丛书》，中华书局，1959 年，第 43 页。
④ 罗振玉：《隋唐以来官印集存》影印本，1914 年。第 33 页
⑤ 和中浚、吴鸿洲编著《中华医学文物图集》，四川人民出版社，2001 年，第 69 页。

挂先锋印抚南将军，李定国为安西将军，艾能奇为定北将军。以王守礼为提都御营使，窦名旺为提督皇城指挥使。王复臣、王自羽为水军左右都督。这是正规军的记载，主要驻地在皇城（成都）附近[①]。据载，大西军分一百零二营，按一定政治或军事含义命名，如振武营、骁右营、援剿营、驳骑营等。每营设总兵官统领，颁给关防印信，编号立字，通行全军。其中骁右营总兵官关防和援剿营总兵官关防就是相关遗物，其印也沿用明代关防式样。此外，从零星的文献和实物看，大西政权的武官包括指挥使、御营使、都督、总兵、将军、守备。下级官吏大体和明代相当，其兵种有骑兵、步兵和水军三种。除正规军外，各地的地方军由各县守备负责训练，如“西充县练兵守备关防”。

大西政权同少数民族的关系密切。史籍记载，大西农民政权建立后，张献忠为了团结四川边区的少数民族，曾宣布“边郡新附，免其三年租赋”[②]，各土司“降者仍其职”[③]，“献忠遍招诸土司，用降人为诱，铸金印赍之，以易其官”[④]。又文献记载“初以蜀人易制，惟黎、雅间土司难骤服，用降人为招诱，铸金印赍之，以易其章”[⑤]。现在所发现的离八寺长官司印和援剿营总兵官关防这两枚印章，即是此类印章，但均非金印。前者为铜印，后者亦仅为鎏金铜印，金印应是鎏金印之意。八邦寺和德格均在藏族聚居区，从元代至清改土归流以前一直实行土司自治政策。“离八寺长官司印”等两印表明大西政权在当时藏族聚居区（今甘孜藏族自治州境内）已经建立了地方行政机构。大西政权给这些地方的土司颁发了官印，这表明大西政权得到了当时土司的认可和支持，其控制范围已延伸到少数民族聚居区。任乃强先生考证张献忠招抚缘边僧俗土酋一千余部，远达乌

① （清）欧阳直：《蜀警录》，《张献忠剿四川实录》，第 188 页。

② （清）吴伟业：《绥寇纪略》卷一〇，中华书局，1985 年，第 225 页。

③ 胡荣湛修《雅安县志》卷四，石印本，1928 年。

④ （清）毛奇龄：《蛮司合志》卷七，《丛书集成续编·史部·地理类·杂志·专志之属》，上海书店出版社，1985 年，第 57 册，第 338 页。

⑤ 《明史》卷四三《地理四》，第 226 页

斯藏境，皆授援剿营总兵官金印①。这一点对民族史研究很有参考价值。

事实证明，张献忠这些民族政策不但为农民军进入少数民族地区奠定了基础，而且对各族人民以后反对清王朝的斗争产生了深远的影响，如在今四川阿坝羌族地区，当大西农民政权失败后，羌族人民仍保持大西政权所赐的金印，坚持斗争。其后，清政府派兵二千五百人围攻叠溪，遭到羌族人民的抵抗，双方相持曾达三年之久。地邻威州的龙蒲太三寨的起义队伍，自接受农民政权领导之后，坚持斗争，直到顺治十二年（1655）清王朝派四川总督六路进兵，才把这支队伍镇压下去，夺走农民政权所赐的“金印关防二颗”。正如清四川总督李国英在其奏稿中追述大西农民政权影响时所述：“龙蒲等三寨逆番，自献逆据蜀，恶番投逆受印之后，大肆禁骜，恃其硐寨险阻，党羽繁多，焚烧关堡，又与灌县逆贼相勾连。”② 这亦可见农民政权对羌族人民影响之深远。

（原载《中国国家博物馆馆刊》2016 年第 6 期）

大西政权铸币考

刘　敏

在风起云涌的明末农民大起义中，由张献忠领导的大西农民起义军在经历十四年（1630—1644）艰苦卓绝的鏖战后，在成都正式建立了农民革命政权——大西政权。

① 任乃强：《张献忠屠蜀辩》，收录于《张献忠在四川》，《社会科学研究丛刊》第二期，1981 年，第 119 页。

② “中研院”历史语言研究所编《明清史料》丙编，北京图书馆出版社，2008 年，第 2738 页。

张献忠，字秉吾，号敬轩，生于明万历三十四年（1606），卒于清顺治三年（1646）。陕西延安柳树涧（今陕西定边东）人。初从军而被害革役。明崇祯三年（1630），率米脂十八寨起义，号称“八大王”，建营谓之“西”。亦因其身高而面黄，人谓“黄虎”。崇祯八年（1635）荥阳大会后，同高迎祥举义东征，攻凤阳，焚皇陵，转战于鄂、豫、皖、陕。十一年（1638）受朝廷招抚，驻湖北谷城，因拒裁军，不服调度，次年再起。十三年进入四川，十六年取武昌，克长沙，十七年再取成都，建大西政权，即帝位，年号“大顺”。大顺三年（1646）清兵入川，引兵拒战，于西充凤凰山中箭遇难，时年40岁。

（一）

关于大西政权铸币，正史无稽。仅见野史杂文，如后所举。

吴省钦《白华前稿》“青羊宫观铜羊”诗注：“献贼括蜀藩，取蓄古鼎及城内外铜像，铸大顺钱。”

彭遵泗《蜀碧》：“顺治元年冬十月十六日，张献忠称帝，僭号大西，改元大顺，置丞相六部以下等官，是时贼设铸局……其文曰大顺。”

《茶岩逸考》：“甲申冬，张献忠僭号于成都，称大西国，即王位，僭元大顺，铸大顺通宝钱……”

徐鼒《小腆纪年附考》：“设铸局……其文曰大顺通宝。”

丁福保《古钱大辞典》引《锦里新编》：“张献忠肤施人，为人阴谋多智，残忍惨酷，初从王嘉胤作乱，崇祯十七年据成都，僭号大西，改元大顺。后献忠闻肃王兵至，登凤凰山望之，猝遇一矢而殪。或云献忠见自成败，逡巡不敢复出，以病死于蜀中，铸有大顺铁钱。”

上列资料可知，张献忠于1644年称帝后，在四川铸行了大西农民政权的货币“大顺通宝”钱。另据丁福保《历代古钱图说》：“张献忠据川时，自称大西王，铸金、银、铜三品，以赏有功者。”此说注于“西王赏功”钱品下。王纲《张献忠大西军史》也附有“赏功致宝”钱拓。综上所举，可知众言大西政权先后铸有“大顺通宝”“西王赏功”“赏功致宝”三种钱币。

上说三种钱币仅从文献资料上所见，其来源无稽。大西政权铸行的钱币，传世者多，出土者极罕。笔者查阅过大量的发掘出土资料，仅见成都市署袜街沙石组 1975 年 4 月在望江楼附近府河中淘取沙石时，出土过“大顺通宝”钱币 1500 余枚，但未发现“西王赏功”“赏功致宝”钱。因此，对于“西王赏功”钱和“赏功致宝”钱的问题，就其可靠性而喻，尚无可靠的文献资料以佐，更无考古发现以证，我意待考。

（二）

关于大西政权铸币的币制问题，亦可见诸泉谱资料中。《古泉汇考》云：“陈莱孝曰，大顺钱皆作当二钱，背穿下有‘户’‘工’等字。……培按，此钱稍大，应是当二钱，径七分强，重一钱一分。通从‘辶’”。又：“大顺通宝，幕‘户’（穿下）；大顺通宝幕‘工’（穿下）。培按，右二种并当二钱。径八分，重一钱六分，疑是当二钱。轮阔，赤铜所铸，有径七分者，似是小钱，非当二钱之磨者也。通宝字如‘兴朝’，‘工’字者有小平钱。”《钱币考》云：“此钱径八分，重一钱三分。”《蜀碧》云：“其文曰大顺通宝……贼钱肉色光润精致，不类常铜，至今得者，作妇女簪花，不减赤金。”《茶岩逸考》云：“背有‘户’‘工’等字。”《焚天庐丛录》也说：“钱肉色光润，精致异常。”

综文籍之说，“大顺通宝”钱之币制特征有以下几个方面。（1）形制有“当二”和小平钱两种；（2）幕文有“工”“户”之分；（3）“大顺通宝”之“通”的部首作“辶”；（4）宽沿；（5）钱径“七分强”“八分”，或“七分”；(6) 钱文风格与“兴朝通宝”同；(7) 钱重“一钱一分”“一钱六分”“一钱三分”；(8) 赤铜，钱肉色光润精致，不类常铜，或“肉色光润，精致异常”。

从许多文博单位收藏拣选和成都市 1975 年出土的“大顺通宝”实物较之，“大顺通宝”钱为正书兼隶，直读，阔沿。径 2.6—2.65 厘米（也有 2 厘米左右小钱品），成都出土者径为 2.65 厘米，重 5 克（常见品在 3.5 克至 5 克间）。黄铜浇制，光润精美，文字工整。背文铸有“户”（即户部监制）、“工”（即工部监制），以及光背，其中尤以光背为甚。“户”字币较罕见，但成都出土的“大顺通宝”钱中有其品也。

《锦里新编》曾提及大西政权“铸有大顺铁钱”，此说不见他载，也未见其实物，误也。“西王赏功”钱，未见出土，仅见著录，言为金、银、铜三种，丁福保《古钱大辞典》仅收录金、银质两种，高汉铭先生所编《简明古钱辞典》称：“扬州刘氏近于川地得铜品一枚，容考。”

又观“西王赏功”钱，钱文楷书，直读，阔沿，径约 5 厘米，光背。顾名思义，西王，则指张献忠。赏，赏赐、奖赏也。《礼记·月令》曰：“赏公卿诸侯大夫于朝。”《韩非子·有度》：“刑过不避大臣，赏善不遗匹夫。”《韩非子·难一》：“赏不加于无功。”功，功绩、功劳也。《史纪·项羽本纪》：“劳苦而功高如此，未有封侯之赏。”《韩非子·内储说左上》：“法者，见功而与赏，因能而受官。”“西王赏功”即张献忠用于赏赐三军将士中有功者的专用钱币。至于“赏功致宝”，其意与“西王赏功”钱意同。

（三）

关于“大顺通宝”的流通比值问题，鉴于资料的局限，无法考证。旧钱谱所云：“疑为折二”或“应是当二钱”或“似是小钱，非当二钱之磨也者”等，或因铸币为前后两期，或因地方铸行，或本当时就铸有小平或折二两种，均待进一步的研讨。

至于“西王赏功”钱和“赏功致宝”钱，一方面系特殊意义奖赏物品，一方面估计亦可在市场流通。其比值亦有两种可能，或与“大顺通宝”钱等值流通（折合为若干铜平钱），或因其本身的特殊价值而高于“大顺通宝”钱的数倍甚至数十倍、百倍以上。

大西政权的钱币，除作为正常的商品流通外，还有一种特殊功能，这便是大西政权建立以后，许多地方武装与之对峙，为巩固大西政权，张献忠曾进行过三个阶段的平定武装暴乱活动。在平叛期间，凡拥护大西政权的百姓，均发给“大顺通宝”钱币缀于头上当作一种特殊标志，义军见标志而免死；无标志者，即谓之为暴乱者，发现立即处死。《焚天庐丛录》卷十三载：“令民间家悬顺民号帖，以大顺新钱订之帽顶。钱肉色，光润精致异常。”彭遵泗《蜀碧》中亦载：“令民间家悬顺民号帖，以大顺新钱订之帽顶。贼钱肉色，光润精致，不类常铜，至今得者，作妇女簪花，不减赤金。”在四川洪雅县，当时大西政权还颁布过一张布告，告示云：“凡尔处市镇俱顺民，毋恐，家给大顺钱缀于首，可不死；而山中作逆者，当剿除之。”（清沈荀蔚《蜀难叙略》）

（四）

从实物本身和文献记载看，大西政权铸行的钱币“肉色光润精致，不类常铜……不减赤金。”“肉色光润，精致异常”，说明其铸币材料较精。

大西政权如此精美的泉源从何而来，正史无稽，但野史笔录可寻。一是取辖域内的古玩铜器和寺观庙宇内的铜铸像为泉源。清徐鼒《小腆纪年附考》卷八载：“设铸局，取藩府古鼎玩器寺院铜像，熔液铸钱，其文曰‘大顺通宝’。”清代同治《重修涪州志》卷十四载：“即铜铁之神像亦无不毁裂熔液。”再则是销毁其他青铜文物用作铸币。清陈鼎《滇黔记游》说，在贵州，曾熔毁过一条重达数万斤的镇水青铜牛。

大西政权于1644年建立以后，仅隔两年时间（即1646）张献忠便去世，至1662年彻底崩解。在短暂的18年间，义军战斗一直不息，既要对付明朝残余的抗衡，又要打击地方武装的反抗，还得迎战大清雄兵的进攻。虽然在巩固政权和经济建设上采取过一定的措施，但总的形势决定了这支农民起义军队的最终命运。仅就铸币而喻，由于时间短暂，其铸币数量远不及明清任何一个皇帝年号钱之总和。亦因是新的政权，其铸币成色的优劣亦直接影响其信誉，加之利用历史上遗留下来的铜做泉源，更为大西政权优良精致的铸币打下了良好的基础。

（原载《四川金融》1998年第2期）

论明末大农民军对货币财富的积累

赵俪生

请允许我先从一个传说写起。很久以前，我就听到长辈们说，顾炎武以一个江东之人仆仆于秦、晋之间，除却反清复明的总目的外，另有一个附带的目的，即寻找李自成部农民军在撤退路途中所隐藏起来的窖金，以作为他恢复事业的资本。有人甚至说，他“稍贷资本，于雁门之北，五台之东，应募垦荒”的资本，就正是这批窖金。这个传说是够新奇的，但其中也有相当的离奇成分。我曾经设法探究这个传说在文献上的根据，然而截至目前，始终未能找到。因此，我便不能不暂时离开顾炎武寻求窖金的问题，转去探索明末李自成、张献忠两路大农民军各自积累大批货币财富一事的具体情况。

先从旧日所谓“正史”开始。《明史》关于这件事，倒是未曾忽略的；它对这事有一定的简要的记载：

（李）自成至，悉熔所拷索金及宫中帑藏、器皿，铸为饼，每饼千金，约数万饼，骡车载归西安[①]。

（张献忠）用法移锦江，涸而阙之，深数丈，埋金宝亿万计，然后决堤放流，名曰水藏[②]。

《明史》记载了这些事，足见它的编纂者们当年是注意了这些事的，并且一定曾经掌握到有关此类事之更丰富的材料。今天我们距离明末清初较之乾隆时人又远出了二百余年，且当时是全国规模搜辑起来的材料，我们今天的个别研究工作者在材料的广度上是无法企及的。但在极为有限的材料中尽量追寻一下，也还是有必要的。明、清之际的西吴懒道人所著《剿闯小史》说：

（四月）十二日，百官毕集午门，鸿胪寺挨班演礼。李贼与诸将俱不出，皆在大内盘库，将金银等器尽数倾销，每千两成一块，用铁销（按，此“销”字当作“鞘”字解，即包装铁皮之意）装入。各贼将解进者，亦皆如是[③]。

五月初二日，追至定州清水河下岸。……我兵乘势掩击，杀其贼兵一万三千余人。获其金银砖七百二十块，器械骡马，不计其数[④]。

我们虽不敢说上引《剿闯小史》的材料就是《明史》记录此事的唯一根据，但是其重要的根据之一，总是可以断言的。因为关于“倾销”金银，每“块”（或每“饼”）一千两、用骡马驮载诸情节，两种记载前后是一致的。至于《明史》所说“载归西安”的话，可能是根据了吴伟业在

---

① 《明史》卷309《李自成传》。

② 《明史》卷309《张献忠传》。

③ （抄本）西吴懒道人：《剿闯小史》卷5。

④ （抄本）西吴懒道人：《剿闯小史》卷6。

顺治九年壬辰撰写的《绥寇纪略》，这书中记载说：

自成去，长安居民争入其居，搜取金银。中夜失火，秦府被烧几尽。唯回民有胆力，得最多，故大富者众。关中人遇雨后于布政司泥土中拾得珍珠，至今不绝①。

顾炎武《明季实录》也说：

（贼）常曰，“十个北京不及一个陕西”；故所掠金银，尽搬驮西去②。

除此之外，清初参与纂修《明史》的毛奇龄，在他的《后鉴录》中对此也有所记录，可见当时他们一定是有所根据的。他说：

进拷索银七千万两，侯家什三，阉人什四，官什二，估商什一，余宫中内帑金银器具以及鼎耳门环细丝装嵌，剔剥殆遍，不及十万。贼声言得自内帑，恶拷索名也。铸钱不成，铸金玺又不成；镕金饼，每饼千两，穿其中，贯以铁絙，凡数万饼，括骡车千驰，谋载归陕。尝曰：“陕，吾父母国，形胜，朕将建都焉。富贵归故乡，十燕京岂易一西安哉?!”③

从以上诸种记载来看，内容相同之点多而歧异之点少，可见当年定有此事。至于他们还有没有更多的财富积累，并且所有的积累后来究竟落到什么地方去了，我们一时间则不得而知。看各家记载中的情况，当李自成到达通城遇害的时候，以及以后“夔东十三家”在巫山一带建立根据地的时候，起义军仿佛已经在财政上很困难，不像是有大批藏金的样子。

再看张献忠部大农民军对货币财富的积累。张献忠部的有关材料，是较李自成部多些的。首先，张献忠对于王公、富豪、官僚那里刮夺来的金银货币，是有严格记录的，是规定不准私藏、一律缴公、统筹积贮的。沈荀蔚的《蜀难叙略》说：

今贼卒凡子女玉帛及一应贵重之物，不得辄留，犯着死。人畜以刀

---

① 吴伟业：《绥寇纪略》卷9《通城击》末“附记”。

② 顾炎武：《明季实录》（见《亭林遗书》）。

③ 毛奇龄：《后鉴录》（“胜朝遗事”本）。

剑，而储物可焚者以火，惟金银必以水土沉埋之[①]。

按，沈荀蔚，太仓人，幼年其父沈云祚赴四川华阳县令时随同前往。当明末清初之际，他较长时间停留在四川，凡所记录，多其亲见亲闻之事，必有一定程度的可靠性。另据《泸县志》转载杨鸿基的《蜀难纪实》也有类似的记载：

金银重货，献忠恐兵富而易逃也，其令挟货则杀之。时时搜索。故贼虽见金亦取之，不甾求[②]。

按，杨鸿基，蜀人，其文内自云，当张献忠部在蜀时，杨鸿基正随其父宦于滇南，晚年返回故乡，尤得见义军之故垒遗垣，故所纪当去事实不远。从以上两个当时人的记载来看，张献忠部对于剥夺来的金银采取统一管理与积贮的制度，恐怕是可以完全肯定的了。在这一点上，明末的大农民军与唐末的大农民军之间，已经有了不同。《旧唐书》说，“（黄）巢累年为盗，行伍不胜其富。遇穷民于路，争行施遗。”又说，“巢贼众竞投物遗人。”[③]《新唐书》也说：“贼见穷民，抵金帛与之。”[④] 足见唐末时，剥夺来的财富还是分散的、个人可以随便使用并赠送给别人的，明末时就不同了，那时的农民军的财富是统一地大量积贮。其积贮的方式，以顺治三年（1646）正月张献忠部在四川彭山县岷江江底大量沉锢金银的事件为最典型。关于这件事，不同的文献材料都有大体类似、然又互有出入的记载。兹择五种列下。吴伟业《绥寇纪略》说：

用法移锦江而涸其流，穿数仞，实以黄金瑶宝累亿万，杀人夫，下土石以填之，然后决堤放流，名曰锢金。后至者不得发[⑤]。

沈荀蔚《蜀难叙略》说：

---

① 沈荀蔚：《蜀难叙略》（见“知不足斋丛书”第18集）。

② 《泸县志》（民国27年重编重刊本）卷8《杂志门》转载《蜀难纪实》。

③ 《旧唐书》卷200下《黄巢传》。

④ 《新唐书》卷225下《逆臣传》。

⑤ 吴伟业：《绥寇纪略》卷10《临亭诛》。

其所聚金银，以千余人运之江干，三月始毕。至是，测江水浅处多支流，以杀其势，一如筑决河法。水涸，于江底作大穴，投以金银，而杀运夫于上，后覆以土，乃决江流复故道[①]。

杨鸿基《蜀难纪实》说：

贼威令所行，不过近省州县，号令不千里矣。献忠自知不厌人望，终无所成，且久贼之无归也，思挟多金、泛吴越、易姓名、效陶朱之游。于是括府库民兵之银，载盈百艘，顺流而东。至彭山之江口，初心忽变，乃焚舟沉镪而还[②]。

费密《荒书》说：

（丙戌）正月，献忠尽括四川金银作鞘，注彭山县江。杨展先锋见贼焚舟，不知为金银也。其后渔人得之，展始取以养兵[③]。

彭遵泗《蜀碧》说：

（张）献（忠）闻（杨）展兵势甚盛，大惧，率兵数十万，装金宝数千艘，顺流东下，与展决战；且欲乘势走楚，变姓名作巨商也。展闻，逆于彭山之江口，纵火大战，烧沉其舟，贼奔北。士卒辎重丧亡几尽。展取所遗金宝，以益军储，自是富强甲诸将。

（献）决走川北，将所余蜀府金银铸饼及瑶宝等物，用法移锦江，涸其流，穿穴数仞实之，因尽杀凿工，下土石淹盖，然后决堤放流，使后来者不得发，名曰锢金[④]。

现在，让我们根据上引五种材料来分析一下，看其中的相同之处是什么？歧异之处是什么？关于藏金的地点，是在岷江的彭山县江口；关于藏金的时间，是在顺治三年正月张献忠部大农民军与南明杨展部的激烈战役之后；关于藏金的方式，是引水入支流，灭杀水势，在江底造数仞之穴以

---

① 沈荀蔚：《蜀难叙略》（见“知不足斋丛书”第18集）。

② 《泸县志》（民国27年重编重刊本）卷8《杂志门》转载《蜀难纪实》。

③ 费密：《荒书》。

④ 彭遵泗：《蜀碧》卷3。

藏亿万之金，再覆江流于其上——这些情况，大概都可以肯定下来了。不能肯定的，也是最引人入胜的事情，是张献忠竟企图挟带这些财富走楚，或泛吴越去做巨商，也就是“效陶朱之游”的这一段情节。我现在十分苦恼于实在无力断定这段情节是否可信。不过，与此相类的记载是有的。《明季南略》中记载了张献忠对他的养子孙可望、艾能奇的谈话，说：“皇帝极是难做；咱老子断做不来。今老子金银甚多，想来做皇帝不如做绒货客快活。……我等心腹数十人，搬驮金银绒货，前往南京做绒货客人，受享富贵，图下半世快活，有何不可?!”[①] 在这里，不但提到了张献忠想做买卖，而且已经提到了被选定的行业——细毛货品的经营，也真有令人不能完全不信的样子。因此，对于这一问题，我们目前只能做出“两难”的判断。假如这只是一种“姑妄言之”的传说，那么这件事情的意义就没有太大追寻的必要；假如这是一种确有根据的事情的话，那么这种明末大农民军对货币财富的积累，恰当中国资本主义萌芽的时期，那么，其中可能带有我国历史所特有方式的资本主义原始积累的意义，这种可能性就很大了（具体的论证详见本文的后半部分）。

张献忠部有积贮大量金银的事实和制度，还有更多的证据。证据之一，是直到清朝乾隆年间，还有由彭山江口的原地点捞获到金银的记载。嘉庆五年撰成的《锦里新编》记载说：

彭山县江口，明季参将杨展破献贼处，居民时于江底采获金银，多镌有各州县名号。乾隆五十九年冬，渔民获鞘一具，报县转禀制军孙相国补山，饬令派官打捞数月，获银万两有奇；珠宝多寡不一。然江水深广，用夫捞取，费亦不赀，寻报罢[②]。

证据之二，是当张献忠四大养子之一刘文秀临终向南明永历帝上遗表时，也谈到他自己有秘密藏金。《小腆纪传》说：

---

① 计六奇：《明季南略》卷12《张献忠乱蜀本末》。

② 张邦伸：《锦里新编》卷16《异闻》。

（文秀）病革，上遗表曰：臣精兵三万人，在黎、雅、建、越之间；窖金二十万，臣将郝承裔知之[①]。

从以上两段材料可以看出，这些金银主要是自官僚豪富手中剥夺而来，因为上面还镌有四川各州县名号，是准备报解的款项。此外，又可以看出，这种藏金的制度，在张献忠死、大西军政府解体之后，仍被他的余部传习下来。南明野史中也记载说，孙可望所居昆明王府石台下，亦曾起出窖银二十九万两，金犁一，重五百两[②]。不过这些数额已经不太大，不过数十万两之数罢了。

以上，我先把有关的材料进行了排比。之下，我从上引的材料出发，主要是对于这种积贮金银行为的意义，包括他在农民阶级斗争史上的意义，以及他在社会经济方面的意义进行论述。

第一，在旧中国农民阶级的斗争史上，这种积贮金银的行为首先应该是流寇主义的一种反映。毛泽东在1929年纠正红军第四军中非无产阶级思想的时候，曾经谈到过流寇主义。他曾指出，流寇主义是广大游民群众的思想意识在革命队伍中的一种反映。其表现不外以下三方面，第一，不愿意艰苦地去建立革命政权和革命根据地；第二，只想“招兵买马”，“招降纳叛”；第三，只希望跑到大城市中去大吃大喝[③]。明末的农民军也恰巧是表现了这种情况；在其部队成分中游民的比重是很大的，他们对政权的建立和根据地的建立是不够重视的；相对地，他们对于金银等货币财富的剥夺倒是十分重视，建立一定的制度来保证它，采取一定的措施去保存这种剥夺来的果实。由此看来，毛主席从历史上举出黄巢和李自成两个例子来说明流寇主义，是完全恰当的，符合历史实际的。

第二，明末大农民军积贮金银这些事，却不能单纯地被认为是流寇主

---

① 徐鼒：《小腆纪传》卷37《刘文秀传》。

② 南沙三余氏：《南明野史》卷下《永历皇帝纪》。

③ 见《毛泽东选集》第一卷，第99页。

义。这件事的意义，应该有反映流寇主义的一面，在这一方面其意义是消极的；但也另有其起积极意义的一面。这就是说，对比起 9 世纪的黄巢农民军来，17 世纪的李自成、张献忠两支大农民军在许多方面都显得进步多了。他们对于统治者们和剥削者们的剥夺（这种行为没有任何人能说它是非正义的），较比以前更加精确了、细密了，并且有了更充分的权威和决心去执行这种剥夺。并且，较此更为重要的，是他们有办法使剥夺来的大批财富不至留在个人手头、随便分散，而是用相当强度的纪律原则把它集中起来，成为农民革命军的巩固的资金。在我国历史上，农民的起义军及其政权能有巩固的资金，不能不承认以明末的农民大起义表现得最为典型。这就是为什么大体自明崇祯十三年以后，到清顺治三年为止，农民的大军无论在武器装备、粮食的供应和输送、士兵的待遇等各方面较之“官军”都不逊色，甚至在个别情况下还远远超过了“官军”的条件。试问：他们为什么能保持这种优势？在我个人看来，其主要原因之一，就是他们通过正义的剥夺和比较严格的纪律，保证了起义军经常控制着自己充足的资金。当时起义军的财政条件，无论较之明朝政府或者较之入关的清朝政府，都是比较优裕的，这就是起义军的将领总能打败各种明、清统治者军队的主要原因之一。

第三，积贮金银的事提到社会经济方面来看，无疑反映了当时社会中货币财富积累数额的巨大；而社会中货币财富积累数额的不断增大，则又无疑是促进当时社会中资本主义萌芽的前提条件之一。在明代的各种记载中，这种财富积累的痕迹是不少的，如明初富民沈万三、大宦官王振、刘瑾，佞幸江彬、钱宁，以至大奸臣严嵩及其子严世蕃等，其积累金银之富，公私记载，不一而足。即以明末论，亲王贵族也多有在秘密地点藏贮金银之事。谈迁的《枣林杂俎》记载说，“已卯，正月，济南破，德王（由枢）陷于贼（按，指清兵），得牡丹下窖金；壬午，十二月，兖州破，鲁王（以派）死之，得石榴下窖金”[①]。可见当时无论是富豪大商，或是封建贵族，都有秘密藏贮大量金银的行为，足见当时明朝社会中货币财富积累量之巨大。但同是货币财富，不流通地积贮在贵族或豪富手里，却是不起任何积极意义的，相反，倒是减低了社会的交换频率。而假如一旦掌握在大农民军手里，则可以购买军事装备、购买粮秣、救济社会上贫弱无生产力的人们……这样，一方面可以大大加强阶级斗争的强度，也大大加重了对统治者和剥削者的打击；另一方面，也可以加速社会交换的频率，对手工业和商业的进一步发展，也是有着促进作用的。

第四，关于张献忠有企图易姓名走楚，或泛吴越为商贾，即“效陶朱之游”的传说，我认为还有更多地进行讨论的必要。自然，事实上张献忠失败前并未走楚，更始终未到吴越，也未做什么绒货客商，而是牺牲在西充的凤凰山了，因此，空洞而臆测地去讨论“假如张献忠真正到了吴越……”那是没有任何意义的。但有两件事值得留意。第一是在张献忠部队和李自成部队中间，多少有一些差别。李自成部队的阶级成分构成是比较单纯的，主要是农民和游民；崇祯十三年以后的发展，也完全是依靠了“均田、免赋”的政策号召，因而，我们说这支大农民军是比较正常的。张献忠部队在阶级成分构成方面则比较复杂，有农民，有游民，有兵勇，有宗教迷信活动者，有商贾，有中小知识分子和个别地方官僚。张献忠部队跟各种势力的关系，也比较复杂，他们跟吴、楚的商人有频繁的往来，和东南海外的郑芝龙似乎有某些关系，曾向西藩购买马匹，跟西南少数民族的酋长和人民，也有着繁杂的关系。在这种情况下，张献忠部队一方面表现出的毛病更为突出（流寇主义表现得比李自成部更为浓厚）；但另一方面，却也表现了一种脱离传统式农民性质军队的倾向，跟有市民层参与在内的城市反抗运动，有了较多的可能衔接的机缘。第二，如众周知，明末农民大军的活动地域，由于种种关系，未能与资本主义开始萌芽的主要

① 谈迁：《枣林杂俎·智集》。

地域——江、浙地区相接触。他们是曾经企图以英、霍山区前头阵地为根据，使用军事力量攻占到江、浙一带去的，但由于种种条件的限制（如明南枢诸臣在军事方面抓得较紧一些，等等），他们始终没有能够达到目的。吴伟业在他的《绥寇纪略》中曾经记载着，在崇祯九年的正月十七日，李自成部农民军曾连下含山、和州，“谍者云：贼将距浦口、江浦二邑，以谋渡江”[①]。他们曾围攻江浦九昼夜。此其一。复据上引同书又记载说，在崇祯十年正月，大农民军的另部马守应、曹操（即罗汝才）、闯塌天等部二十万人，“长驱沿（江）流东下，蕲、黄、六合、怀宁、望江、江浦在在震忧，烽火及于仪（征）、（维）扬。”[②] 此其二。再，在崇祯十七年甲申五月，明朝既亡之后，张献忠大农民军的别部，也曾占领过扬州以北的淮运重地王家营。据近人张须（煦侯）所著《王家营志》所载，“明季张献忠遣将东略，尝住王家营”，复据该书转引《山阳志遗》一书所记：“五月，贼众伪为难民，乘船将近清河。水营副将张士仪大破之，焚其舟。又遣人往王家营，潜焚其舍。”[③] 据此，我们似乎已经可以进行如下的推断：假如当时明末的大农民军能够攻占到江、浙一带资本主义萌芽的地区上来的话，那么，他们历年来通过剥夺的正义行为而得来的巨大财富，将有很大的可能转化为我国资本主义的原始积累。自然，事实上，他们并没有能够攻占到江东一带来，因而那些巨大的财富只好像在岷江的彭山县江口所遭遇的情形一样被锢结起来，而没有能够成为我国资本主义的原始积累。也就是说，这种情况并没有成为现实。我国资本主义萌芽之地域的不平衡性，以及明末大农民军对当时社会及其政治的和经济的情况在认识上存在着局限性，都是这种可能不曾变为现实的规定性的条件。但无论如何，从明末大农民军由正义剥夺而来的大量财富已经具有一种使其自身转化为一

---

① 吴伟业：《绥寇纪略》卷 4《朱阳溃》。

② 吴伟业：《绥寇纪略》卷 5《黑水擒》。

③ 张须：《王家营志》卷 6《杂记》。

种资本主义原始积累的可能性上看，明末农民大起义的身上已经显然打下了资本主义萌芽时代的烙印，在这一点上，他已经明显地区别于他以前的若干次农民起义了。

（本文原题目为《论明末大农民军对货币财富的积累——“明末农民大起义”分题研究之二》，载于《文史哲》1956 年第 6 期）

大西政权的经济困境

肖俊生

经济基础决定上层建筑。任何一个政权欲图长治久安，都必须寻求其可依赖的经济基础，在乱世之中，哪怕你有比别人稍强一点的经济实力，也有可能在战略上打败敌人。朱元璋能够异军突起，原因众多，但其“深挖洞、广积粮、缓称王”的经济与军事战略，实行军事屯田，无疑已在经济上优于竞争对手。张献忠与杨展在彭山江口的决战，除了战场指挥外，经济因素也在发挥作用。张献忠因为经济困境和企图削弱杨的经济实力，而主动求战。同时也因士气低落，后勤缺乏供给而战败；杨展因经济实力稍强，士气高昂，而敢于战场相峙，大胆决策，取得最后胜利。本文从分析张献忠最后入蜀的动机入手，剖析其经济政策得失及经济困境，并与当时张的对手作比较，得出张献忠因经济实力不济，后勤缺乏保障，而不得不离开成都，牺牲在东行湖广路上的结论。

（一）张献忠最后入蜀是战略选择而非经济决策

秦统一天下，以先灭蜀国为其后防根据地和粮食基地。三国时期，诸葛亮“隆中对”中，沃野千里的益州，更是刘备的必然选择。北宋统一中国，也以蜀地为重要的粮食储备基地。在古代和平时期，巴蜀大地尤其是西蜀地区，总体来说，风调雨顺，社会安定，经济发展，一幅国泰民安景象，汉代起即有“扬一益二”的说法。因此，历代政治家、军事家均高度重视对巴蜀的统一与治理。尤其在天下未定之时，不管是农民起义领袖，还是有志统一中国者，均从战略与经济角度对巴蜀予以重点考虑。张献忠数次入蜀作战，深知蜀地战略的重要性，但与前人有所不同，其最后一次入蜀却只是因战略的需要，而非出自经济的考虑。张的谋士汪兆麟主张“改号正位，养威蓄锐，莫如秦蜀”，“取秦必先得蜀”，“根本既固，然后北伐”[①]。这些主张虽然不排除经济因素，但着眼点和重心仍在战略方面。清人彭遵泗曰：“崇祯十六年……献忠以左良玉驻武昌，忌之，乃决议入蜀。时蜀抚陈士奇性率傲，无他筹略，缘劾候代，军不放粮，十三隘口无分遮者。”[②] 长江中下游，在明末战争中，少遭战争破坏，经济尚有一定基础，也是后来南明政权的重要基地，张献忠也深知吴越的重要性，但他想避免与武昌之左良玉发生正面冲突。应该承认，在最后于成都建立大西政权之前，张献忠是颇具战略眼光的。他数次与左良玉交手，知道对手的实力，故避其锋芒，选择西向入蜀，何况蜀抚陈士奇彼时不得人心，献忠又熟悉川内情形，此时再入四川，极有可能建立自己的大本营。可见，战略的需要及军事形势的发展，是张献忠最后入蜀的根本动机。

大西定都成都不久，献忠即遣将复攻重庆，“重庆乃楚蜀要冲，不可为人所扼”[③]。说明张献忠对楚地还是念念不忘的。

顺治三年（1646）九月，大西政权日益艰难，政局不稳，军粮断然无措，献忠与部下商议：“蜀地数经残破，地方无民兵，且乏食，欲往楚。”[④]

---

① 佚名《纪事略》，上海中华书局 1959 年版第 35 页。

② （清）彭遵泗《蜀碧》卷 2，甲申正月条。

③ （清）李馥荣《滟滪囊》卷 3“张献忠据成都”。

④ （清）李馥荣《滟滪囊》“肃王吊死伐罪”条。

或谓献忠笑称，皇帝不好当，不如将金银财宝运往楚地，作运营资本，还是当巨商舒服。所谓“献率劲兵数十万，金宝数千艘，顺流东下，将变姓名走楚作巨商”[①]。在兵源及粮食皆匮乏之际，张献忠不得不慎重考虑大西政权的出路问题。如何迅速走出经济及社会困境，建立稳固的经济基础，楚越未遭重创之经济，又重新纳入他的决策范畴。

这再次说明，张献忠最后入蜀，并不是看重了巴蜀的经济（当时四川已无经济基础可言），而是当时军事上的唯一出路。他也深知，建立一个稳固的政权，也必须有经济的支撑。故在其苦撑一两年后，还是下决心往楚地寻求发展，其最后牺牲于川北，应是走在东行路上。

（二）大西政权的经济政策

大西政权在四川建立过程中及建立后一年左右的时间内，也出台了一些经济政策及相关措施，大概有以下几种：

征税与免税。“献贼声言，边郡新附，免其租三年。蛮司贪贼货，多降。惟遵义不从贼。”[②]

毁铜像铸钱。“贼设铸局，取藩府所蓄古鼎。玩器及城内外寺院铜像，熔液为钱，其文曰：‘大顺通宝’。令民间家悬顺民号帖，以大顺新钱钉之帽顶……贼钱肉色，光润精致，不类常铜。至今得者，作妇女簪花，不减赤金。”[③] 大西钱币的质量甚高。

禁止私藏金银。“禁人带藏金银，有即赴缴，如隐留分厘金银或金银器物首饰，杀其一家，连坐两邻。于前门外铺簟满地以收之。须臾，钮扣

---

① （清）刘景伯《蜀龟鉴》卷3，顺治三年条。另见（清）刘鸿基《蜀难纪实》。

② （清）戴笠、吴乔《流寇长编》卷18。

③ （清）彭遵泗《蜀碧》卷2，顺治二年条。另参考刘敏《大西政权铸币考》，《四川金融》1998年第2期。

亦尽。金银山积，收齐装以木鞘箱笼，载以数十巨舰”[①]。

军事屯田。顺治三年正月，“贼各屯戍俱撤回”[②]，证明之前有过屯垦。

强制性征粮。“献贼每五日十日一发人采粮，如一人不回营，领人管队小剥皮。同伴俱斩。”[③]

搜括富户。“又拘绅袍富室大贾，罚饷银皆以万计，少亦数千，不问其力之足否。”[④]

入蜀初期禁止士兵任意抢劫。“不许假借天兵名色，扰害地方。”[⑤]

相信大西政权还有其他的经济措施。

以上诸条，征税与免税是民族团结、发展经济的良好举措。但记载该措施的史料非常少，似乎只是大西政权笼络少数民族的手段。我们见到更多的是大西军强行征粮和其他军队抢粮的记录。事实上，依照当时的实际情况，四川已无税可征，唯有休养生息而已。铸造足值金属货币，本是稳定金融贸易、发展经济的良好举措，但四川当时的经济已残破不堪，若不从经济活动本身着手，只是铸钱，恐怕于事无补，或者说有一定的空想成分。禁私藏金银，在特殊时期有其合理性，它与强制性征粮和搜括富户一样，具有超经济强制性质，但从上述史料看，搜尽民间金银，大西政权只是强调对民间富户的掠夺与打击，并无后续的措施。只有军事屯田和禁止肆意抢劫符合当时的军事、经济形势，是有益经济发展的正确举措。但其只实行于大西政权建立之初且仅限于个别部队，影响及实效有限。一句话，大西政权的经济举措乏善可陈，效果甚微。甚至破坏性、强制性居多。

---

① （清）欧阳直《蜀警录》。
② （清）沈荀蔚《蜀乱叙略》“顺治三年”条。
③ （清）欧阳直《蜀警录》。
④ （清）沈荀蔚《蜀乱叙略》“顺治元年”条。
⑤ 《圣教入川记》第15页，四川人民出版社，1981年。

大西建立初，献忠有志统一四川，他曾在顺治二年正月十六日，在成都北门阅军，“见人马精壮，器械鲜明”，大悦曰：“有此劲兵三千，可当十万，况三万乎。”[①] 既然人马精壮，说明此时大西军队总体上尚不缺粮，士气也还可以，有一定战斗力。大西政权果能励精图治，未必没有久居四川的机会。如占领简阳后，新政权即给当地人都发了“西朝顺民”号贴，“自此之后，即不杀人。兵不甚扰民，民亦入营贸易”[②]，这种情况一直保持到第二年的十月初三。说明和平稳定在简州持续了一年多时间，这正好说明大西政权是有机会稳定社会、整顿经济秩序的，时间上也是来得及的。

（三）大西政权的经济困境

进入四川两年后，大西政权的生存越发艰难，政权的种种怪异行为日益增加，“屠蜀事件”日趋严重。部队的主要任务就是搜粮，粮食搜不到，人又不回，即大开杀戒，张献忠的疑心益重。

关于当时四川的经济社会一般情况，有两段话可资参考。“自甲申以来，耕必携兵，遇贼疾登保寨，贼少则耕者与战。乱久牛尽，以人代牛。将登，则强者聚众刈之，弱者夜窃。至是耕织俱废，斗米万钱。贼野无所掠，觅人而食。深夜登高望烟火，潜往劫捕，由是不敢火食，惟采蕨根则树皮而已。土贼深夜潜行，有闻儿啼人者，闻语声鼾声人者，由是不敢室居。妇子望夕阳匿污莱间，每眠则狼啮足，或负儿女去，由是不敢露宿。父子夫妻馁死必用荼毗法，否则为人掘食，由是不敢葬埋。甚有哭之哀，旋炙而啖之。以人为粮，仅易数升，久之不能易一升，由是家人相食为故

---

① （清）李馥荣《滟滪囊》卷3“张献忠据成都”。

② 《圣教入川记》附录《五马先生纪年》，乙酉条。四川人民出版社，1981年。

事。”[①] 清人欧阳直著《蜀警录》亦言：“自乙酉以迄戊、已，（四川）计九府一百二十州县，惟遵义、黎州、武隆等处免于屠戮，上南一带稍存孑遗，余则连城带邑屠尽杀绝，并无人种，且田地荒芜，食尽粮空。未尽大剿地方或有险远山寨，间有逃出三五残黎。初则采芹挖蕨，继则食野草，剥树皮，草木俱尽而人且相食矣。”作者本人亦差点被吃掉，不可谓不惊险。上面两段活，可以说是大西政权建立后，四川社会的真实写照。大西政权了无经济基础，其采取的措施大多数是破坏性的、掠夺性的，经济越发困难了。

时人傅迪吉所著《五马先生纪年》为作者当时经历，记载了大西军在简州数次打粮，杀人的经过，当为可信[②]。其实，大西政权撤离成都前后，大规模杀人事件剧增，对城市、农村的破坏也更严重。从经济角度讲，可以理解为大西政权是为了不给竞争对手留下长期盘踞的基础。

大西政权杀人虽多，但少有军中人吃人、以人肉为粮的记录。其实四川的地方武装、土匪、明朝残余军队（除杨展部队以外）的后勤供应问题都很严重，早就有抢劫及人吃人的记录。

明副将曾英请屯于重庆，上司不同意，“由是兵皆抢劫，自叙泸至重涪打粮，至一月往返，无异于贼”[③]。再如 1643 年，四川总镇刘镇藩遣部将王朝阳出仪陇县，“讨摇黄贼，缺饷，兵鼓噪，掠民财，焚屋奸淫，但不杀人耳”[④]。

杨展在乐山、峨眉一带，条件较诸军好一些，但仍然处境艰难，“山深处升米价二三两，菽麦减半，他物称是。荒残甚者，虽万金无所得食”。明末江南米价也才一石二两白银，杨展辖区米价不知超江南多少倍矣。

---

① （清）刘景伯《蜀龟鉴》卷 3，顺治三年条。

② 《圣教入川记》附录《五马先生纪年》，四川人民出版社，1981 年。

③ （清）刘景伯《蜀龟鉴》卷 3“顺治三年”条。

④ （清）费密《荒书》。

清军入川，“本朝大兵在忠州、遵义等处乏粮，四行招抚，诸拥众者俱不下，大兵乃俱撤回保宁”①，也得受无粮之苦。

当此非常时期，不仅大西军队缺粮，政府军队亦然，土匪亦如是，甚或普通人为了生活，也以死尸为食。这种生产凋敝、有家不敢居、露宿不被狼吃就是被人吃的现象在四川已成普遍。四川人口不锐减才是怪事。大西政权在这种社会秩序紊乱，纲纪失常，毫无经济基础之环境中意欲立足，已经没有可能。

（四）解决经济困境的战略努力：江口决战的经济学解释

江口是今四川彭山县岷江边靠近成都的一个小镇，这里河道狭窄、水流湍急，是成都往上川南的交通要道，也是成都的南大门。张献忠曾与明末将领杨展在这里展开一场激战。关于这场战役，当时即有不少分析，当今学术界也有很多研究，我们仅从经济方面予以一些补充。

关于战争原因，有论者以为张献忠攻打杨展是为了顺岷江、长江东下到湖北发展，有的史料说张是带着多船金银去与杨展打仗的。这实是误解。这条路线绕道不说，还要经过杨展统辖的上川南辖区，风险甚大，不是献忠的作为。带着这么多金银打仗亦为军事条件所不许。张献忠在打杨展之前，为走出经济与战略困境，确有东行湖广的打算。但其不走敌人实力较弱、路线更近的川北路线，而是决意与杨展一战，显然有别的考虑。杨展在川南实行屯田，征赋税，粮食尚有、军心稳定，是四川各支军队中经济实力最强的。杨展在乐山、峨眉一带“凡有民之地、设官分治，亩征米二三斗。……又市牛种于隙地，放兵屯田”②，种地之人还需自行将粮食

---

① （清）沈荀蔚《蜀乱叙略》“顺治四年”条。

② （清）沈荀蔚《蜀乱叙略》“顺治四年”条。

运送到峨眉山万年寺，农民负担虽重，但毕竟可以存活，也就勉强可以接受，人们对杨展总体上持拥护态度。“参将杨展遣子景新分给上南军屯卒人民耕牛籽种……灾黎见稻，视为奇物，如晤亲知久故，多有泣下者。”[①]杨展曾经一次性赞助宜宾军粮万石以上，说明他的确有较强的经济实力，这些情况张献忠应该是清楚的。

大西军行军速度是很快的，如果决心入楚，依张献忠的性格，是会果断离开成都的。但他没有这样做，而是选择与杨展开战。说明当时张献忠还在离蜀问题上存有侥幸心理。如孙可望就曾建议张献忠“正位西川，轻徭薄赋，以恩止杀，另颁新政，与民更始”[②]。张对此也曾犹豫。如果主动出击，消灭杨展，不仅是战略需要，还可以一举占领上川南，更可以夺其耕地与粮食，走出经济与战略困境，对四川重新进行布局，甚至长期占领也不是没有可能。

张献忠在成都建立政权后，除了北上与李自成争地和重庆有较大规模的战争外，军队并无大的战斗，其没有及时消灭杨展，可能认为杨展并未形成气候，构不成威胁，张自己曾说：“如川南杨展、王祥何足介意。”[③]待其军事与经济实力大增之后，大西军却每况愈下了。张献忠在离开四川以前，也不得不放手一搏了。某种程度上说，此次战争，张献忠是带有很大的赌博心理的。

张献忠在这场战役中，将仅有的本钱输光，“纵火大战，烧沉其舟。贼奔北，士卒辎重，丧亡几尽”，史载“献忠自江口败还，势不振”[④]，说明此战对于献忠的确意义重大。此战之后，张献忠即“烧其财负舟楫于新津”，埋金银，毁成都，迅速走川北，意图再入湖广。杨展也因为此战的

---

① （清）孙錤《蜀破镜》卷5。

② 佚名《纪事略》，上海中华书局，1959年版第49页。

③ （清）李馥荣《滟滪囊》“顺治二年”条。

④ （清）彭遵泗《蜀碧》卷3，顺治三年条。

收获，一跃成为南明在四川最大的一支力量，经济与军事实力大增。因此，我们可以说，经过此战，张献忠企图在四川本地解决经济与军事困境的努力彻底失败了。其走川北、图湖广已成为其走出经济困境及军事困境的唯一选择。

（原载《明末农民起义领袖张献忠全国学术研讨会文集》，2010 年 8 月）

第三编　白银货币化：『江口沉银』历史背景解读

白银货币化视角下的明代赋役改革

万　明

（一）

明代赋役改革，以"一条鞭法"最为著名。中国学者对于"一条鞭法"的研究，以梁方仲贡献最大。早在 20 世纪 30 年代，他就开始进行了系统而全面的探讨，形成了一个里程碑。日本学者对于明代赋役制度的研究，也可以追溯到第二次世界大战前。从那时起，日本学者的中国史研究尤其关注明代徭役制度的变化，以细致的考证为特色，详细考察了徭役制度特别是"一条鞭法"的实际状态。中外史学界的成果积累深厚，颇为可观，然而就视角而言，则以往的探讨基本上不出赋役制度的范畴，主要研究与评价了明代赋役改革与赋役制度在历史时期的地位和特点。

其实，明代的赋役改革并不始自"一条鞭法"，如果从明宣宗宣德五年（1430）周忱改革算起，发展至明世宗嘉靖初年（约 1530）出现"一条鞭法"，再到一般所说的明神宗万历初年（约 1580）向全国推行，整整经历了一个半世纪的时间，"一条鞭法"是此前明代一系列赋役改革的延伸与总结。"条鞭之法，总括一县之赋役，量地计丁，一概征银，官为分解，雇役应付。"① 这是明朝人的概括。这样一种概括，也可以视为对"一条鞭法"之前赋役改革总趋向的概括。从"一条鞭法"之前的赋役改革来看，虽然各地实行时间不一，内容也不尽相同，但是呈现出一个总的趋向，即

① 《明神宗实录》卷 220，万历十八年二月戊子，台北，"中研院"史语所，1962。

朝着赋役合一和赋役折银的趋势转变，这成为“一条鞭法”的前导。以往学术界关注赋役改革，大多论定是土地兼并、赋役繁重、农民逃亡、国家对土地和人口失控等，引发了均平赋役征收、减轻农民负担的赋役改革，从而构成了对赋役改革的主流观点，这无疑是正确的。但是，这还不是明代赋役改革最主要的特征。因为，赋役的均平和合并简化以减轻负担，是历史上数不清的赋役改革的一个共同特征。根据这个共同特征，有学者提出“黄宗羲定律”之说，揭示出事实上“一条鞭法”改革以后，也反复出现同样的问题，不断需要酝酿新的改革[①]。这种认识已在学术界取得了共识。所以，均平赋役征收、减轻农民负担并不是明代赋役改革的主要特征。从主要特征的不可逆转性出发，明代赋役改革不同于历朝历代的特征又是什么呢？我认为，明代赋役改革的主要特征，或者说明代赋役改革的一个核心问题，是赋役折银，即赋役的白银化。这是与明代白银货币化密切联系在一起的。

明代的赋役改革，大多与折银相联系，这是值得关注的现象。追溯以往，赋税折征并不特别，是历朝常有的举措。在唐代建中年间杨炎施行两税法的时候，已经开始采用折钱。由此看来，明代的折征似乎也没有什么特别之处。然而，之所以说明代的折征又是特别的，就在于明代赋役折征的是贵金属白银，而且最终统一征收白银，这是历史上从未有过的。这才是明朝赋役改革有别于历朝历代的根本特征。学术界以往的研究相对集中于均平赋役方面，对此未能给予充分重视。然而，正是赋役一概征银，在中国历史上是亘古未有的变化，具有划时代的意义。

① 秦晖在《农民“减赋”要防止“黄宗羲定律”的陷阱》一文中指出：“中国古代的赋役制度，总是将旧的苛捐杂税归并统一征收，以图减少加派之弊。但是改税后，随着统治者的需求，又生出新的加派名目，每次赋役改革，就成为加征加派事实上的承认，简化征收，成为此后加征的起点。随着加派日繁，又开始孕育下次的改革。”载《中国经济时报》，2000－11－03。

（二）

明代赋役制度原则上沿袭唐代以来的两税法，开国伊始，建立起赋役黄册和鱼鳞图册等一整套颇为完备的制度，以确保赋役的征收。明初，田赋征收主要有本色、折色两种。米麦为本色，"诸折纳税粮者，谓之折色"。折色指可用银、钞、钱、绢代输税粮。明初，役法分为里甲与杂泛两类，里甲是正役。值得关注的是，"一条鞭法"出现前的一系列赋役改革，几乎都包括有折银的内容，这无疑不是一种巧合，而是一种带有规律的现象。伴随一系列赋役改革的折银缴纳，明代白银货币化极大地扩展，逐渐普及到全国。由于明代赋役改革折纳经历了从轻赍折钞、绢、布、金、银等物最终归一到折银的过程，因此，我们有必要从明代赋役改革的开端进行考察。一般而言，明宣德年间周忱在江南实行的赋役改革，可以视为明代赋役改革的开端。

明宣德五年（1430）九月，周忱作为工部右侍郎总督税粮，被派往南直隶苏松等府县[①]。他"始至，召父老问通税故"，在了解当地重赋实际状况以后，针对江南赋重役繁、负担不均、拖欠税粮达数百万石的情况，开始进行赋役改革，"计减苏粮七十余万（石）"；又奏请户部，要求将"松江官田依民田起科"，但遭到户部反对，认为此举"变乱成法"，不予批准。于是，周忱创行"平米法"。他的"平米法"，主要有两方面的内容：一是"加耗"，即正粮每石加征"耗米"，将耗米并入正粮一并征收，对田赋加耗作了适当调整。二是折征，以改变征收方法来使官民田土和税户负担均平。主要方法是，使科则重的田土缴纳负担较轻的折色，包括银、布等轻赍之类；而科则轻的田土缴纳"重等本色"，以此将各种不等的科则加以均平。在这种折征办法之下，重赋官田负担得以减轻。因此，"平米

① 《明宣宗实录》卷70，宣德五年九月丙午。

法”的一个重要内容是“折征”，以不同的征收折纳办法使得农民田土和税户的负担较为均平。由此我们知道，缴纳本色重于折色，缴纳折色本身有均平的作用。

应该指出的是，在明太祖洪武年间，缴纳实际负担较轻的折色，如布、银等轻赍之类就已经存在了。据《明太祖实录》载，早在洪武九年（1376），明太祖朱元璋就曾“令民以银、钞、钱、绢代输今年租税”，也就是准许各地用银、钞、钱、绢等物折合为米麦缴纳租税，目的是使交通不便地方的税户便于缴纳，这应属于轻赍的范围。当时规定，银一两，钱千文，钞一贯，可折米一石，麦减值十之二，棉布、苎布一匹折米六斗或麦七斗，麻布一匹折米四斗或麦五斗①。还有逋赋的折银征收，在明初也已形成定例。洪武三十年（1397），明太祖令户部：“凡天下积年逋赋，皆许随土地所便，折收绢、布、金、银等物，以免民转运之劳。尔百司一如朕命，毋怠。”② 值得注意的是，在轻赍中，并不以白银为主，而是银、钞、钱、绢等物并重，更是“随土地所便”。宣德年间周忱巡抚江南时期的田赋折纳情况，应也是如此。

有学者引用明人顾起元所云：“往周文襄公巡抚时，以丁银不足支用，复倡劝借之说，以粮补丁，于是税粮之外，每石加增若干以支供办，名‘里甲银’。”③ 由此看来，似乎周忱在江南的改革不仅涉及了田赋，而且涉及了役法。问题是，所谓“里甲银”的征收，未见当时记载。实际上，周忱改革以“平米法”著名。明人评述周忱改革时称：“当时杂派太多，民不堪扰，乃将杂派名色尽于秋粮一并带追，谓之耗米”④；“宣德年间，周文襄巡抚南畿……乃令凡民间户丁之差役，物料之科派，皆取诸余米”⑤。

---

① 《明太祖实录》卷105，洪武九年三月己丑。

② 《明太祖实录》卷255，洪武三十年九月癸未。

③ 顾起元：《客座赘语》卷2《条鞭始末》，北京，中华书局，1987。

④ 徐献忠：《复刘浙东加耗书》，见《明经世文编》卷268，北京，中华书局，1962。

⑤ 何塘：《均徭私议》，见《明经世文编》卷144。

都只是提到耗米，而无银。而研究者多征引明代后期史料中的记载，以为周忱的折征，是将原来按户征收的里甲费用摊入田粮，折金花银征收，则更向前走了一步。然而，这些记载的问题是，金花银之称当时并不存在，明显为后人所归纳，恐不足为凭[①]。

为了说明问题，根据史籍记载，现依时间次序胪列当时有关事实如下：

从宣德五年（1430）闰十二月直隶苏州府上奏中，我们得知，明仁宗洪熙元年（1425）的折纳事例折的是钞。宣德五年，出于宽恤，令宣德三年以前"民欠粮税，悉令折收钞与布绢"；户部议，"以十年为率，三分折阔布，三分折阔绢，四分折钞"[②]。由钞扩及到了布和绢。

宣德六年（1431），周忱上奏松江府华亭、上海二县濒海地在洪武间秋粮折收棉布、永乐间纳米，"今远运艰难，乞仍折收棉布、黄豆"[③]。折纳中除了棉布，还增添了黄豆。

宣德七年（1432）八月，置苏州济农仓，"有旨命以官钞平籴储待，以备岁凶"[④]。由此可见，当时官方是用钞"平籴"，并无白银之用。

发展到正统元年（1436），《明实录》记载了"命江南租税折收金帛"[⑤]。这就是学者多所引用并认为是正统初征收金花银的重要证据。然而，仔细考察，折收的"金帛"。"金"固然包括银在内，而"帛"的本义是丝织品的总称。此次折收的来历，在《明英宗实录》中叙述颇详：

---

① 参见万明：《明代白银货币化的初步考察》，载《中国经济史研究》，2003（2）。其中梳理了《明实录》中正统初年的事例，说明明朝税粮折征为金花银，有一个逐渐形成定制的过程。金花银的称呼也并非起自正统，而于成弘时出现。实际上在正统初年，折粮银和后来形成的金花银的根本不同点，就在于折粮银主要不是从赋役改革出发的折银。日本学者星斌夫经过详细考证，指出正统元年的折银令与金花银在理由和动机上是不同的，折粮银考虑的是军官俸禄，而金花银具有减轻农民田赋负担的意义，所以两者性质不同，是在后来才趋同的（星斌夫：《金花银考》，见《明清时代社会经济史の研究》，国书刊行会，1989）。

② 《明宣宗实录》卷74，宣德五年闰十二月丁未。

③ 《明宣宗实录》卷77，宣德六年三月戊辰。

④ 《明宣宗实录》卷94，宣德七年八月辛亥。

⑤ 《明英宗实录》卷21，正统元年八月庚辰。

先是，都察院右副都御史周铨奏：“行在各卫官员俸粮在南京者，差官支给，本为便利。但差来者将各官俸米贸易物货，贵卖贱酬，十不及一。朝廷虚费廪禄，各官不得实惠。请令该部会计岁禄之数于浙江江西湖广南直隶不通舟楫之处，各随土产折收布、绢、白金，赴京充俸。”巡抚江西侍郎赵新亦言：“江西属县有僻居深山不通舟楫者，岁赍金帛于通津之处易米上纳，南京设遇米贵，其费不赀。今行在官员俸禄于南京支给，往返劳费，不得实用。请令江西属县量收布绢或白金类销成锭，运赴京师，以准官员俸禄为便。”少保兼户部尚书黄福亦有是请。

从以上一段话来看，这并不是周忱赋役改革的组成部分，而是另外有因。况且，前有周铨所奏，“折收布、绢、白金”；后有赵新所言，“量收布绢或白金类销成锭”，实际上都是将布、绢、银并列的。而当时少保兼户部尚书黄福的“亦有是请”，自然也应是并列布、绢、银的。就是当时劝说明英宗实行折征的胡濙，所用的也是明太祖洪武年间折征布、绢、金、银各色的事例[①]。就此而言，金花银的说法，当时是根本不存在的[②]。

上述史料说明，周忱改革是明代一系列以折征为主线的赋役改革的开端。当时，明朝赋役折纳是如以往朝代一样由轻赍开始的，明代赋役折收货币则是由折钞起，因为当时宝钞是国家的法定货币。周忱改革之时，赋役折征还处于钞、布、绢、银等并列时期，“平米法”中即使有折银，也仍带有一种临时性特征，是属于轻赍之类。这说明，明初社会经济中的商品货币关系虽然有了一定程度的进展，形成了部分折银现象，但是赋役折银在当时还只是个别的、分散的现象。从性质上说，银在当时不是专门的折纳对象，改革也不是单纯以银两为征收目标的。

---

① 《明英宗实录》卷21，正统元年八月庚辰。

② 万明：《明代白银货币化的初步考察》，载《中国经济史研究》，2003（2）。

（三）

明代"一条鞭法"推行全国之前的各种赋役改革，如"均徭法"、"均平银"、"纲银"、"征一法"、"十段锦法"、"一串铃法"、"门银、丁银"等等，名称不一而足。可是，无论名称如何，方式多种，其中都包含折银征收作为最主要的一项改革内容。《明书》云："征一法、一条鞭、十段锦、纲银诸法，在所异名而同实。"[①] 因此，我认为，赋役改革折银是明代白银货币化的一个主要形式。换言之，税收白银化是白银货币化的一个重要的实现过程。白银作为支付手段也就是货币基本手段的确立，正是经过了这样的历程才最终实现的。

1. 均徭法的力差与银差。均徭法是一种编审徭役的方法，明代徭役的重要类别之一。根据梁方仲的研究，明正统初年由江西地方官柯暹首创，按察司佥事夏时推广于全省[②]。明正统四年（1439），夏时上奏后，户部曾下令"里甲除正役照赋役黄册应当外，又另编造《均徭文册》，查勘实在丁粮多寡，编排上、中、下户，量计杂泛重轻等第，佥定挨次轮当。一时上下称便"[③]。当时，将杂泛中供应官府的各种差役另列编册，根据丁粮多少，编审户等，分上、中、下户，均派徭役。此法行之不久，即遭反对，一度中止。以后，广东、福建、四川、陕西、南直隶等地相继推行。明景泰以后，逐渐推行于全国。江淮以北约于成化、弘治年间开始实行。后来，均徭法与里甲、驿传、民壮一起，号称"四差"。其中的各种杂役，分为力差和银差两大类。力差，是亲身服役；银差，则是纳银由官府雇人当差。

---

① 傅维麟：《明书》卷68《赋役志》，畿辅丛书本。

② 梁方仲：《论明代里甲制和均徭法的关系》，见《梁方仲经济史论文集》，北京，中华书局，1989。

③ 嘉靖：《海宁县志》卷2《田赋志》，明嘉靖刻本。

均徭折银，就是银差的出现。最早研究这一问题的日本学者山根幸夫指出了《明史》记载的错误，认为初创均徭法时并没有力差和银差的区别。银差出现于弘治末年到正德初年。银差的出现是社会政策，对小农来说更希望的是折银代役[①]。日本学者岩见宏对银差中全国共通项目皂隶、马夫、膳夫、斋夫的折银进行了细致地研究，提出折银均于弘治前期完成的观点，并指出差役在更早的时候已存在折银现象[②]。实际上，早在宣德四年（1429），已出现"柴薪银"[③]。据成化六年（1470）南京官员上奏："一禁夫役以节民财。谓应天府上元、江宁两县沿袭旧例，每年验丁出银，谓之上柜银，以为修理公廨以及往来迎送之费。"[④] 这里所说的"旧例"，意思很明显，是已经规范化了的做法。随着规范化的例子越来越多，随着货币经济的发展，力差变为银差的项目也就越来越多。在广东地区，"均徭为杂役，成弘以前莫考，正德后始定银差、力差之例"[⑤]。另据唐文基的研究，至嘉靖年间，各地编纂的方志中反映出许多地方的力役和听差都已折成了银子[⑥]。也就是说，无论名称是力差还是银差，在实际运作中一概归于折银征收。又据日本学者的最新研究，均徭折银的过程，在华北、华南和华中是完全不同的，如在华北称为均徭银的是门银、丁银。

2. 均平银。一般说来，均平银是针对里甲正役的改革，明英宗天顺年间实行于浙江，又称甲首银。均平银支应对象，是原里甲供应的额办、坐办、杂派，上供物料与地方往来公费。景泰年间，均平银创始于江西。当时，江西巡抚韩雍为了解决里甲负担不均，开始对原来由里甲承办的祭

---

① 山根幸夫：《十五·六世纪中国における赋役劳働制の改革——均徭法を中心として》，载《史学杂志》60卷11号，后收入《明代徭役制度の展开》第二章第一节，东京女子大学会，1996。

② 详见岩见宏：《银差の成立をめぐって——明代徭役の银纳化に关する一问题》，见《明代徭役制度の研究》，第157—180页，同朋舍，1986。

③ 《明会典》卷157《兵部·皂隶》载："随从皂隶，不愿应当者，每名月柴薪银一两。"北京，中华书局，1988。

④ 《明宪宗实录》卷79，成化六年五月丁酉。

⑤ 顾炎武：《天下郡国利病书》卷101《广东》五，清光绪年间刊本。

⑥ 参见唐文基：《明代赋役制度史》，第238—239页，"嘉靖年间各地主要均徭杂役折银价格表"。

祀、乡饮等费用实行定额，凡现役里甲，按丁、田输银于官，由官府统一征收办理，以备一年之用。称里甲均平银[1]，亦称公费银。为防止贪官污吏营私舞弊，侵渔中饱，韩雍还规定，每里出银六两，非全里者减半。到正德年间，江西里甲均平银征派办法再次实行改革，其法是依照丁、粮来均派，一县通融计算。嘉靖初年，巡按盛应期在江西对里甲均平银的征收和支应办法又有改革。史称：将一府丁粮分作十年，如吉安府每年每石派银三钱五分，名曰里甲均平[2]。这一改革里甲正役的编审范围突破了原有里甲的界限，具有摊丁入地的内涵，为后来"一条鞭法"开辟了道路。

另据《天下郡国利病书》记载，广东"其法盖始于成化"[3]。日本学者岩见宏综合研究广东公费问题，考察了均平银的成立过程，明确指出，在纳银化之前曾称为"均平钱"；他还考察了嘉靖《广东通志》记载的均平银，分别为岁办、额办、杂办三项具体内容："一曰岁办，盖每岁必用之常也。二曰额办，盖二年三年或四年五年一用之数也。三曰杂办，盖取用无常，备予以待不时之需者也。"认为地方政府的经费到后来也成了里甲负担[4]，纳银均平徭役的作用极为明显。

3. 白银法。成化二十二年（1486），松江知府樊莹创立"白银法"，主要针对当地民运漕粮的役法进行改革。明初规定，每年的税粮由粮长率领里长、运粮人户，起运到缴纳的仓场。但是，由于"仓场书手侵盗害人，虚文诡出，移新补陈"，以致"运夫耗折，称贷积累"。针对这些弊端，樊莹请求革除运夫，由粮长专门负责运输，"宽其纲用而优之"，重新制订运输费用征收办法。具体来说，有两个方面：第一，除了应纳的税粮征收本色外，"其余应变易者，尽征收白银"；第二，所征白银，"随时估商下，或准平米二石或二石五斗"。于是，"部运者既关系切身，无敢浪费；掌支

---

① 嘉靖：《东乡县志》上卷《户口土产贡赋力役》，《天一阁藏明代方志选刊》本。
② 参见聂豹：《双江聂先生文集》卷八《答东廓邹司成四首》，《四库全书存目丛书》本。
③ 顾炎武：《天下郡国利病书》卷99，《广东》三。
④ 岩见宏：《明代徭役制度の研究》，第135—155页，同朋舍出版，1986。

之人出入有限，无可蔽藏”。这样，竟使得“积年之弊十去八九”[1]。当时的情形是，分别于各县实行，各县有所不同：“华亭县正粮一石，加耗米三斗二升，白银一钱五分；上海县正粮一石，加耗米三斗三升，白银二钱。”[2] 白银法将一部分耗米折成白银征收，从而开了田赋运输附加税货币化的先河[3]。

4. 征一法。这一改革主要是嘉靖年间在江南地区实行。具体说来，由应天巡抚欧阳铎于嘉靖十六年（1537）实行于南畿十府。因当时制定的经赋册中有“征一定其则”之说，因此而得名。由常州知府应槚建议，嘉定知县王仪力主推行[4]。虽然在推行时各地做法不尽相同，但主要有两个方面：一是以重则田征轻赍，减耗米；轻则田征本色，增耗米，目的是以此方法拉平官民田科则。而此时征收的“轻赍”，就是白银。二是归并役目，部分里甲、均徭折银，摊丁入田亩征收。把里甲、均徭合并在一起，力役折银归入田亩征收，也就是在不损减赋役总额的基础上，把全县各项应征税项统一核算，然后按照田亩均分，统一征收。明显的是“赋役二途遂合而一”，统一征银，把赋役合一征银的进程推进了一步。

5. 纲银。纲银是福建地区的徭役折银改革。于成化、弘治之际，出现于福建。时称“纲银”，又称“纲派”。《天下郡国利病书》云：“于是成、弘之间，乃令见役里长，随其丁田或钱输官，以供一年用度者，谓之纲；以雇一年役事之佣者，谓之徭。既出此钱，则归之农，雇一里长在役，以奉追征勾摄。”[5] 这一改革是里甲正役的改革，原则是按照丁田征银于官，雇役应付。正德十五年（1520），御史沈灼建议将一县的费用分为正役和

① 顾炎武：《天下郡国利病书》卷21，《江南》九。
② 乾隆《江南通志》卷114，《职官志》，乾隆刻本。
③ 唐文基：《明代赋役制度史》，第152页。
④ 《明史》卷203《欧阳铎王仪传》，北京，中华书局，1974。
⑤ 顾炎武：《天下郡国利病书》卷92，《福建》二。

杂役两纲，以人丁四成、粮额六成征收[①]。纲银之名，是由于整编简化归一征收，如网之有纲，所以得名。但是实际上，纲银征收的办法、范围的变化十分复杂。丁粮分派银两，总输于官，或说官府总征一年中里甲各类费用，按丁田编排于现年里甲。各地实行并不一致，可是，统一征银却是确定无疑的。隆庆年间，福建纲银也用十段册法摊派。纲银不包括上供物料的支应，沈灼又有 "八分法" 征银支应上供物料。日本学者山根幸夫对此进行了深入研究[②]。

6. 十段锦法。"十段锦法" 又称 "十段册法"。最初于明成化年间出现于福建邵武，由邵武知府盛颙创行。"先是徭役多从里胥推举，奸弊万端，颙乃通扣一县丁田数为十甲，以一年丁粮应一年徭役，周十甲而复始，民甚便之。"[③] 这种办法在邵武时行时废，改革的做法是统计一县丁田数为十甲，以一年丁粮应一年徭役，依次轮流应役。可见，简化徭役，摊于田亩，统一征银，是构成此法的重要内容。日本学者小山正明的研究说明，在华中与华南地区的改革以 "十段法" 施行，直接分摊到人丁和土地上[④]。在江南地区，开始试行 "十段锦法" 的是正德年间南直隶常州府同知马某。嘉靖十四年（1535），武进县推行此法，具体做法是将田分为十段，造册应役。嘉靖十七年（1538），常州府无锡县知县万虞恺推行武进县方法，建立丁粮十段册[⑤]。而嘉靖十六年（1537），李元阳任福建御史时，也在全闽行 "十段锦法"。嘉靖末隆庆初，"十段锦法" 已经普遍实行于江、浙、福建各地。推行 "十段锦法" 最著名的人物是庞尚鹏，他同样是推行 "一条鞭法" 最著名的人物。他于嘉靖四十年至隆庆元年（1561—1567）

---

① 顾炎武：《天下郡国利病书》卷 95，《福建》五。

② 山根幸夫：《丁料と纲银——福建における里甲の均平化》，《和田博士古稀纪念东洋史论丛》，讲谈社，1961。

③ 嘉靖《邵武府志》卷 12《名宦》，《四库全书存目丛书》本。

④ 小山正明：《明代十段法について》（二），《千叶大学文理学部文化科学纪要》10 辑，1968。

⑤ 康熙《无锡县志》卷一六《遗爱》一，康熙刻本。

在浙江议行“十段锦”。

7. 一串铃法。这是明代役银征收和解运方式的改革。于嘉靖末年、隆庆初年实行于北直隶和山东等地。主要内容是“伙收分解”，按照役银一总征收，然后分别以原来名目存留和解运的原则实行。这种改革不如东南地区那样有系统性。根据《明穆宗实录》隆庆四年（1570）山东巡抚梁梦龙上奏：“一正分收分解之规。言往者编佥大户，分定仓口。近为一串铃法，总收分解。”①

8. 门银与丁银。门银与丁银是从均徭法发展变化而成，是作为杂役折银，在华北地区广泛实行的改革。门银以户，丁银是以丁为课税对象，分别按照从上上到下下的九等户则征收税银，维持政府的费用。根据日本学者岩见宏研究，上供物料和地方公费的负担，在华北地区有一部分是以均徭的形式派征的，并按照九等户则编审。所以，门银与丁银就是这样发展而来的。日本学者谷口规矩雄则深入考察了华北地区从九等法到门银、丁银，再到“一条鞭法”确立的徭役折银的整个过程②，明确了九等法与门银、丁银的关系，并对门银、丁银与一条鞭法的直接联系作了深入探讨。

总之，通过明代“一条鞭法”前一系列赋役改革的折银本事的简略叙述，一个明显的事实摆在我们面前，那就是这些赋役改革无一例外地都具有折银的内容，而且贯彻的是赋役合一、统一折银的原则。这说明，折银是一系列赋役改革的一条主线。从时间上来看，大多数记载了改革始自明成化以后。正是在一系列赋役改革折银的基础上，才出现了“一条鞭法”。这绝不是偶然的巧合。换言之，“一条鞭法”的实行，始自地方一系列赋役改革，“一条鞭法”是这一系列赋役改革的延续和总结。

进一步说，明代一系列的赋役改革经历了一个半世纪，发展到“一条

---

① 《明穆宗实录》卷48，隆庆四年八月丙午。

② 详见谷口规矩雄：《明代徭役制度史研究》第二章第五节和第三章第一节，第70—91页，同朋舍，1998。

鞭法"推行于全国，前后大小改革难以估计其数。所有这些改革的中心内容，可以归纳为两个重要方面：一是赋役合一，摊丁入亩；二是统一征银，官府雇役。如果说第一项要到清代才完全实现，而晚明赋役所呈现出的错综复杂性充分说明了过渡状态；那么，第二项则是在明代已经实现了的。这是明代赋役改革不同以往历朝历代的鲜明特征。考虑到白银原本不是明朝法定货币，赋役改革具有坚实的社会基础是毋庸置疑的。这里还想廓清的一点是，赋役合一正是统一征银的前提条件，两者有着相辅相成的关系，都与白银货币化紧密相连。

赋役改革折银，需要有货币经济一定程度的发展条件。因此，笔者有理由说，明代白银货币化是形成赋役改革折银的必要前提，而且推动了赋役改革发展的进程，它成为"一条鞭法"的前导；换言之，以白银作为均平赋役重要手段而进行的一系列改革，其实正是白银货币化推而广之的过程。

明代白银货币化——赋役的白银化是一个完整的过程，赋役折银与明代白银货币化密切相关，是白银货币化的重要表现形式。进一步考察，明代赋役改革最重要的两项内容，即赋役合一与统一征银，两者之间的关系是互动的，也是相辅相成的。作为改革的题中应有之义，赋役合一构成了统一征银的一个必要的前提条件，而赋役改革中的折银过程也就是明代白银货币化的历程。如果我们跳出赋役制度的框架，置于中国社会经济发展更广阔的视野来重新审视，白银崛起于民间，以地方一系列赋役改革折银的形式扩张于各地，为"一条鞭法"的出现并扩展到全国奠定了基本前提。就此而言，改革是有社会经济基础的。明代白银货币化趋势推动了一系列赋役改革出现。以赋役改革的形式，经历一个半世纪，白银货币化基本奠定，迎来了新一轮的改革——"一条鞭法"全面折银，导致白银货币化的最终完成。这也正是中国社会经济货币化的重要里程，是中国从传统社会向近代社会转型的重要标志①。

（四）

对于明代赋役改革的研究，前贤关注的重点始终在“一条鞭法”。毋庸置疑，“一条鞭法”改革是明代赋役史也是中国赋役史上的重大改革。现在让我们再回到“一条鞭法”，回到明朝人对“一条鞭法”的概括：“条鞭之法，总括一县之赋役，量地计丁，一概征银，官为分解雇役应付。”②从字面的意思来看，这里应该说包括了田赋和役法两方面的改革③：一是将赋役合一，摊丁入地，一概征银。也就是把役的部分摊入了地亩，加入了田赋之中。这样，赋中就有了役的成分，而无论是赋还是役，都是征银，明代赋役货币化了。二是由政府统一征解，以白银雇役应付。无疑，以银雇役，涉及役法的重大改革。因此，前贤评价“一条鞭法”的着眼点也更多的是放在此处。

在这里，我们有必要回顾学术史。梁方仲从1936年开始，发表了一系列论文研究“一条鞭法”④。20世纪50年代，他在全面整理“一条鞭法”在各地推行的史料基础上，综合探讨了“一条鞭法”改革的社会经济意义：

第一，一条鞭法的实行多少减轻了无田的雇农与少田的贫农的力役负担，使得他们有较多时间去从事农业，此一举措对于生产力的解放不无相当的作用。可是这种制度不能不同时要求田多的地主与富农多少增加一点

---

① 关于白银货币化是社会转型重要标志的观点，参见《晚明社会变迁：问题与研究》第三章《白银货币化与中外变革》，北京，商务印书馆，2005。

② 《明神宗实录》卷220，万历十八年二月戊子。

③ 有的学者提出，“一条鞭法”只涉及役法改革，这是不确切的。

④ 梁方仲：《一条鞭法》，载《中国近代经济史研究集刊》，4卷1期，1936；《一条鞭法的争论》，载《益世报》，1936－09－13；《明代江西一条鞭法推行之经过》，载《地方建设》，2卷12期，1941；《释一条鞭法》，载《中国社会经济史集刊》，7卷1期，1944；《明代一条鞭法的论战》，载《社会经济研究》，1951（1）；《明代一条鞭法年表》，载《岭南学报》，1952（1）。

赋役上的负担，这不能不引起全国不分南北所有地主的共同反对。一条鞭法只是一种“改良主义”的财政改革，它无意也无力将社会改革的任务负担起来——更无从说到社会革命的任务了。因此，一条鞭法最多只能暂时缓和封建制度解体的危机，却不能解决社会根本矛盾。第二，主张实行一条鞭法的人们，尽管他们有了超阶级的主观愿望，希望减轻一点贫民的负担，但他们的最后目标还在维护封建社会秩序，他们只是想造成另一种封建形式，分配较为平均的小农经营制度，多数没有照顾到对于工商业的鼓励及其发展的政策[①]。

梁方仲的总结，无疑是相当全面精到的。而在稍后的《明代粮长制度》的研究中，他对于“一条鞭法”涉及的社会改革也有所阐述。[②]

在前贤研究的基础上，我感到似乎还可以进一步阐释，特别是解放生产力作用本身所涵盖了的更为广阔的社会意义。

唐文基于20世纪八九十年代指出，明代赋役制度属于典型的封建课税制，具有明显的超经济强制和古老的原始性两个基本特征。并进一步指出:“明代赋役制度超经济强制的特征，充分表现在里甲的超经济强制机能上。明朝通过里甲组织，把农民控制在户籍中，束缚于乡里，使他们失去变更职业和离乡外出的自由，被迫接受赋役剥削。”明确提出，由于徭役折银和摊丁入地的改革，“使里甲失去了控制劳动人手的意义和职能，渐趋消亡，逐渐被以‘缉拿奸盗’为主要职责的保甲制所代替”。这样的一个变化，“使秦汉以来维持一千多年的封建乡村政权基层组织的超经济强制机能趋于削弱，以至于消亡”。他更特别指出，“农民对官府的人身依附关系解脱了，对劳动力进入商品市场起着很大的促进作用”。这里已经涉及了社会改革的重要内容。他还注意到明代赋役制度沿着三条轨迹演

---

① 《明代一条鞭法年表后记》，载《岭南学报》，12卷1期，1952，收入《梁方仲经济史论文集》，第574—575页，北京，中华书局，1989。

② 详见梁方仲:《明代粮长制度》，第四章，上海，上海人民出版社，1957。

变：一是因解决官田重赋问题，导致国有土地私有化；二是因商品货币经济的推动，导致实物税和力役之征向货币税转化；三是赋役改革，导致封建乡村政权基层组织里甲性质发生变化。①

以上三条轨迹的总结，是在大量研究基础上作出的，是非常准确的。可是，如果从白银货币化的角度重新审视，我认为，第二条轨迹涉及的商品货币经济的推动最为关键，而第一条轨迹与第三条轨迹实际上也可以说是其重要影响。理由是，官田重赋的解决，依靠的是货币作用，导致了国有土地所有权的变更；而乡村政权基层组织里甲性质的变化，也同样是赋役改革折银的结果。由此，我以为，如果跳出纯粹赋役制度的框架，从白银货币化进程来透视，折银伴随的是土地所有权由公到私的变更和乡村政权基层组织制度的变迁，社会结构变迁的轨迹在这里则更加清晰。

在近年的研究中，笔者揭示了《明史》的概括不实，提出明代白银货币化是自下而上从民间发展起来，不是朝廷法令推行的结果；并指出，明代白银货币化经历了民间自下而上到官方自上而下全面铺开的历程。在这里，笔者着重论证的是赋役改革以折银为主要形式，白银货币化由局部向全国渐次铺开的过程。笔者认为，这一过程具有更为广阔的社会意义，促进了中国历史发展的进程：

进程一：赋役折银——农民从纳粮当差到纳银不当差——从身份到契约——农民与土地分离——雇工人和商帮群体形成——市场化进程。

进程二：赋役折银——农业从单一到多元——经营权与所有权分离——农业商品化——商业化进程。

进程三：赋役折银——农村从封闭、半封闭到开放——市镇兴起——城市化进程。

以上三个进程，总括起来是一个农民、农业、农村的大分化的过程，晚明社会所谓“天崩地解”就由此始。折银最关键的的作用体现在第一个

① 参见唐文基：《明代赋役制度史》，第2—3页，北京，中国社会科学出版社，1991。

进程上，即直接推动了农民从纳粮当差到纳银不当差，农民与国家的关系从身份走向契约，这是社会的巨大进步。而农业经济向商品货币经济转化，从而打破了农村封闭、半封闭的自然经济状态，由此，农民、农业、农村都发生了巨大变化，货币化与市场化、商业化、城市化同步，晚明社会遂进入了一个变动不安的发展状态。

应该说明的是，第一，纳银不当差，即以银代役，这是赋役改革折银以后实现的一个总的征代原则，相对纳粮当差而言是一个重大的变革。虽然在具体实行中出现有大量纳银仍派差的现象，情况复杂，但是明后期以银代役形成了一个不可逆转的大趋势，也是毋庸置疑的。第二，史学界对于上述进程二、进程三的研究，即晚明农业商品化和市镇兴起与繁荣方面的研究，成果极为丰硕，为了避免重复论述，笔者拟集中于农民从纳粮当差到纳银不当差的方面，兼及农业商品化和乡村城镇化过程。

（五）

明代赋役改革最主要的特征是"一概征银"。探讨征银的作用，制度史上的意义早已为前贤所指出，这是中国税收制度由实物税向货币税转变的一次重大改革，也是中国徭役制度由力役向货币替代转变的一次重大变革。进一步而言，我认为最为关键的变革不是发生在制度上，而是体现在直接推动了农民从纳粮当差到纳银不当差，农民逐渐摆脱了土地的束缚而获得独立的自由雇工的身份。这一重大变革，无疑就是英国历史法学家亨利·梅因所谓从身份到契约的过程，也无疑就是马克思所说的从人的依附关系向物的依赖关系的转变，是社会的巨大进步，成为由传统社会向近代社会转变的重要标志，对社会经济、政治和思想文化都产生了极其深刻的影响。

英国历史法学家亨利·梅因在《古代法》中说："一切形式的身份都

起源于古代属于‘家族’所有的权力和特权……所有进步运动，到此处为止，是一个从身份到契约的运动。”[①] 虽然梅因讲的是古代家族，但同样可以沿用于中国传统社会王朝的家天下；梅因从法律史的角度深刻地指出了两千多年来西方社会的一个根本性转变，而以这一公式来观察，同样也可以认为是两千多年来中国社会的一个根本性转变。

马克思曾概括说，人类社会发展是一个自然历史过程，它将经历以自然经济为基础的，以商品市场经济为基础的和以产品经济为基础的三大形态。第一种形态主要是“人的依赖关系”，第二种形态是“以物的依赖性为基础的人的独立性”，第三种形态是“建立在个人全面发展和他们共同的社会生产能力成为他们的社会财富这一基础上的自由个性”。他指出，“第二阶段为第三阶段创造条件。因此，家长制的，古代的（以及封建的）状态随着商业、货币、交换价值的发展而没落下去，现代社会则随着这些东西一道发展起来”[②]。

明代的赋役改革有着三大趋向，且都成为不可逆转的进步趋向。第一，实物税转为货币税；第二，徭役以银代役；第三，人头税向财产税转化。这三大趋向都与白银有着紧密联系。伴随赋役的白银化，白银的大量使用，赋课对象从人户向着田土转换，国家逐渐放松了对农民的人身控制，或者说大大解除了身份制的束缚。徭役由力役改为雇役，国家的强制征发改变为雇佣，在农民与国家之间产生了赤裸裸的货币关系，标志着农民一定程度的解放。马克思所说的从人的依赖关系向物的依赖关系转变的过程，就这样发生了。马克思肯定劳动力成为商品是市场经济真正的起点，因而，这一过程启动了农业生产者与生产资料的分离过程，加速了农民非农化的过程。农民的分化主要是两条出路：一是成为出卖劳动力的自由劳动者，一是成为经营工商业的商人或手工工场主。前者为雇工，后者

---

① 梅因：《古代法》，第 97 页，北京，商务印书馆，1996。

② 《马克思恩格斯全集》，第 46 卷，上册，第 104 页，北京，人民出版社，1979。

发展方向是资本家。就此而言，明代各地商帮的兴起，市镇的发展，城乡劳动力市场的出现，均与赋役改革有着千丝万缕的联系。

中国传统社会里，国家以农立国。国家的基本生产者是农民，主要赋役承担者也是广大的农民。农民作为编户齐民，为国家纳粮当差，天经地义；而农民所负担的赋税、徭役是国家赖以存在的主要源泉。因此，国家与农民之间是一种互相依存的关系。赋役制度作为国家财政的一个重要组成部分，反映的是国家凭借政治权力参与社会产品分配的一种特殊分配关系。历代君主及其国家主要通过行政手段向农民征取赋税和征发徭役，占有社会财富。为此，国家利用行政手段强制把农民束缚在土地上，征收赋税，令农民将土地上的收获缴纳国家；徭役的强制征发，则是对劳动力的直接占有。国家利用赋役拥有了大量社会财富，以维持国家的运转和社会秩序的稳定。

刘泽华等学者认为：“在古代中国的社会分配中，封建国家采用赋税、徭役和土贡的形式，直接强占了人民大量的已经物化及尚未物化的劳动，而且这都是发生在这些劳动产品尚未进入社会流通领域之前。以这三种形式表现出来的分配方式，其基本属性不是经济的，而是政治的。”[①] 古代中国普遍存在的超经济强制，最主要的就是劳役制。在自然经济为主导形式的身份社会中，依附型的小农生产方式是社会的主要生产方式，规模狭小的自然经济决定了人们之间的互相依赖性，对土地的依附和对土地所有者的依附，以及对君权的依附，因而小农始终难以成为独立的个人主体。这样，身份制度就达到了维护自然经济秩序的目的，而又强化和巩固自然经济存在和发展的基础。

从总体上来讲，明代前期的中国是一个以自给自足的自然经济为主体的传统农业社会。明初黄册制度的建立和完善，在自然经济基础上形成了

---

① 刘泽华、汪茂和、王兰仲：《专制权力与中国社会》，第123、269页，天津，天津古籍出版社，2005。

农民对国家的依附关系，产生了依附性的身份地位。在这样一个以身份地位为基础的社会里，人们一旦从社会获得了某种身份，也就意味着他获得了与此身份相适应的权利。在这方面，王毓铨的研究有助于我们拓展思路。他围绕明代“户役”进行考察，剖析了纳粮与当差的关系，认为中国古代的税粮是一种“封建义务”，这种义务源于编户齐民对封建国家和君主的依附关系，因而他提出“纳粮也是当差”的论断①。如果说他准确地阐述了明前期国家与农民的关系，那么，经过一系列赋役改革以后，农民为国家纳粮当差的这种关系有没有发生变化呢？我认为发生了明显的变化。

到明代后期，一系列赋役改革所导致的赋役白银化，使得农民与国家之间的依附关系得到松解，农民获得了更多迁徙的自由及择业的自由。更重要的是，农民与国家之间产生了雇佣的契约关系。从无偿劳役到缴纳白银免除劳役，成为政府或私人的雇佣劳动者，这就是农民从身份到契约的发展过程。从某种意义上讲，农民从纳粮当差到纳银不当差，国家征银雇役，古代劳役制走向了消亡，出现了自由雇佣制，这是农民人身解放的契机。进一步说，农民不再被束缚在土地上，成为自由雇佣者，伴随劳役制消亡过程的，必然是黄册制度的消亡，换言之，这也正是黄册制度消亡的合理解释。经济变革引起新的劳动形式的出现，赋予了农民新的社会身份。农民缴纳白银，国家以银雇役，这使农民与国家的关系发生了本质的变化。

一般而言，身份是指人在社会上或法律上的地位。而契约则是双方或多方共同协议订立的有关买卖等关系的文书，是一种社会协议形式。契约的签订是自由意志的产物，至少在订立协定的形式上是自由和平等的。与自然经济基础上产生的身份制度相对应，契约关系是市场经济自由、平等

---

① 王毓铨：《明朝徭役审编与土地》，载《历史研究》，1988（1）；《纳粮也是当差》，载《史学史研究》，1989（1）；《明朝的配户当差制》，载《中国史研究》，1991（1）。

原则的派生物。契约中的人人平等，正是与货币面前人人平等相联系的。从身份到契约是一个重要的转折点，表现在社会关系上摆脱了人身依附关系，向着物的依赖关系转变。从身份到契约转变的过程，既是商品货币经济取代自然经济逐渐形成社会主导经济形式的过程，同时又是实现人的解放和自由发展的过程。

从传统社会自然经济的强制征发，到近代社会商品货币经济的自由雇佣，前者主要依靠政治力量，而后者则更多地依靠市场这只看不见的手。白银货币化所体现的自由雇佣的经济性，相对征发的政治性是明显不同的，劳役征发完全是政府行为，而货币化是市场调节机制起相当作用，于是，晚明"经济性的"与"非经济性的"调节机制并存。

还应说明的是，统一征银是货币经济取代实物税收和力役的直接或者说明显的结果。这一结果促成了古代赋役征收原则的变革，也即从人户到田亩的征收。以往学术界认为，从人户到田亩的征收是由于政府不能掌握人口，黄册制度逐渐消亡，所以转向了田亩。这无疑是将问题简单化了。在表象的背后，是劳役制的消亡，成为从人头税到财产税的必要前提。国家与农民之间的身份束缚被大大松解了，由此产生的是"物的依赖关系"。同时，还有另一层意思也应予以阐释，即对田亩征税而不以人户为主征税，也正是国家对财产权的一种认可，也可以说是从身份到契约转变的一个重要方面。双重意义的叠加，凸显的仍是从身份到契约的意义。

赋役改革遭到非难，最严重的莫过于不利务本之说。正如当时反对"一条鞭法"的葛守礼所云：

尝总四民观之，士、工、商赖农以养，则皆农之蠹也。士犹曰修大人之事，若工、商既资农矣，而其该应之差，又使农民代焉，何其不情如是？今夫工日可佣钱几分，终岁而应一二钱之差，既为王臣，有何不可？况富商大贾，列坐市肆，取利无算，而差役反不及焉，是岂可通乎？今科差于地者，不过曰计地而差，则地多之富家无可逃。然此务本之人也，与其使富商大贾逐末者得便，宁使务本者稍宽，不犹愈乎？[①]

赋役改革遭到反对的主要原因之一，是赋役合一、以田亩承担徭役；统一征银，加重了土地的负担，以致产生了抑本务末乃至弃本逐末的作用。考诸史实，改革推动了农业产品必须投放市场，从而促进了农业商品性生产，农民生活日益与市场相联系，使从事工商业更为有利，从而为工商业发展创造了必要前提。商帮的崛起与城乡劳动力市场的出现，都说明了上述弃本逐末的变化是确凿发生的事实。

晚明市镇兴起，曾引起学术界的广泛关注。对于明清江南市镇是否是城市，学术界有着不同看法。李伯重在谈到这一问题时归纳了学术界的认识：有些学者认为市镇是城市地区，有些认为是农村地区，还有些认为是城乡之间的过渡地区，且多数学者倾向于后者。但他在经过对市镇功能、结构和发展趋势的考察以后，认为江南市镇大多数应该定位为城市地区[②]。根据史料记载，在晚明城市集中了大量的劳动力，如万历二十九年（1601）曹时聘言苏州“染坊罢而染工散者数千人，机户罢而织工散者数千人”[③]。当时，产生的是新型劳资关系：“机户出资，机工出力，相依为命久矣。”[④] 雇佣工人采取的是货币工资。如王宗沐记载，明代江西陶瓷业雇役画工，日给工银二分五厘，合每月七钱五分，每年九两；敲青工匠每日工银三分五厘，合每月一两，一年十二两[⑤]。这方面事例繁多，兹不备举。众多事例可以说明，城市是农民脱离原本生产环境以后最好的趋向。虽然明代以前就有雇佣现象，但是晚明与商帮兴起、手工工场繁荣同步出现的大量雇工群体和形成的城市劳动力市场，是不同寻常的。

---

① 葛守礼：《葛端肃公文集》卷3《宽农民以重根本疏》，四库全书存目丛书本。

② 李伯重：《多视角看江南经济史（1250—1850）》，第385—391页，北京，生活·读书·新知三联书店，2003；倾向于城乡之间的过渡地区的主要有樊树志，著有《明清江南市镇探微》，上海，复旦大学出版社，1990；而赵冈则认为市镇是城市化的过渡阶段，明清市镇发展“不像一个过渡阶段”，是农村的延伸（赵冈：《中国城市发展史论集》，第165—167页）。

③ 《明神宗实录》卷361，万历二十九年七月丁未。

④ 同上。

⑤ 王宗沐：《江西省大志》卷7《陶书·召募工食》，北京，线装书局，2003。

在农村，经营地主雇工的情况也有所发展，有大量记载可供参考。例如，在江南："谭晓，邑东里人也，与兄照俱精心计。居乡湖田多洼芜，乡之民皆逃而渔，于是田之弃弗治者以万计。晓与照薄其值，买佣乡民百余人，给之食，凿其最洼者为池，余则围以高塍辟而耕。"① 在江西："吾宁田旷人少，耕家多佣南丰人为长工。南丰人亦仰食于宁，除投充绅士家丁及生理久住宁者，每年佣工不下数百。"② 在山东："照得东省贫民，穷无事事，皆雇工与人代为耕作，名曰雇工子。又曰做活路每当日出之事，皆荷锄立于集场，有田者见之，既雇觅而去。其无锄者，或原有锄而质当与人者，止袖手旁观。见无人雇觅，皆废然而返。"③ 正是由于计日受值的自由劳动者短工的大量存在，所以才有万历十六年（1588）在法律上的明确认定："官民之家，凡倩工作之人，立有文券，议有年限者，以雇工人论；止是短雇，受值不多者，以凡人论。"④

对于雇工的身份问题，在以往对资本主义萌芽的探讨中曾经引发过激烈的争论。赵冈认为："近人发表了无数篇的论文，研究明清法律对雇工的歧视。但是他们都忽略了最重要的一点，那就是整个明、清两朝，雇佣劳动都是自由就雇的。我检查过这些论文所引述的各条雇佣实例，不论曾否立契，都无法证明不是自愿就雇的。此项事实，产生两点重要意义，不容研究者忽视。第一，只要是自由就雇，议定年限，则由此而遭到的法律歧视，只是雇佣条件的一部分，而非阶级的表征。"⑤ 笔者同意他的看法。在晚明雇佣市场上，是以自由就雇与自由辞雇为原则的，雇佣劳动者可以选择替换雇主。晚明劳动力市场的形成，有着两个重要来源：一方面，赋役折银，产生了农民脱离土地的非农化契机；另一方面，从成化二十一年

① 光绪《常昭合志稿》卷48《轶闻》，中国地方志集成本。
② 魏禧：《魏叔子文集》卷7，清道光刻本。
③ 李渔：《资治新书》二集，卷8，见周栎园：《劝施农器牌》，杭州，浙江古籍出版社，1991。
④ 《明神宗实录》卷194，万历十六年正月庚戌；《明律集解附例》卷20《刑律·斗殴》，台北，学生书局本。
⑤ 赵冈、陈钟毅：《中国经济制度史论》，第245页，北京，新星出版社，2006。

（1485）工匠出银可以免赴京当班，到嘉靖四十一年（1562）通行征银，一律以银代役[①]，轮班制彻底取消。这意味着，无论公私雇主，都是从劳工市场取得劳动力，并支付工资。这无疑是从身份到契约转变的重要里程。

从身份到契约的转变作为一种广泛而又深刻的社会变迁，与传统社会向近代社会的嬗变有着密切的联系。传统社会以身份为特征，而近代社会以契约为特征。传统社会向近代社会转变意味着摆脱身份束缚，进入契约之中。可以认为，传统社会以身份为特征的等级制度被打破，以契约为标志，建立起新型社会关系的过程，在晚明已经启动。如果我们以人的解放程度作为社会进步最重要的标志之一，那么，明代可以说是一个关键时期。大多数学者言及晚明，必谈晚明人性解放的思想观念，实际上，这种思想观念的巨大变化，最根本的是来自经济变迁的现实存在。

（六）

明代的赋役改革，无疑是明代社会经济史的一个核心问题。通过从白银货币化视角梳理赋役改革的发展线索，可以得出以下若干认识。

第一，从赋役改革的主要特征来看。

明代白银货币化经历了自下而上至自上而下的发展历程。以往笔者的研究揭示了这一过程的大致面貌，提出白银货币化自民间崛起，不是国家法令颁行的结果。这里则进一步考察了白银货币化的迅速发展，是以地方赋役改革折银为主要形式，由局部向全国铺开，形成了不可逆转的改革趋势。而且提出，明代赋役改革不同以往历朝历代赋役改革的特征，主要不是体现在赋役合一、摊丁入地的均平赋役上，而是体现在统一征银，即白银成为国家税收与徭役征代的对象，或者说以白银货币作为标准单位征收

① 《明会典》卷189《工部·工匠》。

赋税和徭役。这在中国历史上是亘古未有的变化。这种与白银货币化密不可分的赋役征收方式的演变，使明代中国完成了从实物税到货币税的过渡，特别是所导致的从劳役制向雇佣制的过渡，更是人的从身份到契约的转变，具有里程碑的意义。

进一步而言，明代白银货币化自民间的崛起决定了明代赋役改革不同于以往的特征。唐代两税法和宋代王安石变法都是由上及下的赋役改革，改革提出了征收货币的要求，却均未能持续下去。发展至明代，赋役改革以来自民间的白银货币化作为前导，具有比较坚实的社会基础，所以通过地方一系列赋役改革，最终导致"一条鞭法"推行全国、赋役白银化，顺理成章地确立了税收和徭役的货币化。这是中国社会经济货币化的重要进程。

第二，从赋役改革的时间来看。

明代赋役改革自宣德年间开始，发展到万历初年"一条鞭法"向全国铺开，经历了长达一个半世纪的时间，可以称为一个过渡时期。在这个过渡期中，发生了一系列的赋役改革。以往学术界更多的强调了"一条鞭法"，相对而言不免忽视了改革的整体发展线索。大量史料说明，在"一条鞭法"于全国普遍实行之前，伴随着一系列赋役改革，白银已经基本奠定了流通领域主币的地位，由此中国走向了世界，更成为"一条鞭法"实行全国的基本前提条件。在学术界以往的认识中，这一过程却是被颠倒了的，大多认为是外银流入促使"一条鞭法"实施，白银才成为主要货币，社会才普遍用银。这不符合历史发展的本来面貌，实有予以澄清的必要。

明代的赋役改革，经历了这样一条路径：白银自民间崛起——地方赋役改革——中央财政改革。从地方赋役改革层面来看，多数改革措施中的折银是在成化以后，也就是 15 世纪下半叶以后。这印证了以往笔者在研究中形成的白银货币化是从民间自下而上发展，到成化以后发生自上而下转折的看法。当然，经济的变化是很难划定确切年代的，所以这里也只是一个大致的时间范围。

第三，从赋役改革的作用来看。

明代赋役改革，是当时社会变革的一面镜子。一系列改革中无所不在的白银，映照出中国社会在经济上由自然经济向商品货币经济转变，在思想文化上由封闭、落后、等级性向开放、自由、平等转变、一系列转变的重要表征，可以看作是中国由传统社会向近代社会转变的重要标志。对于农民、农业、农村（“三农”）问题乃至整个社会产生了深远影响，从身份到契约的转变，更是社会发展史上的巨大进步。首先，从农民来说，使农民与国家的关系从人身依附关系向物的依赖关系转化，遂使农民得到了更多的人身自由或者说解放。农民可以有多样性的选择，从事其他行业的工作，或迁移到城市而不是束缚在土地上，从而形成劳动力市场和商人群体，这是从身份到契约的转变过程，也是市场化的过程。其次，从农业来看，农业从相对单一的自然经济向多种经济经营转变。农业经济向商品货币经济转变，即向市场经济的转变过程，也就是商业化过程。再次，就农村而言，自给自足、封闭、半封闭的状态被打破了，面貌大为改观，一批城镇因此而兴起，这是城市化过程的开端。

总之，明代白银货币化，是中国社会经济货币化的重大发展进程，由此，中国传统社会向近代社会的转型开始了。

（本文原分为上、下两篇，载《学术月刊》2007 年第 5、6 期）

明代田赋“折征”到“征银”的转变

赵志浩

总体上看，唐宋之前以征收粮食布帛丝绢等实物税为主，同时在特殊需要的领域也征收钱币，如汉代的出钱代役，唐代"两税法"改革规定一部分税收可以直接输钱，宋代个别地区，如湖南桂阳地区，"官中逐月催租税，不征谷粟只征银"[①]。元代改变了以往朝代以实物税为主的局面，所征收的税种包括除了税粮之外，太宗八年（1236）开始实行"科差"法，"科差"包括丝料和"包银"两项，皆由民户交纳。元宪宗二年（1252），蒙古政权将"包银"制度化，规定每户征银四两。忽必烈即位之后，推行钞法，元世祖中统四年（1263），包银改为以钞输纳，规定每户纳钞四两。明代赋税制度由前期实物税为主演变为后期征收银两，在中国赋税史上承前启后，有着特殊地位。

（一）实物折征

明代中期以前，田赋制度沿用唐宋以来的两税法，两税即"夏税"和"秋税"，夏税以小麦为主，秋税以米为主。中国经济史学家梁方仲在论述明代的"两税"税目时说："《明史·食货志》记'夏税'和'秋税'的项目，在洪武时共有米、麦、钱钞、绢等四种，在弘治万历时有四五十种。"[②] 税目增多固然是由于税法混乱所致，然而，与明代政府实行的不同实物之间的折征更是存在着密切的关系。

明代政府把所征收的米麦等田粮折价为其他实物，最初源于军事上的需要，洪武三年（1370）九月，"辛卯，户部奏：'赏军用布，其数甚多，请令浙西四府秋粮内收布三十万匹。'上曰：'松江乃产布之地，止令一府输纳以便其民，余征米如故。'"[③] 此为明代地租折征之始，但尚未形成制度性的规定，仅是为满足军队将士对布匹的需要所采取的临时性措施。

① （宋）祝穆撰，祝洙增订，施和金点校：《方舆胜览》卷二六，北京：中华书局，2003 年。

② 梁方仲《梁方仲经济史论文集》，北京：中华书局，1989 年，第 19 页。

③ 《明太祖实录》卷五六，北京：中华书局，1977 年。

洪武年间，为了方便税收，在户口食盐税中也有以其他实物代输的情况，比如，洪武三年（1370）十二月癸酉，殿中侍御史唐铎谓："福建户口食盐，每引收银十两或钱一万二千，民艰于办纳，请自今以土产物代输为便。"①

洪武四年（1371）七月，为满足边防军事上的需要，洪武皇帝继续采用这种权宜性质的折征办法征收赋税，"上以北平、山西馈运之艰，命以白金三十万两，棉布十万匹，就附近郡县易米，以给将士。及辽东军卫乏马，发山东棉布十万匹，贳马给之。"② 再比如，洪武六年（1373）六月，"诏直隶府州及浙江、江西二行省今年秋粮，令以棉布代输，以给边戍。"③ 洪武七年（1374）四月，因交通不便，"徽、饶、宁国等府不通水道，税粮输纳甚艰。"明太祖下诏："今后夏税令以金银钱布代输，以宽民力。"④ 到了洪武九年（1376）三月，朝廷把实物折征的命令送达户部，以便在全国范围内实施，（明太祖）命令户部："天下郡县税粮除诏免外，余处令民以银钞钱绢代输今年租税。"⑤

《明史·食货志》也有同样记载："洪武九年，天下税粮，令民以银、钞、钱、绢代输。"《明史·食货志》还指出："于是谓米麦为本色，而诸折纳税粮者，谓之折色。"⑥ 这即是说，虽然以不同实物代替粮食征税，但仍以米麦（实际上充当了货币的功能）单位来计算税收量，即米麦被称为"本色"（在明代的不同时期或特殊地区，"本色"并不限于米麦），其他银钱钞布绢水银等折纳输官者，均属"折色"，在征缴时都是要折算成粮食单位的。

明政府还规定了"本色"和"折色"之间的比价，户部奏："每银一

---

① 《明太祖实录》卷五九，北京：中华书局，1977年。
② 《明太祖实录》卷六七，北京：中华书局，1977年。
③ 《明太祖实录》卷八五，北京：中华书局，1977年。
④ 《明太祖实录》卷八八，北京：中华书局，1977年。
⑤ 《明太祖实录》卷一〇五，北京：中华书局，1977年。
⑥ 《明史》，《食货志二·赋役》北京：中华书局，1974年。

两、钱千文、钞一贯折输米一石，小麦则减直十之二；棉、苎布一匹折米六斗，麦七斗；麻布一匹折米四斗，麦五斗；以丝绢代输者，亦各以轻重损益。愿入粟者听。"上曰："折纳税粮，正欲便民，务减其价，勿泥时直可也。"[①] 这是在全国范围内实行以银、钱、钞、绢、布折纳米麦税粮的政策。

洪武以后，由于粮价变动，布贱米贵，有些地方上奏改变明太祖钦定的米、布折征比例，改为米一石折布二匹。而朝廷以为折重亏民，仍恢复旧制，一石米仍折布一匹。

实物之间进行折征是征收税目增多的表现，是明代财政开支扩大的结果，洪武之后，为了保持或增加国家税收，明代政府继续采用实物折征之法，如永乐元年（1403）三月，陕西乾州奏言："州粮该输崛州卫，每岁于巩昌易粟转输，今其地蝗，田稼无收，乞以麦豆代输。"[②] 永乐帝从之。永乐十年（1412）正月，河南灵宝、永宁二县奏言自永乐八年（1410）以来，民粮尚亏欠七万有余，今岁复值旱灾，乞求折输钞帛。山西平陆亦奏山高土薄，连年旱潦，民食不给，乞请永乐八年（1410）、九年（1411）两年税粮折输钞帛[③]。十一年（1413），户部官员言河南汝宁等府所属十六州县连年水灾，田谷不登，"所征税粮宜令折输钞帛"，折纳就河南布政司收贮官用[④]。明成祖对于上述三地所请，一概从而行之。宣德初，巡抚湖广监察御史刘性善奏说武昌、荆州、襄阳诸郡县以旱潦相仍，民食不足，税粮难征，今又当运米百余万石赴京，请求宽恤，于是"上令凡被灾处税粮皆令折收布钞"[⑤]。宣德四年（1429）九月，巡抚应天、苏松等府胡概奏："应天、苏松等府并浙江属县永乐二十年至洪熙元年税粮、马草民有

---

① 《明太祖实录》卷一〇五，北京：中华书局，1977年。
② 《明太宗实录》卷十八，台北：历史语言研究所校印，1984年。
③ 《明太宗实录》卷一二四，台北：历史语言研究所校印，1984年。
④ 《明太宗实录》卷一四五，台北：历史语言研究所校印，1984年。
⑤ 《明宣宗实录》卷五五，台北：历史语言研究所，1962年。

负欠者，皆因贫困，乞折收丝棉等物。”宣宗命行在户部如概言斟酌折收，不可损民。于是户部议：“绢一匹准粮一石二斗，棉布一匹准一石，竺布一匹准七斗，丝一斤准一石，钞五十贯准一石，棉花绒一斤准二斗、钞五贯、准草一束。”从之[①]。

总之，明代的地租折征，是调整赋税数额的一种灵活措施，比如，为了不减少政府收入和减轻农户负担，明代政府经常对自然灾害地区实行田赋折征，明政府还根据实际需要，变更或调整“本色”与“折色”之间的比例关系，从而起到增加税收或者减轻农户负担的目的。可见，实物折征虽然从属于军事和财政上的需要，但不同实物之间因地制宜地进行折征，有利于节约民力，在客观上有促进经济发展的作用。明初以米麦为“本色”折算其他实物并反对用银支付田租赋税，与当时商品货币经济的不发达有关，也与统治者对商业、商品经济的偏见有很大关系。随着商品和货币经济的发展，以及统治者认识的转变，实物折银便提上了日程。

（二）实物折银

随着商品经济和货币经济的发展，以及政府财政需求的不断扩大，不同实物之间的折征已不能满足形势的需要，明朝开始以贵金属折纳实物地租，不过，最终把贵金属确定为“银”，却经历了一个发展过程。明代初年，明太祖以黄金代输田租：洪武十七年（1384）秋七月丁巳，“命苏、松、嘉、湖四府以黄金代输今年田租”[②]。洪武十七年（1384）十二月壬子，“云南左布政使张统奏：‘今后秋租请以金银、海贝、布漆、朱砂、水银之属折纳。’诏许之”[③]。洪武十九年（1386）五月，“己未，诏户部以今

① 《明宣宗实录》卷五八，台北：历史语言研究所，1962年。

② 《明太祖实录》卷一六三，北京：中华书局，1977年。

③ 《明太祖实录》卷一六九，北京：中华书局，1977年。

年秋粮及往岁仓储通会其数，凡有军马之处存给二年，并儒学廪膳、养济孤老、驿传廪给外，余悉折收金银、布绢、钞锭，输京师。"① 在洪武十八年（1385）、三十年（1397）、永乐十一年（1413），政府都曾更定过钞钱金银折纳米的比价，例如，洪武三十年（1397）九月：

癸未，诏折收天下逋租。上谕户部曰："昨行人高稹言陕西之民困于逋赋，其议自洪武二十八年以前，凡各处逋租，皆许随土地所便折收布绢、棉花及金银等物，宜定著其例。"于是户部定：每钞一锭折米一石，金一两折十石，银一两折二石，绢一匹折一石二斗，棉布一匹折一石，苎布比棉布减三斗，棉花一斤折米二斗。上曰："折收逋赋，盖欲苏民困也，今如此其重，将愈困民，岂恤之之意哉？其金、银每两各加一倍，钞止二贯五百文折一石，余从所议。"乃下诏曰："朕荷天眷，代元为君，统一寰宇，主宰生民，已三十年矣，设官分职，各有攸司。迩年，郡县租赋因官吏不职，不能宣布条章，民愈穷困。今敕户部，凡天下积年逋赋，皆许随土地所便，折收绢布、金银等物，以免民转运之劳。尔百司一如朕命，毋怠。"②

明英宗即位之后，"收赋有米麦折银之令，遂减诸纳钞者，而以米银钱当钞，弛用银之禁。朝野皆用银，其小者乃用钱，惟官俸用钞，钞壅不行"③。

正统元年（1436），周铨奏曰："行在各卫官俸支米南京，行在各卫官俸支米南京，道远费多，辄以米易货，贵买贱售，十不及一。朝廷虚糜廪禄，各官不得实惠。请于南畿、浙江、江西、湖广不通舟楫地，折收布、绢、白金，解京充俸。"朝廷最后决定"遂仿其制，米麦一石，折银二钱五分。南畿、浙江、江西、湖广、福建、广东、广西，折收布、绢、白金

① 《明太祖实录》卷一七八，北京：中华书局，1977年。
② 《明太祖实录》卷二五五，北京：中华书局，1977年。
③ 《明史·食货志五》，北京：中华书局，1974年。

米麦共四百余万石，折银百万余两，入内承运库，谓之金花银。其后概行天下”。“金花银”实施后，“诸方赋入折银，而仓廪之记渐少矣”[①]。

“金花银”的征收，确定了白银的法定货币地位，白银能够通行市场。天顺年间，政府重新解除银禁法令，“英宗即位，收赋有米麦折银之令，遂减诸纳钞者，而以米银钱当钞，弛用银之禁”[②]，以至于“朝野率皆用银”，财政收入开始在全国范围内白银化。为此，明政府还于正统七年（1442）设太仓储银，“各直省派剩麦米，十库中棉丝、绢布及马草、盐课、关税，凡折银者，皆入太仓库。籍没家财，变卖田产，追收店钱，援例上纳者，亦皆入焉。专以贮银，故又谓之银库”[③]。

明代江南地区赋税沉重，农民大量逃亡，而且江南地区官田集中，影响到朝廷的财政收入，明宣宗派周忱（江南巡抚）到江南督理税赋。1430年（宣德五年），周忱在苏州等地实行的平米法、税粮加耗折征法。“宣德中，周忱曾经奏准检重额官田、极贫下户税粮，准折纳征银，每两当米四石，解京充俸。”[④] 正统以后，随着金花银征收面积不断扩大，周忱以田赋折纳的方式减轻耕种官田农户重赋的局面，他奏准允许将苏松等府的部分税粮准折纳金花银和布匹，金花银一两折合应纳米四石，棉布一匹准折税米一石。令每亩税课“七斗至四斗则纳金花银、官布、轻赍折色；二斗、一斗则纳白粮糙米、重等本色”[⑤]。

由于亩税额四斗以上者只有官田，江南官田是国有土地，所以正统时期种田农户所缴纳的金花银是租税合一的，其租税折征往往低于市场米麦价格，但通常与折纳数额的减少或缴纳上供杂派的减少相联系，又能减轻田赋运输之苦，所以，极大减轻了耕种官田农户的负担。周忱还改变马草

---

① 《明史·食货志二》，北京：中华书局，1974年。

② 《明史·食货志五》，北京：中华书局，1974年。

③ 《明史·食货志三》，北京：中华书局，1974年。

④ 《明景帝实录》卷二三，北京：中国社会出版社，1995年。

⑤ 同上。

征收方法，明初的马草派征田粮，江南地区的马草输往两京时耗费很大，周忱奏请输往北京的马草每束折钱三分，输往南京的就地买草，因此减轻了税户负担。

在北方地区，成化二十二年（1486），户部尚书李敏“请畿辅、山西、陕西州县岁输粮各边者，每粮一石征银一两，以十九输边，依时值折军饷，有余则召籴以备军兴。帝从之，自是北方二税皆折银，自敏始也”[①]。即在李敏任户部尚书奏请下，北方夏秋二季的赋税开始折银征收。弘治九年（1496），孝宗皇帝奏准小麦折银，“南直隶各府州县运纳夏税小麦，免征本色，每石折银五钱，解送本部收贮。遇有官军人等该支小麦，每石折银四钱支给”[②]。到嘉靖年间，金花银征收从国有官田扩大到所有税田，所有田赋皆折为银两，“无岁不有灾伤，则无岁不有折兑。此其因灾伤而折兑者，常例也”[③]，以至于“相传至今，而国家所收之银，不复知其为米矣”[④]。

综合以上所述，有以下几种情况导致明代实物税粮折银：（1）交通不便地区，道远费多；（2）灾荒年代或地区；（3）仓储丰满、无处存粮地区；（4）缺粮地区；（5）政策性折银。所有这些因素，皆与实现政府的财政政策、增加财政收入有关。

（三）“一条鞭法”改实物税为“一律征银”

“一条鞭法”的最终实施，不是一蹴而就的，而是由实物折纳、实物折银逐步演变和发展而来的。“一条鞭”也并非张居正首创，此词最早见于《明世宗实录》嘉靖十年（1531）三月御史傅汉臣的奏折，此奏折奏请

---

① 《明史·李敏传》，北京：中华书局，1974年。
② 《明会典》卷四二，上海：上海古籍出版社，1995年。
③ 唐顺之《唐荆川文集》卷五，《四部丛书》，民国旧书，1936年。
④ 顾炎武《日知录》卷十一，北京：中华书局中华书局，1983年。

皇帝推行“一条鞭”法，虽然未被获准，但在不少地方都先后试行。

租税征收制度的改革，主要源于土地兼并所造成的国家财政困难，洪武二十六年（1393）全国的税田850多万顷，到弘治十五年（1502）减至422万顷，如此情况下国库收入必然减少。到了明朝后期，朝廷国库空虚，张居正任首府期间，裁减冗官冗费、缩减皇室用度，清理各地历年欠赋，清查纳赋田亩，使全国税田增至701万顷，在1577年财政收入达到435万余两，在此基础上，张居正于万历九年（1581）在全国范围内推行一条鞭法。一条鞭法实施之后，除了在苏、松、嘉、湖地区征本色米以供京师漕粮四百万石外，全国各行省田赋全部由征粮改为征银。经济史学家吴承明根据《明实录》（研究明代历史最系统和完整的资料），把明代各项财政收入按年代制成表格，从表格显示的明代不同时期实物税和货币税的变化趋势中，可以发现一条鞭法实施后国家税收征银的情况。此统计见文后表。

米麦布帛与银两征收数量的变化趋势，体现了明代实物之间折征和实物折银的变化过程。从后表可以看出，1430年（宣德、正统年间）到1628年（崇祯年间），征收米麦数额呈下降趋势，布帛征收数额出现了由低到高再到低的反复状况，其中，1430—1520近百年间，米麦之征减少或保持不变的情况下，布帛征收数额呈增长趋势，二者之间的降升趋势只能用政府的实物折征政策来解释。

在1532年征收米麦、布帛的数额较1520年同时减少，同年的银两之征却骤然上升，二者之间应是互为因果的。两种现象同时发生，显然是与1531年（嘉靖十年）御史傅汉臣上奏推行“一条鞭”法并在诸多地区试行有关。1602年这种现象再次发生，即米麦布帛之征减少，银两之征再次骤然上升，是因为张居正在1581年（万历九年）在全国范围内推行了一条鞭法。可见经过一条鞭法的改革，明代的各项赋税大都实现了用银两征收。

明代赋税由最初的“实物折征”到后期走向全部“征银”，有一个很重要的因素，那就是实物之间的折纳出现了困难和问题：“第一各项折纳的物品过于繁难；第二折纳的比率变动无定。”① 而以法定的形式把各项物品折合为银两征收，会减少实物之间换算的麻烦，化解折纳中存在的问题，使税收变得简单且易操作。

“白银”在明初期实物之间的折纳中并不占有特殊地位，而只是各自实物中的一种，后来经过一条鞭法等法律形式确认之后，全部赋税皆用银征收，白银就占据了货币的地位，并实际地执行了货币的职能。法律规定各种实物都要折算为银子，白银成为固定的上缴“物品”，长此以往，银价不再与实际的交换比率发生关系，从而白银的功能不再是折纳而变作缴纳了。

（四）明代后期赋税“征银”的后果

第一，促进白银的货币化进程。在明代之前，由于白银总量稀少而没有成为大规模普及的货币，明代时期国内流通的白银总量超过了前代，但白银并非一开始就在明代作为法定货币使用的，开国之初，明太祖发行了洪武通宝铜钱和大明宝钞纸币，并严禁金银在市场上流通，但铜钱面值小又不便携带，宝钞因发行量过大而贬值，白银成为民间信赖的交换媒介，使用规模也在逐渐扩大。正统年间，政府颁布“米麦折银之令”，规定农民用白银代替粮食实物交纳赋税，农户因而不得不先将实物兑换成白银以便缴税，这便是上面提到的“金花银”。废除银禁之后，政府财政收入增加，白银的流通量也上升。同时，折银由粮食税扩展到其他领域，如以银代役、官俸军饷等，社会上白银的使用程度提高。

明后期赋税“征银”政策的实施，特别是万历初的张居正主持推行的一条鞭法，将各种杂税合并起来，统一征银，无疑会促进了白银的货币

① 梁方仲《梁方仲经济史论文集》，北京：中华书局，1989年，第49页。

化。一条鞭法在全国的推行，使白银的使用扩大到经济生活的各个领域，国家税收、官俸军饷、京库岁需、土地买卖、农村雇工、力役征发、民间贸易或借贷全部用银两支付，确立了白银的合法地位以及白银本位的货币地位。张居正死后，改革赋役的一条鞭法在各地继续推行，到了明后期的天启年间，“自京师达四方，无虑皆用白银。乃国家经赋以收花文银为主，而银遂踞其极重之势，一切中外公私皆取给焉”[①]。清代赋税更是以银为主，银成为清代的主要货币，所以，银被称为“主币”，百姓日常生活中将所有的铜称为“辅币”，交纳赋税时要通过各种渠道把铜交换为银才行。

第二，明代后期的赋税征银，造成季节性的价格波动和地区性的价格差。由于赋税征银，农户需到市场把粮食卖掉才能换取政府所需银两，因而每年赋税征收之时，市场上粮食增多，必然导致粮价下跌，不征收赋税时，市场上的粮食减少，粮价又会上升。“万历四年（1576），山东汶上县税收时，小麦价格从原来的每石 0.52 两白银下降到 0.37 两，而大麦由每石 0.4 两白银下降到了 0.25 两，并且在三个月才恢复到原来的价格。”[②]在南方，由于粮食的商品率较高，粮价波动可能还要更大[③]。无疑，价格的季节性波动由国家的财政和税收政策引起，而不是由单纯的市场竞争所致。黄仁宇根据《大明会典》及各地方志的记载，对晚明全国的农业税率进行了估计，如杭州府的税率为 6.7%—10.05%（受粮食价格的影响）；山西汾州府的平均税率为 8.3%（粮食价格每石 0.6 两白银）[④]；湖广安化县在 16 世纪中期税率为 3.9%（粮食价格每石 0.3 两白银），17 世纪初税率为 5.9%（粮食价格每石 0.2 两白银）[⑤]；南直隶溧阳县最低税率是 1%，最高税率是 5.4%[⑥]。各地的税率差异，是由于各地的粮食价格不同造成

① 孙承泽《春明梦余录》卷三八，北京：北京古籍出版社，1992 年。

② 万明编《晚明社会变迁问题与研究》，北京：商务印书馆，2005 年，第 194 页。

③ 黄仁宇《十六世纪明代中国之财政税收》，上海：三联书店，2001 年，第 222 页。

④ 同上，第 220 页。

⑤ 同上，第 221 页。

⑥ 同上，第 222 页。

的，可见，赋税征银政策的实施必然造成各地粮价的差异。

粮价的季节性波动和地区性波动，给商人借助价格差赢取利润以可乘之机，当然，商人活动的频繁也反过来促进明代商品经济的发展和市场的繁荣。

第三，促进海外贸易和白银内流。明代初年政府严禁私开银矿，银矿出产完全由政府控制，例如，洪武三十年（1397）和永乐元年（1403）皆禁止用银交易，"犯者以奸恶论"，正统三年（1438）规定，凡是在福建、浙江等处私开银矿的判处死刑，家属充军。银矿的开采、经营只能由官府承担和管理。

但是，"从明代历朝的银矿经营作一检讨，有一奇怪的事，就是生产收益的数额，远不及生产成本之大。例如宣德五年（1430），命广东三司开验番禺县的银厂矿，每矿砂百斤，仅得银四钱，铅二斤。六年闰九月又命河南三司集民丁在嵩县白泥沟开发银矿，得银砂四千斤，煎一月余，计用人力二千七百工，仅得黑铅五十斤，银二两。以上两地借以所得不偿所费，先后封闭。在嘉靖初年，已有'四方银矿得不偿费，反为盗窟'之欢，嘉靖二十五年（1546）又下令采矿，自这年十月起至三十六年，委官四十余人，防兵一千一百八十人，约费三万余两，但仅得矿银两万八千五百两。……当日开矿的技术落后，加提督人员的侵吞中饱，则朝廷成本多而收益少，确为实在的情形"[①]。所以，"武宗朝以后，《实录》于每年之终不复如前按年记载银课收入之数"[②]。

吴承明根据《明实录》对明代银产量进行了估计，认为明代的银产量"正统以后产量大减，以致1520年以后再无记载"，"14世纪末银产量不足3万两，15世纪初增至近30万两，1435年后三度停产，降至五六万两水平，进入16世纪，跌至3万余两。官矿的衰退，主要由于管理腐败，且属

① 梁方仲《梁方仲经济史论文集》，北京：中华书局，1989年，第97页。
② 同上，第126页。

征役，劳民伤财，得不偿失；同时，缺乏勘探，不能深采，不久即枯竭。嘉靖、万历时均有开矿之议，都未见效”①。

然而，“实物折银”赋税政策的实施导致流通中所需银两增多，在禁止私开银矿和官矿效率及技能低下的情况下，必然导致国内白银开采与供应不能满足交换领域及税收领域对白银的需求，这一方面促进商人把目光投向海外，从海外贸易中获得大量白银；另一方面，也迫使明代政府不得不废除海禁政策，扩大对外贸易，以便满足国内市场对白银流通量的需求。因而在国内银矿开采困难及白银产量较低的情况下，借助于海外白银内流以满足国内市场以及租税征银的需要成为必然，这也使得明代的商业贸易走向世界。

（五）结论

通过以上对明代实物折征和折银演变过程的梳理及对其结果的分析，得出以下结论：

第一，明代国家从“折色”到“折银”税收政策的调整，从属于中央的军事、政治和财政需求。赋税征银的最终确立是明代政府不断调整政策和改革过程中实现的，同时在客观上也与明代纸币贬值，以及国内白银流量增加有关，而白银流量的增加来源于明代的工商业政策与海外贸易政策所导致的国内银矿的开采以及海外的白银内流。

第二，“租税征银”促进了国家税收商品化和国家财政市场化。国家税收征收银两，促使农户不得不到市场卖粮，扩大了市场上的商品交换量和货币量需求量，从而促进商品经济和粮食市场的繁荣。而商业和市场的繁荣则扩大了白银的适用范围，巩固了白银的货币本位地位，更进一步促

① 吴承明《16世纪与17世纪的中国市场》载《吴承明集》，北京：中国社会科学出版社，2002年，第168页。

使租税征银制度的实施，所以，国家税收的货币化把农户与商业、国家财政联系起来了，农户与商人和市场之间的联系更加紧密。另一方面，正是借助商人和市场这一中间环节，使租税征收货币化，国家实现了自身的财政和税收政策，从而实现了国家税收及国家财政的商品化、货币化和市场化。

第三，由于国家及其庞大的官僚机构作为一个实体，需求十分巨大，国家赋税征收的银两运用于市场交换，能够拉动和促进商业及市场的发展繁荣。明代后期税收"征银"制度的确立，无疑能够促进商品经济和市场的发展繁荣，可见明代商业和市场的发展是与国家的财政和税收政策紧密联系在一起的，而并非由纯市场因素造成，即不仅仅依靠单纯的商业资本积累，以及人们日常生活需求的扩大运作起来的。

第四，国家赋税"征银"能够节约仓储及管理费用，从而节约了统治和管理成本。政府根据市场行情购买粮食，以较少的成本满足自身所需，又可根据粮价的变动抛售粮食，为国家赚取利润，可见明代后期赋税"征银"制度的确立，有利于国家运用市场的力量对整个社会进行统治和管理，从而获得统治资本。

明代财政收入

年份	米麦万石	布万批	绢万匹	宝钞万锭	银万两
1430	3979	20.5	94.1	7388.9	32.9
1440	3045	14.6	18.6	2882.3	0.5
1450	2588	13.3	18.9	2368.4	—
1460	3036	13.4	19.4	2574.1	14.6
1470	3032	90.6	28.5	2874.9	7.1
1480	3035	85.8	28.6	2910.6	4.6
1490	3079	117.4	17.9	3246.9	8.1

年份	米麦万石	布万批	绢万匹	宝钞万锭	银万两
1500	3090	117.4	17.9	3246.9	3.2
1510	2787	171.3	12.7	3238.1	3.3
1520	2787	171.3	12.7	3238.1	3.4
1532	2659	13.3	32	2414.3	242.6
1542	2659	13.3	32	2569.2	223.9
1552	2659	13.3	32	2414.4	243.3
1562	2660	13.3	32	2414.4	259
1571	3061	62.2	32	1018.3	310.0*
1602	2837	39.5	14.8	0.1	458.2*
1621	2780	12.9	20.6	8.1	755.2*
1626	2780	12.9	20.6	8.1	398.6*

（参见吴承明：《吴承明集》，中国社会科学出版社，2002 年版第 157 页）

（原载《北方论丛》2013 年第 1 期）

明代赋税征银中的负面问题

黄阿明

引言

明代中期以降，社会经济和商品货币经济获得长足发展，大明宝钞因严重贬值退出流通领域。白银以其体积小价值大、易于分割熔铸、便于携带等自然特性，天顺以后逐渐成为主导流通货币，至隆庆初国家以法律形式认可了白银的货币地位。隆庆元年，明穆宗颁布诏令：“凡买卖货物，值银一钱以上者，银钱兼使；一钱以下止许用钱。”[①] 这一诏令表明，在白银货币化已基本完成的情况下，明代国家不得不承认客观事实。万历年间，张居正在全国范围内推行“一条鞭法”标志着白银货币化的最终完成。同时反过来说，在白银货币化过程中，赋税逐渐走向“专征银”[②] 而“不征钱”[③] 的道路，推动了国家赋税制度变革，使得明代国家在全国范围内赋税采取征收银两的形式成为可能[④]。隆庆初年，葛守礼说：“近乃一条鞭法，计亩征银。”赵翼据此认为明中叶以后“夏税一概征银，实起于隆庆中”[⑤]。至明末的时候就出现了孙承泽所说的情势，“今天下自京师达四方无虑皆用白银，乃国家经赋专以收花纹银为主，而银遂踞其极重之势，一切中外公私咸取给焉”[⑥]。

关于白银货币化与赋税制度的变迁关系以及其对社会经济、社会结构等的影响，目前学界主要侧重于正面的讨论[⑦]，仅有少数几位学者曾提及白银货币化结果的负面问题，可惜未能展开详细讨论[⑧]，但是一事兴，必然伴随一弊生。因此对于明代白银货币化的认识理应持两端看法。明代白

---

① （明）胡我琨：《钱通》卷 1，文渊阁四库全书本。

② 《明史》卷 81《食货志》5《钱钞》，中华书局 1997 年版。

③ 《明穆宗实录》卷 4“隆庆元年二月丁酉”，“中研院”史语所 1962 年版。

④ 刘志伟：《〈梁方仲文集〉导言》，中山大学出版社 2004 年版。

⑤ （清）赵翼著，栾保群、吕宗力校点《陔余丛考》卷 30《银》，河北人民出版社 1990 年版，第 513 页。

⑥ （清）孙承泽：《春明梦余录》卷 38《户部四·室泉局》。广陵书社 1990 年版。

⑦ 相关研究参见刘重日：《金花银、轻赍与金花籽粒》，刘重日：《濒阳集》，黄山书社 2003 年版，第 215—219 页；高王凌：《关于明代的田赋改征》，《中国史研究》1986 年第 3 期；鲍彦邦：《明代漕粮折色的派征方式》，《中国史研究》1992 年第 1 期；万明：《明代白银货币化的初步考察》、《明代白银货币化与制度变迁》、《关于明代白银货币化的思考》、《白银货币化视角下的明代赋役改革》，分别载于《中国经济史研究》2003 年第 2 期、《暨南史学》第 2 辑（暨南大学出版社 2003 年版）、《中国社会科学院院报》2004 年第 5 期、《学术月刊》2007 年第 5、6 期，以及万明主编《晚明社会变迁：问题与研究》第 3 章《白银货币化与中午变革》（由万明执笔）。

⑧ 赵轶峰：《试论明代货币制度的演变及其历史影响》，载《东北师范大学学报》1985 年第 4 期；晁中辰：《明后期白银的大量内流及其影响》，载《史学月刊》1993 年第 1 期。

银货币化负面问题的产生，与国家制度存在缺陷有着密切关系，包括货币制度、赋税制度等。中国传统国家后期未能如同欧洲国家那样建立起一套相对健全合理的铸币制度体系。明代的白银是一种秤量货币，以两为基本单位。人们通常根据形状、整碎和使用情况将白银分成三种：其一为碎银，即一两以下的散碎银子，形状与重量皆无一定规范，有滴珠、福珠等名称；其二为银锭；其三为银元，是从外国流入中国的银币，主要流通于闽广地区。流入中国的外国银元也存在成色足与不足的问题，张燮《东西洋考》中的记载说明了银元存在重量大小、成色的问题[①]，这种情况至晚清时期变得尤为严重，外国商人往往以九成、甚至七八成的银元换取中国十成银锭[②]，具体到明代中国的实际情况，银元并不用于赋税缴纳。银锭，是当时中国的“铸币”形式，但是我们必须清楚这种铸币形式并不是由国家铸造，而是由各地银匠铸造或政府督责银匠铸造而成的，上面镌刻的时间、地点、重量、银匠姓名等印记并不具备国家法定货币印记的法律效力。此即所谓的银两制度。这种银锭不是铸币货币，它存在着制度性的缺陷。亚当·斯密时代就指出这种条块形状的货币存在称量不便与化验困难的制度上的两大缺陷[③]，直至20世纪三四十年代时的凯恩斯仍然说：“中国所用的价值标准是白银，但一般来说来，直到很近的时期以前并没有将白银铸币。”[④]

事实上，一般赋税承担者鲜有能力以大块银锭缴纳赋税，百姓赋税缴纳时的银子绝大多数为散碎之银。众所周知，作为货币的白银存在成色、纹潮、碎整、低好之分，这给赋税征银带来很多不便。明代中期以后，赋

---

① （明）张燮：《东西洋考》卷5《吕宋。物产》载：“银钱，大者七钱五分，夷名黄币峙，次三钱六分，夷名突唇；又次一钱八分，名罗料厘，小者九分，名黄料厘，俱自佛郎机携来。”梁方仲就这类西班牙银元成色提出质疑。而且根据西方货币史可知，欧洲的金银铸币也不是以足量金或银铸成，而是以合金铸成，但人们习惯上认可以足量货币使用。

② 章炳麟著，徐复注《訄书》，“制币”，上海古籍出版社2000年版，第642页。

③ ［英］亚当·斯密：《国富论》，商务印书馆1997年版，第20页。

④ ［英］凯恩斯：《货币论》（上），商务印书馆1997年版，第13页。

税征银逐渐形成了一套较为完善的具有制度性的征收程序，这套程序大致包括秤兑、收柜、辨色、倾煎和装鞘等，但在每道环节上都会产生负面问题。本文着意于考察赋税征银中的这些负面问题，以期对于白银货币化有一全面周瞻性的认识。

（一）赋税征银实现之条件：赋税缴纳人白银的获取

国家赋税征银得以实现的可能性前提条件，是赋税缴纳人手中必须拥有白银。这似乎不成问题，事实上却是大问题。中国不是产银大国，此外还有产银区与非产银区之别。中国的银产地主要分布在福建、云南、两广等有限地区，其他地方则基本属非产银区。不论是在产银区，还是在非产银区，农民都不是白银持有者，他们生产出来的物品一般是本色实物，如粮食、桑丝、手工产品等而非白银。现在国家规定赋税征收采取征银形式，农民必须以己所有换己所无之银，这只有通过交易获取，在这一环节农民会遭受到第一层级的利益损害，"农民无所得银，地产率贱贸"[①] 的情况频频出现。

明代人关于农民以其所有换其所无的白银情况的议论屡见不鲜。成化年间，湖广按察司佥事尚褫说："凡钱粮军储等项，洪武、宣德间，应本色者征本色，应折色者征钱钞。顷来凡遇征输，动辄折收银两。然乡里小民，何由得银？不免临时辗转易换，以免逋责。"[②] 乡里无银百姓，每逢缴纳赋税之时，不得已被迫贱价出售农产品，于是往往出现"其费倍称"[③] 的情形。时人或有议论军饷问题时说："今一切征银，农无银，贱其粟以易银，军得银，又贱其银以买粟，民穷于内，军馁于外。是一法两伤。"[④]

---

① 《古今图书集成》卷147《赋役部·总论十》，中华书局影印本。

② 《明宪宗实录》卷93"成化七年七月己卯"。

③ （明）于慎行：《谷山笔尘》卷12《赋币》，中华书局1997年版。

④ （明）张怡：《玉光剑气集》卷4"国是"，中华书局2006年版。

由此可知，为缴纳赋税百姓辗转贱价售出产品换取白银的情况应该是一种普遍现象。与之相比，某些地区甚至出现更为惨烈之事。嘉靖初年，张璁载一份奏折中极言沿海灶户备受折色无银被害时云："……夫灶之所自业者盐尔，今尽征以折色，称贷倍息，十室九空，往往穷迫逃徙，无以为生。"① 顾炎武晚年久居鲁地，目睹了当地百姓无银之苦，"见登莱并海之人多言谷贱，处山僻不得银以输官"。后又行迹至关中，百姓"有谷而无银也，所获非所输也，所求非所出也"，"自樗以西至于岐下，则岁甚登，谷甚多，而民且相率卖其妻子"，出现人市现象②。长此以往，必然出现谷日贱而民日穷，民日穷而赋日绌，年复一年，逋欠自然累积这样的恶性循环局面，正如清代学者赵翼在批评王鸣盛关于明代中叶以后皆用银的论断时指出，至多只能说明代赋税全部用银，而民间并非专用银③。银两对于下层平民百姓而言，仍然是处于缺乏状态，这种状况直到清末民初都无多大变化，以至于吕思勉先生在论及田赋征收时还这样说道："农民所有者谷，所乏者币，赋税必收货币，迫得农民以谷易币，谷价往往于比时下落，而利遂归于兼并之家。"④

事实上，下层百姓手中无银的情况连最高统治者的皇帝也是心知肚明。明宣宗曾经于一道诏令中说："（宗室）制禄以米，从古已然，盖因民之所有也。钱则民间所无，今不受所有而索其所无，又三倍取之，加暴扰焉。民岁岁当输而虐取不已，何以自存?"⑤ 由此可见，明宣宗心里非常清楚农民所有者本色实物，折色银钱对他们来说一定程度上本身就是一种变相的负担。同时，我们还必须考虑到另外一个事实，根据明代全国总人口

---

① （明）姜淮：《岐海琐谈》卷1"十七"，上海社会科学院出版社2002年版。

② （清）顾炎武：《钱粮论》上，《顾亭林诗文集》，中华书局1983年版。

③ （清）赵翼著，栾保群、吕宗力校点《陔余丛考》卷30《银》，第513页。

④ 吕思勉：《吕思勉遗文集》（上）《田赋征收实物问题》，华东师范大学出版社1997年版，第347页。

⑤ 《明宣宗实录》卷91，宣德七年六月甲午。

与整个明代白银存量来计算白银人均占有情况，人平均拥有白银数 3 两左右。[①] 这种白银的人均占有量情况，在百姓缴纳赋税时对他们而言也是处于货币相对短缺的状态。由此亦不难理解，何以清初学者任源祥在分析明代赋役制度时鲜明地指出赋税折银存在五害，而其中二害就是针对白银非百姓所有而发，他说："折色用银，银非民之所固有，输纳艰难，一害也"，又说："银非贸易不可得，人所逐末，三害也。"[②]

对农民而言，不仅在赋税征收之时被迫贱价出售农产品是经常的，即使在丰年也会因谷或米价低贱出售农产品。嘉靖年间，许赞说："折纳京储之例，或宜于北方舟楫不通之处，而南方则非所宜，或可行之下江米贵之所，而上江则为不便。盖湖广、江西、江北地方舟楫可通，米价不致翔贵，且每石有折银七八钱者，有一两者，参差不齐，令既下而民尽以米变卖，非其所愿也。"[③] 内阁大学士徐阶在一封书函内也说："漕粮折银，此意本欲为民便。不知适遇米贱之时，又在征纳之后，乃更为扰。"[④] 农民辛劳一年，计日占风，盼来丰年却遭遇市场米谷价格低贱，若在征纳之后折银就更成为困扰农民之事。何况荒歉之年？可以说，在多数年份里农民通过生产农产品获利的时候并不多。

如果说，百姓不得已通过交易换取白银以及受到市场物价下跌遭受损害多少还是受制于客观环境。那么在大明宝钞废弃不用情况下，明代赋税体系中还仍然保留征收宝钞方式导致百姓受害，则更多的是人为因素使

---

① 明代中国人口总数各家估计不一，据何炳棣认为明代人口自 14 世纪末达到 6500 万口，此后至万历二十八年前后或多或少的呈直线上升。他提供了顺治八年清朝政府首次编审人口时达到 1.06 亿。而明末白银总存量，国内白银生产总量据全汉昇估计约 1159 万两，国外白银流入总量据王裕巽估计最高超过 3 亿两。据此可知，自 1500 年以后中国人均拥有白银数 3—5 两。如果考虑到不同时间段与白银总量之间的对应关系的话，人均拥有白银数量 3 两左右。

② （清）任源祥：《赋役议》下，引自巫宝三《中国经济思想史资料选辑》（明清部分），中国社会科学出版社 1990 年版。

③ （明）许赞：《陈言六事疏》，（明）陈子龙辑《明经世文编》卷 135《许文简公奏疏》，中华书局 1962 年版。

④ （明）徐阶：《经世堂集》卷 23《复黎汉门》，四库全书存目丛书，集 80，齐鲁书社 1997 年版。

然。这就要求缴税百姓一定要按国家规定，根据宝钞与钱银的比价兑换白银。洪武八年大明宝钞初造之时，明太祖规定：钞分一贯、五百文、四百文、三百文、二百文、一百文六等，每钞一贯准合钱千文、银一两[①]，则此时钞钱银兑换比价体系处于 1 贯∶1000 文∶1 两的平衡状态。这种兑换体系大致到洪武十八年就已被打破，难以维持。当时国家规定“两浙及京畿官田，凡折收税粮。钞五贯准米一石，绢每匹准米一石二斗，金每两准米十石，银每准米二石”[②]，我们以米价作为统一标准来计算各种货币之间的兑换比价：1 石米＝5 贯钞＝1/2 两白银＝1/10 两黄金，则钞、银、黄金之间的比价为 50 贯∶5 两∶1 两。纸钞与银相比已经贬值，纸钞与黄金相比贬值更大。洪武二十三年十月，明太祖对户部尚书赵勉说：“近闻两浙市民有以钞一贯折钱二百五十文者，此甚非便”[③]，可见此时宝钞面值已贬值为原规定的 1/4。洪武二十七年，两浙、江西、闽广等，“民重钱轻钞”，钱钞兑率已降低至“一百六十文折钞一贯”[④]。宝钞面值只有原规定价值的 1/6。至洪武三十年时，钞银之间仍为 5∶1，然而钞与黄金比价已贬值到 70∶1[⑤]。

明代统治者出于国家财政需求的考虑，同时也不可能具有一个现代政府的宏观调控职能方面的认识，而企图通过国家政治权力控制的手段一再坚持将钞钱银几种货币形态的兑换价格维持在洪武八年的水平。但是，这一做法无法阻止宝钞进一步大幅度贬值[⑥]。至正统十三年左右，钞钱银的市场比价已变成，“钞一贯不能直钱一文，而计钞征之民，则每贯征银二

---

① 清修《续通典》卷 13《食货·钱币下》，王云五主编万有文库本，商务印书馆 1935 年版。

② （明）王圻：《续文献通考》卷 4《田赋考四》，续修四库全书史 761 册，上海古籍出版社 1994 年版。

③ 《明太祖实录》卷 205，“洪武二十三年十月”。

④ 《明太祖实录》卷 234，洪武二十七年八月丙戌。

⑤ （明）王圻：《续文献通考》卷 4《田赋考四》，续修四库全书史 761 册，上海古籍出版社 1994 年版。

⑥ （清）傅维鳞：《明书》卷 81《食货志一》，王云五主编万有文库本，商务印书馆 1936 年版。

分五厘"[①]。明代的货币兑换体系已演变到钞 1 贯：钱 1 文：银 1/40 两的价格水平。也就是说，至正统末钞与钱相比，宝钞面值只有原规定价值的千分之一；钞与银相比，宝钞面值只有原规定价值的四百分之一。而钱与银相比，钱的面值只有原规定价值的四十分之一。弘正以后，宝钞壅废不用"垂百余年"[②]。然而国家赋税和部分商课盐税等仍保持征钞，嘉靖六年规定盐钞折银比价为"每钞一贯折银一厘一毫四丝三忽"，一千贯钞共折银四两，钞银兑换比率为 850 贯：1 两。宝钞接近最低贬值点。至嘉靖七年前后，国家却又毫无道理地将新钞与银的兑换比价规定在 80 贯折银 1 两左右[③]。众多方志显示，此后众多地区钞银兑率长期维持在每贯旧钞折银一厘、二厘或三厘。而长期以来，钱银兑换比价却一直维持在制钱 700 文折银 1 两的水平[④]。

由上可见，明代货币兑换体系的极其混乱不合理，宝钞、制钱和白银三种货币之间的兑换比率未能保持同进同退，而在货币控制上这一点对于多种货币同时流通的货币体系来说却是非常重要的。明代国家在三种货币兑换价格上的规定体现出国家货币政策具有相当大的随意性，表现了明代统治者缺乏基本的货币经济学知识。显然这种具有随意性的货币政策和兑换体系极大地损害了百姓获取和兑换白银的利益；同时对农民而言也是以其有用之物换取无用废物。在明代国家已经规定各类赋役主要征收白银的情况下，国家赋税制度中仍然保留部分税收项目"计钞征之于民"，结果必然造成"民以大困"[⑤]。

---

① 《明史》卷 57《食货志》5《钱钞》。

② 《明史》卷 81《食货志》5《钱钞》。

③ 不著人《钦明大狱录》卷下，四库未收书辑刊，第 1 辑 15 册。案：事实上，《钦明大狱录》是嘉靖年间张璁等在嘉靖帝授意下编著而成，关于其中详情可参阅张宪文、张卫中所著《张璁年谱》第 95 页，上海古籍出版社 1999 年版。

④ （明）孔贞运：《皇明诏制》卷 7，"嘉靖六年二月十三日"，续修四库全书，史部 458。

⑤ 《明史》卷 81《食货志》5《钱钞》。

（二）明代赋税征银中的负面问题

只有当百姓手中拥有白银以后，他们才能完成国家规定所需缴纳赋税。从技术操作层面来说，古代国家赋税征收几乎难以做到直接征收到户，在这一过程中必定会逐渐产生代理人阶层。明代早期赋税征收是由国家设置粮长来充当这一角色的，粮长制度败坏以后，赋税征收主要转为由包头或揽户负责征收缴纳。通常情况下，包头或揽户是由地方大户、富户或地方势要人家充任。包头或揽户将一定户数或一定范围内人户的赋税集中征收，由他们缴纳至地方政府。他们之所以愿意承担地方赋税征收事务也完全是出于利益获取的考虑。在向地方政府缴纳赋税的每一环节上，百姓又会遭受到层层盘剥，倍受损害。顾炎武关于苏松地区赋税征收的一段话，就充分反映了这些问题的存在，他说："每岁编收银总催，重至四千两起，轻至一二百两止，或独名，或朋名，以次分派字号在柜，收纳金花，有倾销、滴补之苦。收时有……火耗常例之苦。解放有折耗、等候之苦。每收银一千两，往年费银五十余辆，今渐至有百金者矣。"[①] 下面按缴纳赋税的大致程序，就赋税征银中存在的负面问题一一论述。

1. 白银秤兑

银两是一种称量货币，必须经称量后用于支付，在商业活动中商人都是随身携带着天平或银秤。顾炎武记载，在福建地区"虽穷乡亦有银秤"[②]；十六、七世纪来华传教士也观察到中国银两称量使用的不便，给他

① （清）顾炎武：《天下郡国利病书》"苏松"，四部丛刊本。
② （清）顾炎武：《天下郡国利病书》"福建"。

们留下了深刻印象，甚至以贬低的话语记录下这一幕[①]，赋税缴纳中，白银同样需要经过称量，官方术语一般称作"称兑"。在这一环节里，接收库官会在由他们掌控的银秤或天平上大展手脚，巧取暗窃。纳税人即使明知作弊，亦只能忍气吞声，无可奈何。

洪武时期，国家对禁止金银交易政策，白银尚处于非法货币地位，库官在秤兑中偷盗白银的情况就屡有发生。《大诰三编》记载了一桩案件，李庭珪勾结通政司官吏考满得授承运库官，掌管金帛。李庭珪在任期间犯有和前任库官范潮宗等一样的偷盗库银罪行，设计偷盗金银二十四两。偷盗手法是每十两多称五钱，即在每次秤兑中将十两五钱的金银算作十两计，余出五钱则被李庭珪私吞，实则就是在秤兑中扣秤。朱元璋据此秤兑办法的逻辑推算，"以百两计之，已出五两；以千两算之，金出一锭。其所折之金，何下数千百两"，因此朱元璋将李庭珪处以重刑，以儆效尤[②]。白银成为合法流通货币以后，赋税征银在秤兑环节作弊的情况愈来愈厉。吕坤巡抚山西，亲眼目击管库官员是如何利用天平作弊的。他说："及至发解之时，又轻轻扶捏天平，每百两常轻三二两，大户解官遥望叹息，何敢近前一看，及至交纳之处，千巧百伪，务在多压，当事者佯为不知，或伪出公言不知秤兑，官吏熟知其心，已暗笑之。故收受时，打点重则收轻，打点轻则收重；出放时打点重则折少，打点轻则折多……当事者坐轿出入盲然无见，伺候者道伤号呼，哀而不闻。"又说："（库官）重收以苦

---

① 比如，西班牙传教士克路士在《中国志》中这样叙述道："中国没有金银钱币，只有铜钱。金银是按重量计算。……如我所说，中国没有金银钱币，只通过金银的重量，每件东西都按重量买卖，因此人人在家里都有秤和秤砣，那都是非常完备的。他们有寻常的秤砣，从十克朗到一克朗，从十坦格尔到一坦格尔（一坦格尔是九便士。又引者注：相对于中国当时的 7 点 5 两）。……一般是按重量计算的银子，不量钱，所以如上所说每人都有自己的秤。这是因为每人都想方设法去骗别人，总带着一副秤砣和秤及碎银到市场去买东西。秤是一根小象牙杆，一端用绳子挂着秤砣，另一端挂着一个小秤盘，秤砣的绳沿杆移动，那上面标出一个康得林到十个的重量，或从一个马斯到十个马斯，这种秤是供零买之用，至于大宗购买，他们有很古怪而且精致的大秤，配备全套砝码。"［西］克路士《中国志》，［英］C. R. 博克舍编注，何高济译《十六世纪中国南部行纪》，中华书局 2000 年版，第 90—91 页。

② （明）朱元谭：《大诰三编》"库官收金第三十五"，《全明文》第 1 册，上海古籍出版社 1992 年版。

纳户，轻放以苦支人，暗盗以亏公帑。”①

承收赋税的揽头大户在缴解白银时遭到库官重剥，因此揽头大户在向百姓征收赋税时亦只能巧立名目加以多收，从而导致百姓遭到多重盘剥。

白银秤兑环节中最易出现问题的是天平或银秤上的砝码，砝码出现问题的原因，一是砝码年久减轻。明代国家对度量衡都有严格规定与统一标准，由规定有司铸造颁行天下各府州县，并且国家法令禁止私造秤尺②。砝码也是由国家定期铸造颁行各地。嘉靖八年嘉靖帝颁诏：“天下司府州县起解银，俱照钦定天平铜法……违者按官治罪。其两京内外各衙门，听科道查参。仍敕内府将旧用铜法送工部改造如制。”③ 天下各府州县所用砝码一切秤收，“惟以工部砝码为准，锻成解进”④。明代国家此种做法，目的在于防止砝码年久重量减轻，也是防止地方政府使用私铸砝码。

但国家往往不及铸造新砝码，地方在赋税征收时依旧使用旧马，这就会出现秤量结果大于实际所收数目的情况。万历时，朱国寿在山西任知县时，颁布赋税征收事宜，其中“较正砝码”一款云：“夫砝码颁自藩司，法久而错削者有之，更换者有之。”因此他规定“查其原发砝码，如无前弊则已；若间有之，即备铜请之藩司”，务必做到砝码不致“偏轻偏重”方可用于银两收兑⑤。崇祯年间，户部尚书李邦华亦曾目击解库银两未经库官加勒、银锭未曾改铸，却往往百两之中有轻至二三两者。造成这种情况的原因在于“砝码之轻重互异，内外不能相符也”，因此他建议：“宜敕户部多铸砝码细加较正，每省给以十数枚。凡解官领银即将银一锭与原发去砝码一枚，共放一封付入鞘内，以为余锭之准，事完领回。”⑥

---

① （明）吕坤：《实政录》卷1“库官之职”，北京图书馆古籍珍本丛刊，史部48册，书目文献出版社1993年版。

② （明）刘惟谦等，怀效锋点校《大明律》卷10《私造斛斗秤尺》，法律出版社1999年版。

③ 《明世宗实录》卷120，“嘉靖八年六月癸巳”。

④ （明）周孔教：《宜从民便以昭节爱疏》，（明）陈子龙等辑《明经世文编》卷451《周中丞奏疏》。

⑤ （明）朱国寿：《考成录略》清集《完钱粮》，北京图书馆古籍珍本丛刊，史部61册。

⑥ （明）李邦华：《文水李忠肃先生集》卷1《条陈太仓银库疏》，四库禁毁书丛刊，集部81册。

但是，有司颁布的砝码常常不合国家规定标准。例如，嘉靖年间颁行旧砝码轻重与民间相同，而隆庆元年钦旨颁降的新砝码，每百两重一两二钱，结果赋税征收中"民不胜困"，因此科臣叶初春上疏奏言："新砝码之设，非制也。各省钱粮，解官者十之三，杂用者十之七。一概加增而火耗又复不减。兹欲铸而颁降日久，更改不无动扰。若京解用新砝码，杂派用旧砝码，又非划一之法。宜照原降砝码平收平解，分外不得加增，违者访实参究。"① 这种情况的出现往往是由于监造砝码的太监或官员在铸造砝码时故意加重或减轻引起的②。

砝码出现问题的原因之二，是人为故意做手脚所致，银两秤兑中以此为害至巨。蓄意在砝码上做手脚的做法就是如何放置砝码的问题，其中具体的舞弊操作情景由前引吕坤记载可以清楚知道，兹不赘列。重放轻置，称量结果完全不同。重放则所称结果在银之偏下，轻放则所称数在银之偏高③。这也就是吕坤所说的打点轻重的问题，白银秤兑中的关窍亦在此。

赋税链接的两个终端是百姓与国家，秤兑是赋税征收过程中一个重要环节。秤量足与不足，受益者既非国家，亦非百姓，而只能是负责秤兑银两的管库官与吏胥。

2. 投柜与白银成色

在赋税征收中，秤兑以后的一个环节是投柜。起初投柜由柜头负责监管，但是经常出现柜头私自盗窃白银的现象。为防止库官或吏胥秤兑作弊，也防止柜头私吞白银，致使百姓蒙遭欺弊，地方官想出让缴户自秤自投的办法。福建泰和令濮某下车伊始，就与神立誓，令收头直柜，令纳户自兑、自封、自纳入柜中④。万历时，袁黄任河北宝坻知县时，公开布告"本县征银，每里佥一大户置柜于二门之侧，令纳户自投。多收者许令即

---

① 《明神宗实录》卷234"万历十九年闰三月丁丑"。

② （明）张国维：《抚吴疏草》卷2《回法马疏》，四库禁毁书丛刊，史39册。

③ （明）朱国寿：《考成录略》仁集《陈兴革》。

④ （明）郭子章：《蠙衣黔草》卷21《泰和令公濮侯去思碑》，四库全书存目丛书，集156册。

时口禀以凭责治。所收之银，即令收头自解，并不拆封”①。吕坤曾见到山西有一府收银时，堂下多树木桩，用绳系于上，解户投到公文时，就到堂下等候，各人将所带银包挂在桩头绳上，挨个点名近天平自行称量银数，自敲针管，而吏员则在旁监兑；如果发生争执，堂官则亲自称量审视②。吕坤认为这种收银办法是最光明正大的，因此记录下此种收银办法，以告众官。这些用于承装银两的柜子上可能依次贴上标签字号③。按常理度之，纳户自秤自投确可起到防止库官秤兑作弊、柜头私窃白银的作用，但无法排除纳户自秤自兑作弊的可能性。

明代国家对赋税征收的白银成色有明确规定，《大明律》严格规定：“凡收受诸色课程，变卖物货，起解金银，须要足色。如成色不及分数，提调官吏、人匠，各笞四十，着落均赔还官。”④ 一般来说，赋税征收的白银主要是九五成色以上，乃至十成足色纹银。郭子章论及福建泰和赋税时说：“据前濮侯《谕民便览》款，通县官运二千三百零四两正，以九五色银折算。又用司降砝码秤兑，每两作纹银九钱四分。夫旧以九五色银征，今以纹银征，大约每两减去六分，于总额内共减银一百三十八两。”⑤ 原则上，若缴纳赋税的白银成色不足，地方政府是不能起运的。但是明代民间低劣伪银大量流通，甚至出现伪造白银的专业户⑥。如嘉善地区伪劣之银四处流通，出现罕见足色纹银的现象，有的甚至是银匠故意有巧作色银，或九成或八成，甚而七成⑦。顺天府大兴县知县马聪提到京城内外白银流通之时，也说“有造诸色伪银以给人者……”⑧。陈良谟《见闻纪训》生动

---

① （明）袁黄：《宝坻政书》卷4《赋役书·申道报抚台减粮公移》，北京图书馆古籍珍本丛刊，史部48册，书目文献出版社1993年版。

② （明）吕坤：《实政录》卷1《库官之职》。

③ （清）顾炎武：《天下郡国利病书》“苏松”。

④ （明）刘惟谦等，怀效锋点校《大明律》卷7《户律·起解金银足色》。

⑤ （明）郭子章：《蠙衣黔草》卷7《与本省诸公祖论官运》。

⑥ （清）顾炎武著，黄汝成集释《日知录集释》卷11《伪银》，岳麓书社1996年版。

⑦ 崇祯《嘉善县志》卷10《物产》，日本所藏中国罕见地方志丛刊，书目文献出版社1991年版。

⑧ 《明英宗实录》卷139“正统十一年三月癸未”。

记载了湖州府一妇人抱婴投水逢救事，该妇鬻卖家中仅有一猪偿租，结果换来的二十金皆假银，妇人情急之下投水寻短[①]。低劣伪银的大量流通，民间往往难辨白银成色而受蒙骗，破家荡产有之，窘忿致死有之。

因此，在民间大量低劣伪银的流通情况下，地方政府通过赋税征收上来的白银常不足色，多有含铜、铅和锡杂质的低黑白银，从而使国课受损。曾任提调的某官说："是故起解金银，成色不宜不足。今某职司提调，取乎民，尽是锱铢；及至输将，解手上，皆为苴土。相欺收受课程，无乃台情贪饕，怙终变卖货物，岂得纳此泛常。"[②] 万历年间，丁宾也说："盖向来存派不一，使此运头本名粮一概派出兑军覆令集收别粮长米起运，跋涉盘桓，殊多转折，且往往被奸黠势要者托负，以累本户。即间有完者，不输本色，中多低银杂货糖只，致使役者十室九空，解运愆期，公私两病。"[③] 丁氏这段议论既指出赋税征运中出现的弊端，还明确论析了赋税折色缴纳低杂白银之害。又，朱国寿在四川任知县时颁布条例中有"革假银害众事"一款，其文曰："照得乡民贸易，或挑或负，用力许多换银无几，方以为可充国赋。而兑官比也不意尽是红铜、黑铅料为四五成色，尚无一二成色，将愚民之万苦，不当奸民之一骗于此，不究低银之根，因而重罪银匠。不啻民受害粮难完，而钱法亦终无疏通之日。"为禁绝低假白银的大量流通，朱国寿明令"撤去私炉，限定官炉，令银匠朔望打卯投结，如有行使假银，即追造银匠役，按律治罪，仍令照数赔偿"。[④]

更有甚者，负责赋税征收的各级机构中有胥吏互相勾通，故意掺杂，倾煎劣质银锭完纳国课，以填欲壑。嘉靖年间，户部尚书王杲、巡仓御史艾朴被弹劾接受盐运司官贿赂在缴纳太仓银库时接受低银。嘉靖皇帝震

① （明）陈良谟：《见闻纪训》（下），丛书集成初编，商务印书馆 1947 年版。

② （明）佚名纂：《新纂四六合律制语》卷上《起解金银足色》，郭成伟、田涛点校《明清公牍秘本五种》，中国政法大学出版社，1999 年版。

③ （明）丁宾：《丁清惠公遗集》卷 7《与谢凤皋父母》，四库禁毁书丛刊，集 44 册。

④ （明）朱国寿：《考成录略》仁集《陈兴革》。

怒，下旨将王杲、艾朴等人逮捕究问。王杲辩解说自己对起解至户部的各地赋税银两仅过问其数目存放情况，并无权力干预地方赋税征收事务。最终，这批税银中成色不足的低劣白银被退出九万余两。[①] 左光斗在出任巡按御史期间曾破获一起地方胥吏相互为奸、私吞公帑的案狱，主要是地方衙门机构吏胥数人勾结将征收上来的赋课，“杂以铅藏，和以铜锡”，倾煎低劣白银，起解运往中央[②]。又湖州人姚舜牧在一篇诫文中也提到临时府官某将征收上来的钱粮四千两白银，私自取入府衙“以铅易之”[③]。

3. 白银倾煎、火耗与装鞘

一般只有富户人家或工商业经营者，才拥有大块银锭的能力。寻常百姓之家所用多为散碎之银，赋税征收时亦是以此种散碎银块缴纳。显而易见，散碎之银不便于税课起解和收贮，加之征收上来的白银成色各异，嘉靖八年，户部尚书王瓒奏请：“各处解到库银，率多细碎，易起盗端。乞行各府州县，今后务将成锭起解，并纪年月及官吏银匠姓名。”[④] 嘉靖接纳了王瓒这一建议。此后，地方赋税起解至京或入库之前均要将碎银倾煎成锭，叶盛巡抚宣大时就曾令将征收草束的碎银煎销成锭，起解至宣府官库收贮[⑤]。起解至京的银锭一般为五十两每锭，例如嘉靖年间山东巡抚陈儒在《藩司事宜》明白责成所属州县起解赋税银俱要煎倾成锭：“本司揣近已通行省谕：各该州县今后解纳银两，俱要五十两为一锭，用工部原降天平法字秤收。”又令：“今后收受兑军折色及蓟州折色银两，俱每五十两为一锭，务要足数，或量加三五钱总倾泄一处，以备太仓秤折，不许仍前短少，亦不许将零碎银两，赴司解纳。”[⑥] 吕坤在山西时，规定每柜收至五百

① （明）徐学谟：《世庙识余录》卷11，北京图书馆古籍珍本丛刊13，书目文献出版社1994年版。

② （明）左光斗：《左忠毅公集》卷1《捉获假印疏》，四库禁毁书丛刊，集46册。

③ （明）姚舜牧：《来恩堂草》卷14《警世录》，四库禁毁书丛刊，集107册。

④ （明）徐学聚：《国朝典汇》卷110《仓储》，书目文献出版社1996年版。

⑤ （明）叶盛《经画边储疏》，（明）陈子龙辑《明经世文编》卷60《叶文庄公奏疏》，中华书局1962年版。

⑥ （明）陈儒：《芽山集》卷27《藩司事宜》，北京图书馆古籍珍本丛刊，书目文献出版社1993年版。

两以上，收头就需禀告于官后自唤银匠倾销。吕氏又规定："每锭务足五十两二钱，不许零星添搭，白面细纹不许焦心黑色，仍凿造收头、银匠姓名两数，送赴掌印官当堂同库役秤验明白，收头自己封锁收寄库中，但有不足色数者，即时发出另行倾销，如果不足色数者敛官不许滥收，掌印官逼收者参提重处。"[①] 这里吕坤对起解的白银银锭倾煎规格、成色均有细致严格的规定和要求，为了防止倾煎的白银每锭不足五十两，还特别在每锭银锭上多加二钱，并按照国家规定做法在银锭上凿上收头、银匠的名姓，然后才送去秤验收锁。然而即使如此，一旦发现有银锭不足色者，就及时重新倾煎。人们通常称这种倾煎成锭的银块为元宝，俗又称圆宝[②]，在银锭上镌刻年号、重量、银匠以及收头的姓名的目的是为了便于稽查。

银锭倾销，既可以是地方政府主持进行，也可以是收税解户自行唤请银匠倾煎。张应俞《杜骗新书》中记载了一则银匠倾煎银锭被骗的故事。某银匠家颇殷富，解户征收秋粮银，常常托其倾煎。某夜倾煎银锭，被一棍痞骗去一块元宝[③]。这则故事说明，揽头解户会把集中征收上来的大量散碎白银，请托银匠倾煎成银锭。散碎白银倾煎成银锭，既是为了便于装解运输，也是尽可能保证白银运输的安全性。但是银匠在倾销白银时经常暗中盗窃银两，明代中后期社会上广泛流传着"银匠打造倾泻，皆挟窃银之法"[④] 的说法。在某些地区银匠例有盗银行为，甚至与官吏瓜分盗来之银[⑤]。姚士麟曾记载了一则银匠窃银事例，"江陵当国时奏请：天下有侵盗官银至若干者斩。苏有管枫洲者，以销银为业，侵渔至数万金。郡县捕得，下镇抚狱"[⑥]。银匠管枫洲，在倾煎官银的过程中竟然侵盗官帑至数万

---

① （明）吕坤：《实政录》卷 4《敛解边饷》。

② （明）叶盛：《水东日记》卷 11《元宝》，中华书局 1997 年版。另（明）张应俞：《杜骗新书》，"冒州接着漂白镨"，车吉心主编《中华野史》（明朝卷），泰山出版社 2000 年版。

③ （明）张应俞：《杜骗新书》，"膏药贴眼抢元宝"。

④ （明）江盈科：《谐史》，"一三九"，《江盈科集》，岳麓书社 1997 年版。

⑤ （明）郭正域：《袁通议公小传》，湖北文征第 3 册。

⑥ （明）姚士麟：《见只编》卷中，泰山出版社 2000 年版。

两白银，数额之大，令人咋舌。正是银匠在倾银中会盗窃银两，因此朱国寿任县令时特别指出赋税起解中要防止银匠，否则难免出现疏漏[①]。

碎银倾煎成锭，会出现损耗，因此地方政府在征收赋税时不得不多收一定数量的白银以补耗，谓之火耗。还有一个显然的事实，地方上征收上来的白银不能自达京师，运输途中需要物力、人力，还会出现各种损耗，各项所需费用最后一并归于火耗征收。明末清初王弘撰说："'加耗'二字，起于后唐明宗。……洪武时定制，每斗起耗七合，石为七升，中制也。江南粮税加耗已至七八升，盖并人杂办，通谓之'耗'，意不止于鼠雀为也。后于田亩上加耗则失其意矣。……近世有司收银，于正数外有加者，名曰'火耗'，其数之多寡不等，存乎人而不加者鲜矣。"[②]

地方政府在赋税征收中采用加耗的办法，无异于给赋税征收者增加了许多渔利其中的机会和空间。顾炎武论火耗时说："原夫火耗之所生，以一州县之赋繁矣，户户而收之，铢铢而纳之，不可以琐细而上诸司府，是不得不资于火。有火则必有耗，所谓耗者，特百之一二而已。有贱丈夫焉，以为额外之征，不免干于吏议，择人而食，未足厌其贪餍。于是藉火耗之名，为巧取之术，盖不知起于何年，而此法相传，官重一官，代增一代，以至于今。于是官取其赢十二三，而民以十三输国之十；里胥之辈又取其赢十一二，而民以十五输国之十。"[③] 这里亭林先生论述了火耗产生的根源、火耗成为地方官吏的"巧取之术"，以及火耗赢羡的流向对象。清代姚莹关于火耗也有一段非常精辟的论述，他说："明嘉靖中，以八事定税粮，以三事定均徭，总征银米之凡而计亩，均输之，其科则最重与最轻者，稍以耗损益推移。耗既归上，有司势不能不更取耗于下。盖银米不能自达于京师，由州县而省司，由省司而上供，舟车转运，折耗实多，故以

① （明）朱国寿：《考成录略》清集《完钱粮》。
② （清）王弘撰：《山志》二集卷2《加耗》，中华书局1999年版。
③ （明）顾炎武：《钱粮论》下，《顾炎武诗文集》，中华书局1983年版。

耗补之。而后入天庾者得如其额。至于银色之优劣，称兑之重轻，不以耗补之，入库之数所损实大，册籍一定，官吏岂能倾？家赔累乎！此立法严禁，所以不能止绝也。"① 这段话清楚说明了赋税征收无论采取何种征收形式都会存在损耗问题，赋税征银中白银成色不足、秤兑轻重等情况的存在都需要额外的银两补足损耗。因此，对火耗来说不管怎么立法禁止，皆属无效之举。

倾煎成银锭以后，地方官员将这批赋税银锭封好造册登记银锭数目，具体形式各地不一。但大致根据财政收支两项分成出入二簿册，又按州县分载，或百两为一封，或五百两、千两为一封。地方存留部分则经过管库官员点查登记后入库贮存。赋税中起解的部分，则需装鞘输解入京，"每鞘二十锭，每锭五十两，以合一千两之数。此从来解纳旧规，亦备在鞘册可查也"②。银鞘以木条制成，再以铁皮裹匝成坚厚的封条，约有四条，押运官二条，州县官二条，目的是防止起解中差役作弊偷盗③。一般银鞘由地方吏役、富家大户负责押解。有时也会恶意地让贫苦民押解，明代公案小说中大量记载有这样的事例，如《郭青螺柳省听讼新民公案》中就记载了浦城县乡民刘知几被佥点作为解户押解五鞘白银入京，不得不向富户举债，从而遭到放债人高利贷盘剥④。

明代国家对赋税起解至京部分有所规定，嘉靖十三年诏谕："自今盐银，宜以部发为准，秤兑完足，籍记锭数，差官起解。如定数不足，责在解官；分两不足，责在运司。务严法追赔，以杜侵欺。"⑤ 这基本上确立了鞘银解运过程中"定数不足，责在解官；分两不足，责在运司"的权责归属原则，目的是为了杜绝赋税装解中的侵贪行为。但银鞘如何周密坚厚，

① （明）姚璧：《寸阴丛录》卷3《赋税加耗》，黄山书社1991年版。
② （明）马从聘：《兰台奏疏》卷1《查参解官疏》，丛书集成初编本，商务印书馆1936年版。
③ （明）吕坤：《实政录》卷四《敛解边饷》。
④ （明）吴还初：《郭青螺六省听讼新民公案》卷1《富户重骗私债》，上海古籍出版社1990版。
⑤ 《明世宗实录》卷163，"嘉靖十三年五月辛卯"。

仍然无法防止侵盗银锭现象，例如万历年间屡屡发生侵盗解银之事。例一，黄克缵报告从南方起解运往京师的白银在徐州境内屡遭抢掠，“刘太监差委赍进上龙袍七包，并徐州解到赔偿官银一千两，行至苦水铺离城四十余里于二十四日早，遭遇响马强贼二名，半路截拦乱箭射伤，将铁锤凿开皮包，劫去元宝十锭，计银五百两等情。”[①] 此事被黄克缵怀疑是押解的太监与参随等合伙蓄意所为，故而在奏折内指出案件的诸多疑点。例二，山东解官周成文侵盗解运漕银。该批漕银每锭都比国家规定的重出三钱五六分，每鞘总量多出七两左右。周成文将其中一锭剪切掉七两，变成四十三两一锭，每鞘中的银锭就是“十九大锭、一小锭”。这一情况被巡库御史马从聘发现，从而怀疑解官侵盗银锭，经过仔细稽查确定周成文侵盗属实[②]。例三，河南开封府地方官员与吏胥合伙作弊，把起解至中央户部的每块银锭截去一角，重二两左右，且故意漏装几十块银锭不入银鞘。据李邦华所云：“天下解库银两十九不足，非司库之加勒无厌，则运官之侵盗改锭。此不肖库运之常也。”[③] 由上揭事例充分说明，装载银锭的银鞘即使制作再坚厚，还是存在侵盗赋税银两这样的常见事情，而且一般多是监守自盗。

4. 武税征银与官吏侵贪行为

我们在讨论明代赋税征银的问题上，必须正视一个问题，即赋税采用征银的形式大大便利了官吏贪污，刺激了他们贪欲的膨胀。明人赵时春说明朝初期赋税施行征收本色形式，“虽有贱贪，无所取银，欲窃物以行，则形迹易露，而法顾重，是以官吏清而民安乐”，赋税征银以后，情形大变，出现上下骛求白银的局面，“贪残奸佞之臣，专事乎银，任土之贡，尽易以银，百货出入，以银为估，可以低昂轻重，以施诡秘。窃上剥下，

---

① （明）黄克缵：《数马集》卷2《禁诬赖以杜奸计疏》，四库禁毁书丛刊，集180册。

② （明）马从聘：《兰台奏疏》卷1《查参解官疏》，丛书集成初编本，商务印书馆1936年版。

③ （明）李邦华：《文水李忠肃先生集》卷1《条陈太仓银库疏》。

以济其私。交通关节，以崇其宠。赍轻而迹难露，俗敝而上不知。百吏四民，弃其本业，而唯银之是务。银日以登，物日以耗，奸宄得志，贤智退藏，用乃益匮”[①]。明代赋税征银中，官吏往往尽饱私囊，胥吏侵渔，不知几何，有些地方甚至“相沿二百余年”不曾改变[②]。以钞关为例简单说明其中之弊，嘉靖初户部官员奏称钞关出纳官银的胥吏大为奸利[③]，“或秤收之初不尽入官，或藏贮之处得以私取，或倾煎之际隐匿多余，或类解之时巧为那换”[④]。由此可窥见赋税征银中官吏侵贪行为之一斑。

这就难怪明清之际的学者在检讨明代赋税制度与货币制度时，不约而同将批判的矛头直接对准了赋税征银。如任源祥说：“轻宝易匿，便于官役侵欺，二害也。”[⑤] 顾炎武也说：“又闻之长老言，近代之贪吏，倍甚于唐宋之时。所以然者，钱重而难运，银轻而易赍；难运，则少取之而以为多；易赍，则多取之而犹以为少。非唐宋之吏多廉，今之吏贪也，势使之然也。然银之通，钱之滞，吏之宝，民之贼也。”[⑥] 顾炎武以银米增加贪污的可能性生动形象地设喻对比讨论，认为使用白银易于侵吞，增加了贪污的机会。他说：“吾未见罢任之仓官，宁家之斗级，负米而行者，必鬻银而后去。有两车行于道，前为钱，后为银，则大盗之所睨，常在其后车焉。”[⑦] 任源祥、顾炎武是从正面发论，得出赋税征银更便利于官吏侵贪。

与任、顾二人同时代的冯梦龙和黄宗羲，则从反面来论证白银便于侵贪，而征收铜钱不便于贪污。冯梦龙说：“苞苴用钱难于馈遗，二不便也。”[⑧] 黄宗羲在检讨和总结明代赋税制度时，系统地分析了银钱利弊，提

---

① （明）赵时春：《赵浚谷文集。处州银冶志序》，转引自武新立《明清稀见史籍叙录》，江苏古籍出版社2000年版第259页。
② （明）钱天锡：《郡倅汪公建仓记》，《湖北文征》第四册。
③ 《明世宗实录》卷113，“嘉靖九年五月乙卯”。
④ （明）梁材：《题钞关禁革事宜》，文渊阁四库全书本。
⑤ （清）任源祥：《赋役论》（下）。
⑥ （清）顾炎武：《钱粮论》（下）。
⑦ 同上。
⑧ （明）冯梦龙：《钱法议》，《冯梦龙诗文集》，海峡文艺出版社1985年版。

出废除金银之利有七，利之五便是使用铜钱“官吏赃私难覆”。[①]

（三）问题的分析与结论

由上论述可见，明代国家赋税制度采取征银的形式，在征收过程中确实存在着诸多负面问题。但是必须清楚指出的一点是，这些问题的存在并不是使用白银本身产生的，而是源于深层次的国家制度性缺陷。首先是货币制度体系。明清时期的银两制度，并非严格意义上的铸币制度，银两的使用缺乏铸币的精确性，成色和重量均得不到国家法律保证。货币史权威学者彭信威早就说过虽然银两是中国的银元，铸币的各种标志它都具备，但是也指出这种货币制度是一种落后的形态[②]。与此同时的欧洲国家，已经建立了一套统一的铸币制度，全国通行的货币由国家指定的铸币厂负责铸造，按比例收取一定铸造费用。这样货币的发行权控制在国家手里，保证了流通货币形式、质量等的统一性，便利于商业贸易和国家赋税的征收操作，降低了货币的流通成本，同时也可以大大降低减少货币伪造的机会。

明清时期，银锭的铸造却不是由国家设局铸造，用于缴纳赋税的银锭主要由各地银匠完成铸造的，民间流通的小额银锭甚至是由白银持有人自行倾煎而成，银锭的铸造缺乏一个统一管理监督体系。从货币学理论上来说，明清时期国家主动放弃了银两的铸币权，这样就出现了凡是白银持有者都可以自行铸造的局面，也就是说人人都有铸币权。铸币权的这种分散性，必然导致流通货币白银的成色、轻重和形状等的不统一。因为未能建立起铸币制度，因此使用白银货币的流通成本增加，带来了操作上的烦琐和技术上的困难，如称量、鉴别成色等，提供了商业贸易中的欺骗行为和

① （清）黄宗羲：《明夷待访录》，“财计一”，《黄宗羲全集》第1册，浙江古籍出版社1986年版。

② 彭信威：《中国货币史》，上海人民出版社1954年版，第658页。

增加了民间伪造货币的机会。货币的制度性缺陷，增加了赋税征收的手续，手脚愈多弊端愈容易滋生①。如果白银采取铸币形式可以减少不少问题，铸币是按个数流通，可以省去了称量的麻烦②。散碎之银倾煎成锭的火耗问题无须考虑，赋税征银中借"火耗"之名而行侵贪之实的可能性也会随之降低。然而，传统中国国家直至清末才出现白银铸币货币。

与这种货币制度性缺陷密切相关的是，明代国家财政制度违背了财政经济学原理中的税收本身的效率原则③。税收本身的效率原则，主要是指在赋税征收中，税务行政应该讲求效率，税收制度应当尽可能的简便，征纳双方的费用必须均应节省。它旨在考量税务行政管理方面的效率状况，关注税收成本、赋税征收手续简便与否、赋税征纳双方费用节约的问题。

银两是一种称量非铸币货币，因此白银秤兑、成色鉴别、倾煎成锭等程序的存在，给赋税征收带来了诸多的操作不便和困难，增加了地方政府、赋税征收人员和缴纳赋税百姓三者的成本。倾煎银锭所需火耗和赋税征收中出现的侵贪行为，无疑增加了缴纳人的成本，未能达到赋税征纳双方费用节约的效率。倾煎银锭所需耗银的最终承担者是百姓。明代贺逢圣说正赋之外征收耗银，"为古所无"，并进一步指出耗银"内部取之外省，大吏取之州县，滴滴归源，仍属取之于民"④。顾炎武论及山东百姓深受火耗之害时说："山东之民，无不疾首蹙额而诉火耗之为虐者。"⑤ 可见火耗为害之一二。火耗，往往被赋税征收执行者利用，成为他们谋利的渊薮，地方官员亦大多深谙其道。朱国寿就曾说："革火耗多端事。照得火耗有

---

① （明）朱国桢：《涌幢小品》卷14《驳宦户贴银一款》，北京文化艺术出版社1998年版。

② ［英］亚当·斯密：《国富论》（上）卷，商务印书馆1974年版，第21页。

③ 当代西方国家经济学界总结了自古典时代以来至20世纪上半叶威廉·配第、亚当·斯密、攸士第、萨伊、瓦格纳等经济学家提出的国家财政原则，逐渐形成推崇税收公平和税收效率两大原则。税收公平原则，就是指政府征税要使每个纳税人承受的负担与其经济状况相适应，并使每个人纳税人之间的负担水平保持平衡。税收公平原则是设计和实施税收制度最重要的或首要的原则。税收效率原则，可以从资源配置、经济机制、税务行政等不同角度来界定。

④ （明）贺逢圣：《答奉天学台征耗羡议》，湖北文征第四册，湖北人民出版社2000年版。

⑤ （清）顾炎武：《钱粮论》（下），《顾亭林诗文集》。

明加有暗加，明加在正数之外，暗加在正数之中，有重收轻放，重收在银之偏下，轻放在银之偏高，所剩羡余皆火耗也。”① 赋税采用征银的形式，碎银倾煎成银锭产生的耗损以及钱粮的各种运输费用，宋元以降统治者从未想出一种多方都可接受的理想方案解决此问题。统治者采用了一种非常简单的做法，将一切耗费全部推卸给了赋税承担者，这种做法致使明清两代百姓被害匪浅。对老百姓而言，“火耗”是一种附加税，这笔附加税收的存在大大提高了纳税人的纳税成本，这种做法使明清两代百姓深受其害，而国家却未能与纳税人共同承担这笔费用。因此，这种违背税收本身效率原则的赋税制度体系产生的负面问题最终只能单向度指向承担赋税的百姓。

更为严重的问题是，在赋税征收中地方政府和赋税征收人员往往利用耗损作为借口，增收此类附加税。地方政府征收附加税在某种意义上说，有其不得已之难处。明代赋税大致分成三块，一起解部分，二对拨或调拨部分，三地方存留部分。赋税征收绝大部分被中央起解运走，地方存留不足，地方政府正常行政费用支出经常缺乏，更无论地方公共开支的费用。赋税征收时，每岁会计、收催、秤兑、坐柜、收银、登记簿册、雇役解运等一应事务，均需工食费用②。此外，各地方衙门日常的公务开支，亦需要大量财政费用维持。正如贺逢圣所云：“夫大小官吏，案牍纷繁，十倍于古，延幕办公。纸笔饭食之类，百无一有，束手缚足，圣贤莫措，势不得不内部取之外省，大吏取之州县，滴滴归源，仍属取之于民。”③ 因此，王弘撰才会说赋税征收中收取耗银，“岂得尽罪有司?”④ 但是，增收“火耗”这类附加税形式也给赋税征收人员贪污中饱提供了制度性的保障。现

---

① （明）朱国寿：《考成录略》仁集《陈兴革》。

② 关于明代赋税征收过程中的诸多情境和弊端，明清之际松江人叶梦珠《阅世编》卷6《徭役》有翔实的记载。

③ （明）贺逢圣：《答奉天学台征耗羡议》，湖北文征第四册。

④ （清）王弘：《山志》二集卷2《加耗》。

代西方国家通过税种、赋税结构和赋税制度的合理设计与建构，达到赋税制度系统自身可以消除赋税征收中可能出现的各种弊端的效果，同时还建立了一套具有现代法律效力的监督审计机制来惩处赋税征收中出现的侵贪行为。显然，明代国家不具备建立现代赋税制度体系的可能。

正是由于明代赋税制度采用征收银两的形式产生了诸多负面问题，加之这些问题难以克服，明清之际的学者在检讨明代赋税制度得失时，都把白银货币看成罪魁祸首。他们认为，白银弊多而益少，提倡行钱，更有极端者甚至主张赋税征收恢复到本色形式[①]。客观而论，赋税征收货币是符合税收本身效率原则的，节约了赋税征收的费用成本。明代赋税征银减少了征收本色带来的诸多不便，简化了征收程序，降低了征收成本与监督成本，提高了行政效率，有利于减轻百姓的负担，正如亚当·斯密所说从赋税征收形式上来说货币形式是最为合适的一种选择方式[②]。毋庸怀疑，赋税采取征银形式具有积极的进步意义。

与赋税采用征收货币银两的形式相比较而言，赋税采用征收本色形式产生的弊端问题更多。本色米麦的征收、缴纳、运输、过关等程序中，耗费物力和人力资源更大，运输成本与监督成本也更高过。本色征收、运输中暴露出来的弊端甚于折银。关于这一问题言论指陈，自明代早期就已开始出现，此后更是不断。仅漕运一项弊端之论，已是不绝于明代文献。对于赋税征收本色与折色二者的优劣比较，明末李中馥《原李耳载》记载的一则掌故颇可具有说明性。李氏载云：“太原太守黄公洽中，存心爱民，欲更所辖二十八州县征粮旧例。谓粮因地起，地中出粟，本色是征，正也。军糈曰粮，义取养兵，本色是给，亦正也。易以折色，粮之名失矣。在纳粮者有银尚可，无则必以粟易银；在领粮者有粟尚可，无则必以银易粮。是折色一行，并粮之实失矣。至羡银之侵收，大户之消累，批解之搭

① 参见明末清初时，顾炎武、黄宗羲、王夫之、任源祥、唐甄等人对货币与财政赋税制度的论述。

② 亚当·斯密：《国富论》下卷，第385页。

架，重重弊害，苦毒民间，莫此为甚。复征本色，则农免于粜，军免于籴，官清火耗，解省添搭，便民未有过此者。乃会集在省乡先生议之，诸公齐声称颂，此从兵民两便起见，真可为美意良法，堪垂永久。……竟详三院批允本色。时各州县已春收矣，檄行改造本色团簿举行，民间纷纷称不便。……黄公不得已，恳司道传谕营弁，仍执前例不可。后催领稍急，遂哗然鼓噪。黄公出示，言本色只此一次。覆云一领便成常例，终不可。是岁秋冬雨雪过多，虽加铺苫，粟已朽蠹若干。黄公不得已，檄所属仍造车载回，以易折色。民益大扰，诅怨沸腾。三院亦不得已会劾，得旨下褫职。"①

当是时，李中馥外祖父马朝阳复命回籍，亦参与讨论，极力反对黄知府赋税征收本色形式，他说："本色之废、折色之行久矣，唯久则安。银有纹潮，粟有美恶，秤有轻重，量有盈缩，其必须人监视也同；银收用柜，粟收用廒，柜司大户，廒司仓给，其必须人存贮也同；银赔添搭，粟赔折欠，鞘累夫役，载累车辆，其必须人运载也同。其中苦累，本色更甚于折色。至车辆必从乡中签报，乡至县计羁迟五日，县至府计羁十日，即如太原一邑，本色近四万石，计用车一万辆，每辆费以五钱计，则已五千两矣。此犹约略言之也。如给散于军，即领尚可；倘以粟色留难，或不愿得粟，孰得而强之？百姓受累，更有难于言者。总之，银之用活，粟之用滞。"②

据此，李中馥比较分析赋税折色与本色，他认为："盖收纳折色，设柜在县大门内，银苟足色，何从刁难？等有星位，末由掯勒，本分火耗外无他需索也。"然后又认为赋税征收本色，存在三不便，即交收时之不便民、起解不便民、解纳时不便民③。虽然李中馥对赋税征收本色与折色的

① （明）李中馥：《原李耳载》卷上《粮征本色》，中华书局1997年版，第114页。

② （明）李中馥：《原李耳载》卷上《粮征本色》。

③ 同上。

分析并不全面，但却切中两者利弊之要害。对于折色之便利议论，大概莫过于崇祯末年户部尚书倪元璐的分析，他认为赋税改征折色"其便有六"，其言曰："凡物估一两者，民间必倍费至于二两。今议每估一两外加四钱，另加铺垫二钱，其他增价不同，悉以此例为率，则是在官常得四钱之赢，在民常得四钱之缩，公私两利，便一也。凡货材之外，至者意在取盈，不能精良，以致驳换往返，非惟物力坐困，亦且时日久稽。今敛银入官，官自买购，征材必当需用之时，致物只充所用之数，因便得良，以少得精，不至浮滥，便二也。货物积之内库，日就耗损，积镪千年，岂得无用，猝有急需，又可通那，便三也。四方商贾，占望缓急，京师所需物必辐辏，便四也。官自为市，国帑之财，时与民间流通，京师亦有润色，便五也。以折色而入者，亦可折色而出，如黄绢本为抚裔，而绢或不敷，即以折色与之，庶更忻然，便六也。"[①]

凡事有利必有弊，犹如一枚硬币存有正反两面。赋税征银中也确实存在弊端，使国家和百姓不同程度受害，令赋税征收者可以上下其手，渔利其间。事情至此，赋税征银已不仅仅是白银货币化这么一个纯粹的经济问题了，而是衍变成为一个重大的社会问题。对这一问题的讨论，如果仅限于自身，则不免纠结于本色、折色之间的无谓之争，于解决赋税采用征收白银形式中出现的负面问题无甚裨益，即使是明清之际三大思想家亦难脱"往回倒看"的落后认识。以今日眼光观之，当日讨论若能关注于如何改善国家货币制度，完善财政税收结构制度、监督制度以及审计机制等方面，方有可能消除或降低赋税征银带来的负面问题。否则，对于赋税折色征银难免出现"折色之为害乃大矣"、"赋役之弊，莫甚于折色"[②] 这种极端认识。然而，赋税征银中出现的负面问题，提醒我们在讨论白银货币化与赋税变革之间关系的时候，切不可忽视和检讨明代国家制度性因素的制

① （清）倪会鼎撰，李尚英点校《倪元璐年谱》卷 2，中华书局 1994 年，第 32 页。

② （清）任源祥：《赋役论》（下）。

约，采取回避的方式更是非理性的做法。

（原载《史林》2007 年第 6 期）

明朝中后期海外白银输入的三条主要渠道

陈　昆

引言

海外白银大量输入中国及其影响，一直是学术界关注的重点。在这方面进行研究的外国学者主要有艾维泗（Atwell）①、弗林（Flynn）和吉拉尔德兹（Giraldez）② 等。中国学者全汉昇③根据历史资料对明代美洲白银输入中国作了一番梳理，钱江推断“1570—1760 年中国与吕宋的实际贸易额可达到三亿比索，约折合白银二亿二千五百万两”④，认为晚明中国白银货币化的进程刺激了日本、美洲白银的开采。上述学者的论文对笔者写作本文有很大启发，但他们没有清晰详细地对白银流入中国的渠道进行考察。本文的工作是，根据史实，对明代海外白银流入中国的渠道进行一番考察。

明中后期由外国输入的白银，主要是南美洲白银和日本白银。南美洲

---

① Atwell S W. *Notes on silver, foreign trade, and the late Ming economy* [J]. Journal of World History，1977，3/8：1－33。

② Flynn O D，GIRALDEZ A. *Born with a "silver spoon": the origin of world trade in* 1571 [J]. Journal of World History，1995，6：2。

③ 全汉昇. 明清间美洲白银的输入中国 [A]. 全汉昇. 中国经济史论丛 [C]. 台北：稻禾，1996：435－450。

④ 钱江. 1570—1760 年中国和吕宋贸易的发展及贸易额的估算. 中国社会经济史研究 [J]. 1986. 3。

十六至十八世纪期间的白银产量，约占世界总产量的近百分之八十。日本白银矿藏量也极大，被欧洲人誉为"银岛"。据估计，十七世纪初期以前，日本白银产量约占世界的百分之二十。正是由于与中国贸易的另一方"均无他产"，但有丰富的白银蕴藏和储备，所以"夷人悉用银钱易货，故归船自银钱外无他携来"①。而中国，物产虽丰富，白银却稀缺。中外双方在贸易中找到了契合点，所以导致了丝绸、陶瓷外流，而白银内流的局面。中外海上贸易有三条主要航线：欧洲、美洲、日本。中国对欧洲贸易航线为"里斯本—好望角—果阿（Goa）—马六甲—澳门"，澳门是中欧贸易枢纽；中国对美洲贸易航线西端起点为福建的月港（今龙海市）、厦门和广州等地，以菲律宾的马尼拉为中转口岸，其间澳门一度垄断中国与菲律宾之间的贸易，东端终点为墨西哥阿卡普尔科（Acapulco）；中日贸易分直接贸易和通过葡萄牙人进行的澳门—长崎转口贸易两条途径。明中后期白银内流，由航海时代的海上"三剑客"——葡萄牙、西班牙、荷兰担纲；而日本，凭借与中国传统的交通往来和地理上的优势，始终扮演着重要角色。

（一）中国与欧洲海上贸易航路

15 世纪是人类大航海时代的开端。1405—1433 年中国郑和七下西洋；1492 年意大利人哥伦布发现美洲；1498 年葡萄牙人达·伽马绕过好望角开辟欧洲到印度的东方航线；1519—1522 年葡萄牙人麦哲伦作环球航行等航海的伟大壮举，从地理范围上使分散隔离的世界逐渐变成了联系为一体的世界。伴随着西方物质生产水平的提高，"黄金热"、"香料热"成为驱使欧洲人一次又一次远洋探险、寻找"新大陆"的强劲动力。葡萄牙、西班牙、荷兰、英国等大西洋、波罗的海国家相继进行全球性海上扩张和殖

① 张燮：《东西洋考》，卷七，《饷税考》。

民活动，开启了“地理大发现”和随之而来的世界性海洋贸易时代。

葡萄牙人是海上扩张的急先锋。葡萄牙拥有长达800多公里的海岸线和众多港湾，其中里斯本为世界良港之一。但至15世纪末，这个国家也只有110余万人口，经济并不发达。葡萄牙是第一个摆脱摩尔人（穆斯林）统治，完成民族统一的欧洲国家。在与摩尔人的长期战争中，葡萄牙建立起一支令人畏惧的海军力量，在建造能够容纳大批水手从事长距离远洋航行的“大船”方面，也胜过其他国家。

1415年，绰号“航海家”的亨利亲王（Henry the Narigator）率葡军攻占摩洛哥休达（Ceuta）港，揭开了葡萄牙向海外扩张的序幕。自此以后，葡萄牙人开始一系列震惊世界的壮举。1487年，巴托罗缪·迪亚士（Bortholomew Diaz）成功航行到非洲南端的“风暴角”，后改名“好望角”。1498年，达伽马率领葡萄牙船队抵达印度。16世纪初，葡萄牙人相继控制了波斯湾口忽鲁谟斯（今伊朗阿巴斯港南的格什姆岛）、印度西海岸第乌（Diu）等有战略意义的贸易据点，建立起印度洋的制海权。1510年，葡萄牙人占领印度西海岸的果阿（Goa），作为控制印度洋贸易的海军基地和东方殖民地的首都。随后占领了当时亚洲最重要的一个商业据点马六甲，在科伦坡（Calombo）、苏门答腊、爪哇（Java）、加里曼丹（Kalimantan）、苏拉威西（Salawesi）和摩鹿加群岛（今马鲁古群岛，Maluku）等地建立商站，控制南海贸易。

葡萄牙王室垄断果阿、马六甲、澳门等亚洲主要商业据点的贸易和香料贸易，对马六甲对香料的垄断持续到1533年，在摩鹿加群岛的垄断地位持续到1537年。葡萄牙商船给各国市场运去中国的生丝、丝织品、陶瓷等，给中国市场则是大量白银。1516年，葡萄牙人佩雷斯特罗（Rafael Perestello）获得马六甲官员的准许，从那里乘坐一艘中国帆船前往中国。

1517年，葡王曼努埃尔一世遣使臣托梅·佩雷斯（Tome Pires）抵达广州。托梅·佩雷斯使团出使本欲建立通商关系，然葡萄牙使臣“潜入京师，见部不拜，朝欲位先诸夷"[①]，全然不顾中国温良恭俭让之礼，使团翻译火者亚三自恃与佞臣江彬关系密切，骄横跋扈，尤为举朝大臣所深恶。明武宗驾崩未几，火者亚三即与江彬同案被处死，葡萄牙使臣被遣押回广州，其出使一事无成。葡萄牙人并不甘心，设法赢得了中国地方官员的信任，走私与合法贸易双管齐下，终于打开对华商路。1553 年，在澳门附近活动的葡萄牙人买通广东海道副使汪柏，借口晾晒货物，需要上岸短暂停歇，正式获准在澳门暂住。此后，葡萄牙人不断扩充势力，逐渐垄断澳门贸易。澳门自开埠后，拓展了与欧洲、印度、日本、菲律宾、东南亚乃至美洲的贸易，开辟了澳门—果阿—里斯本、澳门—长崎、澳门—马尼拉—阿卡普尔科、澳门—东南亚各港的国际贸易航线，澳门随成为中国对外交流的门户与东西方海洋贸易的一个枢纽。

葡萄牙人起初主要用印度洋、东南亚地区货物交换中国货物，随着中国货物在欧洲销路日广，葡萄牙人逐渐改用现金采购中国货物，1582 年（明神宗万历十年）后基本全部以白银结算，中国海关向葡萄牙商船征税也均以白银计值。后来荷兰、英国等国商人亦跻身对华贸易，"里斯本—好望角—果阿（Goa）—马六甲—澳门"贸易航线的西端从里斯本扩散到了多处港口，但东端一直集中在澳门，这种状况一直延续到鸦片战争前，澳门作为欧洲各国对华贸易最重要的中转港口地位由此可见一斑。

葡萄牙人海上扩张的巨大进展刺激着西班牙人的神经。西班牙海军将领米盖尔·洛佩斯·德·利雅实比（Miguel Lopez de Legaspi）于 1565 年（明嘉靖四十四年）率舰队自墨西哥出征菲律宾，1571 年建立马尼拉殖民首府，1585 年设都护府，归新西班牙总督区（今墨西哥、中美洲、加勒比地区）管辖。由于那时的菲律宾群岛尚属蛮荒之地，本地物产低下，难以维持殖民当局开支。在菲律宾刚刚立足，西班牙人就于 1575 年从马尼拉派遣两名传教士和两名军官前往漳州，希望与中国缔结商约，积极从事对

① 《明史·佛郎机传》。

华转口贸易来获取中国方面的日用消费品供给。而且为吸引华人来菲移垦经商，殖民当局对华人商旅、华货采取了一些保护、奖励和优惠措施。从事对菲律宾贸易的华人，为菲律宾早期的开发与经济繁荣做出了很大的贡献，约翰·福尔曼（John Foreman）在《菲律宾群岛》一书中谈到："华人给殖民地带来了恩惠，没有他们，生活将极端昂贵，商品及各种劳力将非常缺乏，进出口贸易将非常窘困。真正给当地土著带来贸易、工业和有效劳动等第一概念的是中国人，他们教给这些土著许多有用的东西，从种植甘蔗、榨糖和炼铁，他们在殖民地建起了第一座糖厂。"①

值得一提的是，两个原因使得海外贸易有了一个良好的环境和前提："御倭战争"的胜利及其随之而来的明朝政府的开放政策。以嘉靖二年（1523）"争贡之役"为标志②，荼毒中国沿海多年的"倭患"平息。明嘉靖四十三年（1564）二月福建仙游之战，戚家军歼灭最后一支倭寇主力，残寇夺渔舟远遁海外；嘉靖四十五年（1566），勾结倭寇多年的大盗吴平从海路窜逃安南途中被闽、粤官军全歼。重回平安的沿海形势使刚刚即位的隆庆皇帝倍加珍惜，他接受了"市通则寇转而为商，市禁则商转而为寇"的历史教训，史载"隆庆改元年，福建巡抚涂泽民请开海禁，准贩东西二洋"③。明政府随重开中断 40 余年的海外贸易。隆庆开放海禁后，明政府对私人出海贸易仍有若干限制，例如海商不得前往日本，出海者须由政府发给凭证（称为"由引"），但出海贸易的绝不仅仅限于那些有官府"由引"的船只。中国海岸线漫长，海商们熟悉地理形势，没有由引也照样私自出海。当然海商通过向海关官员行贿，可以得到出海凭证。有的海

① *John Foreman. The Philippine Islands. London*，1899，p. 118。

② 嘉靖二年（1523）六月，日本左京兆大夫大内艺兴遣僧宗设抵宁波；未几，右京兆大夫细川高国遣僧瑞佐偕宁波人宋素卿亦至。由于宋素卿贿赂宁波市舶太监赖恩，宴会时得以坐在宗设上座，其货船虽然后至，但先于宗设货船受检。宗设怒杀瑞佐，焚其船只，追宋素卿至绍兴城下，沿途劫掠而去，明备倭都指挥刘锦、千户张镗战死，浙中大震，史称"争贡之役"。事后，给事中夏言奏倭祸起于市舶，乃裁闽、浙两市舶司，惟存广东一处。

③ 张燮《东西洋考》卷七、序。

商则通过转借来的出海凭证出海。顾炎武对此现象评价道：“奸民有假给由引、私造大船、越贩日本者矣，其去也以一倍而博百倍之息，其来也又以一倍而博百倍之息。愚民蹈利如鹜，其于凌风破浪……违禁私通，日益月盛”[①]。在出海贸易高额利润的诱惑下，明朝的一些官员也卷入到海外贸易中来。

1608年前后，西班牙人在澳门购买并输往马尼拉的货物总值20万比索，其中丝织物价值占总值的95%。1619－1631年，葡萄牙人通过广东、澳门每年向菲律宾输出生丝和绸缎价值150万比索。这些丝绸大部分又转输美洲和欧洲。除了输出中国的丝织物品外，西班牙人也把广州的黄金运往美洲或西班牙出售，获利十分丰厚，利润可达75%－80%。

（二）中国与美洲的海上贸易航路：“大帆船贸易”

西班牙殖民主义者初次到达菲律宾的时候，就已发现菲岛存有中国物产。1521年，麦哲伦在候蒙洪岛上看到过中国的丝织品，在里马萨瓦岛看到过广州制的瓷罐子，在宿务岛上看到过中国的描花漆碗和黄色丝织头巾，并从宿务居民口中得知，这个岛和中国有直接贸易关系。1565年，墨西哥与菲律宾之间的航线开通。美洲的白银经数条路线运往马尼拉，再由马尼拉流入中国。1574年（万历二年），两艘马尼拉大商帆从墨西哥西海岸的阿卡普尔科启航，横渡太平洋抵达菲律宾群岛。在马尼拉，用白银换取中国的丝绸、棉布、瓷器等物品，再将这些物品运往墨西哥阿卡普尔科，著名的马尼拉大商帆贸易正式投入运营，时称“大帆船贸易”。这就是历史上著名的马尼拉—阿卡普尔科贸易航线。中国海商与菲律宾西班牙人的贸易，因中国王朝政府严禁外国商人入境，只能在菲律宾进行，故马尼拉大商帆又有“中国之船”称谓，它装载的货物主要是中国货，船员中

① 顾炎武《天下郡国利病书》卷九十三、卷九十六。

有许多中国水手，而且建造者也主要是旅居菲律宾的中国技术人员和工人。马尼拉—阿卡普尔科贸易航线自1574年开始至1815年结束它的使命，历时长达近两个半世纪之久。

“大帆船贸易”的繁荣，致使西班牙本土原本很发达的丝织业急剧衰落。1573年，菲律宾省督拉米沙礼斯报告西班牙王说，西班牙也好，墨西哥也好，所能输出到中国去的货物，“没有一样不是中国所已经具备的。所以，对华贸易必须向中国输送白银。”

1584年，马尼拉殖民政府法官达发洛斯报告西班牙王说，“中国人每年把所有的金银都弄走了。我们没有货物给他们，除去〔银币〕里尔以外，什么都没有，请陛下发布命令指示我们怎么办。”[①] 1586年，有人自马尼拉写信向西班牙国内报告“此处以大量之银及银货交换中国物品，此项银及银货，除一小部分残留本岛外，其余大部分，均由华人运回中国”[②]。

从马尼拉向西属美洲贩卖中国丝绸的利润，最高可达百分之一千。[③]大利所在，人争趋之。福建漳州、泉州商人纷至沓来。1570年（明隆庆四年）戈第（Martin de Coiti）船队初抵吕宋时，马尼拉华人仅40名。可至明万历十年（1582）时，马尼拉华人之多，已使马尼拉殖民当局决定在马尼拉市区东北部巴石河畔开设专门的华人社区——八连（Parian）[④]。1589年8月9日，菲利普二世下令给菲律宾总督，对中国商人输入的粮食、军需品、军需品制造原料等物资给以免税待遇，这大大刺激了中菲贸易的发展，旅菲华人数目随之剧增。到16世纪90年代，马尼拉华人数目已达2万余，其中多数是商人和手工业者；而全部西班牙人满打满算，把驻军包

① John Foreman，The Philippine Islands，Volume 12，London，1899，p. 61。
② 转自侯镜如：《明清两代外银流入中国考》，载《中行月刊》七卷六号，1933年年版。
③ John Foreman，The Philippine Islands，Volume 6，London，1899，p. 60。
④ 曾少聪. 明清海洋移民菲律宾的变迁. 中国社会经济史研究［J］. 1997（2）：70—77页。

括在内，也仅有 2000 名[1]。

马尼拉转口贸易规模之大，从船舶大小及年均进港数目可见一斑。马尼拉—阿卡普尔科航线上通常是两艘大商帆编队航行，每艘排水量一般在千吨以上，1746—1761 年间航行于太平洋上的罗萨里奥号为 1710 吨，1762 年被英国海盗劫掠的圣特里尼达德号则达 2000 吨。南下的中国商船多为二桅平底帆船，载 200—400 人。据学者罗荣渠统计，马尼拉年均进港华舶数目为：16 世纪 80 年代，24.5 艘；16 世纪 90 年代，23.5 艘；16 世纪末，年均 26.6 艘；17 世纪第 1 个 10 年代，年均 36 艘；1620 年代，年均 13.7 艘；1630 年代，年均 28.7 艘；17 世纪 40 年代，年均 15.3 艘[2]。美国学者威廉·莱特尔·舒尔茨（William Lytle Schurz）在其《马尼拉大商帆》（The Manila Galleon）一书中称，1575—1815 年间，除特殊情况外，每年驶往马尼拉的中国帆船数一般在 20 至 60 艘之间。据估计，中国商船运来的货物一年缴付的关税是 4 万比索，当时的税率为船运价值的 3%，据此计算，每年运入马尼拉的商品价值约 130 万比索。时任菲律宾最高法院院长、代理总督的安东尼奥·德·莫伽（Antonio de Morga）感叹道：“倘若没有中菲贸易，菲律宾群岛便无法维持。”足见对华贸易之重要性[3]。依靠对华转口贸易，马尼拉崛起为当时亚洲最大贸易中心之一。

1580 年，两艘澳门商船抵达马尼拉，澳门—马尼拉航线投入运营，葡船所装载货物以中国货为主，次为日本、印度产品，返程时装运的绝大多数是白银。1594 年，西班牙国王发布敕令，禁止菲律宾、墨西哥直接对华贸易，将此项贸易特权留与澳门葡萄牙人独享。澳门—马尼拉贸易迅速扩大，1619—1631 年间几乎独占了中国和马尼拉之间的贸易。费尔南多·席

---

① 中共龙溪地委宣传部、福建历史学会厦门分会.《月港研究论文集》[M]. 1983 年，第 281—282 页。

② 罗荣渠. 中国与拉丁美洲：历史文化联系. 中外文化交流史 [M]. 郑州：河南人民出版社，1987 年。

③ 全汉昇. 中国经济史论丛 [M]. 第一册. 台北：稻禾出版社，1997：425。

尔瓦 1626 年称："如果没有从澳门运来这些东西，新西班牙的船只就无货可运。"[①] 为适应对欧洲、美洲贸易急剧增长之需，自 16 世纪下半叶左右始，广州形成了一年一度、为时两三个月乃至四个月之久的商品交易会，自 1580 年（万历八年）起增加为每年两次。两次交易会的时间安排分别与西南季风、东北季风相吻合，商人们在广州采购后可以即刻启航，不致占压资金。每年一月冬季"广交会"开始，澳门的外商云集广州采购货物输往马尼拉、印度和欧洲；每年六月夏季"广交会"开始，澳门的外商又来到广州采购货物输往日本。对华贸易的兴盛，使太平洋贸易量一度超越大西洋贸易，从贸易投资方向可见一斑。1618—1621 年间，美洲投入对欧贸易资金为 150 万比索，而对东方贸易资金为 165 万比索[②]。

1603（万历三十一年），肇始于明神宗派人吕宋机易山"勘金"，西班牙殖民者对马尼拉华人进行大规模的屠杀。据估计，有 24，000 名华人遭杀害或被投入监狱。对华人的第二次大屠杀发生在 1639 年，原因与中国商品竞争力有关。中国纺织品涌入墨西哥，使得西班牙商品销量到 17 世纪初下降了一半以上，造成墨西哥的西班牙丝织业日渐倒闭，而大量的银元又被走私到菲律宾，甚至连秘鲁的银元也流向墨西哥以购买中国的货物，结果墨西哥的经济走向萧条，马尼拉的财政也遂逐渐枯竭，殖民者不得不大幅度地增加税收，从而导致了政治危机和对华人的大屠杀[③]。西班牙殖民者灭绝人寰的大屠杀，必然使中菲之间的贸易大受影响。1604 年仅有 13 艘中国商船到达马尼拉，中菲贸易额由 1603 年的 133 万比索骤减到 1606 年的 53 万比索，对中国货物征收的进口税也骤然减少了 4 万比索。

---

① 何芳川. 澳门与葡萄牙大商帆［M］. 北京：北京大学出版社，1996：72。

② 张铠. 晚明中国市场与世界市场. 中国史研究［J］. 1988（3）：3—15。

③ G. V. SCAMMELL，*The World Encompassed-The First European Maritime Empires*［M］，London，1981，p. 365，366。

（三）中日海上贸易："广州—澳门—日本"航线

日本因富产白银，16 世纪后期以"银岛"而闻名于世。顾炎武说"日本无货，只有金银"[①]。日本对中国商品的依赖性很大，"大抵日本所需，如室必布席，杭之长安织也；妇女需脂粉，扇漆诸工需金银箔，悉武林造也；他如饶之瓷器，湖之丝棉，漳之纱绢，松之棉布，尤为彼国所重"[②]。然而，中日直接贸易长期受到不正常外交关系的抑制。自元世祖侵日开始，中日关系已不正常。朱元璋虽在《皇明祖训》中将日本列入"不征诸国"名单，同时却告诫子孙："（日本）虽朝实诈，暗通奸臣胡惟庸为不轨，故绝之。"胡惟庸勾结日本人谋反、倭患频仍和丰臣秀吉侵朝更使两国关系一落千丈，明廷将对日贸易列为禁止之列，就是到隆庆元年重开海禁时仍将日本排除在外。明廷虽然禁止商人去日本交易，但由于"贩日之利，倍于吕宋"[③]，商人的趋利本性和沿海豪门高官的私欲最终使贸易制裁措施成为一纸空文。

日本的石见、秋田、佐渡等矿山都盛产白银，十七世纪中叶又引进的新式白银冶炼法"灰吹法"，使日本的白银产量急剧上升，占世界产量的近四分之一，因而储备了足够的贸易用银。"日本国银子多产，故上国之人交通往来贩卖，而或因漂风来泊"[④]。走私贸易成为中日贸易的主要形式。1544 年 12 月到 1547 年 3 月的两年多时间里，赴日走私贸易因风漂流至朝鲜而被解送回国的闽人即逾千人之众[⑤]；嘉靖二十七年（1548）四月朱纨指挥双屿之役，估算在外洋往来走私贸易的海船有 1290 艘[⑥]。在中日

① 《天下郡国利病书》卷九十三。
② 姚叔祥《见只编》。
③ 《明神宗实录》卷四百七十六。
④ 《李朝明宗实录》，转引自小叶田淳：《日本货币流通史》，第二章。
⑤ 《明世宗实录》卷三二一，嘉靖二十六年三月乙卯。
⑥ 朱纨：《双屿填港工完事》。

走私贸易中，葡萄牙人和荷兰人起着很重要的中介作用。他们从长崎把白银运往澳门，再将买来的中国商品运往长崎，如此往来，获利甚巨。

葡萄牙人最先敏锐地意识到了中日不和所给他们创造的巨大商机。1555 年 12 月 1 日，耶稣会士卢伊斯·弗罗伊斯在寄自马六甲的一封信中写道："对那些欲赴日本的葡萄牙人来说，中日之间的这一不和，不啻是一大帮助；因为，中国人不会到那儿去出售他们的商品，葡萄牙商人便可趁此良机，通过谈判来处理自己的世俗商务。"① 1543 年，葡萄牙人被中国从广东驱逐出来，来到福建和浙江一带活动，随后与中国海盗王直同船到达日本，葡日很快就建立了比较友好的通商关系。1545 年，葡萄牙和日本开始通商；1550 年前后，嘉靖年间中国海盗王直曾盘踞多年的平户（今长崎县平户市）成为日本外贸中心；1571 年，长崎成为葡萄牙人在日本的基地。葡萄牙人经营葡日贸易网络进展神速。甚至在 1553 年（嘉靖三十二年）刚刚占据澳门时，葡萄牙人就主动招引日本人赴广东方面贸易，还在澳门收容了不少日本人，最终将"里斯本—好望角—果阿（Goa）—马六甲—澳门"贸易航线延伸到日本，建立了以澳门和长崎为轴心、以葡萄牙人为中介的中日间接贸易网络。由此日本生产的白银开始外流，其中大部分为葡萄牙商人所得。葡萄牙历史学家估计，在 17 世纪初葡萄牙大商帆每年从日本运出的白银价值超过 100 万金币②。

葡萄牙人在日本进展之所以如此迅速，主要原因是，日本沿海诸大名希望借助葡萄牙人，一则从对华贸易中获取尽可能大的经济利益，二则获取先进西方火器赢得对其他大名的军事技术优势，故均优待葡萄牙人。耐人寻味的是，16 世纪基督教在日本传播比较广泛，并赢得部分大名的支持，实际上也存在贸易利益动机，美国学者约翰·惠特尼·霍尔（John Whitney Hall）就此指出，九州的若干大名在很大程度上是为了通商才接

---

① 何芳川. 澳门与葡萄牙大商帆［M］. 北京：北京大学出版社，1996：48—49。
② 何芳川. 澳门与葡萄牙大商帆［M］. 北京：北京大学出版社，1996：55。

受基督教。[①]

继西班牙、葡萄牙之后，荷兰殖民者，他们在无法取得直接对华贸易的情况下，于 1625 年非法占据台湾岛南部，切断中国与马尼拉之间的贸易，企图在中西和中葡贸易中分一杯羹。荷兰人以台湾为据点，对福建沿海实行封锁，到马尼拉、澳门、印度支那以及整个东印度贸易的船只均会遭到拦劫。中国大陆商船在遭到拦劫后，只好转向与台湾的荷兰殖民者贸易。据荷兰驻台湾总督皮特·纳依茨（Peter Nuyts）在 1629 年说：“中国船逐渐转到我们这里贸易，在最近五年里，很少有到马尼拉的。”[②] 即使有胆敢去马尼拉的，也不敢多载货物。在荷兰殖民者的这种强制贸易情形下，荷兰在台湾与中国大陆商船的贸易额迅速增长，如 1626 年到菲律宾贸易的中国商船载运的生丝仅 40 担，而到台湾的船只却载运了 900 担。

葡萄牙从事中日中介贸易利润丰厚，一直令荷兰人垂涎。荷兰人千方百计拉拢德川幕府，不择手段排挤葡萄牙人在日势力，企图取而代之。1636 年，荷兰通报日本当局，在好望角附近一艘葡萄牙船上缴获在日葡人和天主教徒要求葡王征伐日本的一封信件；接着又发现一封致澳门葡萄牙殖民当局的“谋反”信件，其内容大同小异。1639 年，德川幕府颁发第五次锁国令，下令驱逐葡萄牙人；次年，日本又处死一个从澳门来的葡萄牙使团首脑，葡日贸易网络由此破裂。葡萄牙人被逐出日本之后，荷兰东印度公司对日贸易额大增。他们控制了中国生丝在日本的贸易，每年通过他们之手进口到日本的中国生丝数量自 1633 年开始上升，1637 年为 15，000 斤，但是到了葡萄牙人被逐出的 1640 年却跃至 83，000 斤，翌年上升到 100，000 斤，此后一般保持在 6－7 万斤[③]。从日本运出来的大多数是白银，基本上都流入中国。据日本学者岩生成一统计，在明嘉靖三十九年至

① （美）约翰·惠特尼·霍尔．日本——从史前到现代［M］．北京：商务印书馆，1997：108。

② D. W. *DAVIES*. *A Prime of Dutch Seventeenth Century Overseas Trade*, *Martinus Nijhoff* ［M］. The Hague，1961. 63。

③ Japanese Foreign Trade in the 16th and 17th Centuries ［J］. Acta Asiatica，1976，(30)：11。

万历二十九年（1560－1601），日本白银每年出口额是 33.75 至 48.75 吨，到 17 世纪初年，达到 130－160 吨，约占世界银产量的 30%－40%[①]。

结语

弗兰克在他的著作《白银资本——重视经济全球化中的东方》中认为，1400－1800 年世界经济秩序是以中国为中心的单一世界体系格局。有四个地区“长期保持着商品贸易的逆差。它们是美洲、日本、非洲和欧洲”[②]。美洲和日本靠出口白银来弥补它们的贸易逆差，而非洲则靠出口黄金和奴隶弥补逆差。因此，这三个地区都能够生产世界经济中的其他地方所需要的“商品”。与此形成对照的是，欧洲几乎不能生产任何可供出口来弥补其长期贸易赤字的商品。于是，欧洲只能靠“经营”其他三个贸易逆差地区的出口来过日子，从非洲出口到美洲，从美洲出口到亚洲，从亚洲出口到非洲和美洲，欧洲成为全球贸易网络中的中介。“为了平衡中国似乎永久保持着的顺差，世界白银流向中国”[③]。日本金银矿山开发在 16 世纪中叶出现激增，从那时开始，到 17 世纪前半期的一个世纪，是明治以前日本金银产量最多的时代，金银在那个时代出现了大增产，其中以银的增产最为显著。1596－1623 年是最盛期。16 世纪后半叶日本的输出品中，白银据有独占地位[④]。巧合的是，美洲白银的大量开采和出口，也是在 16 世纪 40 年代以后，正值晚明嘉靖年间。这个时期中国货币税收的份额越来越大，最终演变成完全用白银交纳的“一条鞭”法的税制。一条鞭法改革之后，明代中国对白银似乎有一种无限渴求。一位英国商人对这种

① SEIICHI IWAO. Japanese Foreign Trade in the Sixteenth and Seventeenth Century [J]. Acta Asiatica，XXX. 9－10。

② 弗兰克. 白银资本——重视经济全球化中的东方 [M]. 北京：中央编译出版社，2000.181。

③ 弗兰克. 白银资本——重视经济全球化中的东方 [M]. 北京：中央编译出版社，2000.246。

④ 小叶田淳. 金银贸易史の研究 [M]. 东京：法政大学出版局，1976：136。

情况进行了描述，1635 年当他的船停靠在澳门时，他注意到他所遇到的中国人都在寻找机会获取白银，"这种急切程度并没有因为他们知道这个地方的情况而有所降低，一旦得到很快成为他们生命的一部分。他们获取白银的那种无止境的欲望简直难以置信"[①]。17 世纪末在菲律宾的西班牙观察者们也是用同样的词汇来描述这种"无止境的欲望"。这种对白银的急切需求解释了为什么在 17 世纪 30 年代末到 40 年代初中国商人情愿冒着如此大的风险来菲律宾做贸易。

可以说，中国对白银的巨大需求直接导致了美洲和日本银矿产出的突然剧增，而美洲和日本对中国产品的巨大需求则是其根本原因。由于中国的制造业在世界市场上具有高产出、低成本的竞争力，因此中国能够有效地提供这种商品供给。明朝中后期海上贸易造成的经济和金融后果是，中国凭借着在丝绸、瓷器等方面无与匹敌的竞争力，与任何国家进行贸易都是顺差。中国从宋代至元明时期，商品经济有很大发展，市场繁荣居世界之冠，然而在 16 世纪以前，总是经历周期性的货币短缺。每当商业和市场发展，货币供应量就出现不足。废除海禁，与世界各国通商，带来海外大量白银的输入，促成了这一时期商品经济的繁荣、商帮的形成、市镇的兴起。明政府在此形势推动下，改革两千多年来以征收实物为主的田赋制度，明万历年间实行"一条鞭法"，"计亩征银"，最终在制度上确立了以银钱取代实物的纳税方式，由此建立起以贵金属白银为基础的货币制度。本文的研究有助于说明：如果没有大量海外白银输入，明代银本位制不可能稳定。明代银本位制的一个致命缺陷在于货币供给的不稳定。由于国内白银无法自给自足，大明王朝的白银来源严重依赖海外进口，海外白银输入为明代银本位制的稳定奠定了基础，由此带来了 16－18 世纪中国商品经济的繁荣。

---

① BOXER，C. R. The Great Ship from Amacon：Annals of Macao and the Old Japan Trade [Z]，1555－1640。

本文的研究还有助于纠正一个错误的史学观：中国到了鸦片战争以后才被迫向世界开放。事实上，在1500－1840年间，中国并未“闭关自守”，相反，中国同西方及东亚的国际贸易成长迅速，海外贸易对东南沿海的经济繁荣和市镇崛起及全国市场的形成起了重要的作用[①]。当时的中国，虽然政府还是推行闭关政策，但实际上中国的经济已经融入全球化的网络之中了，而且中国在经济全球化的世界占有重要的地位，“当时不仅邻近的国家要与中国保持朝贡贸易，或者以走私贸易作为补充，而且遥远的欧洲国家、美洲国家都卷入与中国的远程贸易之中，使以丝绸为主的中国商品遍及全世界，而作为支付手段的占全世界产量三分之一或四分之一的白银则源源不断地流入中国。”[②] 本文的研究为此提供了实证资料支持。

（原载《社会科学家》2011年第6期）

明清间美洲白银输入中国的估计

全汉昇

1492年，西班牙船队由哥伦布率领，横渡大西洋，发现美洲新大陆。其后西班牙人移殖美洲，开发那里的天然资源。由于秘鲁、墨西哥银矿的开采，自1550至1800年，墨西哥及南美洲的银矿约共出产世界银产额的百分之八十以上。

在太平洋彼岸的中国，约明朝（1368－1644）中叶前后，因普遍用银作货币，银求过于供，价值高昂，购买力越来越大。从事国际贸易的商

① 李伯重．中国全国市场的形成，1500－1840年．清华大学学报（哲社版）[J]．1999（4）。
② 樊树志．晚明史［M］．上海：复旦大学出版社，2003：5。

人，自然把美洲白银大量运往中国，以赚取厚利。

西班牙海外帝国自美洲扩展至菲律宾后，因为须以美洲作基地来统治菲岛，自 1565 至 1815 年，每年都以一至四艘（以二艘为多）大帆船，横越太平洋，航行于墨西哥阿卡普鲁可（Acapulco）与菲律宾马尼拉（Manila）之间。自美洲对菲的出口货，以白银为主。这些白银，自中国商人看来，购买力很大，故努力对菲输出，把银赚回中国。

法国学者索鲁（Pierre Chaunu）认为，在新大陆发现后的长期间内，产额占全球总额百分之八十以上的美洲白银，约有三分之一强，由美洲经太平洋运往菲律宾，及经大西洋运往欧洲，再转运至亚洲，而其中大部分最后流入中国。鉴于西班牙大帆船大量白银运往菲律宾、葡、荷及其他欧洲国家商人先后运银东来，而中国对外贸易又长期出超，我们有理由接受他的判断。

（一）

1492 年，西班牙政府派遣哥伦布在大西洋航行，发现美洲新大陆。其后西班牙人纷纷移殖美洲，开发那里丰富的天然资源。由于秘鲁、墨西哥银矿的开采，16 世纪美洲白银产额约占世界总额四分之三，17 世纪约占 84.4%及 18 世纪更多到占 89.5%[①]。自 1550 至 1800 年，墨西哥及南美洲的银矿约共出产全球白银总产额百分之八十以上[②]。

当 16、17 世纪间，秘鲁南部的波多西（Potosi，今属 Bolivia）银矿，每年产银多至占世界银产额百分之六十以上，银被人看成像街上的石头那

① Harry E Cross，“*South American Bullion Production and Export* 1550—1750，” in J F. Richards，ed.，*Precious Metals in the Later Medieval and Early Modern Worlds*，Durham，N. C.，1983，p. 403。

② Harry E. Cross，前引文，in J. F. Richards，前引书，p. 397。

样低贱的时候[①]，明朝（1368—1644）中叶前后的中国，银却因被普遍用作货币，求过于供，价值特别高昂，被人视为至宝。明代中国流通的货币，本来以“大明宝钞”为主。宝钞于明太祖洪武八年（1375）开始发行，初时价值稳定，流通状况良好。可是后来发行额激增，宝钞价值低跌，大家为着保护自己利益起见，市场交易，都争着用银而不用钞。另一方面，中国银矿蕴藏并不丰富，银产有限，供不应求，结果银的价值或购买力越来越增大。同样数额的银子在中国的购买力，既然远较在美洲为大，从事国际贸易的中外商人，自然把美洲白银大量运往中国，以获取厚利。

自明季至清中叶，或自16世纪中叶以后的长期间内，由于银价高下的悬殊，美洲盛产的白银，到底总共有多少流入中国？对于这个问题，因为文献有阙，我们不能得到准确的数字来加以解答；本文现在只能把各有关记载加以整理比较，作一近似的估计。

（二）

由于西班牙人在秘鲁、墨西哥等地投资开采银矿，西属美洲于1540至1700年至少产银四万吨，可能多至六七万吨[②]。自16世纪中叶至殖民时期终了前夕（1810），美洲约共产银十万吨，或三十亿至三十五亿盎司[③]。美产白银的大部分，每年都一船一船地运往西班牙，再通过贸易关

---

① E. H. Blair and j. A. Robertson. eds., *The Philippine islands*, 1493－1898（以下简称 Phil Isls., 55vols., Cleveland. 1903—1909), Vol. 27, p. 153；拙著《明代的银课与银产额》，《新亚书院学术年刊》第九期（香港九龙，1967），页17，又见于拙著《中国经济史研究》（新亚研究所，1976）中册，页225。

② Harry E., Cross，前引文，in J. F. Richards，前引书，p. 404。

③ Richard L. Garner, *long－term Silver Mining Trends in Spanish America*：*A Com－para－tive Analysis of Peru and Mexico*, in The American Historical Review, Vol 93. no. 4 0ctober 1988, p. 898

系转运欧洲各地。除经大西洋运往欧洲外，美洲出产的白银又经太平洋运往菲律宾，再转运往中国。西班牙海外帝国自美洲扩展至菲律宾后，因为须以美洲作基地来从事对菲岛的统治与殖民，自 1565 至 1815 年，每年都派遣一艘至四艘（以两艘为多）载重由三百吨至一千吨（有时重至两千吨）的大帆船，横越太平洋，航行于墨西哥阿卡普鲁可与菲律宾马尼拉之间。当日航海技术远不如现代进步，大帆船在广阔的太平洋上航行，自然遭遇许多风险和困难，从而运费特别昂贵。在美洲对菲输出的各种物产中，白银因为本身价值较大，体积、重量较小，能够负担得起昂贵的运费，自然成为美洲最重要的输出品。

位于大帆船航线西端的菲律宾，在 16、17 世纪间，因为土人文化水准低下，经济落后，既不能满足在菲西班牙人生活上的需要，也没有什么重要物产，用来大量输往美洲。幸而邻近菲岛的中国大陆，资源丰富，生产技术进步，有能力大量输出各种物产，来供应菲岛西人日常生活的消费，此外又对菲输出生丝、丝绸等货物，由西人转运往美洲出售获利，同时大帆船也可因此而获得运费收入，在太平洋上来回航运，长达二百五十年之久。

菲岛西班牙人自美洲运来的巨额白银，从生活在银价高昂地区的中国商人看来，是非常强大的购买力，故努力扩展对菲出口贸易，把银赚回中国，获取厚利。可是，另一方面，美洲白银的源源流入菲岛，却影响到西班牙输入美银的减少，对西班牙经济诸多不利。因此，西班牙政府对于美银的大量输往菲岛，曾经加以限制。在 1593 年 1 月 11 日，及 1595 年 7 月 5 日和 9 日，西班牙国王都先后发布敕令，规定每年自墨西哥运菲的白银，以五十万西元（peso）为限[①]。可是，因为把美洲白银运菲购买中国丝货，再运往美洲出卖，获利甚大西国王这种规定限额的敕令，事实上并没有切实执行；因为利之所在，墨西哥与菲律宾之间的白银走私，非常猖獗。在1597年，由墨西哥运往菲岛的白银，包括合法的及非法走私的在内，据说多至一千二百万西元（约307，000公斤，或345，000公斤），超过西班牙船队自美洲运回本国的白银与货物的总值[②]，比明代中国半个世纪出产的白银还要多[③]。这个远超过西班牙国王敕令规定限额的数字，可能有些夸大，以致被人怀疑[④]；但根据1602年墨西哥城（Mexico City）市议会的估

---

① Alonso Fernandez de Castro. "*Principal Points in Regard to the Trade of the Filipi—nas*"（undated，1602?），in Phil. Isls，Vol. 12，pp. 44—47；Hernando de Los Rios Coronel，"Memorical and Relation of the Filipinas，"（Madrid，1621）in Phil Isls，Vol. 19，pp. 239—240；拙著《明清间美洲白银的输入中国》，《香港中文大学中国文化研究所学报》（以下简称《中国文化研究所学报》），第二卷第一期（香港九龙，1969），又见于拙著《中国经济史论丛》（新亚研究所，1972），第一册，页439。按"西元"即西班牙银元，其购买力在16世纪及17世纪初期，约为20世纪初期的十倍；在18世纪中叶，约为20世纪初期的五倍。参考上引拙著《明代的银课与银产额》，注二五。

② Woodrow Borah，*Early Colonial Trade and Navigation between Mexico and Peru*，Berkeley，1954，p 123；J. H. Parry，"Transport and Trade Routes，" in E. E. Rich and C. H. Wilson，eds，The Cambridge Economic History of Europe，Vol IV，Cambridge University Press1967），Pp. 209—210；c. r. Boxer，Plata es Sangre：Sidelights on the Drain of spanish—American. Silver in the Far East，1550—1700，in Philippine Studies，Manila，July 1970，Vol. 18，p can William S. Atwell，"Notes on Silver，Foreign Trade，and the Late Ming Economy"（以下简称"Notes on Silver"），inCh' ing—shih wen—t' i，Vol. Ⅲ，no. 8，December1977，p. 2；William S. Atwell，"International Bullion Flows and the Chinese Economy circa 1530—1650，" in Past and Present：A Journal of Historical Studies，no 95，May 1982，p. 74；John J. Tepaske New World Silver. Castile and the Philppines1590—1800，inJ. F. Richards，前引书，p. 436；Lyle N Mcalister，Spain and Portugal in the New World，1492—1700，Minneapolis，1984 p. 375. 按 John T. Tepaske把一千二百万西元折算为银307，000公斤，而William. Atwell则折算为345000公斤，这是因为前者把西元所含的纯银（pure silver）来折算，而后者则按西元本身的重量来折算的缘故。

③ Frederic E Wakeman，Jr，"*China and the seventeenth—century Crisis*，" in Late Im—perial China，Vol 7，no. 1，June 1986，pp. 2—3；James Peter Geiss，"Peking under the Ming（1368—1644），" Ph. D. thesis，Princeton，1979，pp. 157—158。

④ Brian Moloughney and Xia Weizhong，*Silver and the Fall of the Ming*：*A Reassessment*，in Papers on Far Eastern History，The Australian National University，September1989，no. 40，P. 62. 按此文的中译文，见倪来恩、夏维中《外国白银与明帝国的崩溃—关于明末外国白银的输入及其作用的重新检讨》，《中国社会经济史研究》，厦门大学，1990年第三期，页46—56。又参考 O. H. K. Spate，Thea，1979. p. 201。

计，每年由墨西哥运往菲律宾，再转运往中国的银子，仍然多至五百万西元（约 128，000 公斤，或 143，750 公斤），约为西王敕令规定限额的十倍①。

1986 年，英国剑桥大学索札（George Bryan Souza）博士在他出版的著作中，对西班牙大帆船自美洲运银往菲岛的数额，细加研究。他估计自 1590 至 1602 年，大帆船自新西班牙（墨西哥及其附近广大地区）运往菲律宾的白银，共约六千七百万西元（2，010，000 公斤），自 1602 至 1636 年，共约八千万西元（2，400，000 公斤）；自 1636 至 1644 年，共约七百万西元（210，000 公斤）。把以上三个数目加在一起，自 1590 至 1644 年，菲岛约共输入美洲白银一亿五千四百万西元（4，620，000 公斤，或 4，620 吨）②。到了 1987 年 6 月，美国加州太平洋大学（University of the Pacific）经济学系符临（Dennis O. Flynn）教授，在日本东京庆应大学举办的贵金属历史研讨会中，宣读一篇论文，也对 17 世纪大帆船自美运菲银数，加以估计。他说在 17 世纪初期，每年自美运菲的银子，包括官方登记及走私瞒税的银子在内，每年共约一百二十八吨；由此推算，在 17 世纪，自美洲运往菲岛的银子，可能多至 13，000 吨，或 1，300 万公斤③。他这个估计数字，可能有些夸大。

在 16 世纪中叶以后的长期间内，每年自美洲运抵菲岛的白银，由于中国对菲贸易的巨额出超，绝大部分都流入中国。在 16、17 世纪之交的数十年内，马尼拉海关向中国货物课征的入口税，每年在入口税总额中都占很高的百分比，有时更高至占百分之九十以上。由此可以推知，在马尼拉每年输入外国货物总值中，中国货物所占的百分比，一定非常之大。不

---

① 参考 Harry E.，Cross，前引文，in J. F. Richards，前引书，p. 404。

② George Bryan Souza，*The Survival of Empire*：*Portuguese Trade and Society and the South China Sea*，1630－1754，Cambridge University Press，1986，Pp84－85。

③ Dennis O. Flynn，*Comparing the Tokugawa Shogunate with Hapsburg Spain*：*Two silver－based Empires*，preliminary draft prepared for the Keio Conference on Precious Metals，June 1987。

仅如此，输入菲岛的中国货物，并不都要缴纳关税，例如粮食（甚至各种食物）、军需品等，自 1589 年起都免税输入。而这些货物，既然和菲岛多数人日常生活及军事上的防卫有密切关系，其输入量可能非常之大。如果把这许多免税入口货物包括在内，中国货物在马尼拉入口总值中自然要占更高的百分比，从而菲岛对华贸易的巨额入超，自然要影响到大量白银流入中国①。

关于美洲白银流入中国的估计，法国历史学者布劳岱（Fernand Braudel）在他的著作中，曾经引用两位法国学者的研究。其中一位为杰纳特（J. Gernet），他认为在 1527 至 1821 年间，自美洲银矿采炼得来的白银，至少有一半流入中国。另外一位法国学者索鲁，认为这个估计过高，大约只有三分之一强，由美洲经太平洋运往菲岛，及经大西洋运往欧洲，再转运往亚洲，而其中的大部分最后都流入中国②。索鲁这个估计，显然比较接近事实。

（三）

西属美洲出口的白银，一方面横渡太平洋，经菲律宾流入中国；他方面经大西洋运往西班牙，再由欧洲运往亚洲，其中有许多最后流入中国。西班牙人在美洲投资采矿得到的银子，一部分作为政府税收，一部分通过贸易关系，每年都一船一船地运回本国。根据官方的登记，由 1503 至 1660 年，西班牙共自美洲输入白银 16，886，815 公斤，每年平均输入 100

① Souza，前引书，p. 82；拙著《明季中国与菲律宾间的贸易》，《中国文化研究所学报》第一卷，第三表，又见于拙著《中国经济史论丛》第一册，页 431－432。

② Fernand Braudel，*The Wheels of Commerce*：*Civilization and Capitalism*，15*th*－18*th Century*，New York，1982. Vol. IL，p. 198：Pierre Chaunu，Les Philippines et Le pacific des lberiques（X VI，X VIT，X VII Siecles），Paris，1960，pp 268－269；Frederic E. Wakeman Jr，前引文，in Late Imperial China，Vol. 7，no. 1，pp. 2－3；Brian Moloughney and Xia Weizhong，前引文，in Papers on Far Eastern History，no. 40，p. 52。

吨多点[①]。但事实上，美洲白银走私出口，数额很大。把官方登记数字及走私估计数字加在一起，阿特曼（Artur Attman）教授判断，在 17 世纪，每年由美洲运往欧洲的白银，约为 308 吨至 325 吨[②]。美洲于 1540 至 1700 年，至少产银四万吨，可能多至六七万吨，其中约百分之八十运往欧洲[③]。

由于美洲白银的大量输入，西班牙国内流通的银币因数额激增而价值下跌，物价上涨，在 17 世纪头十年约为 16 世纪头十年的 3.4 倍[④]，物价水准远较欧洲其他国家为高[⑤]。看见西班牙物价那么昂贵，欧洲其他国家的商人，都乘机把货物运西出售获利，结果西班牙对外贸易长期入超，白银大量流出国外[⑥]。

葡萄牙和西班牙距离最近，后者因贸易逆差而输出的银子，自然有不少流入葡国。除一般货物外，葡人又由于胡椒贸易与奴隶贸易的经营，赚到巨额白银。新航路发现后，航行于欧、亚间的葡船，自印度运载价值大、获利多的胡椒回国[⑦]，然后分别销售于欧洲各地。早在 16 世纪初期，葡人已经控制欧洲许多国家（包括西班牙在内）的胡椒市场[⑧]，故自贸易利润中赚到许多银子。复次，当探寻新航路的时候，葡人沿着非洲西岸探险，在那里拥有根据地来收购奴隶，转售与西班牙来获利。另一方面，美洲本土的印第安人自旧大陆各种传染病菌传播到那里以后，缺乏抵抗能力，死亡人数甚多。由于劳动力供应的不足，为着要开发美洲天然资源，

---

① Earl J. Hamilton, *American Treasure and the Price Revolution in Spain*, 1501—1650 *Cambridge*, Mass, 1934, P 42。

② Artur Attman, *American Bullion in the European World Trade*, 1600 — 1800, Gote — borg, 1980, p. 78; Dennis0. Flynn, 前引文。

③ Harry E. Cross, 前引文, in. F. Richards, 前引书, p. 404

④ Earl J. Hamilton, 前引书, p, 207。

⑤ J. H. Elliott, Imperial Spain 1469—1716 (Penguin Books, reprinted 1975), pp. 195—196。

⑥ 拙著《三论明清间美洲白银的输入中国》,《中研院第二届国际汉学会议论文集》(以下简称《第二届国际汉学会议论文集》), 台北, 1989 年, 页 85—86。

⑦ C. R. Boxer, *The Portuguese Seaborne Empire* 1415—1825, London, 1969, p. 52。

⑧ Fernand Braudel, *The Mediterranean World in the Age of Philip II*, London, 1976, Vol. I, p. 544。

西班牙人须长期向葡人购买大批黑奴，故他们持有的银子，有不少为葡人赚取了去[①]。

葡人自西班牙人那里赚取的美洲白银，并不长期停留在国内，而沿着新航路运到东方来。葡人经营欧、亚间贸易，发现由欧洲前往中国，银越往东方去，购买力越大。由于欧、亚间银价高下悬殊，葡国商人开船前往印度，多半载运巨额白银出口。这些白银运抵印度西岸果亚（Goa）后，大部分都转运往澳门去。曾经于1585至1591年在东印度游历的一位英国人，说葡人每年约运银二十万葡元（crusades，约6，000至7，000公斤）往澳门[②]，他报道的这个数字可能偏低，因为近年有人根据有关资料计算出，在16世纪80年代，葡人每年运往远东的银子，多至一百万笃卡（ducat，过去欧洲许多国家通用的货币），或约32，000公斤[③]。

关于万历（1573－1620）中叶左右，葡船由印度果亚附近运银至澳门，再转运至广州购买货物的情况，王临亨《粤剑编》（《笔记续编》本，广文书局）卷三，页十九下至二〇说："西洋古里（Calicut，在印度西岸果亚之南），其国乃西洋诸番之会，三四月间入中国市杂物，转市日本诸国以觅利，满载皆阿堵物也。余驻省（广州）时，见有三舟至，舟各赍白金三十万，投税司纳税，听其入城与百姓交易。"又说："西洋之人往来中国者，向以香山澳中为舣舟之所，入市毕则驱之以去。日久法弛，其人渐蚁聚蜂结，巢穴澳中矣。当事者利其入市……姑从其便。……夷人金钱甚

---

① 拙著《三论明清间美洲白银的输入中国》，《第二届国际汉学会议论文集》，页86－87。

② C. R. Boxer，Fidalgos in the Far East 1550－1770，Oxford，1968. p 6：C. R. Box－er，前引文，in Philippine Studies，Vol. 18，no. 3，pp. 435－460：William S. Atwell，"Notes on Silver，" in Ch'ing－shih wen－ti，Vol III，no 8，p 3：Bal Krishna，Commerical Relations betweeen India and England（1601 to1757），London，1924，pp 44－45。

③ Geoffrey Parker，"*The Emergence of Modern Finance in Europe*，1500－1730，" in Carlo M. Ci-polla，ed，The Fontana Economic History of Europe：The Sixteenth and seven－teenth Centuries，Glasgow，1974，p. 528。

伙，一往而利数十倍……"[①] 文中说"白金三十万"，意指银三十万两，也泛指三十万葡元，或三十万笃卡[②]。由此可见，这三艘葡船约于17世纪初运往澳门、广州购买货物的银子，和上述16世纪80年代葡船每年运往远东贸易的银数，差不了多少。又据阿特韦尔（William S. Atwell）教授的研究，1601年，有三艘葡船由印度启航往中国其中一艘在广东海岸附近失事，船上载有香料及约值三十万葡元的银币，或约银九千至一万一千二百五十公斤[③]。此外，根据索札博士著作的记载，可知在1621年之前，有一艘葡船载运约值三十万两的银子，在自印度向澳门航行途中，为海盗所劫掠[④]。有人估计，直至1639年，葡人经印度果亚及马尼拉运往澳门的银子，多至五十万公斤[⑤]。

由此可见，原来由美洲运返西班牙的白银，有不少为葡人赚取了去，由葡船载运往果亚，再运往澳门、广州，采购中国货物，转运往欧、亚各地出售获利。可是，到了17世纪，由于荷兰海上势力的崛起，葡人不复能独占自欧洲到东方来的新航道。位于印度洋、太平洋间交通要冲的满剌加，在葡人占据一百三十年后，于1641年为荷人攻占。此后航经马六甲海峡的葡船，便常受骚扰，澳门、果亚间的贸易跟着衰落，从而葡船自本国运往果亚的银子，便不能顺利运往中国了。

（四）

当葡人因果亚、澳门间航路受阻，而不能自欧顺利运银来华的时候，

① 王临亨于万历二十九年（1601）在广州阅狱办理案件，他的《粤剑编》当撰于此时或稍后（见该书叙）。

② C. R. Boxer，*The Great Ship from Amacon*：*Annals of Macao and the Old Japan Trade*，1555—1640，Lisbon，1963，p. 336。

③ William S. Atwell，前引文 in Ch'ing－shih wen－ti，Vol. Ⅲ，no. 8，p. 3。

④ George Bryan Souza，前引书，p. 196。

⑤ Brian Moloughney，and xia Weizhong，前引文，in Papers on Far Eastern History，no. 40，p. 59。

西班牙自美洲输入的银子，又由荷人转运到东方来。早在1595年，荷兰航海家已经打破葡人对好望角航线的垄断，率领船舶四艘东来，次年抵达爪哇下港（一作万丹，Bantam）。到了1602年，荷兰东印度公司成立，在下港设立商馆，其后更在爪哇巴达维亚（Batavia）建立贸易基地，经营欧、亚间广大地区的贸易。

荷兰水道交通便利，商业发达，和西班牙贸易，经常保持巨额出超的纪录，把西班牙自美洲输入的白银，大量赚回本国。17世纪中叶前后，由于荷对西贸易出超，阿姆斯特丹（Amsterdam）的运银船队（silver fleet），每年都有三十至五十艘船只，驶往西班牙港口，把银运走[①]。每年荷船运走的银子，约占西船自美洲运回总额百分之十五至二十五，有些估计更高至占百分之五十[②]。

荷人在欧、亚间往来贸易，看见银在东方的购买力，远较在欧洲为大，便大量输出白银，使银在对东印度的出口贸易总值中，占有很大的比重。1603年，荷向东印度输出的白银，其价值为输出货物的五倍；及1615年，更多至为输出货物的十五倍[③]。由1700至1750年，荷向东印度输出货物价值，约占输出总值三分之一少点，输出贵金属（以银为主）则占三分之二有多[④]。有人估计，自1570至1780年，西班牙大帆船自美洲运银至菲律宾，共约400百万盾；约在同一时期，由荷兰运往亚洲的金、

---

① Kristof Glamann，*The Changing Patterns of Trade*，in E. E Rich and CH. Wilson，eds，The Cambridge Economic History of Europe，Vol. V（Cambridge University Pres，1977），p. 260

② 同上：Violet Barbour，Capitalism in Amsterdam in the Seventeenth Century，Baltimore 1950，p. 51；C. R Boxer，前引文，in Philippine Studies，Vol. 18，no 3，pp. 469—470。

③ M. A. P. Meilink—Roelofsz，*Asian Trade and European Influence in the Indonesia Archipelago Between* 1500 *and About* 1630，The Hague，1969，p. 378。

④ Ivo Schoffer and F. S. Gaastra，*The Import of Bullion and Coin into Asia by the Dutch East India Company in the Seventeenth and Eighteenth Centuries*，in Maurice Aymard，ed，Dutch Capitalism and Word Capitalism，Cambridge University Press，1982，pp. 222—223。

银（以银为多），多至 590 百万盾以上[①]。荷兰东印度公司在 17 世纪运往亚洲的金、银，共值 125 百万盾；及 18 世纪，激增至 448 百万盾[②]。

荷人以巴达维亚为基地来经营东至日本、西抵波斯湾的广大地区的贸易，他们自欧洲东运的银子，分别用来在亚洲各地采购货物，并不以在中国为限。但明清间中国银价高昂，物产丰富，视银如至宝的中国商人，看见荷人带来那么多银子，购买力很大，自然努力拓展对荷输出贸易，把银赚取回国。在 1625 年，驶抵巴达维亚的中国商船，其吨位有如荷兰东印度公司回航本国的船队那么大，或甚至更大。在 1644 年，航抵巴达维亚的八艘华船，共输入中国货物三千二百吨，但它们自那里运返中国的货物，每年不过八百至千二百吨[③]。由于贸易顺差，中国商船离巴达维亚返国，经常运走巨额白银。因为华船继续把银运走，到了 1652 年 8 月，巴达维亚市场上深以交易筹码不足为苦，政府被迫准许使用已被剥夺货币资格的钱币来交易[④]。

中国对荷输出的货物，种类甚多，而以生丝、瓷器及茶叶为最重要。荷兰东印度公司自创办时开始，即把生丝与胡椒及其他香料并列为最能获利的商品来经营[⑤]。在荷兰市场上，中国生丝要和波斯生丝竞争，但在

---

① 同上，p. 230. 按在 17 世纪 60 年代，每两银等于 3.5 盾；到了 80 年代，等于 4.125 盾。（见 John E. Wills, Jr., Pepper, Guns and Parleys: The Dutch East India Company and China, 1662－1681, Cambridge, Mass., 1974, p. 27.）到了 18 世纪，在 1729 年，每两银等于 3.64 盾；1731 年，3.57 盾；1732 年，3.64 盾；1733 年，3.55 盾（见 C. J. A. Jorg, Porcelain and the Dutch China Trade, The Hague, 1982, P. 325）。

② F. S. Gaastra, *The Dutch East India Company and Its intra－Asiatic Trade in Precious Metals.* in Wolfram Fischer, R. Marvin Mclnnis and Jugen Schneider, eds., The Emergence of a World E-conomy 1500－1914: Papers of the IX International Congress of Economic History, Wiesbaden, 1986, p. 99。

③ Leonard Blusse, *Chinese Trade to Batavia during the Days of the v. o. C, in Centre for the History of European Expansion*, inter－disciplinary Studies on the Malay World Paris, 1979, Archipel 18, pp. 195, 205。

④ Kristof Glamann, *Dutch－Asiatic Trade*, 1620－1740, The Hague, 1958, pp. 54, 56－57。

⑤ 同上 p. 112; Niels Steensgaard, The Asian Trade Revolution of the Seventeenth Century and the Decline of the Caravan Trade. Chicago, 1973, p. 158。

1624年2月27日阿姆斯特丹生丝价目单上，因为品质较优，中国产品被评价较高①。在17世纪30年代，荷人自波斯运生丝赴阿姆斯特丹出售，利润为投资的百分之一百，中国生丝的利润则高至为百分之一百五十②。

除生丝外，东来贸易的荷人又为中国瓷器在欧洲开辟广大的市场。自1602至1682年，荷兰东印度公司输入欧洲的瓷器，共达一千二百万件；如加上运往亚洲各地出卖的瓷器数百万件，则在这八十年间，中国通过该公司输出的瓷器，超过一千六百万件③。荷兰东印度公司经营中国瓷器出口贸易，主要以台湾、巴达维亚为转接基地。自1729年开始，该公司开辟荷兰、广州航线，在广州瓷器市场上成为最大主顾之一④，中国瓷器出口贸易遂呈现出一个新局面。荷船自广州直接航行返国，由1730至1789年，共自广州输出中国瓷器四千二百五十万件，每年平均七十二万件，将近为17世纪的五倍⑤。

除丝、瓷外，近代中国茶叶对欧输出贸易，在欧洲各国商人中，首先由荷人经营。早在1610年，荷兰东印度公司已经运茶往欧洲出卖，比英国东印度公司于1669年才第一次运茶赴英，要早半个多世纪。荷人垄断华茶对欧输出贸易，约于1635年转运往法国出售，于1645年运销于英国，于1650年运销于德国及北欧各地⑥。在1729年荷兰输入华货总值中，茶占85.1%，1760年占89.6%，直至1793年每年多半占百分之七十以上，

---

① Kristof Glamann，前引书，p. 113；陈小冲《十七世纪上半叶荷兰东印度公司的对华贸易扩张》，《中国社会经济史研究》，1986年，第二期。

② M. A. P. Meilink—Roelofsz，前引书，p. 263。

③ T. Volker，Porcelain the Dutch East India Company，Leiden，1954，pp. 48.，227—228；林仁川《试论明末清初私人海上贸易的商品结构与利润》，《中国社会经济史研究》，1986年，第一期；陈万里《宋末清初中国对外贸易中的瓷器》，《文物》，1963年，第一期，页22。

④ C. J. A. Jirg，前引书，P. 194。

⑤ C. J. A. Jirg，前引书，P. 149. 据同书，P. 359，荷兰东印度公司1730—1789年，共售出瓷器42，689，898件。

⑥ T. Volker，前引书，pp. 48—49；G. B. Masefield，“Crop and Livestock，” in E. E. Rich and C. H. Wilson，eds.，前引书，vol. Ⅳ. pp. 297—298. 又 Walter Minchinton，*Patterns and Structure of Demand* 1500—1750，in Carlo M. Cipolla，ed.，前引书，p. 126，说荷兰东印度公司于1609年第一次自中国运茶往欧洲。

成为输荷华货价值最大的商品[①]。自1739年开始，华茶已经成为荷兰东印度公司自东方运回欧洲的价值最大的商品[②]。到了1740年，该公司自东方输入货物总值中，华茶和咖啡约占四分之一[③]。

在17、18世纪中、荷贸易中，中国既然因丝、瓷、茶及其他货物的输出而贸易出超，上述荷人自欧洲运到东方来的银子，自然有不少输入中国。在乾隆六年（1741）左右，在籍侍郎蔡新估计，由于中国货物对荷大量输出，"闽、广两省所用者皆番钱，统计两省岁入内地约近千万（两?）"[④]，数目可能有些夸大；但我们不能否认，当日中国因为对荷贸易出超，每年有巨额白银输入中国这一事实。

（五）

上述法国学者索鲁认为，在新大陆发现后的长期间内，产额占世界总额百分之八十有多的美洲白银，约有三分之一强，由美洲经太平洋运往菲律宾，及经大西洋运往欧洲，再转运至亚洲，而其中的大部分最后流入中国。鉴于西班牙大帆船大量运银往菲律宾，葡、荷及其他欧洲国家商人先后运银东来，而中国对外贸易又长期巨额出超，我们有理由接受他这个判断。

除美洲白银外，因为日本在16、17世纪之交银产丰富，葡、荷商人

---

① C. J. A. Jorg，前引书，p. 217—220。

② C. R. Boxer，*The Dutch Seaborne Empire* 1600—1800，London，1965，p. 177。

③ Kristof Glamann，European Trade 1500—1750，in Carlo N. Cipolla，前引书，p. 447。

④ 《漳州府志》（台南市，1965年影印本）卷三三，人物六，页六四至六五，《蔡新传》；蔡新《缉斋文集》（原书未见，兹引自许涤新、吴承明主编《中国资本主义发展史》，第一卷，《中国资本主义的萌芽》，北京，1985年，第407页）卷四；田汝康《十七世纪至十九世纪中叶中国帆船在东南亚洲航运和商业上的地位》，《历史研究》1956年第8期。又《清朝文献通考》（修于乾隆末年）卷一六乾隆十年（1745）项下说："福建、广东近海之地，又多行使洋钱。……闽、粤之人称为番银，或称花边银。凡荷兰、佛郎机（葡萄牙）诸国商船所载，每以数千万圆计而诸番向化，市舶流通，内地之民咸资其利，则实缘我朝海疆清晏所致云。"

又自日本输出白银来应付国际贸易上的需要。自17世纪初期开始，葡人在亚洲各地贸易，需银甚多，他们由欧洲运来的银子，约只能满足所需数额的三分之一，其余三分之二主要来自日本[①]。自1639至1668年，荷人在亚洲贸易所需的银子，约有二分之一至三分之二来自欧洲，其余三分之一至二分之一，则来自日本[②]。这些经由葡、荷商船及其他途径自日本输出的白银，由于中国对外贸易出超，也有不少输入中国。

（原载全汉昇著《中国近代经济史论丛》，中华书局，2011年）

论明代白银货币化的社会影响

陈 昆 杨小玲

引言

关于“白银货币化”问题的研究，陈昆[③]的论文沿着民间白银货币化的悄然发展与大明宝钞的逐渐崩坏的关系这一线索详细考察了明代白银货币化趋势，认为明代白银货币化是从民间开始的，宝钞的崩坏是白银货币

---

① Seiichi Iwao，*Japanese Gold and Silver in the World History*，*in International Sympo－sium on History of Eastern and Western Cultural Contacts*，Tokyo：Japanese National Commission for UNESCO，1959，p. 64。

② Kristof Glamann，*Bullion Flows and World Trade in the sixteenth－Eighteenth Centuries*（Hong Kong－Denmark Lectures on Science and Humanities，29 April 1981，Hong Kong University Press，1984）；同上作者，*The Changing Patterns of Trade*，in E. E. Rich and C. H. Wilson，eds，前引书，Vol. V，p. 258。

③ 陈昆：《宝钞崩坏、白银需求与海外白银流入——对明代白银货币化的考察》.《南京审计学院学报》. 2011年02期。

化的直接原因。万明[①]对白银货币所起的作用给予了极大的肯定，认为这一来自民间的而非国家法令的自下而上的白银货币化趋势最终促进了明代的社会变迁，正是中国的白银货币化需求推动了世界范围内白银的开采和周转，从而使中国是以一个主动的姿态参与构建世界的经济体系。刘光临[②]认为这是一种白银进步论的观点，是对欧洲经验的简单解读。认为由于明代前中期一直存在的通货不足和经济体制问题使得通货结构经历着异常危险的状态，由于海外白银的大量流入使得中国的市场经济和通货制度才得到挽救。上述对立的观点深化了笔者对白银货币化的认识，笔者认为，白银货币化的正面效应是不容置疑的，否则我们无法解释明代晚期的繁荣。但是，由于政治制度的原因，白银货币化导致的官员腐败及其民众贫困化加剧现象则是客观存在的。而且，海外白银的大量流入导致的明朝社会政治危机也是值得深究的。基于以上认识，笔者从四个方面论证明代白银货币化的影响：（1）打破了专制政府的货币垄断权；（2）切断了通向恶性通胀之路；（3）促进了明末市场的繁荣与商品经济发展；（4）疯狂的白银掠夺与民众的贫困化。

（一）白银货币化打破了明朝专制政府的货币垄断权

明代宝钞政策的着眼点是政府的财政考量。宝钞自京城流向地方，而黄金与白银则从地方各省流向京城，达到明政府要垄断黄金与白银的目的。史实表明，明代自洪武八年就仿效元朝币制，规定使用纸钞，同时禁止民间金银交易，之后在宝钞不断贬值的压力下允许钱钞并用。虽然钱钞制度几度陷入窘境，但这种钱钞本位一直延续到明末。史料记载，“崇祯

① 万明.：《晚明社会变迁问题和研究》. 商务印书馆. 2005 年，第 143－144 页。

② 刘光临：《明代通货问题研究——对明代货币经济规模和结构的初步估计》.《中国经济史研究》. 2011 年 01 期。

十六年（1643）蒋臣曾建议行钞即发行纸币，以解决行将崩溃的政府财政，并得到皇帝批准。”[①] 可见，明代财政自始至终都依赖钱钞本位而不能自拔。

代表着商品价值观念形态的纸币，作为一种价值符号，产生于贵金属货币作为流通手段的职能，与社会流通中的商品价值有着密切关联，是商品货币关系发展高级阶段的产物。大明宝钞完全是明朝政治权力和统治阶级利益的产物，宝钞的印造、单位币值的大小由国家权力确定，没有任何发钞准备，因此不能成为真正的价值符号，正所谓《管子》的货币观点："握之则非有补于暖也，食之则非有补于饱也，先王以守财物，以御民事，而平天下也”。这种观点认为，货币本是无用之物，没有什么价值，货币价值标准和尺度由君主规定，是人君之权柄，是统治阶级治国安邦的一个工具。“大明宝钞”完全是基于“国家欲以宝钞统天下利权”的需要[②]，“大明宝钞”货币制度标示着国家权力对社会经济过程的控制，是明代国家作为社会权力中心对民间的超经济剥削强有力的工具。明末张萱在《西园闻见录》中对专制国家权力的这种经济效能有生动的描述“钱者，特天子行权之物耳，上之威令果行者，虽沙砾可使趣于珠玉，桑楮可以肩于锦绮，片纸只字飞驰于天下而无凝滞”。可是这种专制威权在白银货币化中断送了，“夫银产于地，人得而私之”，不像“钞者制于官，唯上得而增损之”[③] 了。

白银货币化的重要意义在于，它标志着君主货币垄断权的丧失，由此削弱了帝王的专制权力，使货币摆脱了几千年来依赖于国家权力来缓解财政困难的状况。因为，白银货币化情况下，专制国家无法像印纸钞时那样轻易地把大批社会财富聚于自己控制之下，无法左右货币的比价和取弃。

---

① 彭信威：《中国货币史》. 上海人民出版社，2007 年，第 634—635 页。

② 《明史》卷 81《食货》，中华书局 1974 年。

③ 《春明梦余录》(卷 38)，吉林出版集团 2005 年。

正如彭信威所说，"相对于宝钞和铸币，白银是封建统治者们所不能控制的"[①]。正是海外白银的大量流入和白银在民间的普遍使用，才对朝廷所长期坚守的钱钞货币体系构成致命冲击。实际上，白银货币化冲垮了钱钞本位而大大增加了国家财政摄取社会财富的难度和成本，中央集权专制的国家经济权力由此受到严重削弱。

货币白银化也促进了明代国家从实物财政到货币化财政的转型。明朝初年的国家财政征收以农产品为主要形式。在当时，农业税是主要税种，辅之以盐业专营、专卖收入和军事屯田收入，由于大明宝钞币值不稳定，加之金属货币匮乏，因此财政收入主要征收农产品实物。这是中国典型的自给自足经济的财政表现。自明英宗朝开征金花银之后，四百万石实物赋税转为货币形式的财政收入，迅速改变了原有的实物中心财政体制。随着白银货币化的深入发展，到十六世纪中叶，农业税收和其他各项杂税杂役、盐业课税等都基本转为白银货币收入，使国家财政转为货币中心体制。"这种转变使国家与社会的经济关系由原始性的直接的实物和劳役关系变为较大程度上依赖商品生产和流通的新的经济关系，把国家财政活动推到快速运转的经济旋流中，从而造成了自然经济为基础的凝重稳定的社会结构偏离传统运行模式。"[②] 既往的实物地租、实物赋税以及大规模劳役征发制度在白银货币化进程中受到致命的冲击，松解了民间社会对土地和政治权力的依附关系，获得了一定程度的自由，白银货币化大大推进明代商品生产和交换关系的发展。关于这一点，文章在第三部分将有详细论证。

更进一步地，白银是民间自由贸易的象征。民间贸易制度崇尚的是平等交易的原则，与专制等级制度可以说是"形同水火"。民间海外贸易的自由发展，一个自然的结果就是对明王朝作为安身立命之本的等级秩序的致命颠覆，开创了自由思索与行事的开放氛围，明代的社会政治生活也由

---

① 彭信威：《中国货币史》，上海人民出版社 2007 年，第 633 页。

② 万明：《明代白银货币化与明朝兴衰》，《明史研究论丛（第六辑）》，2004 年，第 395－413 页。

前期的严峻冷酷到中后期的自由奔放，对于明代社会的多元化进程起着十分重要的作用。

（二）白银货币化切断了通向恶性通胀之路

明朝后期，白银大量涌入中国，给中国提供稳定的货币供给，刺激了白银货币化的发展，催生了银为主、钱为辅的银钱币制的诞生。白银货币化约束了当权者滥发货币的权利，切断了明王朝通向恶性通货膨胀之路，推动了生产和贸易增长。16 世纪以白银来计算的长期价格结构非常稳定，除地区差异、季节变动及自然灾害等影响外，中国在这 100 年中主要商品价格波动不大。如果把期间定得更长一点，则波动更少。以五十年为一期，则白银购买力变动的倾向就表示得更加清楚了。

表 1　明代米价表①

期间	每公石米平均价格（单位：公斤银）	每公斤银所能购得之米（单位：公石）
14 世纪后半期	17.19	58.17
15 世纪前半期	10.84	92.22
后半期	16.35	61.16
16 世纪前半期	20.19	49.52
后半期	23.00	43.48
17 世纪前半期	32.19	31.07
平均	18.00	52.91

从上述图表可以看出，15 世纪前半期，大约从 15 世纪 30 年代起，政

① 彭信威：《中国货币史》，上海人民出版社 2007 年，第 519 页。

府正式取消了用银的禁令，大部分支付都用白银。白银的购买力因此达到最高（图表显示，每公斤银所能购得的米达 92.22 公石）。当时大明宝钞还在发行，民间则使用白银支付，在纸币贬值的情况下，民间用白银来保存自己财富的价值，对于白银的需要，超过商品流通对于货币的正常需要。在这种情况下，白银购买力的提高是很自然的事情。

但是，从整个明代来看，白银的购买力，仍然有轻微下跌。其中，15 世纪后半期和 17 世纪前半期下跌得比较多。有两个原因：第一是铜钱的涨价。白银只通行于中上阶层，或用于大数目的交易。升斗小民，日常生活仍是使用铜钱，所以物价，尤其是零售物价往往是以铜钱为标准，米的银价有时是由钱价折算出来的，所以钱价上涨，会压低银的购买力。第二是白银生产的增加。洪武二十四年，只产银二万四千七百四十两。永乐、宣德年间开陕州、福建等地银坑，所以宣德五年，产银就增加到三十二万二百九十七两[①]。其间虽然又禁止几次，但为时很短，到了天顺成化年间，又大事开采，单是云南，每年就有十万两生产[②]。明代同南洋各地交易频繁，可能有白银输入。朝鲜的白银也可能有流到中国来。朝鲜的金银比价在宣德七年（1432 年，即朝鲜世宗十四年）的时候是 1∶11.1 至 1∶11.7。四年之后，变为 1∶6.7 至 1∶7.5。宣德六年中国的金银比价是 1∶6，所以朝鲜人以输送白银到中国来图利[③]。

至于 17 世纪前半期的波动，也可以作两种解释：第一是天灾人祸使得生产减少，物价上涨；第二是白银增加。白银的增加可以分为两个方面，一是库藏白银的抛出，二是美洲低价白银的流入。

---

① （清）顾炎武：《日知录》卷十一《银》，上海古籍出版社 2006 年。

② 《明史》之《食货志五·坑冶》，中华书局 1974 年。

③ 彭信威：《中国货币史》，上海人民出版社 2007 年，第 521 页。

（三）明末市场的繁荣与商品经济发展

经济史学一个有趣的现象，就是中国明代的东南沿海地区与同时代的西北欧的比较。“中国明代商品经济最发达的地区是位于亚欧大陆东端的东南沿海诸省，包括江苏、安徽、江西、浙江、福建、广东，面积约 83 万余平方公里，人口在 1491 年约 2543 万余，1753 年为 3377 万余。”① “同期位于亚欧大陆西端的西北欧地区，包括大不列颠群岛、尼德兰、法国也是商品经济最发达地区，面积约 93 万余平方公里，人口在 1500 年约 2200 万，1700 年约 3200 万。”② 比较发现，中国东南沿海地区比西北欧面积小但却负载了较多的人口。这说明，明代中国经济发展水平比西北欧高。东南沿海是海外白银输入的口岸，是白银流通量最多的地区，从金融学的角度看，货币供给过多，必然发生通货膨胀。然而，东南沿海却没有发生同时期西欧那样的通货膨胀，原因在于，该地区物产丰富、商品经济发达，大量的白银输入促成了该地区社会经济的平稳发展。

中国一向是贫银国家。虽然一些省份发现矿苗，然而蕴藏量极微，开采得不偿失。主要银矿分布在浙江、福建、云南、四川等省。明代政府规定的年产量（课额）指标，据《明实录》记载，14 世纪下半叶洪武年间，浙江为 2870 两，福建为 2670 两。15 世纪上半叶永乐年间，浙江为 82070 两，福建为 32800 两；15 世纪 20－30 年代宣德时期，浙江为 94040 两，福建为 40270 两，其他地方未见记载。各地银场本来矿脉微细，开采日久，产量下降，到 15 世纪中叶天顺年间（1457－1464），浙江降为 38930

① 梁方仲：《中国历代户口、田地、田赋统计》，上海人民出版社 1980 年，第 204－205 页、第 261 页。

② 卡洛·M. 奇波拉：《欧洲经济史（第 2 卷）》商务印书馆 1988 年，第 29 页。

两，福建降为 28250 两（实际只生产了 13400 余两），云南为 102380 两，四川为 13517 两[①]。据全汉昇对 1401－1520 年明朝政府从国内开采所得白银统计，1411－1420 年产量最高，达 2905602 两。100 年后，即 1511－1520 年，减少了将近 9 成，为 329200 两[②]。如此区区银课，远远不可能满足政府和市场日益增加的需要。明王朝在嘉靖至万历时期每年财政开支 300－600 余万银两，以后新增辽饷、剿饷、练饷，支出更多，仅辽饷一项，崇祯末年达 900 万两[③]。再看明王朝政府实际财政收入，《明实录》记载，17 世纪 20 年代初的天启年间，达到 1000 万至 1400 余万两[④]。据全汉昇先生的研究，1642 年明王朝灭亡的前夕，太仓（国库）的白银多达 2300 万两。这些数以千万两计的白银是明朝最高年产量的 5 至 8 倍，换句话说，明朝国库的白银，即便按国产量最高年份计算，矿课只占 13%，几乎 87%以上是靠田赋和工商海关税收所得，而这些税银又是东南沿海从海外输入的[⑤]。

中国从宋代至元明时期，商品经济有很大发展，市场繁荣居世界之冠，然而在 16 世纪以前，总是经历周期性的货币短缺。每当商业和市场发展，货币供应量就出现不足，主要原因是国内贵金属短缺而没有建立起以贵金属为基础的货币制度[⑥]。中国自秦汉以来，一直就是一个大一统国家，市场广大，大额贸易、地区间贸易远较同时期的西欧发达，客观上需要币值大的贵金属作为货币，然而，自秦汉以来，一直大量使用铜钱等贱金属货币，这种低层次的货币只能够满足零星的、小额的交易，不能够支

---

① 台北"中研院"历史语言研究所：《明实录·英宗实录》（影印本）卷 119、163、290、314，1985 年。

② 薛国中：《世界白银与中国经济》，《中国政法大学学报》2007 年第 1 期。

③ 同上。

④ 台北"中研院"历史语言研究所：《熹宗实录》（影印本）卷 12、38，1985 年。

⑤ 薛国中：《世界白银与中国经济》，《中国政法大学学报》2007 年第 1 期。

⑥ 陈昆：《明朝中后期海外白银输入的三条主要渠道》，《社会科学家》2011 年第 6 期。

持大宗批发贸易及远程贸易。于是在商品经济发达的宋代出现了“交子”和“会子”，以克服贵金属的不足，元代政府继续发行纸钞。明袭元制，一面铸造铜币，一面发行钞币，钱钞并行。由于明代政府发行钞币不以贵金属为本位，而且滥发无度，屡屡贬值，丧失信用，终成废纸。民间在明初就使用白银，明政府时禁时弛，反复无常。这说明，商品经济需要以白银为流通货币，中国本土白银不足，限制了社会经济的发展，迟迟至 16 世纪中叶明嘉靖时才建立起以贵金属白银为基础的货币体系。也在此时有大量海外白银输入，才有实行以白银为本位的条件。

白银货币化大大推进明代商品生产和交换关系的发展。白银货币化也约束了当权者滥发货币的权利，切断了明王朝通向恶性通货膨胀之路，国家无法像印纸钞时那样轻易地把大批社会财富聚于自己的控制之下，这也大大推动了生产和贸易的增长。可以断言，如果没有大量海外白银输入，没有白银货币化，16 世纪至 18 世纪中国市场经济的空前繁荣是不可能出现的。

（四）疯狂的白银掠夺与民众的贫困化

白银货币化开始于明代经济最发达的江南地区。江南地区人口稠密、经济基础雄厚，相当一部分农民脱离了土地，从事手工业和商业活动，构成了对白银货币的大量需求。加之地缘优势，便利于海外贸易，虽然明代曾一度实行海禁，但海外贸易依然强劲，因此吸收了大量海外白银，促使白银货币化在江南地区迅速发展。白银货币在江南地区的影响下，迅速推广到全国。成化时，户部尚书李敏“并请畿辅、山西、陕西州县岁输粮各边者，每粮一石征银一两，以十九输边，依时值折军饷，有余则召籴以备军兴，帝从之。自是北方二税皆折银"[①]。甚至西北地区，万历初招募垦荒，也收以租银。

白银的广泛流通，使赋役货币化成为必然，特别是自一条鞭法实施后国家各种赋税皆用白银折纳。但是当以银代役，"一概征银"为特征的一条鞭法推行到北方时，问题就出现了。由于北方经济落后、缺少海外贸易的地缘优势，白银货币化也远不及江南地区普及，因此北方比较适合力役，而不能实行江南地区的以银代役模式。《巩昌府志》认为"以余观于巩之徭役，而知新法条鞭之为北境累矣。""然条鞭未行之前，民何以供役不称困？盖富者输资，银差无逋；贫者出身，力役可完。""自条鞭既行，一概征银，富者无论已，贫者有身无银，身又不得以抵银，簿书有约，催科稍迫，有负釜盂走耳。征输不前，申解难缓，挪借所不免也。"[②]

随着一条鞭法在全国的推进，赋役货币化在北方实行，农民必须以白银交税，而北方是白银匮乏地区，这样带来的结果就是，每逢缴纳赋税之时，农民为了纳税而纷纷上市售粮时，势必造成粮食供大于求，粮价暴跌的局面，出现"谷贱伤农"的情形，加剧了北方农民的贫困。明代张怡描述了这种情况，"今一切征银，农无银，贱其粟以易银，军得银，又贱其银以买粟，民穷于内，军馁于外，是一法两伤。"[③] 在当时情况下，百姓为缴纳赋税辗转贱价出售农产品换取白银的情况是一种普遍现象。更加糟糕的是，官府征收赋税的时间又往往不与作物成熟的时间同步。若官府征税过早，农民就得向商人预借白银，"有时甚至以二十石谷物作抵押才能借得一两银子。"[④] 农民不仅受官府盘剥，还要受高利贷压榨，自然苦不堪言。嘉靖初年，张璁载一份奏折中言及百姓无银之苦时云："……夫灶之

① 《明史》卷一百八十五《李敏传》，中华书局 1974 年。

② （清）顾炎武：《天下郡国利病书》第 19 册《陕西下》，齐鲁书社 1997 年，第 74 页。

③ （明）张怡：《玉光剑气集》卷 4"国是"，中华书局 2006 年。

④ 黄仁宇：《十六世纪明代中国之财政与税收》，三联书店 2001 年，第 93 页。

所自业者盐尔，今尽征以折色，称贷倍息，十室九空，往往穷迫逃徙，无以为生。”[①] 顾炎武晚年久居山东，目睹了当地百姓无银之苦：“丰年而卖其妻子者，唐宋之季所未尝有也。往在山东，见登、莱滨海之人，多言谷残。处山僻不得银以输官。今来关中……岁甚登，谷甚多，而民且相率卖其妻子……何以故？则有谷而无银也，所获非所输也，所求非所出也”[②]。在这种制度安排下，农民挣扎在死亡线上，甚至出现了在丰年卖妻卖子的惨况。

上文论证表明，白银货币愈是匮乏，官府愈是疯狂地敛取白银，下层平民百姓为应付赋税而殚精竭虑，这种状况直到清末民初都无多大变化，以至于吕思勉先生在论及田赋征收时还这样说道：“农民所有者谷，所乏者币，赋税必收货币，迫得农民以谷易币，谷价往往于比时下落，而利遂归于兼并之家。”[③] 对北方农民而言，不仅在赋税征收之时被迫贱价出售农产品是经常的，即使在丰年也会因谷或米价低贱出售农产品。长此以往，必然加剧北方农民的贫困，激化社会矛盾，鉴于此，明末西北地区发生大规模起义也就不足为怪了。

赋税采用征银的形式也大大便利了官吏贪污，刺激了他们贪欲的膨胀。明人赵时春说明朝初期赋税施行征收本色形式，如粮食、谷物等等“虽有贱贪，无所取银，欲窃物以行，则形迹易露，而法顾重，是以官吏清而民安乐”，赋税征银以后，情形大变，出现上下骛求白银的局面，“贪残奸佞之臣，专事乎银，任土之贡，尽易以银，百货出入，以银为估，可以低昂轻重，以施诡秘。窃上剥下，以济其私。交通关节，以崇其宠。赍轻而迹难露，俗敝而上不知。百吏四民，弃其本业，而唯银之是务。银日

---

① （明）姜淮：《岐海琐谈》卷1“十七”，上海社会科学院出版社2002年。

② （清）顾炎武：《顾亭林诗文集》之《钱粮论》（上），中华书局1983年。

③ 吕思勉：《吕思勉遗文集（上）》之《田赋征收实物问题》，华东师范大学出版社1997年. 第347页。

以登，物日以耗，奸宄得志，贤智退藏，用乃益匮"①。

明代中后期，随着实物财政体制逐步向货币财政体制的转轨，田赋的货币化日渐扩大，但由于各地经济发展的不平衡及自然条件的差异，货币田赋的折率自然不是统一的、固定的，而是因地、因时、因税粮种类而异，并经常随着粮食的市场价格的变动而升降。这种不确定的情况就便利了官吏贪污。

表 2　明中叶后田赋折价与市场价格表②

时间	地区	田赋折价	资料来源	粮食市价	资料来源
景泰五年	苏松	0.25	《景泰实录》卷 60	0.5	《景泰实录》卷 60
正德十四年	湖州	0.25	《湖州府志》卷 11	0.5	《湖州府志》卷 11
嘉靖二年	南京	漕粮连脚耗折银 0.7	《嘉靖实录》卷 37	1.3—1.4	顾起元《客座赘语》卷 2
嘉靖十六年	江南	0.5	《天下郡国利病书》原编第六册"苏松"	0.9	唐顺之《荆川集》卷 10

注：田赋折价和粮食市价的单位为钱（银）

从上表可知，普遍情况是，官定的折价要比市价低一半左右。景泰五年，苏松等地粮价是每石 5 钱，金花银折价每石仅为 2 钱 5 分，市价高于折价一倍。嘉靖十六年，江南粮价每石涨至 9 钱，而金花银折价是每石 5 钱，每石差价达 4 钱之多，按此推算，政府每征收一两银子就会"隐消"8.8 斗税粮。明代赋税征银中，官吏往往尽饱私囊，胥吏侵渔，不知几何，有些地方甚至"相沿二百余年"不曾改变③。

---

① （明）赵时春：《赵浚谷文集》之《处州银冶志序》，江苏古籍出版社 2000 年. 第 259 页。

② 史五一：《试析明后期财政危机的根源》，《安徽师范大学学报（人文社会科学版）》2002 年第 9 期。

③ （明）钱天锡：《湖北文征》第四册《郡倅汪公建仓记》，湖北人民出版社 2000 年。

随着货币经济的发展，白银的普遍行用很大程度上刺激了官员的贪欲。上至中央高级官员，下至地方胥吏，无不以敛取白银满足私欲。在正德帝亲自监督下抄没刘瑾的白银就达二亿九千万两之多，严嵩被抄出的白银有四百多万两，还包括未抄没者。明末一个小盐官贪污了十七万两白银，仓促调转之时仅取了二万两而被后来者吞没。可以说白银成为货币以后，贪污现象大大增加，前此很少有如此规模的贪污记录。明末人总结明代货币制度时，有不少人指出用银大大刺激了官吏贪欲而提出废银用钱，如顾炎武、黄宗羲就持这样的观点。黄宗羲认为废银有七利，其五即是“官吏赃私难覆”[①]。

狂热的白银崇拜和掠夺，使得大量白银进入窖藏，退出流通领域，再加上中国民间历来盛行的窖藏贵金属风气，海外输入的白银实际上进入流通的并不多。据彭信威估计，至明朝结束时民间窖藏的白银就达 2.5 亿两之多[②]。出于安全的考虑，这些银条、银锭通常都是被埋入地下，其余的则被制成可以随时换成现钱的银器和银首饰，这就大大减少了流通中的货币量。

明代银本位制的一个致命缺陷在于货币供给的不稳定。由于国内白银无法自给自足，大明王朝的白银来源严重依赖海外进口，中央政府完全丧失了对信用和货币的控制，金融命脉受制于人。加之大量白银被窖藏起来，退出流通领域使得白银更加短缺。崇祯年间，马尼拉和日本两条白银输入白银通道相继中断，大明王朝深陷通货紧缩的泥潭，一场铺天盖地的经济危机由此爆发。经济危机更加激化了社会矛盾和民族矛盾，就此拉开了明王朝覆灭的序幕。

---

① （明）黄宗羲：《明夷待访录》之《财计一》，中华书局 1981 年。
② 彭信威：《中国货币史》，上海人民出版社 2007 年，第 690 页。

结束语

白银货币化，使货币摆脱了几千年来依赖于国家权力来缓解财政困难的状况。白银货币化造成的一个结果就是，国家无法像印纸钞时那样轻易地把大批社会财富聚于自己控制之下。正是海外白银的大量流入和白银在民间的普遍使用，才对朝廷所长期坚守的钱钞货币体系构成致命冲击。实际上，白银货币化冲垮了钱钞本位而大大增加了国家财政摄取社会财富的难度和成本，中央集权专制的国家经济权力由此受到严重削弱。更进一步，白银是民间自由贸易的象征。民间贸易制度崇尚的是平等交易的原则，与专制等级制度可以说是"形同水火"。民间海外贸易的自由发展，一个自然的结果就是对明王朝作为安身立命之本的等级秩序的致命颠覆，开创了自由思索与行事的开放氛围，明代的社会政治生活也由前期的严峻冷酷到中后期的自由奔放，对于明代社会的多元化进程起着十分重要的作用。

（原载《社会科学家》，2012 年第 9 期）

第四编　『江口沉银』有关研究综述和论著索引

关于“张献忠在四川”学术讨论会的情况综述

王家楼

1980年3月3日至3月6日，四川省社会科学院《社会科学研究》编辑部邀集有关的史学工作者和专家，举行了“张献忠在四川”的学术讨论会。会上讨论了张献忠在四川“杀人”问题的真相，张献忠在明末清初农民战争中的地位和作用，张献忠失败的原因等三个问题。到会同志贯彻“双百”方针的精神，各抒己见，发表了不少有价值的见解，为正确评价张献忠，还其历史的本来面目，迈出了可喜的一步。到会同志一致指出，过去封建统治阶级把张献忠诬蔑为“杀人狂”、“杀人魔王”等等，流毒既广且深，特别在四川留下的恶劣影响更不容忽视。至今无论城市、乡村，举凡四十岁以上的四川人，大多都程度不同地受到过所谓八大王“剿四川”的传说影响。新中国成立后，史学界对正确评价张献忠做了许多工作，撰写了一些有见地的文章，提出了不少正确的意见。但在“四人帮”横行时，出于他们反革命的政治需要，歪曲历史事实，一方面把李自成捧为反孔英雄，完美无缺的农民起义领袖；另一方面却把张献忠诬蔑为叛徒，农民起义队伍中的败类。今天，我们史学界批判“四人帮”的极“左”路线，拨乱反正，就应当努力去澄清他们在史学上所制造的混乱，还明末农民起义两大领袖——李自成和张献忠以本来的历史面目，特别要澄清在张献忠问题上的种种诬蔑和歪曲。大家一致认为，这次会开得是好的，是粉碎“四人帮”后，也是新中国成立以来史学界第一次召开这样的专门学术讨论会，它对进一步开展农民战争史和明史的研究，必将起到积极的作用。

（一）

关于张献忠在四川“杀人”的问题，大家认为，给张献忠加上杀尽四川人民的罪名，这是反动统治阶级的蓄意捏造和诬蔑，必须大声疾呼，坚决翻案。

过去，封建统治阶级及其文人学士所制造的什么“屠戮川民，靡有孑遗”，“尽一省而屠之”，以及杀人“六万万有奇”等奇谈怪论，其实，都是不值一驳的。第一，张献忠在成都建立了大西政权，有政权就要有群众，难道他不知道建立政权要有老百姓而会去杀光吗？第二，当时全国大约才只有六千多万人，而竟说张献忠在四川杀了六万万多人，谎言岂不是制造得太拙劣了吗？

诚然，明末清初四川的人口是锐减了，这是历史事实，但造成这一情况的主要责任不能归之于张献忠。因为：一、四川人口大量减少发生在从明朝万历年间到清朝康熙二十几年这段时期内，大约经过了一百年左右，而张献忠在四川的时间只不过两年多。二、张献忠的起义军，只在一段时间内占领过四川的一部分，不及当时四川辖区的三分之一。三、导致四川人口锐减有多种原因，主要是明朝统治阶级与四川少数民族的战争所造成的伤亡破坏；明清官军和四川官僚地主反动武装的烧杀抢掠和对农民军的镇压；清军同明军以及清兵和吴三桂之间的战争在四川造成的烧杀破坏；摇黄十三家农民军与地主武装之间的战争所造成的杀戮；天灾频仍和瘟疫流行。当然，由于进行战争和镇压叛乱，张献忠也杀了四川的一些官僚地主分子、明军官兵和反抗者。

在上述共同认识的前提下，讨论中也提出了下列一些不同的看法。

一种意见认为，张献忠起义军纪律严明，是不会乱杀人的。这有大顺二年（1645）三月《大西骁骑营都督府刘禁约碑》作为有力的证据，碑文规定严禁“扰害地方”，“妄害良民”。再则举新繁、华阳世宦之家的费密、沈荀蔚为例，当时依然过着呼奴使婢的豪华生活，而进士出身的成都令吴继善还作了大西政权的尚书，如此等等，可见对明朝官吏和世宦之家也绝不是不分青红皂白，乱杀一气。所杀的基本上是明王朝在川宗室和顽抗的官僚地主与反动官兵。我们不能用今天的政策观点去要求当时的农民革命领袖。张献忠农民军在“杀人”当中难免会有错杀的情况，但这不是一种政策倾向的问题。

再一种意见认为，张献忠在四川有“杀人”扩大化的问题。张献忠的起义军入川前本来纪律严明，不事滥杀，所以发展很快，迅速占领了四川。但他在成都建立大西政权后，特别是清军入关，李自成失败后，矛盾更加复杂化，大西政权成为清军、明军和地主武装攻击的主要目标，斗争十分尖锐激烈。在这种特定的环境下，可以说是处于四面楚歌的包围之中，张献忠敌我不分，首从不问，以为“川人负我”，采取了一律镇压的政策。这种政策，直到张献忠死后，孙可望、李定国等总结经验教训时，把汪兆麟杀掉，才改变过来。

还有的认为由于粮食奇缺，张献忠的部队也有不得已而杀人充饥的情况。这在历史上也不是罕有的事，不必讳言。

第三种意见认为，张献忠的“除城尽剿”虽然杀人比较多，但正是他坚持了农民革命的政策。大西政权建立后，地主阶级反动分子极端仇视，纷纷逃往深山，组织反动武装，疯狂地进行反扑。张献忠派军四出进剿，攻破寨堡，玉石俱焚，甚至把被裹胁当兵的农民，也尽加杀戮。但是，历史上的农民起义军要坚持革命，就只能是这样：凡顺从投降的，就加以收容；凡武装反抗或参与反抗的，就予以镇压。所以，张献忠的“除城尽剿”，放在当时的历史条件下来看，不以今天无产阶级的政策尺度去要求当时的农民革命领袖，则正是坚持了农民革命的政策。

另外，鲁迅先生在《晨凉漫记》中谈到张献忠杀人问题时说："他开始并不很杀人，他何尝不想做皇帝。后来知道李自成进了北京，接着是清兵入关，自己只剩了没落这条路，于是就开手杀，杀……"对于鲁迅先生这段话，也有两种不同的看法。

一、认为鲁迅先生分析张献忠滥杀的理由是正确的。因为张献忠在外有强大的清军压境，内有明军和地主武装反扑，处于四面楚歌的情况下，感到没落绝望，就倒行逆施，大肆屠杀。

二、认为不能以鲁迅先生的那段话为依据，就确认张献忠有过大肆屠杀的行为。根据历史事实，当李自成败退时，张献忠正加紧准备抗击清军，嘱孙可望在自己不幸牺牲后，继承其领导职务，"联明抗清"，"毋为不义"。当张献忠率重兵赴川北抗击清军时，不但没有悲观绝望的表现，相反还流露出了骄傲轻敌的情绪。鲁迅先生的《晨凉漫记》，是在国民党第四次"围剿"被粉碎和第五次"围剿"已开始后写的。他一针见血地指出国民党的屠杀政策，是没落绝望的表现。这是一篇影射性的政治杂文，并非对张献忠"屠蜀"问题的历史专门研究，不应该引来作为对张献忠进行历史评价的根据。

（二）

关于张献忠在明末农民战争中的地位和作用问题，大家一致认为，不应当扬李抑张，当然也不能扬张抑李。明末农民起义军，从十三家到最后形成李自成、张献忠两支大部队，一支在北战场，一支在南战场，他们都对推翻明王朝做出了自己的伟大贡献。封建史家所说的"譬如人之死也，献縶其手，而后闯刺其心；献椹其胸，而后闯扼其吭"，正是从反面反映了这种历史的情况。因此，不能说仅仅是李自成领导了明末的农民大起义，而置张献忠于不顾。张献忠从明末农民起义一开始，就是一个重要的领袖。高迎祥为闯王时，张献忠就是八大王。崇祯七年，他们共同主持召开了最著名的荥阳大会，采纳了李自成的正确建议。特别是崇祯十二年，张献忠在谷城重新起义之后，在明末农民起义军中，成为明军的主攻对象，担负着抗击明军主力的任务。他采取“以走制敌”的战略，冲破了明军的“十面罗网”，最后奇袭明军老巢——襄阳成功，执明宗室襄阳王而杀之，致使湖广总督熊文灿解赴北京戳尸，钦命督师辅臣、兵部尚书杨嗣昌在沙市畏罪自杀。此后，明朝再已无人敢言剿了。后来，张献忠农民起义军的余部，特别是李定国，在抗清斗争中也起了重要的作用。

至于张献忠谷城伪降问题，大家认为，这是在当时的具体历史条件下，农民军所采取的一时策略，绝不因此而加给“叛徒”的罪名。明末统治阶级曾采用剿抚兼施的反革命两手策略，而农民起义军在暂时转入低潮时，为了对付这种两手政策，保存力量，以图东山再起，曾多次改变硬拼的办法，将计就计，不仅张献忠，其他如高迎祥、李自成、罗汝才等都曾经伪降过。谷城伪降后，张献忠一不交兵，二不听调，三不整编遣散，只是领取部分军需和给养，赢得了充分的休整时间。然后振臂一呼，率众杀出谷城，一举消灭明军主力，求得了自身的大发展。各地农民军闻风响应，风起云涌，再次掀起了农民战争的高潮，终于推翻了明王朝的统治。事实证明，经过谷城伪降，最后是实现了预期的战略目标的。在肯定李自成、张献忠同是明末农民起义两位重要领袖的共同认识基础上，对以下几个问题，会上还提出了互不相同的看法。

关于李、张的历史评价，有的同志认为，应一视同仁，不分轩轾；较多同志认为，李自成攻下明王朝的首都北京，对全局影响很大。因此，明末农民革命领袖应首推李自成，次则张献忠，这是符合历史实际的。在个人的品德和才能方面，有的同志强调李自成的优点；有的强调张献忠的优点；多数同志认为，二人各有短长，各有千秋，不能简单地断言此优彼劣。例如在广行仁义，收拾民心，安抚群众方面，张献忠不如李自成。而在军事上李自成不如张献忠。川东玛瑙山、柯家坪、土地岭、黄陵城等战役中，张献忠打得十分出色，特别是运用“以走制敌”的战术，把敌人拖得精疲力竭后，再以迅雷不及掩耳之势，挥戈东下，攻取了襄阳，迫使杨嗣昌畏罪自杀的战绩，更充分显示了张献忠的军事天才，较之我国历史上任何著名战役，可谓有过之而无不及。李自成比较注意保护生产，有“马腾田苗者斩”的禁令，似优于张献忠。另一方面张献忠顾全大局，从不搞火并，很值得称道。罗汝才、革里眼、左金王危急时他加以团结和扶持。李自成暂时遭到失败时，他积极帮助。在这一点上，李自成不如张献忠。

对于明末农民起义后期李、张交恶，矛盾激化的问题，多数同志认为，农民革命领袖受皇权主义思想的影响，即使往日是阶级弟兄，当彼此都各自称帝以后，在“天无二日，民无二王”的思想支配下，互不相容，必欲除之而后快，这是必然发展的趋势。有的同志着重指出，李自成在崇祯十六年相继杀掉革里眼、左金王、罗汝才和袁时中，自称“新顺王”，他对武昌建号称王的张献忠极为不满，派人致书加以威胁。崇祯十七年李自成攻下北京后，就给张献忠传檄下令，以致激起张献忠的极端愤慨，说李自成“今一旦妄自尊大，传檄辱我，吾两雄无并立之势”。致使两人的的关系极度恶化。另一方面，有的同志又着重指出，崇祯十七年九月至十一月，双方在川北展开激烈的争夺战以来，张献忠把李自成看作主要敌人，不集中主要力量去对付王应熊、杨展、曾英等地主武装，反把重兵摆在川北战场，这是张献忠的失策和错误。

（三）

关于张献忠失败的原因，多数同志认为，要从农民的阶级局限性和历史局限性去进行探讨，找出带规律性的东西。研究中，要以历史唯物主义的理论为指导，对具体历史事件进行具体分析，在理论与历史实际的结合上，在共性与特性的具体联系上，来把问题弄清楚，至于张献忠失败的直接的主要原因，则各人强调的侧重点有所不同。

一种意见认为，张献忠失败，主要是由于力量对比发生了根本的变化。自清军入关后，国内阶级关系急剧改变，民族矛盾上升为主要矛盾。当时，存在农民军、清军、明军和地主武装等武装力量。明军和地主武装是结为一体的，而清军又联合了北方的官僚地主阶级的力量，在这种形势面前，单靠农民军的力量两面开弓是无法取得胜利的。本来明军和地主武装是与清军对抗的力量，特别是四川的地主和北方的地主不同，他们受到打击不多，还有相当的实力基础，抗清意志较为坚决。至于人民群众就更不用说了。但张献忠由于农民阶级的局限性，不可能联合一切抗清力量，共同对付清军，反而处于四面受敌、内外交困的地位，致使清军各别击破，因此失败是不可避免的。

再一种意见认为，张献忠的“流寇主义”是导致失败的主要原因。张献忠领导的农民军十多年来，一直流动作战于秦、晋、楚、豫、赣、皖、川等省，虽曾占领过不少城市和地方，但都是“掠城、劫库、放囚、赈饥”后，旋即撤出，没有建立过根据地。这样，就使起义军经常处于人困马乏的境地，得不到应有的休整和补充，削弱了部队的战斗力。这种情况，也是迫使张献忠要在谷城伪降的一个重要的客观原因。由于“流寇主义”思想，当他在武昌和成都建立政权后，也没有采取坚决措施，恢复和发展生产，改善人民群众生活，反而造成粮食奇缺，生活条件无法保障的情况。所以，张献忠的失败，归根结底是由于经济方面的原因。

还有一种意见认为，张献忠坚持农民革命的方向和政策，而这种农民革命的方向和政策，既体现了农民的革命性的一面，也体现了农民的局限性一面。农民革命，是封建社会历史发展的推动力量，但农民阶级本身并不代表先进的生产力或生产方式。因此，作为农民革命领袖而言，最终或者坚持农民革命一套政策、措施而以失败告终，或者改弦易辙转化为封建新王朝的皇帝。二者必居其一。张献忠在四川建立的政权持续了两年多的时间，其农民的革命性和局限性都表现得较为充分，分析研究这样的典型历史环境，对探讨农民革命问题，具有典型的意义。张献忠在四川坚持农民革命的一套政策、措施，必然要遭到地主阶级的顽强反抗。对此，张献忠毫不妥协，采取“除城尽剿”的方式，坚决予以镇压。但是，在攻破堡寨后，却不分首恶和胁从，杀戮过多。另一方面，土地问题未能得到解决，生产和生活无法保障，一些农民宁愿进入地主武装的堡寨，以谋暂时的生计。这样，“除城尽剿”越剿反抗的人反而越多，形成恶性循环，必然要导致最后的失败。

有的同志指出，起义前期，张献忠和李自成互相配合和支援，就取得胜利；后期双方交恶，甚至兵戎相见，就被敌人各个击破，还有的同志指出，张献忠在川北抗清时，拥兵五六十万，但他骄傲轻敌，以致受到突然袭击，不但自己牺牲了，部队也遭受到巨大的损失。

到会同志一致强调指出，对张献忠其人和他领导的农民起义军历史，特别是对“张献忠在四川”的问题，应在马克思主义历史唯物论的指导下，进一步展开广泛而深入的研究。对有关记载张献忠事迹的书籍和史料，要加以鉴别和分析，区分是第一手资料还是第二手资料，甚至是道听途说以至凭空捏造，以便做到去伪存真，心中有数。对现存的有关张献忠的孤本书籍以及碑文、文物等，应加强调查和搜集工作，勿使散失。大家还强烈呼吁有关单位加强领导，筹组成立“张献忠研究会”，以便更好地交流研究成果，进一步搞好关于张献忠的研究工作。

（原载《社会科学研究》丛刊《张献忠在四川》论文集，1980 年）

首届张献忠全国学术讨论会综述

肖俊生

由中国社会科学院历史研究所、四川省社会科学院历史研究所、陕西省社会科学院联合主办，陕西定边县委、县政府承办的首届“明末农民起义领袖张献忠全国学术讨论会”于2010年8月15日至17日在陕西省定边县召开，这次会议是继20世纪80年代四川省社会科学院两次相关学术会议后的首次大型学术研讨会。出席会议的全国专家学者共计120余人，征集到论文52篇，专著1本。

下面，对这次会议探讨的主要内容作一些介绍。

一、关于张献忠屠蜀问题及其历史地位的评价

这是每次相关会议都绕不开的论题。全国著名张献忠研究专家，年届八秩的王纲研究员（四川省社会科学院）为本次会议出版了《张献忠研究论文集》，他作了“正确评价张献忠的历史作用，深入挖掘定边历史文化遗产”的专题演讲。王纲指出，研究张献忠必须秉持历史唯物主义和辩证唯物主义观点。张献忠是明末农民起义军中与李自成齐名的杰出农民革命领袖，也是杰出的军事指挥家，他不仅敢于战斗而且善于战斗，创造了许多辉煌优秀的战例，值得我们认真分析与总结。张献忠部队的纪律比李自成的好，且不滥杀部下。张献忠也是汉民族的英雄，他在抵御清军的进攻和诱降中表现出很高的民族气节。大西政权定都成都后，一开始并没有枉杀无辜，后期的确有杀人扩大化的情况，但如果把明末四川人口的减少都

归于张献忠的责任，就不是辩证历史唯物主义的观点。事实上，明末四川人口锐减，由以下诸因素构成：明朝政府军、起义军、地方武装的反复厮杀；土匪的抢掠；清军与吴三桂的厮杀；因经济的残破造成的人吃人；瘟疫；因饥荒引起的逃跑与藏匿；统计的不准确等等。王纲建议定边成立张献忠研究会，与四川省社科院等单位联合，结合陕北独特的地域文化进行张献忠的深入研究，建立张献忠博物馆，拍摄 30 集左右的《张献忠》电视连续剧，挖掘张献忠身上所表现出的优秀品质，使之成为定边的一张历史名片。王老还当场为张献忠故居吟诗题词，受到与会者一致好评。

韦祖辉研究员（中国社会科学院）《张献忠“招贤纳士”与入川屠城之浅析》指出，张献忠屠戮重庆主要是针对以明军守城战士为主的军政人员，被屠数字有限，大多是被残的。大西政权建立后，成都的知识分子对大西很仇恨，且成分复杂，有的知识分子活动能量很大，甚至组织地方武装威胁大西政权，致使张献忠走向极端，镇压是必然的。但其枉杀无辜、晚年的错误也是不可原谅的。

李俊甲（韩国国立汉城大学）《明末清初四川的动乱及影响》分析了张献忠屠蜀前后四川的社会背景。他认为，四川从万历起已是大规模的叛乱与民变不断发生，社会秩序受到严重损害。1640 年的成都“开读之变”、胥吏之变及 1641 年的成都民变以及之前土司杨应龙和奢崇明父子对重庆的叛乱已经造成四川人口的减少和逃逸。大西政权的政府部门未能很好行使管理职能，加之饥饿、虎患、传染病和大量的人口逃逸等使得动乱时期四川的惨状雪上加霜。除此以外，四川人为了生存自相残杀，在川的陕西人利用动乱机会向川人报仇以及少数民族的抢掠都是加深四川惨状的综合因素。他还指出，吴三桂叛乱时期，四川很少直接成为战场，吴的柔和政策使四川虽有物力损失，却少有人力损失，四川也少有反对吴三桂的自卫行动。从清初川南、川北明显维持了社会的连续性来看，这两个地区的破坏程度要轻。他认为张献忠屠蜀有被夸大的一面，而且各地区间的损失也有相当大的差异，因此动乱后四川有不少地区以明朝时期的本地人（土著民）为中心维持了社会秩序。李桂芳（四川省社会科学院）《浅析张献忠在四川推行暴力政策的原因》从心理学角度认为张的气质属于胆汁质类型，其神经特点是感受性低、情绪兴奋性高，控制力弱，从而决定其偏激、暴躁的性格，也使其治理手段的暴力方式不断升级。李乔（北京日报理论部）则总结张献忠一生“造反有理，治国无方，滥杀有罪”。

本次会议对张献忠军事艺术的探讨是一大特色。周世昌（军事科学院）《张献忠袭取襄阳战略初探》认为张献忠部队转战四川不到半年，带着家属和辎重，往复疾行五六千里，踏遍四川腹地，飘忽不定，伺机出击，打败了兵力占优势的敌人的多路追剿，不能说不是战争史上的一大奇迹。也为攻取襄阳甩掉了明军主力。张献忠在襄阳进攻前筹谋而悉心安排，进攻中使用了隐藏作战意图、声东击西、重视骑兵、机动制胜、佯装敌人诈取信任、里应外合等战术。他通过考查认为诈开襄阳城门的张献忠骑兵分队就是 28 人。

滕信才、李林齐（三峡学院）《张献忠的性格特征与三峡军事指挥艺术》则将张的性格特征分析于夔州之战、土地岭之战。张威猛刚毅、坚定执著、狡诈多变，在这两场战役中也使用了强攻、出其不意、攻其不备、以走制敌的战略。三峡战争进一步锻炼了张献忠的军事指挥艺术，将其性格的优秀方面表现无遗，促使他在战略战术上迅速成熟，为建立大西政权奠定了基础。王中兴（军事科学院）《论张献忠的军事艺术和失败教训》也认为“以走制敌”是张献忠作战的一大特色。他还总结，张献忠宿营时总是将部队临时集结，形成一个临时的坚固阵地。张十分重视军事训练，善于侦察用间分化艺术，这些都是明军不及处。马占仓（定边县志办）《从直驱凤阳和再夺襄阳两战看张献忠的智勇和指向》认为这两场战役充分展现了张的大智大勇、不屈不挠。

赵中南研究员肯定张献忠部队的作战能力，他尤其注意到了张牺牲后李定国等余部顽强抗清的十多年经历。

二、张献忠籍贯及少年史事研究

有关张献忠故里及其少年时代研究，也是这次研讨会的特色之一，共计 10 篇论文。关于张献忠故居，有两种观点。一是从《明史·张献忠传》说，认为张是定边柳树涧堡人，而柳树涧在明代属延安卫，彭勇（中央民族大学历史文化学院）《张献忠籍贯史料辨析》认为，卫所与府县交叉管理，军事防御地位严重影响了这里百姓的生活。张献忠是延安卫代管的卫籍民户。纪国庆（定边县志办）《张献忠微时口碑小考》则根据清末《定边乡土志》：“延安贼张献忠，肤施县柳树涧。涧在明时属肤施境。国朝设定边县，分此涧于定边”，认定张是延安（肤施）民户。王纲（四川省社会科学院）亦主此说。另一些研究者则认为张献忠是柳树涧附近刘渠村人。常福元（兰州军区）《张献忠的乡籍与起义实地》根据传说认为张是刘渠村栽箭山人。纪国庆亦主此说。但汪生儒（定边县水利局）《张献忠米脂十八寨起义考略》则将二者合在一起，称张是刘渠村柳树涧村民小组人。据与会者实地考察，刘渠村与柳树涧直线距离五公里左右，不可能为同一地名，且《明史》等著作时代去明末不远，较后人传说可信，大多数仍认同柳树涧之说。

关于张献忠的青少年经历，纪国庆分析后认为，献忠帮其父抡锤打铁，扶犁种地，练就一身好体魄，冬季曾到柳树涧堡进行军事训练，少时曾短暂读书。13 岁（1619）时，母亲病死，父子改行做行贩，运盐贩枣，赖以生计。后来到肤施（今延安）当捕快。20 岁（1626）征为边兵。但李春元《关于张献忠若干历史问题的刍议》，则称张的父亲靠运盐发家致富，曾经发展到毛驴几十头，脚户几十人，张家是当地首富之一。张父还是皮鞋匠、毛毡匠，全家人选择柳树涧堡，是因为这里设有驿站，驻有镇兵，又是运盐到延安等地的必经之地，居住安全，挣钱容易。会上，也有论者认为张献忠出身于盐贩家庭，并不种地，不是农民。

三、关于农民战争史的理论探讨

王兴亚（郑州大学）认为，农民战争史的研究现阶段处于低谷。必须要有新的理论和方法。其论文《张献忠的历史地位及其评价》从结束明末乱局、构建和谐社会的角度剖析了张献忠的军事及斗争策略。张的“天祥人归”是构建和谐社会的设想，“招贤纳士”是为了改善黑暗的政治，“杀富济贫、替天行道”则是构建和谐社会的具体实践。听来令人耳目一新。但有论者从张献忠治理四川的具体实践怀疑张是否真的有实现天下共治的构想。赵现海（中国社科院）《“新农民战争史”的提出——明末张献忠农民战争史研究的过去、现状与可能》总结了百年来张献忠研究的概况，指出，随着国外史学思潮的不断输入，大量新课题、新研究领域的不断涌现，使农民战争史的研究目前处于一个十字路口。他结合当前社会如何避免群体暴动事件的再次发生，维护社会稳定，提出了“新农民战争史”研究的迫切性。所谓“新农战史”，是指在广泛收集、整理、考证农战史史料的基础上，借鉴已有研究成果，吸收多学科方法，运用至农战史研究的各领域，以促进新理论、新命题的出现与探讨。关于张献忠研究，他认为缺乏将张置于明末时代背景、陕北军事形势下综合分析下的研究成果。明末陕北的民族、人口构成有什么特点？大量具有军事、准军事的人对明末农民战争的方式、性质产生了什么样的影响？陕北的天灾及财政危机对起义爆发有怎样的推动作用？张献忠屠蜀与其幼年经历、精神状态有无关系？

滕新才（三峡学院）、李林齐（重庆武警总队）的论文《张献忠的性格特征与三峡军事指挥艺术》从分析张献忠的性格特征入手，也提出了农战史研究新视野、新方法的重要性。他们指出，张献忠具有威猛刚毅、坚定执著的性格，为人耿直豪爽、不拘小节，有时带有粗暴蛮横的倾向，这些特征都淋漓尽致地体现于战争生涯，发挥于军事指挥艺术。马芸芸（四川省社科院）的《史学与时代——浅议50年的张献忠研究》，指出目前张献忠研究的几个不足：经济措施、文化措施、民族政策与对外政策，对于张的个人生存状态、对其人性的探讨虽有所突破，但欠深刻全面，对张献忠屠蜀的深层次原因及影响研究不够深入。马芸芸同样提出了历史人类学、人口史学、文化心态史等史学思潮借鉴于张献忠研究的必要性。她认为，美国南北战争让美国人思考了一代又一代，正是在不断深入的研究中，美国人逐渐取得了国内各民族的认同。张献忠及其所从事的战争，对中国历史有重大影响，目前的研究远远不够。只有持续深入地研究，我们才会获得对这段历史更全面的认识。李梅（四川省社科院）《不同时期对张献忠“屠蜀”的不同看法》则探讨了民国以来不同时代背景对研究者的思想影响及在张献忠问题上的具体反映。认为我们始终应该站在马克思辩证唯物论与历史唯物论的立场，充分吸收新学科、新方法，重新进行张献忠的全面研究。

此外，有的同志认为张献忠在建立政权后所下圣旨中大量使用白话文，对白话文的推广起到了积极作用。肖俊生（四川省社科院）《大西政权的经济困境》则指出，历来政治家、军事家均从张略与经济上看重巴蜀之地，但张献忠的最后入蜀却只是战略上的选择而未从经济上予以考虑，所以失败是必然的，他后来意识到这一点，想重新回到长江中下游去发展。离开成都之前，他与杨展在彭山江口展开的决战，实际上是为解决军事与经济困境所作出的最后努力。张英聘（中国地方志办）《从〈圣教入川记〉记载看张献忠与西方传教士地关系》分析了传教士在张献忠入蜀前后与当地宗教的关系以及张献忠对西方宗教的态度，认为张献忠站在统治者的角度曾向传教士请教西方天文学和算学的问题。

邹一清（四川省社科院）、马骥（定边县志办）等研究者从定边县历史文化资源角度出发，探讨了利用张献忠的历史资源、古迹进行定边旅游开发甚至与四川进行互动开发的可能性。

本次会议在张献忠并非屠蜀的全部责任人、张的非凡军事才能、深入挖掘定边历史文化遗产等方面取得了基本一致的观点，在一些新的领域取得了突破。如对张献忠少年时期及故居的分析、对大西政权经济困境的分析、张的性格特征与军事指挥的关系、张与西方科学和宗教的关系，一些学术总结也提出了新的命题与理论探索。但不难看出，由于目前的农战史研究处于低谷，很多论文仍属应景之作，新史料、新观点、新方法的展现还不充分。有些新的视角已提出来了，但缺乏有分量的研究，如张献忠起义的时代背景，张的起义与传统农民起义的异同，张在多年战争中提出的军事、经济、民族思想等都有必要深入研究和总结。会议参加者在会后参观了张献忠的故里及明长城遗址。

（原载《中华文化论坛》，2011 年第 3 期，略有删减）

略述 60 年来的张献忠研究

马芸芸

对张献忠的研究始于明末，明末余瑞紫即撰有《张献忠陷庐州纪》。随后的清代和民国时期，研究者极少，成果寥寥，中国台湾和海外的张献忠研究笔者尚未见到，故本文仅就中国内地近 60 年来张献忠研究的简况略疏管见，粗陋之处，敬祈方家教正。

一、张献忠研究的简略回顾

对于张献忠这位颇具争议的历史人物的研究也颇具争议。我们自20世纪50年代以来的对张献忠的研究，直到20世纪80年代后，随着思想的解放和在传统史学研究的方法上引入了社会学、心理学、计量史学等，才使张献忠研究较之过去有显著成就。特别是1980年四川省社会科学院在成都召开“张献忠在四川”学术研讨会，出席会议的代表30多人，会后编辑出版了《社会科学研究》丛刊《张献忠在四川》论文集。会上有关专家讨论了张献忠在四川的“杀人”问题，得出结论认为明末清初四川人口锐减的主要责任不能归咎于张；对于在农民战争中的地位和作用问题，既不能扬李抑张，也不能扬张抑李。

近60年来对张献忠的学术性研究成果不多，涉及的领域主要为军事，而对政治、经济和文化涉及甚少。论著类较重要的有胡昭曦著《“张献忠屠蜀”考辨》（四川人民出版社，1980年版）、袁庭栋著《张献忠传论》（四川人民出版社，1981年版）、王纲著《张献忠大西军史》（湖南人民出版社，1987年版）等。

胡先生用阶级分析的方法，认为“张献忠起义军的打击对象是反动势力，是地主、官僚以及从属于他们的反动武装，这有什么不应该？当然，也要看到，农民义军在这一过程中，不仅杀了地主本人，也往往杀了他的全部家口，打击面很大，杀的人相当多。这是可以从农民朴素的阶级仇恨和当时的历史条件来说明的。绝不能因此而否定农民起义的革命性，更不能加以夸大，诬说起义军见人就杀。”[①] 四川作家郑光路也就张献忠杀人问题写了《“张献忠剿四川”真相》，通过剖析种种“真相”“迷案”，以独特视角研究张和明末清初四川那段惨烈的历史，提出了与胡先生不同的

① 胡昭曦著《“张献忠屠蜀”考辨》，四川人民出版社，1980年。

看法。

袁先生批驳了“八大王洗四川”的传言，以翔实的资料佐证了张献忠并非屠蜀的刽子手，而是一个骨子里始终浸透着小农意识的农民首领。袁先生力图还原一个作为“人”的八大王张献忠，令人击节。

王先生的《张献忠大西军史》，大量引用地方志，资料翔实丰富，出版后引发许多评议，推动了对张献忠的进一步研究。如《读王纲著〈张献忠大西军史〉》[①]，《评〈张献忠大西军史〉》[②]，《如何撰写农民战争史——读王纲〈张献忠大西军史〉感》[③]，《用方志资料研究农民起义的新成果——评王纲著〈张献忠大西军史〉》[④]，《张献忠研究的新成果——评〈张献忠大西军史〉》[⑤] 等。

张献忠研究的论文类难说成果丰富，考证性文章偏多一些，如：《张献忠入川作战不是两次而是五次》[⑥]、《张献忠名号、籍贯和年龄小考》[⑦] 和《再谈张献忠入川作战次数问题——答田尚同志》[⑧]，《张献忠在湖北地区活动考略》[⑨]，《李自成张献忠永宁会师考实》[⑩]，《张献忠屠城与藏金之谜》[⑪]，《掘杨嗣昌祖墓非张献忠所为考》[⑫] 等。一些考证颇见功力。

---

① 陈福林著《读王纲著〈张献忠大西军史〉》，《史学集刊》，1988年第4期。

② 陈福林著《评〈张献忠大西军史〉》，《东岳论丛》，1988年第5期。

③ 谢天佑著《如何撰写农民战争史——读王纲〈献忠大西军史感〉》，《安徽史学》，1988年第3期。

④ 刘宪鲁著《用方志资料研究农民起义的新成果——评王纲著〈张献忠大西军史〉》，《社会科学战线》1988年第2期。

⑤ 王兴亚著《张献忠研究的新成果——评〈张献忠大西军史〉》，《文史杂志》，1988年第2期。

⑥ 王纲著《张献忠入川作战不是两次而是五次》，《重庆师范大学学报》（哲学社会科学版），1980年第4期。

⑦ 王纲著《张献忠名号、籍贯和年龄小考》，《社会科学研究》1982年第4期。

⑧ 王纲著《再谈张献忠入川作战次数问题——答田尚同志》，《社会科学研究》1984年第2期。

⑨ 邹时炎著《张献忠在湖北地区活动考略》，《中南民族大学学报》（人文社会科学版），1981年第1期。

⑩ 方福仁著《李自成张献忠永宁会师考实》，《中州学刊》，1983年第3期。

⑪ 张超俊著《张献忠屠城与藏金之谜》，《文史春秋》，2007年第9期。

⑫ 陈致远著《掘杨嗣昌祖墓非张献忠所为考》，《衡阳师范学院学报》，2000年第1期。

史论型文章主要有：《关于张献忠降明问题》①，《浅谈张献忠》②，《关于张献忠农民起义的流寇主义问题》③，《论张献忠农民起义在历史上的作用》④，《对张献忠（崇祯十六年）在“湖广”活动的估价》⑤，《李自成、张献忠在明末农民战争中的作用比较》⑥，《农民起义书写了怎样的历史——以张献忠为例》⑦ 等。其中不乏真知灼见。而亦考亦论的文章中有《张献忠屠蜀人数疑案》⑧（实为张献忠帝蜀实情考之一）、《张献忠“原罪论”圣谕——张献忠帝蜀实情考之二》、《张献忠多面性人格——张献忠帝蜀实情考之三》和《大西政权集中营式管理——张献忠帝蜀实情考之四》⑨ 等，功力不凡。

二、张献忠研究的特点

张献忠研究呈现不平衡的特点，盖因历史资料的缘由，某些方面研究得较为充分透彻，而某些方面则十分薄弱。

研究相对充分的是其作为农民起义领袖的一面，尤其是他的军事措施，这类成果较多。论著类首推王纲先生所著《张献忠大西军史》。论文

---

① 傅玉璋著《关于张献忠降明问题》，《文史哲》，1980 年第 2 期。

② 黎邦正著《浅谈张献忠》，《西南师范大学学报》（人文社会科学版），1980 年第 4 期。

③ 袁庭栋著《关于张献忠农民起义的流寇主义问题》，《四川师范大学学报》（社会科学版），1981 年第 1 期。

④ 王纲著《论张献忠农民起义在历史上的作用》，《西华师范大学学报》（哲学社会科学版），1981 年第 3 期。

⑤ 田培栋著《对张献忠（崇祯十六年）在“湖广”活动的估价》，《西北师大学报》（社会科学版），1984 年第 1 期。

⑥ 姜晓萍著《李自成、张献忠在明末农民战争中的作用比较》，《西南师范大学学报》（人文社会科学版），1988 第 1 期。

⑦ 张宏杰著《农民起义书写了怎样的历史——以张献忠为例》，《社会科学论坛》，2005 年第 10 期。

⑧ 冯广宏著《张献忠屠蜀人数疑案》，《文史知识》，2009 第 6 期。

⑨ 冯广宏著《张献忠“原罪论”圣谕——张献忠帝蜀实情考之二》，《张献忠多面性人格——张献忠帝蜀实情考之三》，《大西政权集中营式管理——张献忠帝蜀实情考之四》，《文史知识》，2010 第 1、2、3 期。

类也不少，比如《张献忠入川作战不是两次而是五次》、《再谈张献忠入川作战次数问题——答田尚同志》、《张献忠在安徽的重要战绩述论》[①] 和《张献忠在湖南作战史迹述略》[②]；《张献忠进军江西初探》[③]；《张献忠袭取襄阳战略初探》[④]；《“圆盘计划”与张献忠土地岭大捷》[⑤]、《张献忠三峡战事述论》[⑥] 和《张献忠“以走制敌”与黄陵城大捷》[⑦]；等等。

对于张献忠杀人问题，20 世纪 60 年代虽有《关于张献忠杀人问题的探讨》[⑧]，但在当时阶级斗争理论指导着史学研究的情况下，由于张献忠被定为农民起义首领，故“屠蜀”一事众所讳言，乃至曲为辩护，研究难以深入客观。直至“文革”后思想解禁，对该问题才又开始作进一步反思，研究较为深入一些，有“实录”，有考辨，但对张杀人的深层历史文化原因尚需做更加深入的探析。如《对张献忠“杀戮士子”的探讨——兼与孙祚民同志商榷》[⑨]，《张献忠的屠杀政策与大西政权的失败——读〈圣教入川记〉等有感》[⑩]。及至最近 10 年，对张的屠杀问题又有更为深入的追问，见《张献忠的一桩公案——从成都大悲寺屠戮士子事件说起》[⑪] 和《张献忠屠蜀人数疑案》。

研究相对薄弱的有以下几个方面：其一，张献忠的政权建设。《张献

① 王纲著《张献忠入川作战不是两次而是五次》，《再谈张献忠入川作战次数问题——答田尚同志》，《张献忠在安徽的重要战绩述论》，《江淮论坛》，1981 年第 5 期。

② 王纲著《张献忠在湖南作战史迹述略》，《湘潭大学社会科学学报》，1982 年第 2 期。

③ 单文彬、汪锡鹏著《张献忠进军江西初探》，《江西师范大学学报》（哲学社会科学版），1983 年第 3 期。

④ 周世昌著《张献忠袭取襄阳战略初探》，《军事历史研究》，1988 年第 3 期。

⑤ 滕新才著《“圆盘计划”与张献忠土地岭大捷》，《文史杂志》2001 年第 3 期。

⑥ 滕新才著《张献忠三峡战事述论》，《四川师范大学学报》（社会科学版），2002 年第 4 期。

⑦ 滕新才著《张献忠“以走制敌”与黄陵城大捷》，《文史杂志》，2002 年第 6 期。

⑧ 袁庭栋著《关于张献忠杀人问题的探讨》，《四川大学学报》（哲学社会科学版），1963 年第 1 期。

⑨ 杨济堃著《对张献忠“杀戮士子”的探讨——兼与孙祚民同志商榷》，《西华师范大学学报》（哲学社会科学版），1980 年第 2 期。

⑩ 管维良著《张献忠的屠杀政策与大西政权的失败——读〈圣教入川记〉等有感》，《重庆师范大学学报》（哲学社会科学版）1987 年第 3 期。

⑪ 耿法著《张献忠的一桩公案——从成都大悲寺屠戮士子事件说起》，《书屋》，2006 年第 9 期。

忠在湖南建立政权的尝试》[①]、《张献忠起义政权的科举考试情形》[②]，这两篇论述稍显简略；不过，《大西政权集中营式管理——张献忠帝蜀实情考之四》对大西政权在成都采取极端严厉的集中营式管理模式的缘由和影响作了深刻剖析；辽宁学者张宏杰《农民起义书写了怎样的历史——以张献忠为例》一文从与欧洲农民运动的简略比较中，在制度层面对大西政权从起义的政权沦为专制的政权这一衍变的缘由进行了历史的拷问。

其二，张献忠的经济措施，无论是建设性的还是破坏性的，几乎均无研究，令人遗憾，仅见《大西政权铸币考》[③] 一文。

其三，张献忠的文化措施，所议寥寥，仅有《张献忠对待西洋科学技术的态度》[④] 和《张献忠的文风》[⑤]。

其四，张献忠的民族政策和对外政策，研究实在单薄。仅见《大西政权与川西北少数民族》[⑥] 和《李自成、张献忠与传教士》[⑦]。大西政权有无对外关系？又是如何处理对外关系的？这一问题为张献忠研究中的空白。

其五，对于张的个人生存状态、对其人性的探讨有所突破，但欠深刻全面。《浅谈张献忠的形象》[⑧] 叙述较为粗略，不够精准。《张献忠——权力之巅人性之恶——读〈张献忠剿四川实录〉》[⑨] 认为身处权力之巅的张彰显出种种人性之恶，使其在川无法提出合理的政治经济措施，举措多端失调，激起各阶层反抗，从而导致大西政权无法立足四川，终招败亡。

---

① 陈权清著《张献忠在湖南建立政权的尝试》，《湖南师范大学社会科学学报》，1987 年第 5 期。

② 平川著《张献忠起义政权的科举考试情形》，《孝感职业技术学院学报》，2002 年第 4 期。

③ 刘敏著《大西政权铸币考》，《四川金融》，1998 年第 2 期。

④ 戴执礼著《张献忠对待西洋科学技术的态度》，《重庆师范大学学报》（哲学社会科学版），1980 年第 4 期。

⑤ 曹宪文著《张献忠的文风》，《新闻战线》，1979 年第 1 期。

⑥ 陈汎舟著《大西政权与川西北少数民族》，《西南师范学院学报》（哲学社会科学版），1982 年第 1 期。

⑦ 王春瑜著《李自成、张献忠与传教士》，《文史知识》，1988 年第 3 期。

⑧ 周颐厚著《浅谈张献忠的形象》，《湖北大学学报》（哲学社会科学版），1978 年第 1 期。

⑨ 何南方著《张献忠——权力之巅人性之恶——读〈张献忠剿四川实录〉》，《湘潮》（下半月理论），2008 年第 3 期。

《张献忠多面性人格——张献忠帝蜀实情考之三》对张人格中的人性的善、恶两面都有论及，持之有故，令人信服。

对 17 世纪中期以后的中国历史尤其是川渝地区社会变迁有着重要影响的张献忠起义，我们研究得不够、反思得不够。一个内战，让美国人反思了一代又一代，为什么会发生如此剧烈的冲突呢？南北双方的美国人怎么就没有足够的智慧达成共识以避免令几十万生灵涂炭的血腥战争呢？迄今这一反思仍未停止。正是这持续不断且愈益深刻的研究和反思使美国在面临国内各方利益纠结之时，能产生某种使各方都能接受的妥协从而避免内战。对照之下，我们的张献忠研究甚为逊色，多的不说，仅就影响巨大的屠蜀问题这一项就有不少拓展空间。这种针对平民的屠杀是大西政权的独有特征还是中国历次农民起义或历代王朝建立均易出现的规律现象？这与中国传统文化结构有着怎样的联系？与中国古代文化中关于“人”的观念有着怎样的联系？20 世纪 80 年代以前的研究，几乎皆把张作为农民运动领袖定性，对其杀人之事讳莫如深，甚至为之辩解；20 世纪 80 年代以后对其认识呈现出多重性，对其杀人之事未加避讳，但在对其杀人的深层原因及影响的深刻性上探讨得不够，且缺乏对同时期西方类似农民运动的研究以及对二者的比较研究。

三、为历史信念而进行的张献忠研究

客观主义史学的代表兰克认为：“史学家的最高职责是按事件实际发生的那样来叙述历史”。然而，由于相关资料的匮乏或真伪莫辨、史学家个人的价值取向、意识形态的影响等多重因素的作用，历史研究无法避免地呈现出一定的主观性、相对性，张献忠研究亦是如此。

笔者囿于学识所限，仅引一个方面的问题，即张的屠蜀问题研究的相对性，希望它能成为引玉之砖。张究竟杀了多少四川人？抑或是否确实实行了规模性的屠杀？虽然已有不少考辨，但对这一问题还不能说已经解决，还存在较大争议，需要继续努力。

20 世纪 80 年代以前的张献忠研究更多倾向于对其作历史的肯定，将其定性为一个农民起义领袖、推翻明朝暴政的反抗者，如《张献忠摔皇冠的启示》[①]；而 20 世纪 80 年代之后的研究则宽泛得多，既有对其军事战略的解析，也有对其个人生活等方面的考察。张献忠研究范式的转变以 1978 年为分水岭，之前与之后的意识形态影响对史学领域的张献忠研究有所殊异。“经历了 20 世纪 70 年代末和 80 年代初的历史研究危机后……20 世纪 80 年代的中国史学发生了意义深远的革命。中国史学对其研究对象进行了重新定向，研究的重心由政治（阶级斗争）、经济（生产关系）和军事史（起义、革命、战争）转向了社会经济史、文化史和思想史。”[②] 的确，我们无法否认“每一部真正的历史都是当代的历史”（克罗齐语）。

“历史学家的任务是不仅要确定事实，还要解释它们。”[③] 诚然，史学家谁不以写出反映客观事实而又具真知灼见的文章为己任呢？然而，又有谁的历史解释能完全脱离自身所处的时代？谁的文章没有打上意识形态的烙印？无论是 20 世纪 80 年代以前的为张屠蜀辩解还是之后的对张的杀人方式、数量等问题作精微细致的考查，难道不都是按自己的价值取向来取舍材料、假设立论？我们必然会排除某些事实而突出另外一些事实，而后构建一个叙述框架来容纳那些复杂的事件。因此，从这个角度讲，所有张献忠的研究者亦都参与了神话（即对事件进行了变形）的制造。正如查尔斯·比尔德（Charles Beard）[④] 所言：“历史客观性是一个高尚但却达不到的梦想，这个梦想认为能获得关于过去的完整的、不偏不倚的知识。然而

---

① 王劲著《张献忠摔皇冠的启示》，《四川师范大学学报》（社会科学版），1975 年第 2 期。

② 何平著《20 世纪 80 年代中国史学发展的若干趋势》，《史学理论研究》，2000 年第 1 期。

③ 何平著《解释在历研究中的性质和作用》，《史学理论研究》，1998 年第 4 期。

④ 查尔斯·比尔德（1874—1948），曾任美国历史协会主席。毕业于牛津大学，任教于哥伦比亚大学。著有《欧洲史纲》《美国人民史》《美国外交政策》《美国文明的兴起》和《美国宪法的经济观》等。

历史家不可能客观地再现历史事件，因为该事件已经逝去了。有关的记载再完整也不可能全面。材料因而是残缺不全的。历史家必须选择材料。而选择时，又受到头脑中已有的有关该事件的结论的影响，因此会按照某一框架来选择材料。”① 当然，张献忠研究者会按自己的框架来选择材料，无法做到纯粹的客观，但我们并不因此而放弃对张献忠的史学研究和对这一研究的客观性追求。我们秉持这样的信念：随着更多的证据被发现和某些既定的结论被质疑被推翻，历史叙述将愈来愈接近历史真实。

其实，张献忠研究在这 60 年中（前期经历了若干次政治运动）取得这样的成果实属不易，可以相信，在新的历史时期，在历史人类学、人口史学、文化心态史等新史学的大潮中，史学家对张献忠现象的反思与诘问不会停息，相关的研究亦必然会有深入拓展，张献忠研究定会涌现出更多令人欣慰的成果。

（原载《中华文化论坛》2010 年第 4 期）

“新农民战争史”的提出——明末张献忠农民战争史研究的过去、现状与可能

赵现海

农民战争是长时期、结构性地影响中国历史整体进程的重大因素之一。不过在传统社会正史修撰中，出于政治立场的考虑，很多农民军（其实其原先身份并非一定是农民，还包括其他一些社会下层民众甚至知识分

---

① 何平著《20 世纪下半叶西方史学认识论的发展》，《史学理论研究》，2001 年第 1 期。

子）被视为“贼”、“寇”，被认为是社会祸乱之源。20世纪初，梁启超在《新民丛报》上发表长篇论文《新史学》，对传统史学进行了系统批判，开启了“史界革命”、“新史学”之先声。他指出旧史存有“四弊”，前二者即分别为“一曰知有朝廷而不知有国家，二曰知有个体而不知有群体”。此后史学界开始注重农民在历史中所扮演的角色与发挥的作用。不过由于当时国共两党并存的态势，使史学界对农民战争研究着力不多，评价亦不甚高。

“文革”之前，农战史研究在极“左”史学思潮与历史主义的影响下，虽然不时摇摆，但仍取得了客观的成绩。“文革”中，极“左”史学思潮达到极致，历史已完全为现实所用。“文革”后，廓清了极“左”史学思潮的影响，农战史研究进入了高峰时期。近年来随着时代背景与学术理路的转变，却又趋向冷寂。

明末农民战争声势浩大，作用显著，《明史》特开《流贼传》以纪之。加之史料众多，成为农战史研究的重要课题。作为明末两支农民军中一支的领袖，张献忠与其所建立的大西政权也很受关注。与农战史发展脉络一样，张献忠研究也呈现了由热至冷的变化，受到政治气候与学术理路变化的影响很大。

20世纪80年代，张献忠研究处于热潮时，学界已开始对张献忠研究展开回顾。李晟文《张献忠农民起义研究的回顾》（《中国史研究动态》1988年第9期）综述了张献忠研究的历程，重点总结了关于张献忠“屠蜀”与“降明”两个问题的研究成果。明末农民战争史研究综述也相应总结了张献忠的研究。如孙祚民《明末农民战争史研究的回顾与展望》（《文史杂志》1987年第6期）、屈小强《明末农民战争史研究的新动向——第二次全国明末农民战争史学术讨论会综述》（《文史杂志》1987年第6期）、冯佐哲《日本史学会明末农战史研究综述》（《中国史研究动态》1988年第2期）。

本文在全面梳理过去近一个世纪以来张献忠研究的基础上，对张献忠研究的问题意识、史学理论展开分析，并探讨其背后的时代与学术背景，指出这种研究的利弊得失。在此基础上，尝试对中国古代农战史研究存在的普遍性问题进行初步总结，并提出未来研究的一些可能。

一、新中国成立前后张献忠研究的起步与观念的大转变

受到新史学开始注重下层群体的影响，20 世纪初对中国古代农民战争已开始研究。对于张献忠的研究从 20—30 年代便已开始。不过在当时政治气候的影响下，史学界仍称张献忠为“贼”“匪”，研究的问题也较为单一。在观点上，继承清初史籍所载张献忠“屠蜀”的说法，从道德立场出发，对张献忠所造成的四川惨剧大加鞭挞。参见以下论著：萧一山《清代通史》（商务印书馆，1927 年）、于飞《关于张献忠的材料》（《民俗》第 90 期，1929 年）、吴品今《中国历代匪乱之鸟瞰（6）：明末李自成张献忠之起义》（《汗血月刊》第 1 卷第 1 期，1933 年）、夏雍（吴承仕）《张献忠究竟杀了若干人》（《盍旦》创刊号，1934 年）、萧远健《张献忠屠川考略》（《师大月刊》第 18 期，1935 年）、王璞《张献忠在蜀二三事》（《人物杂志》第 2 卷第 2 期，1947 年）、王璞《造成张献忠乱蜀的政治环境》（《唯民周刊》1946 年 6 月 11 日）、商韬等《关于“湖广填四川”》（《大公报》1949 年 1 月 18 日）。此外，徐宗泽《张献忠入川与耶稣会士》（《东方杂志》第 43 卷第 13 期，1947 年）首次考察了张献忠在四川时期与耶稣会士的交往及对西方科技的兴趣。李文治发表两篇论文《李自成与张献忠部众归明考》（《中央日报》1946 年 5 月 28 日）、《李自成与张献忠余党的复国运动》（《中央日报》1946 年 6 月 25 日），虽非对张献忠所展开的研究，但在当时的时代背景下，仍起到了为张献忠大西军张目的作用。

新中国成立以后，随着政权的更迭，意识形态的变化，农民作为革命

成功的重要力量吸引了史学界的关注。在毛泽东一系列农民战争史命题的指导与启发下，史学界全面展开对中国古代农战史的热议，观念也完全变化。张献忠也吸引了不少学者的关注。曾在新中国成立前创作《明季奴变考》的谢国桢先生撰《农民起义与张献忠》（《历史教学》1952 年第 2 期）一文，首次提出张献忠并“不妄杀”，杀的都是与农民军对立的“豪绅地主阶级”，这引起了后者的仇视，故加以诬蔑。陈登原《关于张献忠“屠戮生民”的辨正》（《西北大学学报》1957 年第 3 期）认为张献忠并不乐于杀人，所谓“屠戮生民，靡有孑遗”的说法并不准确。孙次舟《张献忠在蜀事迹考察》（《历史研究》1957 年第 1 期）考证了《明史·张献忠传》的史料来源，认为其所据王鸿绪《明史稿》、吴伟业《绥寇纪略》、毛奇龄《后鉴录》、冯甦《见闻随笔》或为迎合清朝统治者，或出于自身遭际与立场，将清军“摇黄”屠杀四川之事挪移于张献忠身上。而能反映真相的欧阳直《蜀乱》诸书在“文字狱”的压力下，却未能流传，后世存本也经删改，不复原貌。客观记载张献忠在蜀事迹且目前保存下来的史籍是曾从鲁王抗清的查继佐所撰《罪惟录·张献忠传》。在这篇传记中，查继佐记载了张献忠在蜀三次杀人事件，所杀分别为蜀王、割据对抗之地主绅士、联络清军之士人。作者还在明末清初史籍中找到大量清军与摇黄土军杀戮川人的记载。最后，作者得出结论：明末至康熙年间四川人口锐减的原因是明军、清军、摇黄、吴三桂军的杀戮。清朝统治者却将人口减少的原因全部归结于张献忠身上。该文首次详细考察了张献忠屠蜀说法的源流，颇有启示意义，不过并未考察全部记载张献忠屠蜀的史料，说服力相应有所局限。袁庭栋《关于张献忠杀人问题的探讨》（《四川大学学报》1963 年第 1 期）利用清初部分史料与大西骁骑营都督府刘禁约碑，指出张献忠大西军有纪律，不乱杀人，但由于方法或策略上的缺点，出现打击面过宽、处理方法粗糙的问题，但这都是个别的、很少数的情况。

在当时极“左”史学思潮的影响下，张献忠研究中也出现了片面强调阶级斗争，刻意为农民军辩护的倾向。比如有些研究便认为张献忠并不杀人。部分站在历史主义立场上的学者对这一观点进行了驳正。如陈波《张献忠不杀人辨》（《人民日报》1962 年 5 月 10 日）。

受到大陆农战史研究的影响，台湾地区史学界也开始关注张献忠研究，且观点有所变化。李光涛《张献忠史事》（《史语所集刊》第 25 本，1954 年）

认为张献忠在蜀虽曾杀过许多人，不过清人将所有杀人事件皆委之献忠，并虚张其数，与事实不符。

从新中国成立至“文革”爆发前，张献忠研究成果较多，除屠蜀问题外，其他问题也开始有所涉及。董玉瑛《有关明末农民起义军流动作战的一些问题》（《历史教学》1955 年 11 月号）注意到了张献忠大西军流动作战的战术特点及其军事胜利。江流《张献忠攻克武昌的真实情况怎样》（《历史教学》1962 年第 6 期）讨论了张献忠攻克武昌的经过。李文治《晚明统治阶级的投降清朝及农民起义军的反清斗争》（《进步日报》1952 年 1 月 10 日）论述了张献忠及大西军余部的抗清斗争。方福仁《李自成张献忠两军关系考辨》（《光明日报》1963 年 1 月 30 日）认为李自成、张献忠率领两大农民军，分别在南北不同地区作战，互相声援，共同与明清政权作战。

这一时期还出版了第一部张献忠研究的专著——袁定基《张献忠》（中国历史小丛书，中华书局，1963 年）全面梳理了张献忠从参加起义到建立政权，直到最后失败的历史。洪焕椿《明末农民战争史略论》（江苏人民出版社，1962 年）也认为张献忠“天性嗜杀”的说法是清朝统治者的诬蔑。在郑天挺先生的主持下，北京大学文科研究所编成第一部明末农民起义史料集——《明末农民起义史料》（开明书店，1952 年）。1957 年，该书进一步扩充了史料，出版了新版（中华书局第 2 版），搜录了部分与张献忠大西政权有关的史料。大西政权文物出土也有助于了解大西政权的具体情况。如袁炎兴《张献忠大顺三年铜镜》(《文物》1960 年第 1 期)。关于张献忠的传说也开始得到搜集与整理，如李宗荣等整理《张献忠的传说》(《民间文学》1960 年第 8、9 期)。

二、20 世纪七八十年代对张献忠的深入研究

“文革”期间，极“左”史学思潮完全占据了史学研究的阵地，史学成为现实政治的附庸。同样是明末农民战争的领袖，李自成、张献忠的历史地位却发生了不同变化。李自成被推崇为坚定走反孔主义路线的英雄，张献忠则由于谷城“降明”的问题，被认为“犯有严重路线错误”，相关研究更是无从开展。

“文革”后，廓清了极“左”史学思潮，史学研究逐渐步入正轨，在农民战争研究问题上，学界还反思了“文革”前历史主义观念下所存在的一些问题，对农民起义的评价更为客观公允。张献忠研究领域也呈现了相应的变化，进入了一个高峰期。

在这一时期，除了张献忠屠蜀被热议外，其他问题开始得到更多的讨论，显示出张献忠研究逐渐走向深入。这一时期谷城“降明”事件开始引起热议。其实张献忠“真降”或“伪降”对于理解明末农民战争，并无太多的实际意义。建国前后，这也不是一个“问题”。不过毛泽东曾指出真正的农民军领袖不会投降，此后直到“文革”结束之前，农战史学界一直遵循这个观点。“文革”结束后，史学界在反思过程中，也开始对这一“命题”重新思考，这一问题才凸显出来。多数学者通过对张献忠“受抚”后做法的考察，认为张献忠属于“伪降”。持这一观点的有樊树志《关于张献忠谷城伪降问题》(《复旦学报》1978 年第 1 期)、邓速《张献忠谷城投降驳论》(《四川师范学院学报》1979 年第 1 期)、田培栋《怎样看待张献忠在谷城的“伪降”问题?》(《北京师院学报》1979 年第 2 期)、傅玉璋

《关于张献忠降明问题》(《文史哲》1980年第2期)、张显清《张献忠“谷城受抚”评析》(《明史研究》第1辑，黄山书社，1991年)。不过邓亚增《从大西政权的封建性质看张献忠的悲剧》、钟友铭《张献忠悲剧浅析》(均载《绵阳市地方史志学会通讯》1987年第4期)认为张献忠降明是从免死出发，以投机为目的，在农民军中影响恶劣。

关于张献忠生平、个性，主要有以下三篇论文。黎邦正《浅谈张献忠》(《西南师范大学学报》1980年第4期)全面考察了张献忠的作战方式、政权建立与其杀人问题。王纲《张献忠名号、籍贯和年龄小考》(《社会科学研究》1982年第4期)考察了相关问题。任乃强《张献忠屠蜀辨》(《张献忠在四川》，1981年)对张献忠个性与能力在其成为明末农民战争领袖所扮演的作用进行了讨论。

张献忠大西军采取流动作战的方式，纵横南北数省，对这一作战过程进行研究的论文如下：孙祚民《张献忠智歼明督军杨嗣昌的斗争》(《山东师院学报》1979年第3期)、张云侠《张献忠三次入川述论》(《张献忠在四川》)、王纲《张献忠入川作战不是两次而是五次》(《重庆师范学院学报》1980年第4期)、田尚《明末农民起义军初期入川作战问题探讨》(《社会科学研究》1983年第6期)、王纲《再谈张献忠入川作战次数问题——答田尚同志》(《社会科学研究》1984年第2期)、刘长荣与濮实《张献忠在绵阳地区的军事斗争》(《张献忠在四川》)、王纲《张献忠在安徽的重要战绩述论》(《江淮论坛》1981年第5期)、邹时炎《张献忠在湖北地区活动考略》(《中南民族学院学报》1981年复刊号)、田培栋《对张献忠在湖广活动的评价》(《西安师院学报》1984年第1期)、周世昌《张献忠袭取襄阳初探》(《军事历史研究》1988年第3期)、王纲《张献忠在湖南作战史迹述略》(《湘潭大学社会科学学报》1982年第2期)、单文彬《张献忠进军江西初探》(《江西师院学报》1983年第3期)。

张献忠大西军在与明清官军作战的过程中，取得不少经典性的军事胜利，显示出张献忠大西军掌握了成熟的战略、战术。孙祚民《我国杰出的农民革命军事家张献忠——谈谈张献忠与〈兵法〉》（《张献忠在四川》）指出张献忠在谷城时，曾学习《孙子兵法》，灵活地将其运用至战略、战术，尤其快速流动作战成为其制胜的重要原因。袁庭栋《关于张献忠农民起义的流寇主义问题》（《四川师范学院学报》1981 年第 1 期）在肯定了大西军“以走制敌”所取得的军事胜利的同时，又指出缺乏根据地建设与经济基础是大西政权灭亡的原因之一。袁庭栋《论张献忠的军事艺术及其杰出成就》（《中国农民战争史研究集刊》第 2 辑，1982 年）从大西军编制、行军、宿营、侦察、作战、攻城、训练、休整、作风、指挥等十个方面详细论述了张献忠的军事才能与成就。王纲《大西农民军的组织纪律及其战术特点——读史札记》（《延安大学学报》1983 年第 4 期）考察了大西军的组织编制与发展规模、兵种与训练及纪律与战术。

张献忠鉴于长期流动作战所产生的不利情况，曾经尝试在湖广建立政权。陈权清《张献忠在湖南建立政权的尝试》（《湖南师大社会科学学报》1987 年第 5 期）考察了张献忠于崇祯十六年开始转变“流寇主义”的观念，尝试在湖南建立政权的历史。杨济坤《大西政权建立日期小议》（《南充师院学报》1981 年第 3 期）认为大西政权建立于 1644 年 8 月 15 日。任乃强《张献忠屠蜀辨》考察了大西政权机构设置、开科取士、设局铸钱、行保甲法及招抚边疆土酋的情况。王纲《大西农民军与西南各族人民的关系》（《四川师范学院学报》1983 年第 4 期）指出大西军于顺治二年曾平定云南沙定洲叛乱，并发展云贵地区的经济生产。与主流看法认为张献忠建立的大西政权是一个反封建政权不同的是，邓亚曾《从大西政权的封建性质看张献忠的悲剧》认为大西政权的封建性质是其灭亡的原因之一。

明末农民军队伍由最初的“十三家”逐渐合并为李自成大顺军、张献忠大西军两支军队，一南一北，分别与明清官军作战。关于这两支军队的关系，方福仁曾提出二者一直团结合作的结论，并撰《李自成张献忠永宁会师考实》（《中州学刊》1983 年第 3 期），具体考察了崇祯十四年，李自成、张献忠农民军在永宁会师的经过，指出永宁会师显示出两支农民军的合作道路。袁庭栋《论明末李自成与张献忠两支农民军的关系——兼与方福仁同志商榷》则提出了不同意见，认为李自成、张献忠在独立作战之后，二者之间的关系沿着合作——分裂——对峙——冲突这样一条道路发展，这也是明末农民战争失败的原因之一。郑定理《论张献忠和李自成在四川的争夺与大西政权的崩溃》（《绵阳师专学报》1988 年第 1 期）也持相似的观点。

这一时期张献忠研究的核心问题仍是屠蜀真相。一些学者仍持张献忠并未杀戮民众的观点。胡昭曦《“张献忠屠蜀”与“湖广填四川”考辨》（《中国农民战争史研究集刊》第 1 辑，1979 年）考察了元末明初、明末清初湖广人移民四川的历史过程，从侧面论证了张献忠并未屠杀民众。所谓张献忠屠蜀引发“湖广填四川”的说法是不正确的。杨济堃《张献忠屠蜀还是明清统治阶级屠蜀》（《张献忠在四川》）认为清初四川人口锐减的原因是明清官军杀戮。王纲《“湖广填四川”问题探讨》（《社会科学研究》1979 年第 3 期）、《论明末清初四川人口大量减少的原因》（《张献忠在四川》）认为清前期四川人口锐减的原因是明清官军，及吴三桂军队的作战与杀戮。天灾瘟疫也是一项因素。孙祚民《张献忠“屠蜀”考辨》（《社会科学研究》1979 年第 4 期）依据《续绥寇纪略》与《蜀难叙略》的记载，认为张献忠所杀主要是宗室、官僚与地主武装，并未杀戮民众。“青羊宫事件”中大西军杀戮士子的原因是后者的反扑。杨济堃《对张献忠“杀戮士子”的探讨：兼与孙祚民同志商榷》（《南充师院学报》1980 年第 2 期）对上文青羊宫事件结论提出质疑，并通过考察清初史籍、方志，发现青羊宫事件期间，大西政权还曾举行科举，地方志也皆未载屠士子之事，故青羊宫事件为虚构。青羊宫杀士事件的争议引起了学界对张献忠与士人关系的注意。顾诚《张献忠与知识分子》（《张献忠在四川》）全面梳理了张献忠与士人的关系。认为在明末农民军中，张献忠最早吸收士人，并向其学习《孙子兵法》，并以士人充任军师之职。在河南、湖广，以及进入四川的初期，对士绅都较礼遇，吸收其进入农民政权。此后与四川士人关系的恶化源于四川士人对大西政权的敌视与破坏，张献忠屠杀士子也存在打击面过宽的问题。

不过一些学者开始指出张献忠确曾屠杀过民众。任乃强《张献忠屠蜀辨》认为清初人口减少的原因是饥荒、疫疠。张献忠屠城、杀士子是为防其与其他势力联合，杀民众与自相残杀，有取粮、节粮的考虑。1980 年 3 月，四川省社会科学院《社会科学研究》编辑部在成都召开“张献忠在四川”学术研讨会，会议的主题之一便是张献忠屠蜀真相。会后结集出版了《张献忠在四川》，收录论文 13 篇，其中关于张献忠屠蜀者 6 篇。除上引两篇论文外，田培栋《对张献忠“屠蜀”应重新予以评价》(《张献忠在四川》)接受了清初史籍的观点，认为张献忠由于农民思想意识的局限性，确实屠杀过士子、降卒，甚至自相残杀。孙达人《张献忠“屠蜀”的真相——试论大西政权失败的原因》(《张献忠在四川》)分三个时期考察了张献忠屠蜀的真相。在顺治元年正月入川到八月建立大西政权的第一时期内，张献忠提出并贯彻了“归诚则草木不动，抗拒则老弱不留”的攻城政策，对一些顽抗地区进行了严厉的镇压，不过在成都“大杀三日”的说法纯属诬枉。从建立大西政权到顺治二年十月的第二个时期，大西军仅对宗室、官绅与逃遁山中者加以镇压，出现了一个相对和平的时期。从顺治二年十月到顺治三年十一月最后一个时期内，由于大西政权坚持反封建的方针，归顺官员多次反复，也多次发生针对大西政权官员的杀害事件，张献忠实行“除城尽剿”政策，并开“特科”以杀士子，甚至屠城，以维护政权。不过清初史籍记载的数量与程度往往有所夸大。张献忠的屠杀政策并未稳固大西政权，反而使其失去了基础，直接导致了其迅速失败。这篇论文对现有史料进行了仔细的辨析，分阶段详细考证，是一篇值得借重的论文。管维良《张献忠的屠杀政策与大西政权的失败：读〈圣教入川记〉等有感》（《重庆师院学报》1987 年第 3 期）、邓亚增《从大西政权的封建性质看张献忠的悲剧》、钟友铭《张献忠悲剧浅析》、李三谋《明末大西军在四川“屠戮生民”之问题》（《四川师范大学学报》1988 年第 2 期）、阮明道《张献忠及其大西军在川北活动的几个问题》（《南充师院学报》1988 年第 3 期）也皆持张献忠杀戮民众的观点。

关于张献忠牺牲的说法与地点，有多篇论文讨论。刘德鸿《张献忠之死》（《延安大学学报》1986 年第 4 期）考察了清初史籍所载张献忠牺牲的多种说法，最后指出张献忠是为清军所杀。关于张献忠牺牲地，学界已基本形成共识，即在西充县西南凤凰山。这方面的论文有：王纲《张献忠牺牲的地点》（《社会科学研究》1980 年第 1 期）、高翔《张献忠究竟牺牲在何地?》（《历史知识》1985 年第 2 期）、李廷毛《张献忠殉难地——凤凰山》（《四川文物》1989 年第 3 期）、李仲华《张献忠殉难西充凤凰山》（《文史杂志》1987 年第 4 期）。

关于张献忠大西政权失败的原因，田培栋《对张献忠“屠蜀”应重新予以评价》认为张献忠占据四川之后，将李自成作为重要敌人，于川北重点防御，两支农民军之间的敌对与作战使张献忠未能趁机消灭四川敌对势力，导致了此后的孤立局面。张云侠《张献忠三次入川述论》认为张献忠大西政权失败的原因有四个，一是屠杀政策使其逐渐丧失统治基础，二是错误地将李自成当作主要敌人，三是流动作战，缺乏统治基础，四是粮食匮乏。

关于张献忠与西方自然科学的关系，张显清《张献忠与西方自然科学：读〈圣教入川记〉》（《中国农民战争史论丛》第 3 辑，1981 年）依据《圣教入川记》，指出张献忠向耶稣会士学习包括数学、天文历法、世界地理等西方自然科学知识。戴执礼《张献忠对待西洋科学技术的态度》（《重庆师范学院学报》1980 年第 4 期）也考察了这一情况。

这一时期开始纠正“文革”以来对张献忠大西军地位、作用加以贬低的倾向，这方面的论文有《四川讨论张献忠在农民战争中的作用：谈农民战争中的平等思想》（《光明日报》1980年7月20日）、唐宇元《论张献忠在明末农民战争中的历史作用》（《中国农民战争史论丛》第2辑，1981年）、王纲《论张献忠农民起义在历史上的作用》（《南充师院学报》1981年第3期）、李殿元《张献忠事迹与作用述略》（《西华大学学报》1986年第2期）。并在对比李自成、张献忠二人的基础上，对“扬李贬张”观念进行了纠正。如王纲《“李自成领导明末农民起义”商榷》（《四川师范学院学报》1979年第2期）、姜晓平《李自成、张献忠在明末农民战争中的作用比较》（《西南师范大学学报》1988年第5期）。

史料是一切历史研究的基础。任乃强《关于张献忠史料的鉴别》对记载张献忠的主要史料进行了梳理与分类，对不同史籍作者、背景、内容与价值都进行了交代，对于深入开展张献忠研究，是非常有用的一篇指南。谢国桢《明代农民起义史料选编》（福建人民出版社，1981年）也搜录了一些张献忠史料。不断出土的大西政权文物，也提供了越来越多关于张献忠大西军的信息。主要有李承祥《谈张献忠时期的一部蜀刻书〈华岳全集〉十三卷》（《重庆师范学院学报》1981年第2期）、胡昭曦《四川地区有关明末农民起义的一些碑石》（《四川大学学报》1978年第3期）、蒋志《从张献忠〈圣谕碑〉看大西政权的失败》（《绵阳师专学报》1988年第1期）、李恒贤《从大顺年号镜浅谈对张献忠的历史评价》（《南方文物》1981年第1期）、苏成纪《张献忠大顺三年铜镜》（《四川文物》1984年第2期）、赵树中《张献忠“大顺赤金”戒指》（《四川文物》1985年第1期）、滕绍箴《“锦江埋银”质疑》（《社会科学研究》1979年第4期）、薛玉树《也谈张献忠大顺通宝》（《中国钱币》1985年第2期）与《张献忠与梓潼大庙》（《四川文物》1985年第4期）等。

随着张献忠研究逐渐走向深入，对张献忠大西政权历史进行整体论述的专著陆续问世。胡昭曦《“张献忠屠蜀”考辨》(四川人民出版社，1980年）以更为丰富的史料辨析了张献忠屠蜀真相。袁庭栋《张献忠传论》(四川人民出版社，1981年)、袁永《张献忠与大西国》(四川人民出版社，1985年)、王纲《张献忠大西军史》（湖南人民出版社，1987年）都全面论述了张献忠农民军从陕北转战全国，建立大西政权，最后失败的历史。顾诚《明末农民战争史》(中国社会科学出版社，1984年)、胡允恭《李自成张献忠起义》（南京大学出版社，1986年)、袁良义《明末农民战争》(中华书局，1987年）偏重于论述李自成农民军的历史，但仍用一定篇幅论述了张献忠大西政权的历史。这些论著都坚持张献忠谷城伪降、并未妄杀川民的观点，顾诚还提出四川人口减少的一个原因是虎害。

三、张献忠研究的现状与未来的可能

进入20世纪90年代，随着改革开放的逐渐深入，史学界也经历了学术理路的转变，大量新理论、新方法的引入催生了众多新的课题。在新的历史条件下，农战史研究却由一度繁盛之“显学”骤然转冷，时至今日，几乎达到了无人问津的地步。体现在张献忠研究上，不仅研究成果数量甚少，而且没有新的问题意识产生，研究水平也基本停留在原地。

以下论文考察了张献忠大西军的军事活动。陈致远《张献忠军在常德活动考——兼考张献忠未掘杨嗣昌祖墓》(《常德师范学院学报》1998年第1期)、陈致远《掘杨嗣昌祖墓非张献忠所为考》（《衡阳师范学院学报》2000年第1期)、滕新才《从“吊何承光寺碑”看张献忠入峡作战》(《文史杂志》1999年第4期)、滕新才与甘立明《“圆盘计划”与张献忠土地岭大捷》（《文史杂志》2001年第3期)、滕新才《张献忠三峡战事述论》(《四川师范大学学报》2002年第4期)、滕新才《张献忠“以走制敌”与黄陵城大捷》(《文史杂志》2002年第6期)。

这一时期还出版了两部张献忠研究专著：余同元《历史争议人物张献忠》（台北文津出版社，1995年）、王兴亚《狡黠的张献忠》（中国社会科学出版社，2008年）都认为张献忠在四川实行了一些屠杀。一些随笔式的文章则批评得更为严厉。张宏杰《农民起义书写了怎样的历史——以张献忠为例》（《社会科学论坛》2005年第10期）、章夫《张献忠成都屠城的历史路径》（《成败——甲申360年祭》，人民日报出版社，2005年）。王春瑜《李自成张献忠与传教士》（《文史知识》1999年第3期）指出李自成、张献忠并不排斥传教士，也不拒绝西方文化。

关于张献忠的文献、文物仍在不断发现与公开。胡昭曦《巴蜀历史文化论集》（巴蜀书社，2002年）其中一章《有关张献忠起义的新见史料》引人注意。盛观熙《张献忠“西王赏功”钱说略》（《安徽钱币》1995年第2期）与方明、吴天文《彭山江口镇岷江和岛出土明代银锭——兼论张献忠江口沉银》（《四川文物》2006年第4期）则是两篇介绍大西政权文物的论文。陈学霖《传教士对张献忠据蜀称王的记载：〈圣教入川记〉的宗教与文化观点》（《中国文化研究所学报》第52辑，2011年）则提出应充分重视《圣教入川记》史料的原始性与客观性。

回顾近百年张献忠研究的历史，颇有沧海桑田、恍如梦境之感。张献忠之是非功过、历史褒贬在百年过程中，经历了几多变化，也不禁引起我们的思考。新中国成立之后到20世纪80年代末，张献忠研究的一度热潮虽然在很大程度上是当时政治气候与意识形态的推动，故而随着时代、学术的变化，荣光不再，不过目前少人问津的局面也同样是不正常的，不利于史学整体发展。

农战史之所以体现了从热至冷的骤变，主要有两个不容忽视的因素。一是随着国外史学观念的不断输入，大量新课题、新领域不断涌现，抢占了农战史研究的市场。另一个原因是之前的农战史研究多少都带有政治的影响，甚至存在较为严重的教条化、僵化和“以论代史”的问题。目前农战史研究正处于一个十字路口。

农民战争作为影响中国古代历史的全局性问题，对其忽视会造成历史研究的缺环，其他与之相关的诸多问题皆无法得到真正深入的解决。从学术发展的角度，对农战史重新展开研究是十分迫切的事情。时代呼唤“新农民战争史”的开展。

所谓“新农民战争史”是指在广泛搜集、整理、考证农战史史料的基础上，在借鉴已有研究成果的前提下，充分吸收多学科的方法，运用至农战史研究的各种领域，以促进新理论、新命题的出现与开展，以期揭示农民战争与中国古代历史进程的整体关系。

仍以张献忠研究为例。到目前为止，虽然张献忠的研究成果不可谓不多，但选题较为集中，基本局限在张献忠屠蜀真相、谷城降明及其他大西军战术、大西政权建设及其失败等一些比较表层的问题上，尚缺乏借鉴其他学科的方法，将张献忠置于明末时代背景下，综合考虑的研究成果。比如关于张献忠起义的原因，一直只是放在明末农民战争起因下一同论述。关于明末农民战争的原因，所有著作几乎都是罗列政治腐败、赋税沉重、地主阶级压迫、灾荒不断等，已经形成一种十分刻板的教条化论述。其实明末陕北农民战争的爆发与榆林镇军事经营有密切的关系。

明末农民战争领袖多为榆林镇人氏，多有参军或驿卒的经历，为何是这一地区、这一身份的人成了揭竿而起者，成了农民军的领袖？这反映了明末陕北社会人口构成的什么状况与什么特点，这一情况又源于何处？大量具有军事，或准军事经历的人成为明末农民军的骨干力量，这对明末农民战争的方式、性质又产生了什么样的影响。显然，这些都是极其重要且并非空想的问题。通过与明中后期以来的陕北历史相联系，便可找出解决问题的线索。成化年间，明朝在榆林构建了长城防御体系，此后逐渐完善。不过由于陕北生态环境恶劣，经济条件落后，导致榆林镇一直处于财政匮乏的状态。嘉靖年间兵部职方司主事许论撰《九边图论》，便认为榆林镇最大的问题便是财政。万历年间，已有官员指出如果再不解决陕北的财政问题，这一地区将成祸乱之地。事实也不幸应验。因此，对明末包括张献忠起义在内的农民战争爆发原因的讨论，便可以引入区域社会史的研究视角与方法，考察明末榆林生态环境、经济条件、社会结构在其中所扮演的角色。这种研究模式不妨称作“区域农战史”研究。这将会大为改变此前农战史研究过于强调从国家的视角“自上而下”进行研究，忽视农民战争与地方社会的关系的局面，从而增加“自下而上”的角度，将研究引向具体与深入。

再比如屠蜀问题，目前研究已经揭示了各种势力在四川都进行了屠杀行为。那么，这种屠杀行为对四川造成了什么影响，屠杀的原因是什么，为什么清初史籍会对张献忠屠蜀有如此繁多、详细、生动的记载？张献忠杀人与其幼年经历、精神状态有无关系。这些都是深入下去会有巨大收获的问题。

总之，目前包括张献忠研究在内的中国农战史研究，迫切需要回归学术本身，严格依据史料，利用多学科的视角方法，进行全方位、多层次的综合研究。如果这样的研究能够开展的话，将是大不同于以往的新型农战史研究，是“新农民战争史”研究，农战史研究的重新繁荣也便可以预期了。

（原载于《中国史研究动态》2011 年第 2 期）

论著索引

（一）著作

1. 赵绂章：《明末痛史演义》第 4 卷第 3 版，益新书社，1929 年。

2. 秃颐上人：《张献忠》第 2 集，说文社，1947 年。

3. 任乃强编：《张献忠屠蜀记》（上、下），编者自刊，1950 年。

4. 蔡山谙道人：《张献忠屠蜀记》，别名《张献忠实录》下，中流印刷厂，1950 年。

5. 北京大学文科研究所：《明末农民起义史料》，开明书店，1952 年。

6. 李光涛：《张献忠史事》，商务印书馆，1954 年.

7. 彭信威：《中国货币史》，上海人民出版社，1958 年。

8. 北京大学中文系文学研究生资料组编：《中国历代农民问题文学资料》，中华书局，1959 年。

9. 洪焕椿：《明末农民战争史略论》，江苏人民出版社，1962 年。

10. 袁定基：《张献忠》，中华书局，1963 年。

11. 山西大学批判组：《农民起义反孔史料注释》，山西人民出版社，1975 年。

12. 北京汽车制造厂工人理论组：《张献忠传注释》，中华书局，1977 年。

13. 北京汽车制造厂工人理论组：《农民战争史资料选注》，中华书局，1977 年。

14. 中国农民战争史研究会：《中国农民战争史研究集刊》第 1 辑，上海人民出版社，1979 年。

15. 董森：《历代农民起义传说故事选》，上海文艺出版社，1979 年。

16. 陈协琴、刘益安：《张献忠聚义》，山东人民出版社，1980 年。

17. 胡昭曦：《张献忠屠蜀考辨》，四川人民出版社，1980 年。

18. 谢天佑、简修炜：《中国农民战争简史》，上海人民出版社，1981 年。

19. 袁庭栋：《张献忠传论》，四川人民出版社，1981 年。

20.《社会科学研究丛刊》编辑部：《张献忠在四川》，四川省新华书店，1981 年。

21. 王纲：《大西农民军五次攻克重庆始末》，重庆地方史资料组，1981 年。

22.《中国农民战争史论丛》编辑委员会：《中国农民战争史论丛》第 3 辑，山西人民出版社，1981 年。

23. 孙祚民：《中国农民战争问题论丛》，人民出版社，1982 年。

24. 中国农民战争史研究会：《中国农民战争史研究集刊》第 2 辑，上海人民出版社，1982 年。

25. 张绍良等：《中国农民革命斗争史》，求实出版社，1983 年。

26. 蒋寿康：《中国古代名人小传》，浙江人民出版社，1984 年。

27. 顾诚：《明末农民战争史》，中国社会科学出版社，1984 年。

28. 中国人民大学历史系、中国第一历史档案馆：《清代农民战争史资料选编》第 1 册上，中国人民大学出版社，1984 年。

29. 袁永：《张献忠和大西国》，四川人民出版社，1985 年。

30. 任乃强：《张献忠》，西安：陕西人民出版社，1986 年。

31. 陈世松：《四川简史》，四川省社会科学院，1986 年。

32. 胡允恭：《李自成张献忠起义》，南京大学出版社，1986 年。

33. 胡昭曦：《四川古史考察札记》，重庆出版社，1986 年。

34. 李光涛：《明清档案论文集》，联经出版事业公司，1986 年。

35.《中国农民战争史论丛》编辑委员会：《中国农民战争史论丛》第 5 辑，山西人民出版社，1987 年。

36. 陈泽远编文；蔡邦宁绘画：《奇袭成都府》，《大西皇帝张献忠传奇》2，四川美术出版社，1987 年。

37. 陈泽远编文；朱白云、代大琼、曾崇悌绘画：《喋血凤凰山》，《大西皇帝张献忠传奇》10，四川美术出版社，1987 年。

38. 陈泽远编文；魏丹绘画：《兵败锦官城》，《大西皇帝张献忠传奇》9，四川美术出版社，1987 年。

39. 陈泽远编文；吴寿石绘画：《虎口救群儒》，《大西皇帝张献忠奇传》5，四川美术出版社，1987 年。

40. 陈泽远编文；魏明阳绘画：《三剑定青城》，《大西皇帝张献忠传奇》4，四川美术出版社，1987 年。

41. 陈泽远编文；王庆宇绘画：《剑劈花蝴蝶》，《大西皇帝张献忠传奇》7，四川美术出版社，1987 年。

42. 陈泽远编文；张大川绘画：《女囚封皇后》，《大西皇帝张献忠传奇》4，四川美术出版社，1987 年。

43. 陈泽远改编；李福金绘画：《平叛铁胜营》，《大西皇帝张献忠传奇》8，四川美术出版社，1987 年。

44. 陈泽远编文；长弓绘画：《鏖战岷江畔》，《大西皇帝张献忠传奇》6，四川美术出版社，1987 年。

45. 王纲：《张献忠大西军史》，湖南人民出版社，1987 年。

46. 西充县县志办公室、西充县文教局、西充县地方志协会：《张献忠在西充》，1987 年。

47. 中国人民政治协商会议梓潼县文史资料委员会：《张献忠在梓潼专辑》，1987 年。

48. 萧若瑟：《天主教传行中国考》，上海书店出版社，1988 年。

49. 四川日报《天府周末》编辑室：《巴蜀之谜》，重庆出版社，1988 年。

50. 田原、任振池：《古代农民领袖百人传》，广州文化出版社，1989 年。

51. 王纲：《张献忠与李自成：第二次全国明末农民战争史学术讨论会论

文集》，四川人民出版社，1989 年。

52. 南京军区司令部编研室、《史学月刊》编辑部：《中国军事史论文集》，河南大学出版社，1989 年。

53. 张仁忠：《中国农民起义史话》，中共中央党校出版社，1991 年。

54. 张武德、张洪流：《四川张献忠传说选》，四川民族出版社，1992 年。

55. 南炳文：《南明史》，南开大学出版社，1992 年。

56. 陈世松：《四川通史》第 5 册，四川大学出版社，1993 年。

57. 余同元：《张献忠》，文津出版社，1994 年。

58. 陈家桢：《中国大劫难》，延边人民出版社，1994 年。

59. 陈铁民：《起义领袖传》，海南出版社，1994 年。

60. 孙文良、张杰：《1644 年中国社会大震荡》，辽宁人民出版社，1994 年。

61. 冯克诚、王海燕：《中国历史上的农民起义领袖——末路英雄青少年版》，西宁：青海人民出版社，1997 年。

62. 周力：《揭竿而起：中国历代农民起义》，辽海出版社，1998 年。

63. 英雄：《世界钱币精品图录》，海南国际新闻出版中心，1998 年。

64. 周力：《不平则鸣中国历代农民起义》，辽海出版社，2001 年。

65. 何锐等校点：《张献忠剿四川实录》，巴蜀书社，2002 年。

66. 田闻一：《张献忠——大西皇帝梦》，四川人民出版社，2002 年。

67. 胡昭曦：《巴蜀历史文化论集》，巴蜀书社，2002 年。

68. 樊树志：《晚明史 1573－1644 年》下，复旦大学出版社，2003 年。

69. 蒋维明：《明清巴蜀人物述评》，巴蜀书社，2005 年。

70. 肖平：《湖广填四川》，成都时代出版社，2005 年。

71. 张广志：《历史投下的阴影古代帝王将相的人性负面》，西宁：青海人民出版社，2006 年。

72. 潘传学、潘传孝：《张献忠》下，中国三峡出版社，2006 年。

73. 梅毅：《亡天下：南明痛史》，上海人民出版社，2007 年。

74. 何文韬：《大明帝国的黄昏》，南宁：广西人民出版社，2007 年。

75. 胡昭曦：《巴蜀历史考察研究》，巴蜀书社，2007 年。

76. 王兴亚：《狡黠的张献忠》，中国社会科学出版社，2008 年。

77. 程奎：《大清一统十战役》，万卷出版公司，2008 年。

78. 何介福：《巴蜀史》，西南交通大学出版社，2009 年。

79. 蓝勇、黄权生：《湖广填四川与清代四川社会》，西南师范大学出版社，2009 年。

80. 任昭坤、龚自德：《四川战争史》，四川人民出版社，2009 年。

81. 杨丽丽等：《历史上的大移民》，中国时代经济出版社，2009 年。

82. 郑光路：《张献忠剿四川真相》，四川民族出版社，2010 年。

83. 罗卫：《历代农民起义军钱币》，文物出版社，2011 年。

84.（日）山田贤著、曲建文译：《移民的秩序清代四川地域社会史研究》，中央编译出版社，2011 年。

85. 南炳文：《明清史学术文库南明史》，故宫出版社，2012 年。

86. 沈定平：《明清之际中西文化交流史》，商务印书馆，2012 年。

87. 范军：《崇祯权力场大明王朝的最后弈局》，重庆出版社，2013 年。

88. 肖平：《湖广填四川》（修订版），天地出版社，2013 年。

89. 章创生：《张献忠情断巴国》，重庆出版社，2014 年。

90. 李文治：《晚明民变底层暴动与明朝的崩溃》，中国电影出版社，2014 年。

91. 光阴：《南明风云明清争战大西南的壮丽历史篇章》，贵州人民出版社，2014 年。

92. 单田芳：《明末遗恨》，中国工人出版社，2014 年。

93. 郑光路：《张献忠剿四川真相》，云南人民出版社，2016 年。

94.《明末农民起义领袖张献忠全国学术研讨会论文集》（内印），陕西定边，2010 年。

95. 陈世松、李映发：《成都通史》卷五，四川人民出版社，2011 年。

（二）期刊

1. 谢国桢：《农民起义与张献忠》，载《历史教学》，1952年第二期。

2. 孙次舟：《张献忠在蜀事迹考察》，载《历史研究》，1957年第一期。

3. 陈登原：《关于张献忠“屠僇生民”的辨正》，载《西北大学学报》（哲学社会科学版），1957年第三期。

4. 袁炎兴：《张献忠大顺三年铜镜》，载《文物》，1960年第一期。

5. 戴泽：《张献忠除暴安民图》，载《历史教学》，1962年第八期。

6. 袁庭栋：《关于张献忠杀人问题的探讨》，载《四川大学学报》（哲学社会科学版），1963年第一期。

7. 王劲：《张献忠摔皇冠的启示》，载《四川师院学报》（社会科学版），1975年第二期。

8. 周颐厚、黎敏茜：《浅谈张献忠的形象》，载《湖北大学学报》（哲学社会科学版），1978年。

9. 樊树志：《关于张献忠谷城伪降问题》，载《复旦学报》（社会科学版），1978年第一期。

10. 周颐厚、黎敏茜：《浅谈张献忠的形象》，载《武汉师范学院学报》（哲学社会科学版），1978年第二期。

11. 胡昭曦：《有关张献忠起义的新见资料》，载《四川图书馆学报》，1979年第一期。

12. 曹宪文：《“张献忠”的文风》，载《新闻战线》，1979年第一期。

13. 邓速：《张献忠谷城“投降”驳论》，载《四川师范学院学报》（社会科学版），1979年第一期。

14. 田培栋：《怎样看待张献忠在谷城的“伪降”问题?》，载《首都师范大学学报》（社会科学版），1979年第二期。

15. 孙祚民：《张献忠智歼明督师杨嗣昌的斗争》，载《山东师范大学学报》(人文社会科学版),1979 年第三期。

16. 孙祚民:《张献忠“屠蜀”考辨》,载《社会科学研究》,1979 年第四期。

17. 王纲:《张献忠牺牲的地点》,载《社会科学研究》,1980 年第一期。

18. 傅玉璋:《关于张献忠降明问题》,载《文史哲》,1980 年第二期。

19. 杨济堃:《对张献忠“杀戮士子”的探讨——兼与孙祚民同志商榷》,载《西华师范大学学报》(哲学社会科学版),1980 年第二期。

20. 王家楼:《关于“张献忠在四川”学术讨论会的情况综述》,载《社会科学研究》,1980 年第三期。

21. 黎邦正:《浅谈张献忠》,载《西南大学学报》(社会科学版),1980 年第四期。

22. 戴执礼:《张献忠对待西洋科学技术的态度》,载《重庆师院学报》(哲学社会科学版),1980 年第四期

23. 王纲:《张献忠入川作战不是两次而是五次》,载《重庆师范学院学报》(哲学社会科学版),1980 年第四期。

24. 黎邦正:《浅谈张献忠》,载《复印报刊资料》(中国古代史),1980 年第四期。

25. 袁庭栋:《关于张献忠农民起义的流寇主义问题》,载《四川师范大学学报》(社会科学版),1981 年第一期。

26. 李恒贤:《从大顺年号镜浅谈对张献忠的历史评价》,载《南方文物》,1981 年第一期。

27. 邹时炎:《张献忠在湖北地区活动考略》,载《中南民族学院学报》(哲学社会科学版),1981 年第一期。

28. 李承祥:《谈张献忠时期的一部蜀刻书》,载《重庆师范大学学报》(哲学社会科学版),1981 年第二期。

29. 王纲:《论张献忠农民起义在历史上的作用》,载《西华师范大学学报》(哲学社会科学版),1981 年第三期。

30. 王纲：《张献忠在安徽的重要战绩述论》，载《江淮论坛》，1981 年第五期。

31. 邹时炎：《张献忠在湖北地区活动考略》，《复印报刊资料》（中国古代史），1981 年第十六期。

32. 王纲：《张献忠在湖南作战史迹述略》，载《湘潭大学社会科学学报》，1982 年第二期。

33. 王纲：《张献忠名号、籍贯和年龄小考》，载《社会科学研究》，1982 年第四期。

34. 沈仲常、冯国定：《张献忠大西政权的文物——“圣谕碑”》，载《文物》，1982 年第六期。

35. 方福仁：《李自成张献忠永宁会师考实》，载《中州学刊》，1983 年第三期。

36. 单文彬、汪锡鹏：《张献忠进军江西初探》，载《江西师范大学学报》（哲学社会科学版），1983 年第三期。

37. 王纲：《论张献忠大西政权的革命性》，载《四川社联通讯》，1983 年第五期。

38. 田培栋：《对张献忠（崇祯十六年）在“湖广”活动的估价》，载《西北师院学报》（社会科学版），1984 年第一期。

39. 苏成纪：《张献忠大顺三年铜镜》，载《四川文物》，1984 年第二期。

40. 王纲：《再谈张献忠入川作战次数问题——答田尚同志》，载《社会科学研究》，1984 年第二期。

41. 今湊良信、高岩：《“张献忠在四川”研究动向》（摘要），载《社会科学研究》，1984 年第五期。

42. 王薇：《张献忠与耶稣会士》，载《文史知识》，1984 年第五期。

43. 赵树中：《张献忠“大顺赤金”戒指》，载《四川文物》，1985 年第一期。

44. 薛玉树：《也谈张献忠大顺通宝》，载《中国钱币》，1985 年第二期。

45. 王代升：《张献忠与梓潼大庙》，载《四川文物》，1985 年第四期。

46. 顾诚：《李自成和张献忠》，载《文史知识》，1985 年第九期。

47. 李殿元：《张献忠事迹与作用述略》，载《西华大学学报》（哲学社会科学版），1986 年第二期。

48. 李祖桓：《张献忠轶闻》，载《文史杂志》，1986 年第二期。

49. 刘德鸿：《张献忠之死》，载《延安大学学报》（社会科学版），1986 年第四期。

50. 管维良：《张献忠的屠杀政策与大西政权的失败——读〈圣教入川记〉等有感》，载《重庆师范学院学报》（哲学社会科学版），1987 年第三期。

51. 李仲华：《张献忠殉难西充凤凰山》，载《文史杂志》，1987 年第四期。

52. 陈权清：《张献忠在湖南建立政权的尝试》，载《湖南师范大学社会科学学报》，1987 年第五期。

53. 姜晓萍：《李自成、张献忠在明末农民战争中的作用比较》，载《西南师范大学学报》（人文社会科学版），1988 年。

54. 王兴亚：《张献忠研究的新成果——评〈张献忠大西军史〉》，文史杂志，1988 年第二期。

55. 刘宪鲁：《用方志资料研究农民起义的新成果——评王纲著〈张献忠大西军史〉》，载《社会科学战线》，1988 年第二期。

56. 李晟文：《张献忠起义研究概述》，载《文史杂志》，1988 年第三期。

57. 谢天佑：《如何撰写农民战争史——读王纲〈张献忠大西军史〉有感》，载《安徽史学》，1988 年第三期。

58. 陈福林：《读王纲著〈张献忠大西军史〉》，载《史学集刊》，1988 年第四期。

59. 刘长荣：《〈张献忠文物史料陈列馆〉简介》，载《社会科学研究》，1988 年第五期。

60. 孙祚民：《〈评张献忠大西军史〉》，载《东岳论丛》，1988 年第五期。

61. 李廷茂：《张献忠殉难地——凤凰山》，载《四川文物》，1989 年第三期。

62. 木公、张连芬：《于求实中创新：评〈历史争议人物张献忠〉》，载《大学图书情报学刊》，1995 年第三期。

63. 张海鹏、周晓光：《再现一代枭雄的完整形象——评余同元著〈张献忠〉》，载《中国史研究动态》，1995 年第八期。

64. 陈致远：《张献忠军在常德活动考——兼考张献忠未掘杨嗣昌祖墓》，载《常德师范学院学报》（社会科学版），1998 年第一期。

65. 王春瑜：《李自成、张献忠与传教士》，载《文史知识》，1999 年第三期。

66. 滕新才：《从"吊何承光诗碑"看张献忠入峡作战》，载《文史杂志》，1999 年第四期。

67. 陈致远：《掘杨嗣昌祖墓非张献忠所为考》，载《衡阳师范学院学报》，2000 年第一期。

68. 滕新才、甘立明：《"圆盘计划"与张献忠土地岭大捷》，载《文史杂志》，2001 年第三期。

69. 满祥广：《张献忠写短文》，载《语文月刊》，2001 年第十一期。

70. 方闻：《从张献忠、钱谦益、冯道说到"第三条道路"和"史识"问题》，载《文艺理论与批评》，2002 年第一期。

71. 平川：《张献忠起义政权的科举考试情形》，载《孝感职业技术学院学报》，2002 年第四期。

72. 滕新才：《张献忠三峡战事述论》，载《四川师范大学学报》（社会科学版），2002 年第四期。

73. 子言：《长篇历史小说〈张献忠——大西皇帝梦〉隆重出版》，载《文史杂志》，2002 年第五期。

74. 滕新才：《张献忠"以走制敌"与黄陵城大捷》，载《文史杂志》，2002 年第六期。

75. 田闻一：《张献忠和“老脚”柳娘娘》，载《章回小说》第五期，2003年。

76. 方明、吴天文：《彭山江口镇岷江河道出土明代银锭——兼论张献忠江口沉银》，载《四川文物》，2006年第四期。

77. 耿法：《张献忠的一桩公案——从成都大悲寺屠戮士子事件说起》，载《书屋》，2006年第九期。

78. 吴蔚、任兆祥：《话说张献忠“屠”四川》，载《龙门阵》，2006年第十一期。

79. 萧易：《张献忠为何三入四川?》，载《文苑》，2007年第三期。

80. 张超俊：《张献忠屠城与藏金之谜》，载《文史春秋》，2007年第九期。

81. 梅毅：《“黄虎”张献忠蜀地屠城记》，载《法制博览》，2007年第十一期。

82. 张宏杰：《张献忠杀人考》，载《当代杂志》，2008年第一期。

83. 邓经武：《略说张献忠剿四川》，载《巴蜀史志》，2008年第一期。

84. 曹世瑞：《张献忠——农夫，武夫，屠夫》，载《百科知识》，2008年第二期。

85. 李建华：《张献忠的流寇人生（上）》，载《贵阳文史》，2008年第二期。

86. 何南方：《张献忠——权力之巅 人性之恶》，载《湘潮》（理论版），2008年。

87. 李建华：《张献忠的流寇人生（下）》，载《贵阳文史》，2008年第二期。

88. 张超俊：《张献忠藏金之谜》，载《百姓生活》，2008年第八期。

89. 王云飞：《张献忠“屠尽四川”是猎奇还是需要?》，载《传奇故事》（百家讲坛版），2009年第五期。

90. 柴宁：《张献忠青城山藏宝之谜》，载《章回小说》（下半月），2009

年第六期。

91. 冯广宏：《张献忠屠蜀人数疑案》，载《文史杂志》，2009 年第六期。

92. 周群、周倩、鞠鸿、李霞：《张献忠大西政权对四川知识分子政策变化的原因及影响》，载《内江师范学院学报》，2010 年。

93. 老柳：《世间难觅张献忠的“西王赏功”币》，载《东方收藏》，2010 年。

94. 冯广宏：《张献忠“原罪论”圣谕：张献忠帝蜀实情考之二》，载《文史杂志》，2010 年第一期。

95. 冯广宏：《张献忠多面性人格》，载《文史杂志》，2010 年第二期。

96. 曹如人：《张献忠义子魂逝桐木岭》，载《贵阳文史》，2010 年第三期。

97. 田闻一：《浅说张献忠大西军的失败》，载《文史杂志》，2010 年第三期。

98. 蒋将：《张献忠的“无厘头”》，载《龙门阵》，2010 年第三期。

99. 李映发：《张献忠其人与杀人》，载《寻根》，2010 年第三期。

100. 邓艳秋：《从〈李自成〉中张献忠的文章看应用文的语言特点》，载《应用写作》，2001 年第四期。

101. 冯广宏：《张家长和张家短：张献忠帝蜀实情考之五》，载《文史杂志》，2010 年第四期。

102. 马芸芸：《略述 60 年来的张献忠研究》，载《中华文化论坛》，2010 年第四期。

103. 郑光路：《张献忠“藏宝”迷案》，载《西部广播电视》，2010 年第五期。

104. 宋丽娟：《张献忠三次入川述论》，载《才智》，2010 年第七期。

105. 李映发：《张献忠杀尽了四川人吗?》，载《龙门阵》，2010 年第七期。

106. 冯广宏：《张献忠的另一面》，载《中华传奇·大历史》，2010 年第八期。

107. 郑光路：《张献忠“藏宝”的历史黑洞》，载《龙门阵》，2010 年第十期。

108. 李肇和：《四川张献忠宝藏之谜》，载《法制博览》，2010 年第二十三期。

109. 张建斌：《寻找张献忠宝藏三百年》，载《环球人物》，2010 年第三十四期。

110. 蒋将：《张献忠也会“无厘头”》，载《半月选读》，2011 年第一期。

111. 冯广宏：《张献忠埋银悬案》，载《文史杂志》，2011 年第一期。

112. 赵现海：《“新农民战争史”的提出：明末张献忠农民战争史研究的过去、现状与可能》，载《中国史研究动态》，2011 年第二期。

113. 冯广宏：《张献忠帝蜀史的畸形研究》，载《文史杂志》，2011 年第二期。

114. 李映发：《张献忠率军入川转战史实及次数考》，载《军事历史研究》，2011 年第二期。

115. 肖俊生：《首届张献忠全国学术讨论会综述》，载《中华文化论坛》，2011 年第三期。

116. 张建斌：《张献忠劫掠全川的宝藏三百年踪迹难寻》，载《东方收藏》，2011 年第三期。

117. 董玉梅：《有关张献忠和李自成的地名故事》，载《武汉文史资料》，2011 年第九期。

118.《张献忠：做皇帝不如当绒货贩子》，载《传奇故事》（百家讲坛下旬），2011 年第十二期。

119. 张超俊：《张献忠的沉银谜踪》，载《国学》，2011 年第十二期。

120. 耿法：《真实的张献忠》，载《工会博览》（下旬刊），2012 年第一期。

121. 耿法：《真实的张献忠》，载《工会博览》，2012 年第三期。

122.《张献忠圣旨通篇脏话》，载《法制博览》，2012年第九期。

123. 安然：《普照寺：张献忠宝藏与风水圣地之谜》，载《城市地理》，2012年第十二期。

124. 单萍：《世界第三大宝藏之谜：张献忠江口沉银》，载《法治人生》，2012年第十八期。

125. 刘洁：《张献忠藏金之谜》，载《群文天地》（下半月），2013年第九期。

126. 汪建中：《残暴的张献忠疯狂屠川》，载《科学大观园》，2013年第十六期。

127. 金青禾：《张献忠巧理破衣案》，载《传奇故事》（百家讲坛）（下旬），2014年第三期。

128.《土火和张献忠地理》，载《重庆与世界》（Hello重庆），2014年第五期。

129. 冯广宏：《张献忠：别老叫俺杀人》，载《传奇故事》（百家讲坛下旬），2014年第五期。

130. 聂作平：《李自成、张献忠：你死我活的“革命战友”》，载《同舟共进》，2014年第五期。

131. 刘玉琪：《张献忠的巨额财宝究竟在哪里》，载《文史博览》，2014年第七期。

132. 疏附：《“大顺”不是张献忠的国号》，载《咬文嚼字》，2014年第八期。

133. 张超俊：《石牛对石鼓　银子万万五　有人识得破　买尽成都府：张献忠宝藏之谜至今无法破解》，载《中国地名》，2014年第十期。

134. 张超俊：《张献忠宝藏之谜至今无法破解》，载《中国地名》，2014年第十期。

135. 聂作平：《李自成、张献忠：你死我活的“革命战友”》，载《报刊荟萃》，2014年第十二期。

136. 许理和、何高济：《在黄虎穴中——利类思和安文思在张献忠朝廷(1644—1647)》，载《国际汉学》，2015 年第四期。

137. 九段：《张献忠：誓以杀人为事业》，载《传奇故事》(百家讲坛)(下旬)，2015 年第五期。

138. 黄位东：《张献忠屠蜀原因新论》，载《文化学刊》，2015 年第八期。

139. 王磊：《解析张献忠大西政权在川的人才政策》，载《重庆科技学院学报》(社会科学版)，2015 年第十一期。

140. 未凡：《他在四川就干了两件事：沉银与屠杀“大西王”张献忠宝藏之谜》，载《国家人文历史》，2015 年第二十一期。

141. 《张献忠，晚明出版商郑大经琐谈》，载《历史档案》，2016 年第一期。

142. 杨津涛：《张献忠的“屠蜀”真相》，载《廉政瞭望》，2016 年第二期。

143. 佚名：《“张献忠宝藏”的百年谜团》，载《农家之友》，2016 年第二期。

144. 陈建生：《张献忠“沉银”川军为何没捞到》，载《时代人物》，2016 年第二期。

145. 《300 年来，张献忠“江口沉银”传说被证实》，载《报刊荟萃》，2016 年第四期。

146.《艺术品鉴》编辑部：《张献忠沉银所在地启动保护工程》，载《艺术品鉴》，2016 年第四期。

147. 聂作平：《江口沉银：张献忠的秘密》，载《法治人生》，2016 年第五期。

148.《“张献忠屠蜀”与清朝政治合法性之建构》，载《中国史研究动态》，2016 年第五期。

149.《张献忠沉银与普照寺暴富》，载《民间传奇故事》(A 卷)，2016 年第五期。

150. 未凡：《“大西王”张献忠入川之谜》，载《报刊荟萃》，2016 年第五期。

151. 万明：《张献忠为什么会有大量白银沉于江口》，载《中国史研究动态》，2016 年第五期。

152. 李飞：《张献忠“沉银埋宝”初步研究》，载《中国史研究动态》，2016 年第五期。

153. 文裁缝：《世界第三大宝藏之谜：张献忠的千船金银沉江何处》，载《山海经》（故事）（上），2016 年第五期。

154. 江玉祥：《张献忠藏宝之文献考察》，载《中国史研究动态》，2016 年第五期。

155. 后晓荣、程义：《明末张献忠农民军用印初探》，载《中国国家博物馆馆刊》，2016 年第六期。

156. 张怀安：《千里追击“张献忠沉银”》，载《法治人生》，2016 年第二十二期。

157. 靖力、郭武：《张献忠沉银被盗案》，载《方圆》，2016 年第二十四期。

158. 蒋麟：《“张献忠沉银”盗掘案始末》，载《文物天地》，2017 年第一期。

159. 毛佩琦：《张献忠江口沉银目击记》，载《中国史研究动态》，2017 年第一期。

160. 江玉祥：《张献忠藏宝之谜及发掘的意义》，载《文史杂志》，2017 年第一期。

161.《张献忠江口沉银水下考古出水五十两银锭等文物》，载《文物鉴定与鉴赏》，2017 年第二期。

（三）报纸网媒

1. 梁枫、耿蜀平、魏拥军：《张献忠把成功归于幸运儿》，《中国纺织报》，

2003—12—19。

2. 萧易：《张献忠为何三入四川?》，《成都日报》，2006—11—20。

3. 董仁威：《张献忠殒命处》，《四川科技报》，2008—07—25。

4. 萧易：《西充凤凰山　张献忠殒命之地?》，《成都日报》，2009—01—05。

5. 徐湞庆：《面壁思过的张献忠》，《中国经营报》，2011—07—11。

6. 夏秋银：《“大顺三年”铜镜与张献忠》，《光明日报》，2014—03—29。

7. 曾江：《考古求解张献忠沉船之谜》，《中国社会科学报》，2016—01—08。

8. 李晓东、危兆盖：《“张献忠江口沉银”传说被证实》，《光明日报》，2016—01—15。

9. 吴晓铃：《张献忠千船沉银？传奇寻宝三百年》，《四川日报》，2016—01—15。

10. 吴晓玲、杨琳、袁丽霞：《揭秘沉银》，《四川日报》，2017—01—06。

11. 刘修兵：《江口沉银遗址水下考古启动》，《中国文化报》，2017—01—13。

12. 刘芳君：《上万件古物　实证确认张献忠江口沉银》，《成都日报》，2017—03—21。

13. 贾昌明：《四川彭山江口沉银遗址水下考古工作去得重要性突破》，《中国文物报》，2017—03—21。

14. 吴晓玲、杨琳、何浩然：《张献忠江口沉银不是传说》，《四川日报》，2017—03—21。

15. 王明峰：《张献忠江口沉银传说被证实》，《人民日报》，2017—03—21。

16. 李晓东：《四川江口沉银遗址水下考古取得重要成果》，《光明日报》，2017—03—21。

17. 王明峰：《“张献忠沉银”不再是传说》，《人民日报（海外版）》，

2017—03—21。

18. 童方、陈健:《张献忠江口沉银传说被考古证实》,《工人日报》,2017—03—21。

19. 陈伟、盛利:《“黑科技”一网打尽“张献忠江口沉银”》,《科技日报》,2017—03—22。

20. 李佳霖:《考古成果力证张献忠“江口沉银”》,《中国文化报》,2017—03—23。

21. 胡平原、杨敏:《张献忠江口千船沉银新揭秘》,《团结报》,2017—3—30。

22. 齐欣:《静静的府河》,《人民日报(海外版)》,2017—04—04。

23. 吴晓玲:《明史专家还原不一样的张献忠》,《四川日报》,2017—04—08。

24. 盛利:《3 万文物出水,张献忠江口沉银之谜获印证》,《科技日报》,2017—04—14。

25. 高勇、白晨皓:《张献忠江口沉银浮出水面前后》,《中国档案报》2017—04—28。

26. 刘莎莎:《张献忠“大西国”秘宝浮出水面》,《深圳特区报》,2017—09—26。